Zukunftstrends Wirtschaft 2020

Kim Oliver Tokarski · Jochen Schellinger
Philipp Berchtold
(Hrsg.)

Zukunftstrends Wirtschaft 2020

Strategische Handlungsfelder
für Unternehmen und
Non-Profit-Organisationen

Herausgeber
Kim Oliver Tokarski
Berner Fachhochschule
Bern, Schweiz

Philipp Berchtold
Berner Fachhochschule
Bern, Schweiz

Jochen Schellinger
Berner Fachhochschule
Bern, Schweiz

ISBN 978-3-658-15068-6   ISBN 978-3-658-15069-3 (eBook)
DOI 10.1007/978-3-658-15069-3

Die Deutsche Nationalbibliothek verzeichnet diese Publikation in der Deutschen Nationalbibliografie; detaillierte bibliografische Daten sind im Internet über http://dnb.d-nb.de abrufbar.

Springer Gabler
© Springer Fachmedien Wiesbaden GmbH 2017
Das Werk einschließlich aller seiner Teile ist urheberrechtlich geschützt. Jede Verwertung, die nicht ausdrücklich vom Urheberrechtsgesetz zugelassen ist, bedarf der vorherigen Zustimmung des Verlags. Das gilt insbesondere für Vervielfältigungen, Bearbeitungen, Übersetzungen, Mikroverfilmungen und die Einspeicherung und Verarbeitung in elektronischen Systemen.
Die Wiedergabe von Gebrauchsnamen, Handelsnamen, Warenbezeichnungen usw. in diesem Werk berechtigt auch ohne besondere Kennzeichnung nicht zu der Annahme, dass solche Namen im Sinne der Warenzeichen- und Markenschutz-Gesetzgebung als frei zu betrachten wären und daher von jedermann benutzt werden dürften.
Der Verlag, die Autoren und die Herausgeber gehen davon aus, dass die Angaben und Informationen in diesem Werk zum Zeitpunkt der Veröffentlichung vollständig und korrekt sind. Weder der Verlag noch die Autoren oder die Herausgeber übernehmen, ausdrücklich oder implizit, Gewähr für den Inhalt des Werkes, etwaige Fehler oder Äußerungen.

Gedruckt auf säurefreiem und chlorfrei gebleichtem Papier

Springer Gabler ist Teil von Springer Nature
Die eingetragene Gesellschaft ist Springer Fachmedien Wiesbaden GmbH
Die Anschrift der Gesellschaft ist: Abraham-Lincoln-Str. 46, 65189 Wiesbaden, Germany

Vorwort

Das vorliegende Herausgeberwerk befasst sich in besonderer Art und Weise mit verschiedenen aktuellen Trends in Wirtschaft und Gesellschaft, die für die strategische Ausrichtung von Unternehmen und Non-Profit-Organisationen relevant sind. Innerhalb der identifizierten Trendkategorie werden Spezialprobleme der Unternehmensführung in den Einzelbeiträgen thematisiert, die in dreierlei Hinsicht charakterisierbar sind:

Jeder Beitrag zeichnet sich durch einen sehr aktuellen empirischen Zugang zur aufgezeigten Problemstellung auf, der auf die spezifischen Konstellationen von Profit- und Non-Profit-Organisationen in der Schweiz abhebt. Im Vordergrund steht die Erschließung eines gestaltungsbezogenen Mehrwerts, der sich in einem entsprechend hohen Praxisbezug der Beiträge niederschlägt. Letzteres spiegelt sich auch im dritten Charakteristikum wider, der Autorenzusammensetzung. Alle Forschungsbeiträge wurden durch „Autorentandems" mit Vertreterinnen und Vertretern aus Wissenschaft und Praxis verfasst. Die Praktikerinnen und Praktiker sind allesamt in Schweizer Unternehmen und Institutionen in verantwortungsvollen Positionen und in verschiedenen Funktionsbereichen tätig. Die beteiligten Lehrenden und Forschenden des Fachbereichs Wirtschaft der Berner Fachhochschule repräsentieren den wissenschaftlichen Part der Autorenschaft. Aus der Verknüpfung der beiden Perspektiven resultieren verständlich und eingängig dargelegte Ergebnisse und Erkenntnisse, die bei der konkreten praktischen Bewältigung spezifischer Herausforderungen in Verbindung mit den aufgegriffenen Entwicklungstrends hilfreich sein können. Trotz der Fokussierung der empirischen Aufbereitung auf Schweizer Unternehmen und Non-Profit-Organisationen sind die gestaltungsbezogenen Resultate der Forschungsarbeiten auch über die Landesgrenzen hinaus für den deutschen Sprachraum relevant, da der wirtschaftliche und gesellschaftliche Kontext in der Schweiz, in Österreich und Deutschland sehr große Überschneidungen aufweist.

Wir bedanken uns herzlich bei allen Autorinnen und Autoren für deren Einsatz bei der Erstellung des Sammelbandes. Gleichermaßen gilt unser Dank der zentralen Anlauf- und Koordinationsstelle für die Publikation an der Berner Fachhochschule, Frau Sabrina Weber, ohne deren wertvolle Mitarbeit ein solches Werk kaum denkbar wäre. Unser Dank geht auch an alle Mitwirkenden seitens des Springer-Gabler-Verlags.

Die Herausgeber wünschen dem Werk eine große Aufmerksamkeit bei Praktikerinnen und Praktikern, Studierenden, Lehrenden und Forschenden und allen Leserinnen und Lesern viel Vergnügen bei der Lektüre der Beiträge.

Bern, Schweiz
im Juli 2016

Kim Oliver Tokarski
Jochen Schellinger
Philipp Berchtold

Inhaltsverzeichnis

1 **Wirtschaftstrends als Herausforderung der Zukunft – ein Überblick** 1
  Philipp Berchtold, Jochen Schellinger und Kim Oliver Tokarski

2 **Geschäftsführermodell im semiprofessionellen Fussball** 5
  Benjamin Meyer und Stefan N. Grösser

3 **Diversität und Inklusion von Schwulen und Lesben – ein Lippenbekenntnis Schweizer Grossunternehmen?** 29
  Dimitri Bucher und Andrea Gurtner

4 **Social Media Controlling** 59
  Bathury Thambimuthu, Eduard Klein und Petra Maria Asprion

5 **E-Recruiting in Schweizer KMU** 87
  Marco Chavaillaz und Jochen Schellinger

6 **Social Business City und Social Entrepreneurship im Schweizer Kontext** 127
  Rahel Anna Lovric und Kim Oliver Tokarski

7 **Preisgestaltung für „Contact-Center as a Service (CCaaS)"** 151
  Till Affolter und Martin Wyttenbach

8 **Führung von freiwilligen Mitarbeitenden in NPO** 177
  Agnieszka Banach und Jochen Schellinger

9 **Beschaffung in komplexen IKT-Projekten** 205
  Michael Gerber und Bogdan Lent

**10 Sicherung der Versorgung mit Arzneimitteln
bei außerordentlichen Ereignissen** 231
Michael Flück und Stefan N. Grösser

Verzeichnis der Autorinnen und Autoren 271

Wirtschaftstrends als Herausforderung der Zukunft – ein Überblick

Philipp Berchtold, Jochen Schellinger und Kim Oliver Tokarski

Zusammenfassung

Das vorliegende Werk behandelt ausgewählte Aspekte von für Unternehmen und NPO wichtigen Zukunftstrends. Das Inhaltsspektrum umfasst Themen wie die professionelle Weiterentwicklung von bislang vornehmlich ehrenamtlich geleiteten Amateurvereinen (Professionalisierung), den Umgang mit schwulen und lesbischen Mitarbeitenden in Unternehmen (Diversität), das Social Media Controlling profitorientierten Organisationen, das E-Recruiting in KMUs und die Nutzung von Cloud Computing (neue Informationstechnologien). Im Kontext des Trends zur Entwicklung hin zur Dienstleistungsgesellschaft werden neue Formen zur Förderung des sozialen Unternehmertums (Social Business Cities), der Preisgestaltung für Contact Center as a Service und der Führung von freiwilligen Mitarbeitenden in NPO behandelt. Die Nutzung von Projektmanagement-Methoden in der öffentlichen Verwaltung und die Gestaltung von komplexen Systemen (Trend Komplexität und Projektorientierung) runden das Themenspektrum ab.

P. Berchtold (✉)
Bachelorstudiengang Betriebsökonomie, Berner Fachhochschule, Bern, Schweiz
E-Mail: philipp.berchtold@bfh.ch

J. Schellinger
Masterstudiengang Business Administration, Berner Fachhochschule, Bern, Schweiz
E-Mail: jochen.schellinger@bfh.ch

K.O. Tokarski
Institut Unternehmensentwicklung, Berner Fachhochschule, Bern, Schweiz
E-Mail: kim.tokarski@bfh.ch

© Springer Fachmedien Wiesbaden GmbH 2017
K.O. Tokarski et al. (Hrsg.), *Zukunftstrends Wirtschaft 2020*,
DOI 10.1007/978-3-658-15069-3_1

Ausgelöst durch eine Reihe technologischer Erfindungen, beginnend in der zweiten Hälfte des 18. Jahrhunderts, wurde eine fundamentale und maßgebende Entwicklung eingeläutet, welche unser Wirtschaften und das gesellschaftliche Gefüge bis heute prägt. Der im vorindustrialisierten Europa um sich greifende Pauperismus, verursacht durch ein rapides Bevölkerungswachstum, trieb Menschen aus der ländlichen Unterschicht in die aufstrebenden Städte und schaffte völlig neue Strukturen. Es entstand eine bis dahin nicht existierende soziale Schicht: das Lohnproletariat. Erstmals in der Geschichte wurden Arbeit und Freizeit zeitlich und örtlich getrennt. Die Soziale Frage führte nicht nur zu weitreichenden Konflikten, sondern stieß auch die Entwicklung verschiedener neuer Formen des gesellschaftlichen Zusammenlebens an, man denke dabei an die Entstehung verschiedener Sportvereine, oder legte den Grundstein von vielen heute noch existierenden Non-Profit-Organisationen, wie beispielsweise dem Roten Kreuz.

Wiederum löste eine technologische Entwicklung, die Informations- und Kommunikationstechnologie, insbesondere ab Mitte des zwanzigsten Jahrhunderts eine Entwicklung aus, die unsere Wirtschaft und Gesellschaft ein weiteres Mal fundamental veränderte. Die vorab getrennten Arbeits- und Freizeitwelten vermischen sich wieder scheinbar vollends; profit- und nichtprofitorientierte Organisationen müssen sich nicht nur den neuen Anforderungen stellen, sondern werden nicht selten selber zum Digitalisierungstreiber.

Das vorliegende Werk behandelt vor diesem Hintergrund ausgewählte Aspekte dieser und weiterer Trends hin zur Professionalisierung, zur Diversität, zur Informations- und Dienstleistungsgesellschaft sowie zur Komplexität und projektorientiertem Arbeiten. Das Inhaltsspektrum umfasst dabei Themen wie die Entwicklung bislang vornehmlich ehrenamtlich geleiteter Amateurvereine, den Umgang mit Diversität und Inklusion von Schwulen und Lesben in Unternehmen, das Social Media Controlling profitorientierter Organisationen, das E-Recruiting in KMUs, Social Business Cities, die Preisgestaltung bei Cloud-Computing-Dienstleistern, die Führung freiwilliger Mitarbeitender in Non-Profit-Organisationen, die Nutzung von innovativen Projektmanagement-Methoden in der öffentlichen Verwaltung und die Gestaltung von komplexen Systemen am Beispiel der Sicherstellung der Medikamentenversorgung bei unvorhergesehenen Ausnahmeereignissen.

Der zweite Buchbeitrag *„Geschäftsführermodell im semiprofessionellen Fussball"* widmet sich der Entwicklung von Amateurvereinen, die in der Schweiz oft durch ehrenamtlich tätige Vorstandsmitglieder geführt werden. Die steigende Komplexität überfordert zunehmend die in den Vereinen tätigen motivierten Personen. Ein Ausweg kann durch den Einsatz professioneller Methoden und Modelle der Managementtheorie gefunden werden.

Bleibt die Auseinandersetzung mit *„Diversität und Inklusion von Schwulen und Lesben - ein Lippenbekenntnis in Schweizer Großunternehmen"* oder wird sie als selbstverständlicher Bestandteil einer zukünftigen Unternehmenskultur verstanden? Der dritte Beitrag zeigt mittels einer explorativen Studie die aktuelle Situation bei vier Schweizer Großunternehmen auf. Die dabei befragten Diversity-Verantwortlichen und Mitglieder interner Netzwerke geben interessante Einblicke in den erwarteten Nutzen durch Inklusion von Schwulen und Lesben.

Social Media Controlling wird von den Unternehmen, welche die Bedeutung des Themas erkannt haben, als zwingend notwendig beurteilt. Ein zielführendes Controlling aber auch tatsächlich zu etablieren, stellt für mittlere und insbesondere kleinere Unternehmen eine (zu) große Herausforderung dar. Der vierte Beitrag „*Social Media Controlling*" stellt den aktuellen Stand von Social Media Controlling (SMC) in Schweizer Unternehmen dar, analysiert verfügbare Methoden und Tools und präsentiert eine Handlungsempfehlung für diese Unternehmen. Darüber hinaus wird auf die Notwendigkeit der definierten Ziele im Bereich Social Media, die hierfür zielgerichtete interne und externe Kommunikation, die notwendige Einbettung in der Geschäftsleitung und die notabene notwendige Formulierung einer Social-Media-Controlling-Strategie eingegangen.

Wurde im vierten Beitrag die grundlegende Problematik des Social Media Controlling in Unternehmen betrachtet, so wird im nachfolgenden fünften Artikel ein ebenfalls technologiegetriebenes Thema, das E-Recruitment, aufgegriffen. Der Beitrag „*E-Recruiting in Schweizer KMU*" versucht dem vielfach im umkämpften Arbeitsmarkt vorhandenen Ohnmachtsgefühl kleinerer und mittlerer Unternehmen entgegenzutreten und zeigt diesen auf, wie sie dieses Instrument gerade in Konkurrenz zu Großunternehmen gezielt einsetzen können. Die dabei erhobenen Daten aus einer empirischen Analyse geben Auskunft über die aktuelle Bedeutung von E-Recruitment in Relation zu klassischen Rekrutierungskanälen in Schweizer KMUs. Interessante Ergebnisse ergaben sich beim Vergleich der beiden Kanäle hinsichtlich der Verschlankung der Prozesse bzw. ihrer Effizienz und Effektivität.

Substanzielle umweltbedingte, soziale und kulturelle Herausforderungen rücken in der wirtschaftlichen und gesellschaftlichen Betrachtung immer stärker in den Fokus. Social Entrepreneurship und Social Business kommen dabei zur Lösung dieser Problemstellungen eine besondere Bedeutung zu. Der sechste Beitrag „*Social Business City und Social Entrepreneurship im Schweizer Kontext*" widmet sich dieser Thematik in besonderer Weise. Es wird dabei das Konzept und Instrument Social Business City dargestellt und Handlungsempfehlungen gegeben, wie dieses in Schweizer Städten implementiert werden kann.

Der siebte Fachbeitrag „*Preisgestaltung für Contact Center as a Service (CCaaS)*" passt ebenfalls in den Reigen der technologiegetriebenen disruptiv wirkenden Entwicklungen, ist aber gleichzeitig auch ein weiterer Ausdruck des Trends hin zur Dienstleistungsgesellschaft. Cloud Computing bietet für alle Branchen und insbesondere die Dienstleistungsbranche attraktive Lösungen. Investitionen in eigene IT-Infrastrukturen können durch kundenspezifische und vor allem professionelle IT-Lösungen, die cloudbasiert sind, abgelöst werden. Bei der Preisfestlegung solcher Dienstleistungen herrscht bezüglich der anzuwendenden Parameter noch Klärungsbedarf. Der Beitrag zeigt Möglichkeiten für die Preisgestaltung sogenannter CCaaS-Angebote auf.

Nicht oder kaum wahrgenommen wird das bemerkenswerte Wachstum des Non-Profit-Sektors in modernen Gesellschaften. Nur vereinzelt erscheinen sie im Rampenlicht der Medien, welche sich in der Regel skandalträchtigen Aktivitäten profitgetriebener Unternehmen zuwenden. Non-Profit-Organisationen stehen, wie grundsätzlich alle wachsenden

Organisationen, vor der Herausforderung des Aufbaus professioneller Strukturen. Der achte Artikel *„Führung von freiwilligen Mitarbeitenden in NPO"* widmet sich in diesem Zusammenhang einem speziellen Phänomen: dem hohen Maße an freiwilligen Mitarbeitenden in solchen Organisationen. Ihre Motivation, ihre zugrunde liegenden Werte passen scheinbar nicht in die Mechanismen von Instrumenten professioneller Unternehmensstrukturen. Die erforderliche Professionalisierung von Strukturen in einer Non-Profit-Organisation (NPO) muss, sofern noch nicht vorhanden, zunächst durchgesetzt und etabliert werden, was oftmals nicht ohne Widerstände in der Organisation erfolgt. Darüber hinaus müssen NPOs bei der Einführung professionalisierter Anreizsysteme und Strukturen darauf achten, dass sich nicht statt einer Effizienzerhöhung eine Überbürokratisierung einstellt. Der Beitrag beleuchtet die Problematik der Anwendung von Anreizsystemen in diesem Kontext und gibt Hinweise für eine sinnvolle Umsetzung.

Der neunte Beitrag *„Beschaffung in komplexen IKT-Projekten"* geht auf die komplexer gewordenen Vorgaben im Beschaffungswesen in der öffentlichen Verwaltung ein. Um diese Herausforderungen erfolgreich zu meistern, wurde ein Beschaffungsleitfaden entwickelt. Der Leitfaden basiert auf der bei der Bundesverwaltung für IKT-Projekte vorgegebenen Projektmanagement-Methode HERMES 5. Auf der Basis einer Befragung von 120 Personen aus sechs verschiedenen Abteilungen der Bundesverwaltung der Schweiz und einer theoretisch-konzeptionellen Bestandesaufnahme der Literatur wurden verschiedene Lösungsansätze herausgearbeitet, die in ein HERMES-5-Werkzeug zur konkreten Problembewältigung und Prozessoptimierung münden.

Der zehnte und letzte Beitrag *„Sicherung der Versorgung mit Arzneimitteln bei außerordentlichen Ereignissen"* befasst sich mit dem Thema der Versorgungssicherheit der Schweizer Bevölkerung mit essenziellen Arzneimitteln im Rahmen des „Koordinierten Sanitätsdienstes" KSD im Falle von Krisensituationen wie zum Beispiel Pandemien oder Naturkatastrophen. Die in diesem Zusammenhang vorgegebenen Zielgrößen ergeben eine Problemstellung mit außerordentlicher Komplexität und erfordern für die Umsetzung eine strukturierte Planung. Der Beitrag stellt mittels System-Struktur-Diagrammen wesentliche Einflüsse und Abhängigkeiten dar, die dazu dienen, eine fundierte Strategie aufzubauen.

Die den angeführten fünf Haupttrends zuordenbaren Themenbeiträge zeigen die grosse Bandbreite der vielen, hiermit verbundenen Einzelfragen einer ökonomischen Trendanalyse auf, thematisieren vielfach neuartige empirisch vorfindbare Problemkonstellationen und entwickeln Lösungsansätze für das Management von Unternehmen und NPO.

Geschäftsführermodell im semiprofessionellen Fussball

2

Benjamin Meyer und Stefan N. Grösser

Zusammenfassung

Das Ehrenamt bildet das Fundament des Vereinssports in der Schweiz. Gleichzeitig sinkt jedoch die Bereitschaft zur unbezahlten Arbeit in der Schweiz. Die Anforderungen an ein Ehrenamt steigen zunehmend. Die Aufgaben werden komplexer, während die Vorstandsmitglieder für die geleistete Arbeit keinen Lohn erhalten. Dies ist mit ein Grund, weshalb die anspruchsvollsten Vorstandsämter nur unter größten Schwierigkeiten mit motivierten Personen mit den entsprechenden Kompetenzen besetzt werden können. „Um zu überleben, so heißt es, müsse der Sportverein von der Gesinnungsgemeinschaft zum modernen Dienstleistungsbetrieb werden. Der Verein müsse sich – wie bei den kommerziellen Sportanbietern – vermehrt am Markt orientieren und vermehrt auf bezahlte Mitarbeiter setzen" (Lamprecht et al. 2005, S. 32). Als Amateurverein seine Organisationsstruktur zu verändern ist oftmals nicht nur finanziell, sondern auch aufgrund der fehlenden Wandlungsbereitschaft der Vereinsmitglieder wenig realistisch und umsetzbar. Eine teilweise Professionalisierung hingegen scheint für Amateurvereine in Zukunft unausweichlich. Wie kann ein Verein seine Organisationsstruktur gestalten, um seine operativen Vereinstätigkeiten aufrechtzuerhalten? Wie kann ein Verein genügend personelle und zeitliche Ressourcen, qualitativ und quantitativ, bereitstellen, um zukünftige Herausforderungen zu bearbeiten? Wie ist die wirtschaftliche

---

B. Meyer (✉)
Gerzensee, Schweiz
E-Mail: benjamin_meyer@gmx.ch

S.N. Grösser
Berner Fachhochschule, Bern, Schweiz
E-Mail: stefan.groesser@bfh.ch

© Springer Fachmedien Wiesbaden GmbH 2017
K.O. Tokarski et al. (Hrsg.), *Zukunftstrends Wirtschaft 2020*,
DOI 10.1007/978-3-658-15069-3_2

Tragbarkeit bezüglich Mehrkosten bei einer Anpassung der Organisationsstruktur? Wir zeigen in diesem Buchkapitel das Konzept und den Nutzen des Geschäftsführermodells als Organisationsstruktur für semiprofessionelle Fußballvereine in der Schweiz.

2.1 Einleitung

„Die Schweiz ist ein Land der Vereine. Wo immer sich Personen regelmäßig treffen, da wird auch gleich ein Verein gegründet. Ironisch wird dazu bemerkt, dass eine halbwegs vernünftige Idee genügt, man die Statuten notfalls auch auf einen Bierdeckel schreiben und die Vorstandsämter gleich mit den Gründungsmitgliedern besetzen kann" (Lamprecht et al. 2005, S. 23). Wir befassen uns in diesem Kapitel mit der Zeit, nach der euphorischen Gründungsphase eines Vereins. Die Zeit, in der Gründungsmitglieder[1] von ihren Ämtern und Funktionen zurücktreten und die mühsame Suche nach Nachfolgeregelungen beginnt, um das Fortbestehen des Vereinsbetriebs zu sichern.

Ohne Freiwilligenarbeit kann eine Gesellschaft nicht sein. Freiwilligenarbeit fördert die soziale Integration und schafft Kontakte zwischen verschiedenen Altersgruppen, Kulturen und Bildungsschichten. Im Jahr 2013 sind in der Schweiz 8,7 Mrd. Stunden unbezahlt gearbeitet worden. Der Wert dieser unbezahlt geleisteten Arbeit beläuft sich auf 401 Mrd. Franken (Bundesamt für Statistik BfS 2015, S. 1). Eine Eingrenzung der Freiwilligenarbeit auf den Bereich der Sportvereine zeigt, dass die Vereine zwischen CHF 1,5 bis 1,9 Mrd. aufbringen müssten, wenn alle Leistungen zu marktüblichen Preisen berechnet würden (Lamprecht et al. 2011, S. 12). Werden nur die Fußballvereine betrachtet, so beträgt der Gesamtwert der ehrenamtlich geleisteten Arbeit rund 400 Mio. Franken (Lamprecht et al. 2012, S. 10). Somit werden im Sportbereich in den Fußballvereinen die meisten ehrenamtlichen Arbeiten verrichtet. Das Ehrenamt bildet das Fundament des Vereinssports in der Schweiz. Gleichzeitig sinkt jedoch die Bereitschaft zur unbezahlten Arbeit in der Schweiz. Die Gewinnung und Bindung von Mitarbeitenden im Ehrenamt ist eine große Herausforderung. So stufen 87 % der Sportvereine die Gewinnung und Bindung von Vorstandsmitgliedern als problematisch ein. Bei rund 40 % handelt es sich dabei um ein großes bis sehr großes Problem. Durch die schwindende Vereinsbindung und die vermehrte Konsumhaltung der Vereinsmitglieder ist das Finden ehrenamtlicher Mitarbeitender schwieriger geworden (Lamprecht et al. 2011, S. 16 ff.). „Um zu überleben, so heißt es, müsse der Sportverein von der Gesinnungsgemeinschaft zum modernen Dienstleistungsbetrieb werden. Der Verein müsse sich – wie bei den kommerziellen Sportanbietern – vermehrt am Markt orientieren und vermehrt auf bezahlte Mitarbeiter setzen" (Lamprecht et al. 2005, S. 32).

---

[1]Zur einfacheren Lesbarkeit werden geschlechtsneutrale Formulierungen benutzt. In jedem Fall gilt die männliche Form auch für die weibliche und umgekehrt.

2 Geschäftsführermodell im semiprofessionellen Fussball

Als Amateurverein seine Organisationsstruktur zu verändern ist oftmals nicht nur finanziell, sondern auch aufgrund der fehlenden Wandlungsbereitschaft der Vereinsmitglieder wenig realistisch und umsetzbar. Eine teilweise Professionalisierung hingegen scheint für Amateurvereine in Zukunft unausweichlich. Wie kann ein Verein seine Organisationsstruktur gestalten, um seine operativen Vereinstätigkeiten aufrechtzuerhalten? Wie kann ein Verein genügend personelle und zeitliche Ressourcen, qualitativ und quantitativ, bereitstellen, um zukünftige Herausforderungen zu bearbeiten? Wie ist die wirtschaftliche Tragbarkeit bezüglich Mehrkosten bei einer Anpassung der Organisationsstruktur? Wir diskutieren in diesem Buchkapitel das Konzept des Geschäftsführermodells als Organisationsstruktur für semiprofessionelle Fußballvereine in der Schweiz.

Eine allgemeingültige Definition von Ehrenamtlichkeit existiert nicht. Unter „Ehrenamt", „ehrenamtliche Tätigkeit" und „freiwilliges Engagement" verstehen wir jede Form der verbindlicheren und freiwilligen Mitarbeit im Sportverein, unbezahlt oder gegen geringe Aufwandsentschädigung bis CHF 2000. Dies gilt auch dann, wenn es sich nicht um ein Amt handelt, in das eine Person gewählt wurde. Die klassischen Ämter sind hierbei Vorstandsmitglieder, Vereinsfunktionäre, Trainer und Schiedsrichter in einem Sportverein.

Diese Arbeit gliedert sich in sechs Abschnitte. Abschn. 2.2 beschreibt die Ausgangslage von Schweizer Amateurfußballvereinen. Abschn. 2.3 erklärt die Organisationsstruktur „Geschäftsführermodell" und beschäftigt sich mit Konzepten der Organisationslehre für die Entwicklung und die Einführung dieser Organisationsform bei Amateurvereinen. Abschn. 2.4 beschreibt die gewählte Forschungsmethodik. Die Fallstudie in Abschn. 2.5 zeigt die Implementierung des Geschäftsführermodells beim FC Gerzensee. Der abschließende Abschn. 2.6 diskutiert die wichtigsten Erkenntnisse.

2.2 Situation in Schweizer Fußballvereinen

Der Schweizerische Fußballverband zählt 1450 Mitgliedervereine und in den Fußballklubs sind rund 320.000 Aktivmitglieder registriert. Gemessen an der Anzahl Mitgliedervereine ist der Fußballverband der drittgrößte[2] Sportverband der Schweiz; gemäß der Anzahl Aktivmitglieder der zweitgrößte (Lamprecht et al. 2012, S. 2). 272.000 der Mitglieder besaßen 2010 eine offizielle Fußballerspiellizenz. Seit 1995 ist die Anzahl der Mitgliedervereine stabil, während die Anzahl lizenzierter Mitglieder im gleichen Zeitraum um über 70.000 Personen angestiegen ist. Entsprechend sind in den vergangenen 15 Jahren viele Klubs beträchtlich gewachsen, was einen erheblichen Mehraufwand in allen Bereichen bedeutet (Schweizerischer Fußballverband 2012). Neben den lizenzierten Aktivmitgliedern haben Fußballvereine Mitglieder ohne Lizenzen, Passivmitglieder,

---

[2]Mehr Mitgliedervereine zählen der Schweizerische Turnverband (3300) und der Eidgenössische Schiesssportverband (3100) (Lamprecht et al. 2012, S. 2).

Ehrenmitglieder, Freimitglieder oder Gönner. Ein durchschnittlicher Fußballklub besteht aus 188 aktiven Mitgliedern, 84 passiven Mitgliedern und insgesamt 312 Mitgliedern. Die Größe eines Fußballvereins definiert sich nach der Anzahl der aktiven Mitglieder:

Kleinverein	(bis 100 Aktivmitglieder)	23 % der Vereine
Mittelgroßer Verein	(101 bis 300 Aktivmitglieder)	50 % der Vereine
Großer Verein	(über 300 Aktivmitglieder)	27 % der Vereine

Drei von vier Fußballvereinen haben weniger als 300 aktive Mitglieder und gelten als Kleinverein beziehungsweise mittelgroßer Verein (Lamprecht et al. 2012, S. 3).

In den Schweizer Fußballklubs werden rund 32.000 Ämter durch Ehrenamtliche besetzt. Im Durchschnitt besetzt ein Fußballklub 22 Positionen mit Freiwilligen. Im Schnitt werden 21 h/Monat für das Amt aufgewendet. Dies sind beinahe doppelt so viele Stunden wie der Durchschnitt aller Sportvereine (12 h/Monat). Es fällt auf, dass Ehrenämter in Fußballvereinen mehr Zeit und Ressourcen benötigen. Der geschätzte Gesamtaufwand der Ehrenamtlichen liegt bei 4300 Vollzeitstellen mit einem Gesamtwert von CHF 300 bis 400 Mio. (Lamprecht et al. 2012, S. 13, 26).

Die Bereitschaft zur ehrenamtlichen Mitarbeit stellt für die Fußballvereine die größte Herausforderung dar (vgl. Abb. 2.1). Für drei Viertel der Fußballklubs sind die Gewinnung und Bindung von Trainern und von Vorstandsmitgliedern ein mittleres und für jeden sechsten Verein ein sehr großes Problem. Für zahlreiche Vereine ist das Problem so gravierend, dass sie ihre Existenz gefährdet sehen. Dabei spielt die Größe des Fußballvereins keine Rolle. In jeder Kategorie wird das Ehrenamt als größtes Problemfeld angegeben (Lamprecht et al. 2012, S. 22).

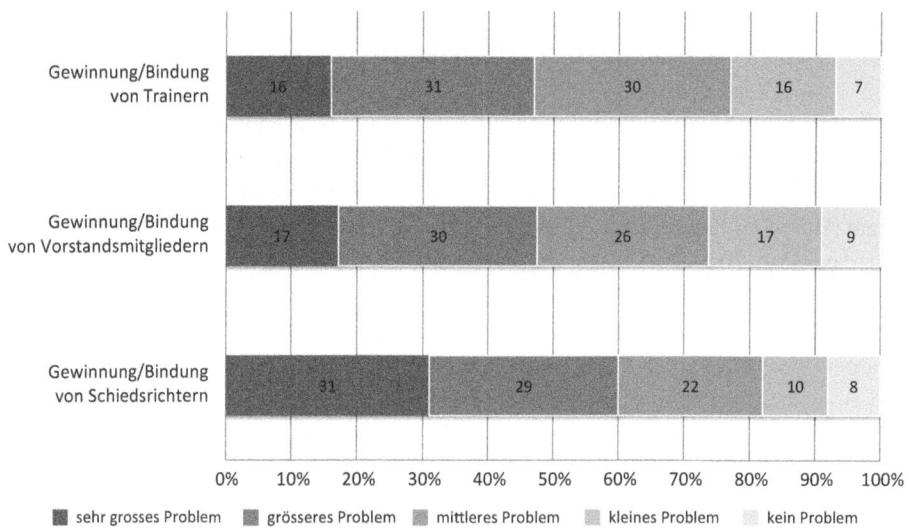

Abb. 2.1 Sorgenbarometer der Fußballvereine. (Lamprecht et al. 2012, S. 21)

Neben dem Aspekt der fehlenden Quantität stellt sich auch die Frage nach der Qualität der verfügbaren potenziellen Vorstandsmitglieder, da die Anforderungen zunehmend steigen. Die Aufgaben werden komplexer, während die Vorstandsmitglieder für die geleistete Arbeit keinen Lohn erhalten. Dies ist mit ein Grund, weshalb die anspruchsvollsten Vorstandsämter (beispielsweise Kassier- und Präsidialamt) nur unter größten Schwierigkeiten mit motivierten Menschen mit den entsprechenden Kompetenzen besetzt werden können. Jeder Wechsel ist mit der mühevollen Suche nach einer geeigneten Lösung verbunden. Zudem schrecken schlecht organisierte Vereine potenzielle Freiwillige ab, sich aktiv einzubringen. Durch die verstärkte Konsumhaltung der Mitglieder wird der Sportverein zunehmend als Dienstleister angesehen und weniger als Interessenvertretung. Dies begünstigt ein Trittbrettfahrerverhalten (vgl. Abb. 2.2).

Es handelt sich um selbstverstärkende Dynamiken. In dem Umfang, wie die Belastung der Ehrenamtlichen wächst, sinkt die Bereitschaft, diese Belastung auf sich zu nehmen. Nimmt die Anzahl der Ämter und Aufgaben zu, steigen die Anforderungen an ein Ehrenamt. Viele Mitglieder fühlen sich schließlich nicht in der Lage, betreffende Ämter zu übernehmen oder mit der gleichen Qualität weiterzuführen. Während also die Anforderungen an geeignete Nachfolgende steigen, nimmt die Anzahl Freiwillige ab, die sich für ein Ehrenamt zur Verfügung stellen. Daraus folgt, dass bestehende Funktionäre abermals zusätzliche Aufgaben übernehmen müssen, was zu einer Ämterkumulation und zu einer größeren Arbeitsbelastung führt. Dies wiederum hemmt die Bereitschaft potenzieller Nachfolgender nun noch zusätzlich – gefangen in Teufelskreisen (Abb. 2.2).

Die Probleme bei der Besetzung von Ämtern sind allgegenwärtig. Da für die Zukunft kein erhöhtes Engagement der Mitglieder zu erwarten ist, schlägt Ammann (2004) vor, die Rekrutierung Ehrenamtlicher grundsätzlich zu überdenken. Lamprecht et al. (2005, S. 115) bringen es auf den Punkt: „Wie schwierig das Suchen von Ehrenamtlichen auch sein mag, es gibt dazu keine Alternative." Um daraus auszubrechen, wird häufig eine Veränderung des Vereinssports vom traditionellen Sportverein zum modernen Sportverein proklamiert (vgl. Tab. 2.1). Um zu überleben, müsse sich der Sportverein von der

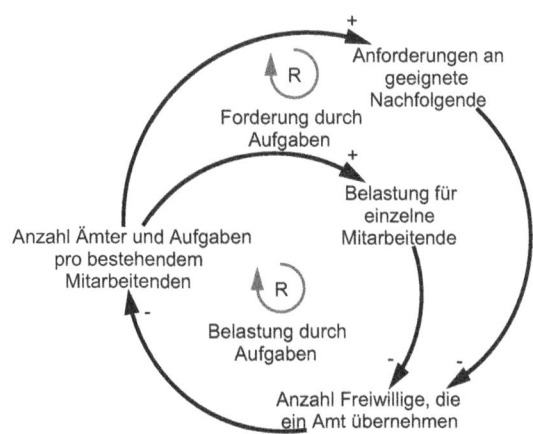

Abb. 2.2 Teufelskreise des Trittbrettfahrerverhaltens. (In Anlehnung an Senn et al. 2004, S. 32)

Tab. 2.1 Vereinsentwicklung: Von Solidargemeinschaft zu Dienstleistungsbetrieb. (Emrich et al. 2001, S. 27; Baur et. al. 2003, S. 163)

	„Traditioneller" Sportverein	„Moderner" Sportverein
Vereinskonzept	Solidargemeinschaft	Dienstleistungsbetrieb
Mitarbeiterstruktur	Ehrenamtlich	Bezahlt, professionell
Engagement für Verein	Hohe Bereitschaft zur freiwilligen Mitarbeit	Geringe Bereitschaft zur freiwilligen Mitarbeit
Angebotsstruktur	Angebotsorientiert	Nachfrageorientiert
Offenheit	Tendenz zur sozialen Schließung	Tendenz zur sozialen Öffnung
Mitgliederstruktur	Traditionelle Vereinsklientel	Vielschichtige Klientel
Mitgliederbeziehung	Zweck- und wertorientiert „emotional"	Zweckorientiert „distanziert"
Mitgliederinteressen	Homogen	Heterogen
Mitgliederbindung	Dauerhaft, geringe Fluktuation	Hohe Fluktuation
Zukunftsprognose	Überholt	Zukunftsorientiert

Solidargemeinschaft zum modernen Dienstleistungsbetrieb wandeln (Lamprecht et al. 2005, S. 32).

Durch die verstärkte Kundenhaltung der Mitglieder wird der Sportverein zunehmend als Dienstleister angesehen und weniger als Interessenvertretung – ein Vereinsengagement reduziert sich entsprechend. Die Schwierigkeit bei der Akquise von Ehrenamtlichen ist nicht neu. Jütting et al. (2003) verweisen darauf, dass freiwilliges, unentgeltliches Engagement grundsätzlich ein knappes Gut sei. Die Mitgliederbeziehung im modernen Sportverein, der als Dienstleistungsbetrieb organisiert ist, bezeichnen Emrich et al. (2001) und Baur et al. (2003) als zweckorientiert und distanziert. Ein Amateurverein strebt kaum nach diesem Zustand der Anonymität. Ein Übergang von der Solidargemeinschaft zum Dienstleistungsbetrieb hat nicht stattgefunden (Cachay et al. 2001). Als kleiner oder mittelgroßer Verein die ganze Palette des „modernen" Sportvereins abzudecken, ist auch heutzutage nicht realistisch. Eine gewisse Professionalisierung hingegen scheint für kleinere und mittlere Amateurvereine in Zukunft dennoch unausweichlich.

2.3 Das Geschäftsführermodell

Im Folgenden wird die Idee des Geschäftsführermodells aufgezeigt. Danach wird die Organisationsstruktur diskutiert, wie das Geschäftsführermodell organisatorisch ausgestaltet und in den Verein hierarchisch integriert werden kann. Schließlich wird das Anforderungsprofil an einen Geschäftsführer skizziert und auf mögliche Finanzierungen eingegangen.

2.3.1 Idee

Im Rahmen des *Geschäftsführermodells* werden anspruchsvolle Vereinsaufgaben zu Modulen zusammengefasst, mit einem Zeitaufwand bemessen, monetär bewertet und an einen Geschäftsführer ausgegliedert, welcher die Arbeitsleistung zu marküblichen Preisen erbringt. Als Grundlage dient das Gemeindemodell des öffentlichen Sektors in der Schweiz. Die Vereinsführung besteht aus einem Vereinsvorstand (in der Funktion analog eines Gemeinderats) und einem Geschäftsführer (in der Funktion analog eines Gemeindeschreibers). Der Vereinsvorstand konzentriert sich auf seine Kernaufgaben und ist zuständig für die strategische Führung des Vereins. Die definitive Entscheidungsbefugnis liegt nach wie vor beim Vorstand. Ein Teil des operativen Tagesgeschäfts wird an den Geschäftsführer delegiert beziehungsweise ausgegliedert. Der Endzweck besteht darin, den Vorstand administrativ zu entlasten. In Anlehnung an Meier (2003, S. 198) überwacht der Geschäftsführer die Verwaltungsabläufe, bereitet Entscheidungen vor, kontrolliert einen ordnungsgemäßen Sport- und Übungsbetrieb und trägt durch Erschließung neuer Tätigkeitsbereiche zur Weiterentwicklung des Vereins bei.

Bei einer Neuorganisation der Vereinsstrukturen stellt sich die Frage, welche Aufgaben zu Stellen zusammengefasst werden beziehungsweise welche Ämter es in der neuen Organisationsstruktur des Geschäftsführermodells neu zu schaffen gilt. Durch die Heterogenität der Vereine gibt es keine allgemeingültige Antwort.

2.3.2 Optionen der hierarchischen Eingliederung eines Geschäftsführers

Bei der hierarchischen Eingliederung eines Geschäftsführers stellen sich zwei Fragen: Soll der Geschäftsführer in den Vereinsvorstand eingebunden sein? Wird der Geschäftsführer im Auftrags- oder im klassischen Arbeitsverhältnis angestellt? Abb. 2.3 zeigt die vier möglichen Konstellationen, wie ein Geschäftsführer in einen Verein eingebunden werden kann.

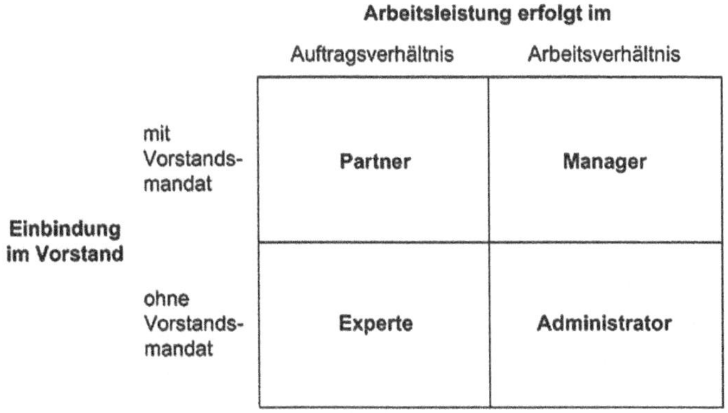

		Arbeitsleistung erfolgt im	
		Auftragsverhältnis	Arbeitsverhältnis
Einbindung im Vorstand	mit Vorstandsmandat	Partner	Manager
	ohne Vorstandsmandat	Experte	Administrator

Abb. 2.3 Konstellationen der Einbindung des Geschäftsführermodells

Als *Partner* wählt der Geschäftsführer die Art und Weise der Arbeitserfüllung eigenständig. Die Geschäftsstelle ist als Personen- oder Kapitalgesellschaft organisiert. Durch das Vorstandsmandat ist der Geschäftsführer auf der strategischen Ebene eingebunden, obwohl die Arbeitsleistung im Auftragsverhältnis erfolgt. Die Hauptversammlung des Vereins wählt den Geschäftsführer in sein Amt. In der Rolle des *Experten* ist die Geschäftsstelle ebenfalls als Personen- oder Kapitalgesellschaft organisiert. Die Arbeitsleistung des Geschäftsführers wird im Auftragsverhältnis erbracht. Im Gegensatz zur Variante „Partner" herrscht eine klare Trennung von der strategischen und operativen Ebene, da der Geschäftsführer nicht mit einem Vorstandsmandat ausgestattet wird. Der Geschäftsführer wählt die Art und Weise der Vertragserfüllung der ausgelagerten Vereinstätigkeiten selbst. In der Rolle des *Administrators* ist der Geschäftsführer ebenfalls nicht auf der strategischen Ebene eingebunden. Durch die vertragsrechtliche Weisungsbefugnis des Präsidenten wird die Art und Weise der Arbeitserfüllung seitens des Vereins vorgegeben. Als *Manager* ist der Geschäftsführer auf der strategischen Ebene eingebunden. Die Hauptversammlung des Vereins wählt den Geschäftsführer in sein Amt. Durch das vertragsrechtliche Arbeitsverhältnis hat er sich in der Auftragserfüllung nach den Weisungen des Präsidenten zu richten. Abb. 2.4 zeigt die vier möglichen Konstellationen der Einbindung des Geschäftsführers im Gesamtverein.

Tab. 2.2 zeigt die Rolle des Partners, Experten, Managers und Administrators differenziert nach Kriterien im Überblick. Die Kriterien zeigen Bedürfnisse und Hürden der verschiedenen Rollen auf. Dabei handelt es sich um eine mögliche von den Autoren

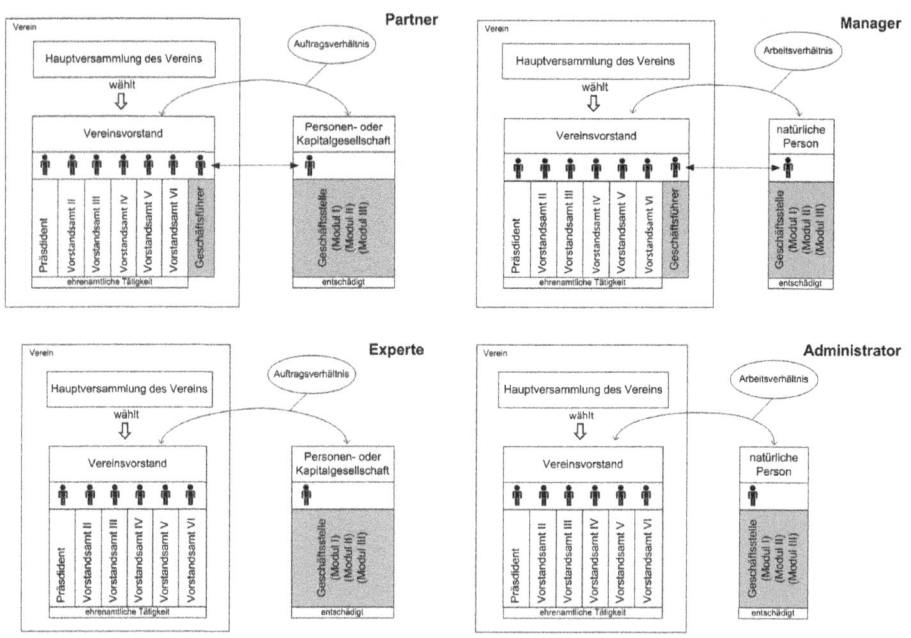

Abb. 2.4 Mögliche Konstellationen zur Einbindung des Geschäftsführermodells

getroffene Auswahl. Die Auflistung ist nicht abschließend. Dadurch werden die Unterschiede der verschiedenen Rollen ersichtlich und es lassen sich mögliche Vor- und Nachteile für den Verein beziehungsweise den Geschäftsführer ableiten. Ob es sich um einen Vor- oder Nachteil handelt, ist im individuellen Vereinskontext zu betrachten. Die mit „X" ausgefüllten Felder markieren Aspekte, die mit der jeweiligen Rolle übereinstimmen.

2.3.3 Finanzierung des Geschäftsführermodells

Es stellt sich die Frage, wie ein Verein das Geschäftsführermodell finanzieren kann. Prinzipiell sind zwei Ansätze möglich: Entweder werden die Mehrkosten mittels neuen Einnahmequellen erschlossen oder es werden auf der Ausgabenseite Einsparungen erzielt.

Tab. 2.2 Die Rollen des Geschäftsführers differenziert nach Kriterien

Kriterium	Partner	Manager	Administrator	Experte
Klare Trennung von strategischer und operativer Ebene			X	X
Hürde Hauptversammlung: Sie muss den Geschäftsführer ins Vorstandsamt wählen	X	X		
Der Geschäftsführer ist in Form einer Personen- oder Kapitalgesellschaft organisiert	X			X
Grundsätzlich jederzeitiges Widerrufrecht des Auftrages	X			X
Kündigungsfristen nach Berner Skala		X	X	
Abrechnen von Sozialversicherungsbeiträgen[a], Pensionskassenleistungen[b] und SUVA		X	X	
Weisungsrecht des Vorstands gegenüber dem Geschäftsführer in der Art und Weise der Arbeitserfüllung		X	X	
Arbeitsmittel müssen vom Verein zur Verfügung gestellt werden		X	X	
Gefahr eines Schattenvorstands durch allfällige Machtfülle des Geschäftsführers	X	X	X	X
Größere Motivation durch Übernahme von Verantwortung in einem Vorstandsamt	X	X		
Höheres Commitment zum Vorstand aufgrund des Mitbestimmungsrechts	X	X		

[a]Es besteht eine Freigrenze bei der AHV/IV/EO/ALV Beitragspflicht von CHF 2300 (Stand 2016) pro Jahr (Bundesamt für Sozialversicherungen BSV 2016a)
[b]Der Anschluss an eine Vorsorgeeinrichtung ist für jene Arbeitnehmende obligatorisch, deren Löhne AHV-pflichtig sind und den Mindestbetrag von CHF 21.150 (Stand 2016) überschreiten (Bundesamt für Sozialversicherungen BSV 2016b)

Der finanzielle Bedarf definiert sich einerseits aus der Anzahl und Ausgestaltung der Module, andererseits aus dem Anforderungsprofil an den Geschäftsführer. Der zugrunde liegende Kostenansatz ist individuell. Auch mögliche Leistungen wie ein 13. Monatslohn oder Ähnliches sind kontextabhängig.

Der finanzielle Aspekt ist generell die größte Herausforderung bei der Einführung des Geschäftsführermodells. „Trotz relativ geringer Professionalisierung stellen die Personalkosten bereits heute den größten Ausgabeposten einer durchschnittlichen Vereinsrechnung dar" (Lamprecht et al. 2012, S. 18). Es besteht die Möglichkeit, einen Teil der Mehrkosten über eine Erhöhung der Mitgliederbeiträge abzufedern. Für die meisten Vereine bilden die Mitgliederbeiträge die wichtigste Einnahmequelle. Sie machen zusammen mit eventuellen Aufnahmegebühren und Sonderbeiträgen 25 % einer durchschnittlichen Vereinsrechnung aus (Lamprecht et al. 2012, S. 18). Dabei müssten die Mehrkosten durch die Anzahl der Aktivmitglieder dividiert und überwälzt werden. Durch die unvorhersehbare Fluktuation wählt der Verein idealerweise für die Bestimmung der Mitgliederanzahl einen Durchschnittswert des Mitgliederbestandes der letzten fünf Jahre. Dies unter der Voraussetzung, dass grundsätzlich von stabilen zukünftigen Verhältnissen (z. B. keine geplanten Mannschaftsrückzüge) ausgegangen werden kann.

Eine Erhöhung der Mitgliedsbeiträge ist meist ein heikles Thema. Es ist deshalb elementar, in der Kommunikation mit dem Vereinsmitglied das Gesamtbild des Geschäftsführermodells aufzuzeigen. Einerseits stellt es gegebenenfalls die unumgängliche Organisationsstruktur zur Sicherung des Fortbestehens dar, andererseits wird das einzelne Mitglied entlastet und erhält durch den erhöhten Dienstleistungsgedanken professionelle Leistungen.

Das Modell soll keineswegs nur Kosten generieren. Je nach Ausgestaltung können neue Einnahmequellen erschlossen oder bestehende Einnahmequellen ausgebaut werden. Mit einem erhöhten Professionalisierungsgrad wird der Verein für potenzielle Sponsoren attraktiver. 90 % der Fußballklubs führen Einnahmen durch Werbung und Sponsoren auf. Diese Einnahmen sind allerdings höchst ungleich verteilt. Drei von fünf Vereinen haben gar keine Einnahmen aus Werbung und Sponsoren. Beim nächsten Fünftel liegen diese bei unter 5000 Franken. Nur gerade 4 % aller Vereine erhalten 80 % aller Einnahmen aus Werbung und Sponsoring (Zürcher Kantonalverband für Sport 2012, S. 22). Dies zeigt, welches potenzielle Kapital in vielen Vereinen und Regionen nicht genutzt wird. Ein Geschäftsführer kann diese Quellen erschließen und damit seine Arbeit legitimieren. Letztendlich ist es Aufgabe des Vereinsvorstands, innovative und kreative Ideen herauszuarbeiten, um weitere Einnahmequellen zu generieren.

Es ist wichtig, bei der Klärung der Finanzierung nicht nur die monetäre Ebene zu betrachten. Das Geschäftsführermodell stellt eine Attraktivitätssteigerung gegenüber potenziellen Trainern und Spielern dar. Gut funktionierende Vereinsstrukturen und ein gutes Vereinsimage können für Spielerwechsel selbst auf Amateurebene ausschlaggebend sein. Je nach Ausgestaltung der Geschäftsstelle unterstützt und erleichtert diese die Traineraufgaben in Bezug auf Organisation und Koordination maßgeblich, was einen Mehrwert für die Trainerarbeit darstellt. Weiter wird die Aufgabenlast für Funktionäre reduziert. Oftmals haben Vereinsverantwortliche gute Ideen für Events und Erlebnisse, während es an der Umsetzung beziehungsweise an der verfügbaren Zeit scheitert. Durch das Modell wird von einer geringeren Fluktuation und besseren Besetzungsmöglichkeiten bei Ehrenämtern ausgegangen, was eine große Zeitersparnis zur Folge hat. Auch gewonnene Synergien aus der Administration und Koordination lassen sich schwer in finanziellen Zahlen erfassen. Schließlich steht der Sicherung des Fortbestehens eine neu „gewonnene" Professionalisierung des Vereins gegenüber (vgl. Abb. 2.5).

2.3.4 Anforderungsprofil an den Geschäftsführer

In Sportvereinen erfolgt die Zuteilung der Ämter in der Regel nicht aufgrund stellenbasierter Kompetenzzuschreibungen, sondern aufgrund der Persönlichkeitseigenschaften (Meier 2003, S. 155). Somit muss bei der Vergabe der Stelle des Geschäftsführers ein Umdenken stattfinden. Es können nicht die gleichen Kriterien wie für die Vergabe eines Ehrenamts herangezogen werden. Grundsätzlich kommt es darauf an, wie sich das Stellenprofil präsentiert. Dieses lässt sich aus den Modulen ableiten, welche die dem Geschäftsführer zugewiesen werden sollen. Aufgrund des Stellenprofils kann ein individuelles Anforderungsprofil erstellt werden. Folgende Anforderungen an den Geschäftsführer sind denkbar: kaufmännische Ausbildung, Kenntnisse in der Rechnungsführung, starker Bezug zum Breitenfußball, persönliche Bindung zum Verein, Kennen der wirtschaftlichen Verhältnisse in der Region, Erfahrung im Vorstandswesen (bestenfalls ehemaliges Vorstandsmitglied), Organisationstalent und offene sowie kommunikative Persönlichkeit. Zudem ist eine gewisse Flexibilität hilfreich, da die Arbeitslast je nach Jahreszeit schwankt. Die Hauptlast der Arbeit fällt in den Monaten des Spielbetriebs an (März bis Oktober). Zudem sind Loyalität und Vertrauen weitere zentrale Kriterien.

Da es sich nicht um eine Vollzeitstelle handelt, müsste der Geschäftsführer selbstständig erwerbstätig sein oder einem reduzierten Arbeitspensum nachgehen. Die Teilzeitarbeit erlaubt die Ausführung der Stelle auch für hoch qualifizierte Arbeitnehmer

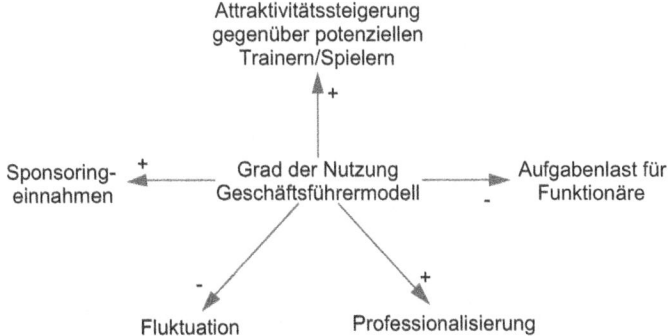

Abb. 2.5 Grad der Nutzung des Geschäftsführermodells

im Nebenjob. Einer gut ausgebildeten Hausfrau oder einem Hausmann ermöglicht das Amt des Geschäftsführers neue Perspektiven in einem interessanten und anspruchsvollen Arbeitsgebiet. So lässt sich das Geschäftsführermodell mit dem Trend zur Teilzeitarbeit in Einklang bringen. Möglich wäre auch eine Besetzung der Stelle durch eine pensionierte Person. Die heute immer größer werdende Gruppe der gesundheitlich und geistig agilen Senioren könnte ihre Lebenserfahrung, ein umfangreiches Beziehungsnetz und gutes fachliches Know-how gewinnbringend nutzen.

2.4 Forschungsmethodik

Im Rahmen dieser Studie verwenden wir den Fallstudienansatz nach Yin (2013). Wir betrachten einen innovativen Schweizer Fußballverein, der die Organisation des Geschäftsführermodells einführte. Wir wählen den FC Gerzensee. Er ist als Dorfverein mit regional begrenztem Einzugsgebiet ein typisches Beispiel für einen mittelgroßen Fußballverein in der Schweiz. Durch persönlichen Zugang erhalten die Autoren einen umfassenden Einblick in die Vereinsstrukturen und interne Dokumente. Die Analyse soll Aufschluss darüber geben, warum der FC Gerzensee das Geschäftsführermodell als neue Organisationsstruktur wählte und wie das Geschäftsführermodell ausgestaltet sowie im Verein implementiert wurde. Zudem soll die Finanzierung aufgezeigt werden. Damit werden die theoretischen Ansätze des Geschäftsführermodells getestet und die Möglichkeit der breiten Einführung des Modells auf Amateurfußballebene aufgezeigt. Die Ausführungen nach Emrich et al. (2001) und Baur et al. (2003) über den traditionellen Sportverein beziehungsweise über den modernen Sportverein wird zu einem Modell ausgeweitet, das als Werkzeug für Vereinsverantwortliche in Bezug auf eine Standortbestimmung respektive Zielvorstellung dienen kann. Der operative Nutzen des Geschäftsführermodells für den Verein wird ebenfalls diskutiert.

2.5 Fallstudie: Geschäftsführermodell für den FC Gerzensee

2.5.1 Entwicklung der Problemsituation beim FC Gerzensee

Der FC Gerzensee wurde 1994 gegründet. Im Jahr 2010 umfasste der Verein rund 150 Aktivmitglieder. Die Jahresrechnung lag bei rund CHF 130.000 und die Bilanzaktiva betrugen rund CHF 300.000. Der Verein hatte aufgrund der schwindenden Bereitschaft zur Übernahme von ehrenamtlichen Tätigkeiten seiner Mitglieder Schwierigkeiten. Während der Verein und der Spielbetrieb immer größere Dimensionen annahmen, stiegen auch die Anforderungen an die einzelnen Vorstandsmitglieder. In den ersten Jahren war der Verein stark durch die Mitarbeit der Gründungsmitglieder geprägt. Nachdem die Mitglieder dieser Generation nach langjährigem ehrenamtlichem Engagement und geprägt durch ihre Gründungseuphorie nacheinander ihre Ämter ablegten, übernahm eine neue Generation die Verantwortung in der Vereinsführung. Es folgte eine Zeit mit hoher Fluktuationsrate im Vorstand. Eine Schwierigkeit in der Suche nach geeigneten Nachfolgern bestand darin, dass der Verein noch sehr jung war und über keine Mitglieder des „älteren Semesters" verfügte, die bereit waren die Ämter zu übernehmen.

Zudem wurden die Aufgaben komplexer. Kein Vorstandsmitglied erhielt ein Entgelt für die geleistete Arbeit. Die Abgeltung von Aufwand erfolgte in Form einer symbolischen Spesenentschädigung. Dies war mit ein Grund, dass die anspruchsvollsten Vorstandsämter (Kassier, Werbechef, Juniorenobmann und Präsident) nur noch unter größten Schwierigkeiten adäquat, das bedeutet mit motivierten Menschen, die entsprechende Kompetenzen mitbringen, besetzt werden konnten. Jeder Wechsel war mit einer mühevollen Suche nach einer geeigneten Nachfolgelösung verbunden. Einzelne Vorstandsämter blieben über lange Zeit oder sogar dauerhaft vakant.

Der amtierende Präsident gab wegen neuen beruflichen Herausforderungen und Zeitmangel seine Demission zum Sommer 2011 bekannt. Zusammen mit dem Amt des Kassiers bildete dies die zweite Vakanz im Vorstand. Weitere Rücktritte von Vorstandsmitgliedern waren zudem angekündigt. Die über ein Jahr lang dauernde Suche nach einem neuen Kassier blieb erfolglos. Aus den Diskussionen innerhalb des Vorstands kristallisierte sich heraus, dass sich für eine Übernahme des Präsidialamts kein Vorstandsmitglied zur Verfügung stellte. Einzig der Vize-Präsident zeigte sich unter bestimmten Voraussetzungen gesprächsbereit. Seine berufliche Situation sowie sein anderweitiges Engagement im Verein als Spieler und Juniorentrainer ließen jedoch keinen Platz für die Ausübung des Präsidialamts in der bisherigen Organisationsstruktur. Ein Organisationskomitee wurde beauftragt, Abklärungen und Konzepte für alternative Vereinsführungsmodelle auszuarbeiten. Von der Konzeption bis zur Implementierung standen lediglich 9 Monate zur Verfügung. Tab. 2.3 zeigt die Einführung des Geschäftsführermodells im Zeitverlauf.

2.5.2 Wandel und Einbindung der Mitglieder

Die Einführung eines Geschäftsführers stellte einen revolutionären organisatorischen Wandel dar (Mueller-Stewens und Lechner 2010). Durch die Demission des Präsidenten und die bestehenden Vakanzen musste das Wandlungsprojekt rasch umgesetzt werden – ein schrittweises Vorgehen war nicht möglich. Es stellte sich bei der Umsetzung die Frage, wie das Wandlungskonzept bei den Mitgliedern durchgesetzt und eine Akzeptanz erreicht werden kann. Einerseits herrschte die Überzeugung, dass ein Verein im Ehrenamt geführt werden sollte. Es zeigte sich als ein Paradoxon, weil sich zum Ende hin niemand für die Übernahme eines Amtes zur Verfügung stellte. Der Grund liegt bei den „mentalen Modellen"[3], die durch lange Gewöhnung tief im Unterbewusstsein verankert und dadurch beson-

---

[3]Mentale Modelle sind vereinfachte Modelle im Kopf eines Menschen, die das reale Geschehen beschreiben und erklären. Sie steuern das Verhalten und sie bestimmen, was Menschen wahrnehmen, wie sie fühlen und auf welche Reize sie reagieren (Krüger 2009, S. 200).

Tab. 2.3 Einführung des Geschäftsführermodells im Zeitverlauf

Datum	Aktion
5. Oktober 2010	Präsident informiert den Vorstand über seine Demissionsgedanken
19. Oktober 2010	Organisationskomitee beginnt mit der Konzeptionierung einer neuen Vereinsstruktur
8. Dezember 2010	Präsident informiert über seinen definitiven Demissionsentschluss
8. Februar 2011	Schreiben an Mitglieder mit der Information über den Rücktritt, die Vakanzen und der Idee der Einführung eines Geschäftsführermodells. Bitte um alternative Ideen und Konzepte mit der Aufforderung, wer ein Vorstandsamt (Präsident, Kassier) übernehmen will, soll sich melden. Anmerkung, dass in der Zwischenzeit die Idee eines Geschäftsführermodells weiter ausgearbeitet wird
Februar/März 2011	Lediglich ein Mitglied zeigt Bereitschaft sich aktiver im Verein zu engagieren, jedoch ohne Vorstandsmandat. Verhandlungen mit einem möglichen Geschäftsführer laufen
25. April 2011	Informationsschreiben an die Mitglieder mit Information über die ernüchternden Rückmeldungen. Präsentation eines Konzeptvorschlags. Vorschlag eines Geschäftsführers und eines möglichen Vorstands
4. Mai 2011	Einladung an die außerordentliche Hauptversammlung vom 24. Mai 2011
24. Mai 2011	Beschluss über die Einführung des Geschäftsführermodells zur Saison 2011/2012. Statutenänderung. Wahl des neuen Vorstands. Fazit: drei kritische Stimmen; Annahme ohne Gegenstimme mit einer Enthaltung
1. Juli 2011	Der Geschäftsführer und der neue Vorstand nehmen ihre Arbeit auf

ders schwer zu ändern sind (Krüger 2009; Groesser und Schaffernicht 2012). Der Wandlungsbedarf lag darin, dass aufgrund der prekären Ausgangslage mit dem Rücktritt des Präsidenten, der Vakanz des Kassiers und der Ankündigung weiterer Demissionen rasch gehandelt und eine Lösung gefunden werden musste. Aufgrund des engen Zeitrahmens wurden Entscheidungen schnell getroffen, damit die Planung vorangetrieben werden konnte. Die Wandlungsbereitschaft stellt den Schlüssel zu einem erfolgreichen Wandel dar. Eine hohe Wandlungsbereitschaft der Mitglieder ist dann zu erwarten, wenn die Beteiligten 1) den konkreten Wandlungsbedarf erkennen, 2) das angestrebte Ziel kennen und positiv beurteilen sowie 3) ein Erreichen des Ziels für wahrscheinlich halten (Krüger 2009).

Den Vereinsverantwortlichen war es wichtig, offen und transparent zu kommunizieren. Es war dem Vorstand ein Anliegen, seine Mitglieder so früh wie möglich über die Absichten einer neuen Vereinslösung in Kenntnis zu setzen. In einem Informationsschreiben und in diversen Mannschaftsbesuchen wurde die Notwendigkeit dieser Lösung aufgezeigt. Es wurden Plattformen angeboten, über die sich jedes Vereinsmitglied an einer Diskussion beteiligen konnte. Die Mitglieder wurden aufgerufen, ihre Gedanken und alternativen Ideen in die Diskussion einfließen zu lassen. Die eingesetzte Arbeitsgruppe informierte den Vorstand und die Vereinsmitglieder jeweils über den aktuellen

Stand der Arbeiten. Es wurden „Keyplayer" rekrutiert, die als Botschafter in den verschiedenen Mannschaften agierten. Vor der Versammlung wurde das Geschäftsführermodell erklärt und dessen Finanzierung aufgezeigt. Durch den Umstand, dass die Personalien des potenziellen neuen Vorstands und die des Geschäftsführers früh kommuniziert wurden, zeichnete sich für das Mitglied rasch ein Zukunftsbild ab, was Vertrauen schuf. Das Hauptanliegen der Mitglieder bestand schließlich in der Kostenneutralität (keine Erhöhung der Mitgliederbeiträge), dem Wunsch, keinen eigenen Mehraufwand zugewiesen zu bekommen, und der Gewissheit über das Fortbestehen des Vereins.

2.5.3 Ausgestaltung des Geschäftsführermodells

In einem ersten Schritt ging es darum festzulegen, welche Aufgaben der Geschäftsführer übernehmen soll. Mittels einer Aufgabenanalyse wurden alle im Verein anfallenden Aufgaben in Teilaufgaben zerlegt, um diese überschaubar darzustellen. Dabei wurde aufgrund der Interdependenz die Ablauforganisation miteinbezogen und in den Ablaufstrukturen definiert, welche Aufgaben in welcher zeitlichen, räumlichen und personalen Abfolge zu erfüllen sind. Durch dieses Vorgehen sollte ein gewisser Grad an Standardisierung erreicht werden. Beispielsweise wurde die Adressverwaltung des Mitgliederstammes unabhängig voneinander vom Kassier, von der Sekretärin und teilweise vom Präsidenten geführt. Daraus entstanden Redundanzen, Fehler und Zeitverluste. In der Aufgabensynthese wurden diese Teilaufgaben entsprechend sachlicher und organisatorischer Vorgaben wieder zu Aufgabenbündeln respektive Vereinsämtern zusammengefasst. Als Resultat ergaben sich neue Aufgabenzuordnungen, die schließlich auf die neuen Amtsinhaber zur Erfüllung übertragen wurden.

Die an den Geschäftsführer zu übertragenden Aufgabenbündel wurden mittels einer Stellenbeschreibung in einzelne Module zusammengefasst. Diese Module wurden mit einem Zeitaufwand in Stellenprozenten bemessen, um eine monetäre Bewertung vornehmen zu können. Der Funktion des Geschäftsführers wurden schließlich die folgenden Module mit einem Gesamtaufwand von insgesamt 40 Stellenprozenten ausgegliedert:

- „Geschäftsführung" (Kasse & Sekretariat) 25 %
- „Spiko-Arbeiten"[4] 5 %
- „Marketing, Sponsoring" 5 %
- „Administration Vereinsanlässe" 5 %

Die Aufgabenbündel, die nicht an den Geschäftsführer ausgegliedert werden, bilden die Grundlage für die Gestaltung der verbleibenden Ehrenämter. Der Vorstand wurde von neun auf sechs Mitglieder reduziert, wobei neben dem Geschäftsführer drei neue Ämter (Sportchef, Chef Infrastruktur und Chef Anlässe/Events) geschaffen wurden.

---

[4]Unter Spiko-Arbeiten fallen die aus dem Spielbetrieb anfallenden Tätigkeiten.

Sechs Ämter aus der früheren Struktur entfielen entweder gänzlich oder wurden auf die Geschäftsstelle respektive auf ein neu konzipiertes Amt übertragen (Kassier, Sekretär, Jugend und Sport Coach, Vize-Präsident, Seniorenobmann, Spiko-Verantwortlicher).

Der FC Gerzensee entschied sich bei der Ausgestaltung des Geschäftsführermodells für die Variante des Partners (vgl. Abb. 2.6). Die Einzelfirma Zulliger Treuhand, Consulting & Sportmanagement wurde im Auftragsverhältnis engagiert. Der Geschäftsinhaber wurde mit einem Vorstandsmandat ausgestattet respektive von der Versammlung in das neue Amt des Geschäftsführers gewählt.

Ausschlaggebend für die Wahl dieser Variante war der Umstand, dass der Verein nicht sozialversicherungspflichtig wurde und sich keiner Pensionskasse anschließen musste. Andererseits wurde großen Wert auf die Motivation des Geschäftsführers für seine Arbeit gelegt, indem er durch die Übernahme eines Vorstandsmandats mehr Verantwortung innerhalb des Vereins übernehmen konnte. Auch ein höheres Commitment zum Vorstand und zu den Vereinsaktivitäten wurde so angestrebt.

2.5.4 Finanzierung des Geschäftsführers

Für die Ermittlung der Mandatskosten orientierte sich der Verein an den Lohnkosten analog einem privatrechtlichen Arbeitsverhältnis von 40 Stellenprozenten mit 4 Wochen Ferien auf Basis einer Jahreslohnsumme von CHF 78.000 bei 100 % (inkl. 13. Monatslohn) zuzüglich

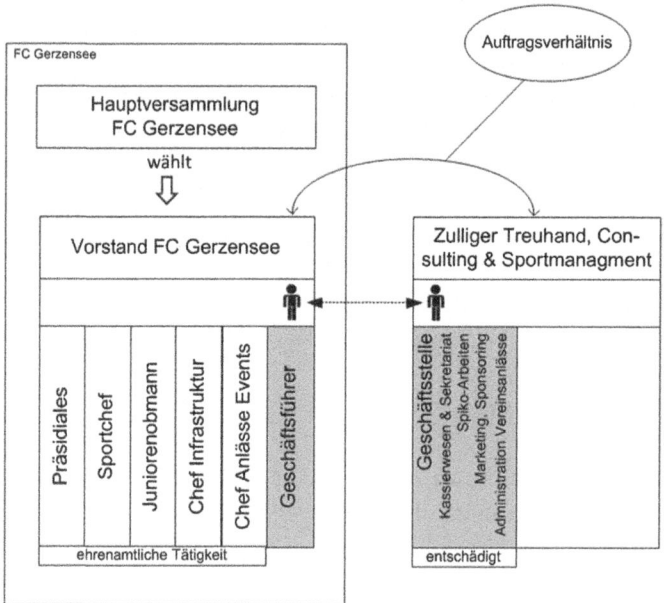

Abb. 2.6 Einbindung des Geschäftsführers im FC Gerzensee

der Sozialversicherungsbeiträge, die jedoch durch den Geschäftsführer selber abzurechnen sind. Die Mandatskosten belaufen sich somit auf knapp CHF 36.000. Damit die Finanzierung sichergestellt werden konnte, wurde in Anbetracht eines nachhaltigen Aufbaus der Strukturen beschlossen, während der Einführungsphase die Geschäftsstelle in den ersten sechs Monaten ehrenamtlich aufzubauen. Dies führte dazu, dass in der ersten Saison die Hälfte der Mandatskosten anfiel.

Den Vereinsverantwortlichen war es wichtig, keine Finanzierungsstruktur auf Kosten der Mitgliederbeiträge aufzubauen. Deshalb sollten vor allem im Bereich des Sponsorings neue Einnahmenquellen aufgebaut werden. In einem Finanzierungskonzept, das die nächsten fünf Jahre skizziert, wurde zudem aufgezeigt, dass der Geschäftsführer nicht nur Kosten generiert, sondern auch neue Geldquellen erschließen kann. Tab. 2.4 stellt die Eckpfeiler der Finanzierung dar. Es handelt sich dabei um zusätzliche Ertragsüberschüsse zur ordentlichen Vereinsrechnung.

Werden die letzten fünf Jahre betrachtet, so erwirtschaftete der Verein im Durchschnitt CHF 3000 Ertragsüberschuss. Dieser Betrag wurde jedoch in der Betrachtung nicht einberechnet und dient als Puffer. Im Rahmen der Einführung des Geschäftsführermodells wurde zudem das Vereinskonzept angepasst, was zusätzlich Auswirkungen auf die Jahresrechnung hat (vgl. Tab. 2.5). Neben Mehreinnahmen sollte so vor allem ein Mehrwert für das Mitglied realisiert werden. Das Ziel ist dabei die Förderung eines aktiven Vereinslebens und das Schaffen von positiven Emotionen.

Wird das Geschäftsführermodell im Gesamtzusammenhang betrachtet, so zeigt sich, dass es nicht nur Kosten zu decken gilt, sondern ab der Saison 2013/2014 auch ein finanziell lukrativer Aspekt hinzukommt. Nichtsdestotrotz stellen die ersten drei Jahre nach der Einführung die schwierigste Zeitspanne dar.

Tab. 2.4 Eckpfeiler der Finanzierung des Geschäftsführermodells

Finanzierungsquelle (Beträge in CHF)	Saison 2011/2012	Saison 2012/2013	Saison 2013/2014	Saison 2014/2015	Saison 2015/2016
Werbebanden	1250	5000	8750	11.250	12.500
Donatorenvereinigung		1500	4000	4000	5000
Firmensponsoring	1000	2000	2000	2000	2000
Matchballsponsoring	2250	3000	3000	3000	3000
Steigerung Klubhausgewinn	4000	6000	6000	6000	6000
Mehrertrag aus bestehenden Anlässen	1500	1500	1500	1500	1500
WM/EM-Übertragungen		7000		7000	
Einsparungen[a]	5000	5000	5000	5000	5000
Total	**15.000**	**31.000**	**30.250**	**39.750**	**35.000**

[a]Bussen aufgrund tiefer Schiedsrichterquote, Durchführung Juniorenlager neu in Gerzensee, Einsparungen Pauschalspesen für drei Vorstandsmitglieder u. a.

Tab. 2.5 Ausschnitt aus dem angepassten Vereinskonzept

Konzeptpunkt/Idee	Einsparungen/Gewinn
Bußenrückvergütungen	
Konsequente Rückforderung von Verbandsbußen für unsportliches Verhalten beim fehlbaren Spieler. Fairness im Sport soll gefördert werden. Bei Punktgleichheit entscheidet aufgrund einer Änderung der Ranglistenerstellung beim Schweizerischen Fußballverband neu eine Fair-Play-Liste über den Klassierungsrang und ferner erst die Tordifferenz	CHF 2000 bis 3000
Neue Erlebnisse schaffen/Emotionen erlebbar machen	
Alle zwei bis drei Jahre wird ein Event (Match gegen FC Thun; Match gegen Swisslegends; Match gegen YB Old Stars) durchgeführt. Neben Medienaufmerksamkeit, Förderung des vereinsinternen Zusammengehörigkeitsgefühls (Junioren als Balljungen und Einlaufkids, Senioren am Grill etc.) und Einbezug der Dorfbevölkerung kommt dem wirtschaftlichen Gedanken ein hoher Stellenwert zu	CHF 1000 bis 2000 (pro rata)
Einführung Bächlifeldcup Gerzensee	
Die erste Mannschaft führt als Sommer- oder Wintervorbereitung ein 3. und 4. Liga-Turnier durch. Nebst dem sportlichen Aspekt werden dabei Startgelder und Gelder aus dem Festwirtschaftsbetrieb generiert. Der Cup wird nach einem Jahr auf die 2. Mannschaft und die Senioren ausgedehnt	CHF 3000 bis 5000
Total Einsparungen/Gewinn pro Saison	CHF 6000 bis 10.000

2.5.5 FC Gerzensee als Verein zwischen Tradition und Moderne

In Anlehnung an die Zusammenstellung nach Emrich et al. (2001, S. 27) und Baur et al. (2003, S. 163) wird nachfolgend das Geschäftsführermodell des FC Gerzensee zwischen den Maximalausprägungen (traditioneller Sportverein ↔ moderner Sportverein) eingeordnet. „1" bezeichnet die volle Übereinstimmung mit dem „traditionellen" Sportverein respektive „10" volle Übereinstimmung mit dem „modernen" Sportverein (vgl. Abb. 2.7).

Unter der Perspektive einer erhöhten Professionalisierung der Vereinsarbeit entwickelt sich der Verein in Richtung eines Dienstleistungsbetriebs. Der Dienstleistungsgedanke wird vom Geschäftsführer gelebt, während der Vorstand als Ganzes weiterhin ein solidarisches Gebilde ist. Obwohl der Geschäftsführer für seine Tätigkeit entlohnt wird, ist die Mitarbeiterstruktur weiterhin weitgehend ehrenamtlich organisiert. Die Erfahrung zeigte, dass die Mitglieder eher eine geringe Bereitschaft zur freiwilligen Arbeit aufweisen und eher nachfrageorientiert sind. Der FC Gerzensee spricht weiterhin die traditionelle Vereinsklientel an. Durch die Umstrukturierung muss jedoch auch die Mitgliederstruktur der Gönner, Sponsoren und Donatoren verbreitert werden. Für den FC Gerzensee ist es wichtig, seine Vereinswerte weiterhin hochzuhalten, Emotionen zu schaffen und die

2 Geschäftsführermodell im semiprofessionellen Fussball

	"traditioneller" Sportverein	1	2	3	4	5	6	7	8	9	10	"moderner" Sportverein
Vereinskonzept	Solidargemeinschaft											Dienstleistungsbetrieb
Mitarbeiterstruktur	ehrenamtlich											bezahlt, professionell
Engagement für Verein	hohe Bereitschaft zur freiwilligen Mitarbeit											geringe Bereitschaft zur freiwilligen Mitarbeit
Angebotsstruktur	angebotsorientiert											nachfrageorientiert
Offenheit	Tendenz zur sozialen Schliessung											Tendenz zur sozialen Öffnung
Mitgliederstruktur	traditionelle Vereinsklientel											vielschichtige Klientel
Mitgliederbeziehung	zweck- und wertorientiert "emotional"											zweckorientiert "distanziert"
Mitgliederinteressen	homogen											heterogen
Mitgliederbindung	dauerhaft, geringe Fluktuation											hohe Fluktuation

Abb. 2.7 Der FC Gerzensee zwischen Tradition und Moderne. (In Anlehnung an Emrich et al. 2001, S. 27 und Baur et al. 2003, S. 163)

zwischenmenschlichen Beziehungen zu pflegen. Im Zuge der heutigen Vielfältigkeit im Sport sind die Mitgliederinteressen als tendenziell heterogen einzuordnen. Nichtsdestotrotz versucht der Verein durch das neue Modell, seine Mitglieder langfristig zu binden, um die Fluktuation gering zu halten.

2.5.6 Aktueller Stand und Reflexion

Wie steht es um den FC Gerzensee heute? 2015 zieht der FC Gerzensee ein positives Fazit. Im ersten Jahr wurde neben einer nicht budgetierten Ausgabenposition von CHF 5000 ein Reingewinn von rund CHF 450 erwirtschaftet. Auch in den folgenden Saisons konnte die Vereinsrechnung mit schwarzen Zahlen im tiefen vierstelligen Bereich schließen. Zudem wurden bereits weitere Aufgabengebiete von der Geschäftsstelle beziehungsweise vom Geschäftsführer in Anspruch genommen. Eine Talent- und Bambinischule wurde im Frühjahr 2013 eingeführt. Die Planung, Durchführung und Kommunikation erfolgt über den Geschäftsführer. Durch das Geschäftsführermodell wurden zeitliche Ressourcen gewonnen, die von der Vereinsführung für strategische Überlegungen genutzt werden konnten. Nach vier Jahren musste im Sommer 2015 wiederum nach einem neuen Präsidenten gesucht werden. Die nachweisliche Arbeitsentlastung durch den Geschäftsführer war mitentscheidend, dass zeitnah eine Nachfolgeregelung umgesetzt werden konnte.

Die Erfahrungen aus den ersten vier Jahren zeigen neben den erhofften positiven Aspekten auch neue Schwierigkeiten bezüglich der Funktionskumulation im täglichen Kontakt mit Mitgliedern, da diese Organisationsform ein differenziertes Rollenverständnis seitens seiner Mitglieder voraussetzt. Als Beispiel dienen die Funktionen „Kassierer" und „Administrator Vereinsanlässe". Einige Mitglieder haben das Gefühl, für den Lohn des Geschäftsführers an Vereinsanlässen arbeiten zu müssen. Dies entspricht jedoch nicht den Tatsachen, da der Geschäftsführer kostenneutral finanziert wird, das heißt, es fand keine Erhöhung des Mitgliedsbeitrags statt. Bei Rechnungsstellungen seitens des

Geschäftsführers in der Funktion des Kassierers an das Mitglied beispielsweise für die Einforderung von Bußen (aus dem Spielbetrieb oder Fernbleiben bei einem Helfereinsatz) können Vorwürfe als Geldeintreiber auf eigene Rechnung entstehen. Dies kommt daher, da der Geschäftsführer als ausführendes (sichtbares) Organ die Vereinsspielregeln durchsetzen muss, die vom Vorstand definiert werden. Auch die Kritik eines Schattenvorstandes kann auftauchen.

Woher kommen diese Vorbehalte seitens der Mitglieder? Mitglieder verlassen den Verein und neue Mitglieder treten bei. Diese sind einerseits mit der Vergangenheit und der Historie über die Einführung der neuen Organisationsstruktur nicht vertraut beziehungsweise interessieren sich nicht für die Vereinsgeschichte und die Vergangenheit. Anderseits kennen sie aus ihrer Erfahrungen diese Vereinsstruktur nicht. Dadurch, dass der Geschäftsführer viele sichtbare Aufgaben gegenüber dem Mitglied in der Organisation, Koordination und Kommunikation nach außen übernimmt, fokussiert sich der Blick oftmals auf den Geschäftsführer. Obwohl es sich um Einzelfälle handelt, kann sich dies negativ auf die Einstellung und Motivation eines Geschäftsführers auswirken. Diese Situation ist weder für den Vorstand noch für den Funktionsinhaber unbedeutend. Es gilt ebenfalls zu bemerken, dass negative Kritik öfter geäußert als positive Erlebnisse ausgesprochen werden. Die Notwendigkeit, weshalb diese Vereinsorganisation eingeführt wurde, wird oftmals in der schnelllebigen Zeit vergessen.

Warum war die Implementierung des Geschäftsführermodells beim FC Gerzensee seinerzeit trotzdem erfolgreich? Es lassen sich sieben Erfolgsfaktoren eruieren. Als Geschäftsführer konnte der *Gründungspräsident* aus dem Jahr 1994 gewonnen werden. Die Wahl des *Modells „Partner"*, mit welchem sich der Geschäftsführer als Vorstandsmitglied aktiv in den Verein einbringt, wirkte motivierend. Durch die *emotionale Bindung* setzt sich der Geschäftsführer über seinen Anstellungsgrad hinaus für den Verein ein. Als weiterer Erfolgsfaktor kann der *Zeitdruck,* der die Verantwortlichen dazu veranlasste, rasch Lösungen zu präsentieren, bezeichnet werden. Zudem stellt *Transparenz* gegenüber sämtlich involvierten Anspruchsgruppen einen wichtigen Faktor dar; es fand eine offene und transparente Kommunikation statt und es wurden keine falschen Versprechungen gemacht. Im *Einführungsjahr* musste durch das Entgegenkommen des Geschäftsführers nur die Hälfte der Mandatskosten entschädigt werden. Ein entscheidender Erfolgsfaktor lag schließlich in der *finanziellen Tragbarkeit* des Geschäftsführermodells für den Verein, ohne dass die Mitgliederbeiträge erhöht werden mussten.

2.6 Diskussion und Fazit

Abschließend werden die wichtigsten Erkenntnisse zusammengefasst. Eine Veränderung von der ehrenamtlichen Solidargemeinschaft zum professionellen Dienstleistungsbetrieb findet in der Schweiz aktuell nicht statt. Amateurvereine und insbesondere Fußballvereine scheinen jedoch gezwungen, sich zu bewegen. Die reine Form des „traditionellen" Sportvereins ist hinsichtlich der beschriebenen Problemfelder infrage gestellt. Eine Entwicklung zum "modernen" Sportverein ist für die Mehrzahl der Amateurvereine kaum realistisch. „Die große Mehrheit der Verbände vertritt die Meinung, dass Vereine auf ehrenamtlicher Arbeit basieren und dies auch in Zukunft so bleiben soll. Gleichzeitig herrscht Einigkeit darüber, dass sowohl die Anforderungen an die Ehrenamtlichen als auch die Konsumhaltung der Vereinsmitglieder zunehmen" (Lamprecht et al. 2005, S. 115).

Das Geschäftsführermodell unternimmt den Versuch eines Mittelweges. Die Abb. 2.8 zeigt das Geschäftsführermodell des FC Gerzensee im Kontext der Maximalausprägungen der Vereinskonzepte nach Emrich et al. (2001, S. 27) und Baur et al. (2003, S. 163). Die konzeptionelle Ausgestaltung des Geschäftsführermodells wurde so gewählt, dass die Vereinsbedürfnisse abgedeckt werden. Diese Abbildung kann als Werkzeug für Vereine verwendet werden, um eine Standortbestimmung vorzunehmen beziehungsweise um Zukunftsperspektiven zu schaffen.

Die Abweichungen vom Mittelwert der Skala werden beim Ziehen einer gestrichelten Linie sichtbar. Es kristallisieren sich zwei entgegengesetzte Tendenzen heraus (gekennzeichnet durch grau und schwarz).

Ausprägung „grau" mit Tendenz zum „modernen" Sportverein
Mit dem Geschäftsführermodell kann der geringen Bereitschaft zur freiwilligen Mitarbeit im Verein Rechnung getragen werden. Das Geschäftsführermodell leistet einen Beitrag zum Erhalt der Ehrenamtlichkeit, da es für Vereine wesentlich einfacher ist, für reduzierte, zeitlich klar definierte Ämter mögliche Amtsinhaber zu finden. Das Geschäftsführermodell kommt der zunehmenden Entwicklung zur Konsumgesellschaft nach, indem die Angebotsstruktur nachfrageorientiert gestaltet werden kann. Der Verein orientiert sich vermehrt an den Bedürfnissen seiner Mitglieder.

Ausprägung „schwarz" mit Tendenz zum „traditionellen" Sportverein
In Bezug auf die Mitgliederstruktur orientiert sich das Geschäftsführermodell an der traditionellen Vereinsklientel. Primär stehen die Fußballer im Zentrum. Der Fokus liegt beim Junioren-, Aktiv- und Seniorenfußball. Passivmitglieder, Sponsoren und Donatoren

	"traditioneller" Sportverein	1	2	3	4	5	6	7	8	9	10	"moderner" Sportverein
Vereinskonzept	Solidargemeinschaft											Dienstleistungsbetrieb
Mitarbeiterstruktur	ehrenamtlich											bezahlt, professionell
Engagement für Verein	hohe Bereitschaft zur freiwilligen Mitarbeit											geringe Bereitschaft zur freiwilligen Mitarbeit
Angebotsstruktur	angebotsorientiert											nachfrageorientiert
Offenheit	Tendenz zur sozialen Schliessung											Tendenz zur sozialen Öffnung
Mitgliederstruktur	traditionelle Vereinsklientel											vielschichtige Klientel
Mitgliederbeziehung	zweck- und wertorientiert "emotional"											zweckorientiert "distanziert"
Mitgliederinteressen	homogen											heterogen
Mitgliederbindung	dauerhaft, geringe Fluktuation											hohe Fluktuation

Abb. 2.8 Ausprägungstendenzen: FC Gerzensee zwischen Tradition und Moderne. (In Anlehnung an Emrich et al. 2001, S. 27 und Baur et al. 2003, S. 163)

stellen wichtige Vereinsmitglieder dar, sind aber sekundär. Damit sich langfristig keine entscheidende Bezugsgruppe vom Verein abwendet, verfügt der Geschäftsführer über die nötigen zeitlichen Ressourcen, den Interessen und Bedürfnissen der einzelnen Anspruchsgruppen gerecht zu werden. Durch die verstärkte Kundenhaltung und die Erhöhung des Fluktuationsgrads wollen viele Mitglieder profitieren ohne mitzuwirken, wodurch die Belastung für die einzelnen Vereinsfunktionäre wächst. Das Geschäftsführermodell setzt hier an. Dadurch, dass anspruchsvolle Arbeiten zu einem Geschäftsführer ausgegliedert werden, wird die Suche nach Nachfolgeregelungen erleichtert.

Auf den ersten Blick erscheinen die Möglichkeiten gering, in Fußballvereinen einen Organisationswandel zu initiieren. Insbesondere hinsichtlich einer „Verberuflichung" mit den damit verbundenen Auswirkungen auf die Organisationskultur ergeben sich enge Grenzen. Um mit der bestehenden Organisationskultur brechen zu können, wird ein erhebliches Maß an Vertrauen der Mitglieder in diese Personen vorausgesetzt, dies läuft aller Wahrscheinlichkeit nach nicht konfliktfrei ab. Dennoch ist ein Organisationswandel möglich.

Ein möglicher Geschäftsführer sollte in erster Linie in den eigenen Reihen gesucht werden. Infrage kommen ehemalige Vorstandsmitglieder, Präsidenten und dem Verein nahestehende Personen mit einem hohen emotionalen Bezug zum Fußball und Kenntnis der Vereinsgeschichte. Ein Geschäftsführermodell zeigt möglichen Kandidaten einen Weg auf, wie sie im Nebenamt oder beispielsweise als Teilzeitelternteil einer spannenden, vielseitigen und anspruchsvollen Beschäftigung nachgehen können. Gleichzeitig wissen sie, dass ihr Engagement das Überleben eines Vereins sichert, der für die Werte der Gesellschaft wichtig ist. Im Falle einer öffentlichen Stellenausschreibung mit dem Verein unbekannten Bewerbern dürfte es schwieriger sein, einen geeigneten Kandidaten zu finden.

Die Fallstudie des FC Gerzensee zeigt auf, dass das Geschäftsführermodell kurz- bis mittelfristig funktionieren kann. Langfristig gilt es jedoch zu prüfen, ob sich die Organisationsstruktur bewährt. Das Konzept kann in adaptierter Form auf andere Fußballvereine übertragen werden. Die Erfolgsfaktoren des FC Gerzensee sind individuell im Vereinskontext zu betrachten, wie diejenige anderer Fußballklubs auch. Es braucht folglich individuelle Konzepte, wie es das Geschäftsführermodell auch erlaubt. Die Grundüberlegungen des Geschäftsführermodells bieten die Möglichkeit, das Konzept von Fußballvereinen auf Sportvereine generell auszudehnen.

Das Geschäftsführermodell proklamiert nicht das Ende des Ehrenamts. Im Gegenteil, es lassen sich eher Freiwillige finden, die sich in einem überschaubaren, klar definierten zeitlichen Rahmen im Verein einspannen lassen, wenn die aufwendigen und anspruchsvollen Ämter professionell besetzt werden. Das Geschäftsführermodell dient somit dem Erhalt des ehrenamtlichen Engagements. Zudem sichert das Modell das Fortbestehen des Vereins, erhöht die Professionalisierung, schafft Mehrwerte für das Vereinsmitglied und entlastet die Vereinsfunktionäre.

Mit Blick in die Zukunft ergeben sich aus Unternehmersicht neue Geschäftsmodelle. Das Konzept des Geschäftsführers lässt sich auf andere Amateurvereine übertragen und eröffnet so für Unternehmen Wege zu neuen Geschäftsfeldern. Eine Treuhandfirma könnte beispielsweise von mehreren Vereinen (Turn-, Tennis-, Fußballverein u. a.) Mandate im Bereich der administrativen Unterstützung oder Geschäftsführung übernehmen und so ein Kompetenzzentrum in dieser Thematik aufbauen.

Literatur

Amman, H. (2004). *Freiwilligkeit zwischen liberaler und sozialer Demokratie.* Zürich: Seismo.
Baur, J., Burrmann, U., & Nagel, M. (2003). Mitgliederbeziehungen in Sportvereinen. In J. Baur & S. Braun (Hrsg.), *Integrationsleistungen von Sportvereinen als Freiwilligenorganisationen.* Aachen: Meyer & Meyer.
Bundesamt für Sozialversicherungen BSV. (2016a). AHV: Die Beiträge bei unselbstständiger Erwerbstätigkeit. http://www.bsv.admin.ch/kmu/ratgeber/00496/01060/index.html?lang=de. Zugegriffen: 20. Jan. 2016.
Bundesamt für Sozialversicherungen BSV. (2016b). 2. Säule: Die versicherten Personen. http://www.bsv.admin.ch/kmu/ratgeber/00848/00851/index.html?lang=de. Zugegriffen: 20. Jan. 2016.
Bundesamt für Statistik. (2015). Satellitenkonto Haushaltsproduktion 2013: Der Wert der unbezahlten Arbeit beläuft sich auf 401 Mrd. Franken. Neuchâtel: Bundesamt für Statistik. http://www.bfs.admin.ch/bfs/portal/de/index/themen/03/01/new/nip_detail.Document.190267.pdf. Zugegriffen: 20. Jan. 2016.
Cachay, K., Thiel, A., & Meier, H. (2001). *Der organisierte Sport als Arbeitsmarkt. Eine Studie zu Erwerbsarbeitspotenzialen in Sportvereinen und Sportverbänden.* Schorndorf: Hofmann.
Emrich, E., Pitsch, W., & Papathanassiou, V. (2001). *Die Sportvereine.* Schorndorf: Hofmann.
Groesser, S. N., & Schaffernicht, M. (2012). Mental models of dynamic systems: Taking stock and looking ahead. *System Dynamics Review, 28*(1), 46–68. doi:10.1002/sdr.476.
Jütting, D. H., Bentem, N. van, & Oshege, V. (2003). *Vereine als sozialer Reichtum: Empirische Studien zu lokalen freiwilligen Vereinigungen.* Münster: Waxmann.
Krüger, W. (2009). *Excellence in Change. Wege der strategischen Erneuerung* (4. Aufl.). Wiesbaden: WV Fachverlage.
Lamprecht, M., Fischer, A. & Stamm, H.P. (2011). Sportvereine in der Schweiz. Zahlen, Fakten und Analysen zum organisierten Sport. Magglingen: Bundesamt für Sport BASPO. http://www.baspo.admin.ch/internet/baspo/de/home/dokumentation.parsys.000183.downloadList.27253.DownloadFile.tmp/sportvereineinderschweiz.pdf. Zugegriffen: 20. Jan. 2016.
Lamprecht, M., Fischer, A. & Stamm, H.P. (2012). Die Schweizer Fussballvereine. Ergebnisse aus der nationalen Vereins- und Verbandsbefragung 2010. Zürich: L&S SFB. http://www.football.ch/de/Portaldata/1/Resources/dokumente/sfv_info/L_S_SFV_Vereinsstudie.pdf. Zugegriffen: 20. Jan. 2016.
Lamprecht, M., Murer, K. & Stamm, H.P. (2005). Probleme, Strategien und Perspektiven der Schweizer Sportvereine, Zürich: GFS (Gesellschaft zur Förderung der Sportwissenschaften an der ETH Zürich). http://geser.net/gesleh/fs09vol/Vereinsbuch.pdf. Zugegriffen: 20. Jan. 2016.
Meier, H. (2003). Mitarbeit im Sport. Bausteine zur Entwicklung einer Theorie des Sportvereins, dargelegt am Beispiel der Mitarbeitsverhältnisse und den strukturellen Bedingungen ihres Wandels, Dissertationsarbeit, Bielefeld: Fakultät für Psychologie und Sportwissenschaft der Universität Bielefeld. https://pub.uni-bielefeld.de/download/2303181/2303184. Zugegriffen: 20. Jan. 2016.
Müller-Stewens, G., & Lechner, C. (2010). *Strategisches Management: wie strategische Initiativen zum Wandel führen – der St. Galler General Management Navigator* (4. Aufl.). Stuttgart: Schäffer-Poeschel.

Schweizerischer Fussballverband. (2012). Zahlen und Fakten zu den Schweizer Fussballklubs. http://www.football.ch/de/PortalData/1/Resources/dokumente/flippingbook/Zahlen_Fakten_zu_den_Schweizer_Fussballklubs/HTML/index.html#/2/. Zugegriffen: 20. Jan. 2016.

Senn, P., Senn, P. T., & Glanzmann, V. (2004). *Personal und Finanzen im Sportverein. Ehrenamtlichkeit und Geld als Erfolgsbedingung*. Zürich: Rüegger.

Yin, R. K. (2013). *Case study research*. Beverly Hills: Sage Publications.

Zürcher Kantonalverband für Sport ZKS. (2012). Dossier zum Vereinssport im Kanton Zürich. Sportvereine in der Gesellschaft. http://www.sportkanton-zuerich.ch/fileadmin/resources/files/content/Link-Dokumente/SportkantonZuerich_Dossier2012.pdf. Zugegriffen: 20. Jan. 2016.

Diversität und Inklusion von Schwulen und Lesben – ein Lippenbekenntnis Schweizer Grossunternehmen?

Dimitri Bucher und Andrea Gurtner

> *Jeder Mensch hat eine sexuelle Orientierung. Immer. Und überall.*
> *Zu Hause, in der Freizeit und – am Arbeitsplatz.*
> nach Frohn 2007, S. 5

Zusammenfassung

Diversity Management wird in den kommenden Jahren an Bedeutung gewinnen. Neben Alter und Geschlecht gewinnt die Vielfaltsdimension sexuelle Orientierung zunehmend an Aufmerksamkeit. Damit interessieren Treiber und Akteure dieses Prozesses. In einer explorativen Studie wurden Diversity-Verantwortliche und Mitglieder von internen Netzwerken von vier großen Schweizer Unternehmen befragt. Zentraler Treiber ist eine klare Nutzenerwartung. Durch die Inklusion lesbischer und schwuler Mitarbeitender wird angestrebt, die Unternehmensattraktivität zu steigern, effizienter, produktiver und innovativer zu werden und Mitarbeitende längerfristig zu binden, Reputation und Image zu verbessern sowie markt- und kundenorientierter zu arbeiten. Neben der Sicherstellung formaler Gleichstellung und gezielten Maßnahmen im Rahmen eines ganzheitlichen Diversity Managements ist ein klares Bekenntnis der Unternehmensleitung zur Inklusion lesbischer und schwuler Mitarbeitender Voraussetzung für eine offene und inklusive Unternehmenskultur.

D. Bucher (✉)
SBB, Bern, Schweiz
E-Mail: di.bucher@bluewin.ch

A. Gurtner
Institut Unternehmensentwicklung, Berner Fachhochschule, Bern, Schweiz
E-Mail: andrea.gurtner@bfh.ch

© Springer Fachmedien Wiesbaden GmbH 2017
K.O. Tokarski et al. (Hrsg.), *Zukunftstrends Wirtschaft 2020*,
DOI 10.1007/978-3-658-15069-3_3

3.1 Vielfalt und Inklusion (Diversity & Inclusion)

Diversity Management wird in den kommenden Jahren zunehmend an Bedeutung gewinnen (Bentner und Dylong 2015; Köllen 2012). Der viel genannte demografische Wandel und der damit verbundene stärkere Fokus auf junge Nachwuchskräfte, die zunehmende Einbindung von Frauen in den Arbeitsprozess sowie die sich verstärkenden Migrationsbewegungen bringen nicht nur eine größere Vielfalt an Mitarbeitenden in die Unternehmen, sondern auch mehr Mitarbeitende werden nach Maßnahmen des Diversity Managements fragen. In einem Arbeitsmarkt, in dem junge gut- und hoch qualifizierte Mitarbeitende zunehmend nachgefragt werden, ist ein ganzheitliches Diversity Management von großem Vorteil, um Mitarbeitende zu gewinnen und zu halten (Kammerer-Jöbges et al. 2015, S. 5).

In der Unternehmenspraxis, aber auch in der Forschung stehen die (sichtbaren) Vielfaltsdimensionen Geschlecht, Kultur (im Sinne von Ethnizität/Nationalität bzw. Migrationshintergrund) und Alter im Zentrum (Krell 2008, S. 64; Priola et al. 2014, S. 488). Zunehmend rücken allerdings die bereits von Loden und Rosener (1991, S. 5) genannten weiteren Kerndimensionen Behinderung und Religion in den Fokus. Die Vielfaltsdimension „sexuelle Orientierung und Geschlechtsidentität" hat erst in den letzten Jahren mit Einführung von Partnerschaftsgesetzen und damit verbundenen rechtlichen Fragen zunehmend Aufmerksamkeit innerhalb des Diversity Managements gewonnen (Krell 2008, S. 64; Köllen 2012, S. 144). Die Berücksichtigung der Vielfaltsdimension „sexuelle Orientierung und Geschlechtsidentität" kann dabei als Gradmesser für die Ganzheitlichkeit eines Diversity Managements wirken (Kammerer-Jöbges et al. 2015, S. 35).

Die Diversity-Dimension „sexuelle Orientierung und Geschlechtsidentität" umfasst eine Gruppe von Personen, deren sexuelle Orientierung oder Geschlechtsidentität sich von derjenigen der Mehrheit der Bevölkerung unterscheiden (vgl. Colgan und Rumens 2015, S. 1 ff.). Geschlechtsidentität bezieht sich auf das Bewusstsein der geschlechtlichen Zugehörigkeit als Frau oder Mann, das mit dem körperlichen Geschlecht identisch oder nicht identisch sein kann. Die sexuelle Orientierung beschreibt, „auf welches Geschlecht des Gegenübers sich die emotionalen und sexuellen Wünsche" richten (Frohn 2013, S. 2). Obwohl zusammengefasst unter dem Begriff sexuelle Minderheiten, begegnen schwule, lesbische, bisexuelle und transgender Beschäftigte unterschiedlichen Barrieren am Arbeitsplatz (Köllen 2012, S. 161). In der vorliegenden explorativen Studie kann diese Vielfalt nicht adäquat abgebildet werden. Der Fokus wurde daher auf die Dimension sexuelle Orientierung und damit auf Lesben und Schwule beschränkt.

In Unternehmen in der Schweiz beginnt sich erst langsam das Bewusstsein für Fragestellungen im Bereich der Diversity-Dimension „sexuelle Orientierung" zu entwickeln. Insbesondere international tätige Unternehmen beobachten die Entwicklungen im angelsächsischen Raum (Bentner und Dylong 2015, S. 7) und werden dadurch im Schweizer Umfeld entsprechend sensibilisiert (Derendinger et al. 2016, S. 13). Ziel der vorliegenden explorativen Studie ist die Erhebung von ersten qualitativen Daten zu Zielen und

Maßnahmen von Unternehmen in der Schweiz zur Dimension „sexuelle Orientierung" im Rahmen ihres Diversity und Inclusion Managements. Der Fokus liegt auf der Identifizierung von Treibern und Akteuren innerhalb von Organisationen, die die Entwicklung eines integrativen Arbeitsumfeldes für Lesben und Schwule fördern (können) und von dem sich Unternehmen einen höheren Unternehmenserfolg versprechen. Mittels der qualitativen Methode des Experteninterviews werden verantwortliche Personen aus dem Diversity und Inclusion Management von vier Schweizer Großunternehmen befragt. Die Sicht von betroffenen Mitarbeitenden wird in einer Fokusgruppendiskussion erhoben. Das folgende Kapitel ist in drei Hauptteile gegliedert. Zuerst wird der aktuelle Stand der Forschung beschrieben, danach das methodische Vorgehen dargelegt und zum Abschluss werden die aus der Datenerhebung gewonnenen Ergebnisse vorgestellt, diskutiert und Empfehlungen für die Praxis abgeleitet.

3.1.1 Diversity-Dimension „sexuelle Orientierung" als Teil eines ganzheitlichen Diversity Managements

In Unternehmen wird die sexuelle Orientierung von Mitarbeitenden oft als Privatsache wahrgenommen und daher nicht thematisiert (Köllen 2012, S. 144). Mit der stärkeren Verbreitung von Diversity und Inclusion Management, beeinflusst durch Entwicklungen in international tätigen Unternehmen, wird die Diversity-Dimension „sexuelle Orientierung" auch im deutschsprachigen Raum in Unternehmen und Forschung zunehmend thematisiert (Kammerer-Jöbges et al. 2015, S. 5; PrOut@Work-Foundation 2015).

Erste Konzepte zu einem Diversity & Inclusion Management[1] wurden in den Achtzigerjahren in den USA entwickelt, mit dem Ziel, Minderheiten und Frauen zu fördern (affirmative action, vgl. z. B. Hopkins 1980; Nkomo und Hoobler 2014). Inzwischen hat sich der Fokus auch auf den aus einem Diversity Management für Unternehmen zu generierenden Nutzen erweitert (Fullerton 2013, S. 121; Krell 2008, S. 68). Der politische Hintergrund in der Entwicklung des Diversity Managements spiegelt sich in dieser doppelten Zielformulierung. Der ökonomische Ansatz strebt die Erzielung von Wettbewerbsvorteilen durch eine vielfältig zusammengesetzten Belegschaft an (Krell 2008, S. 68). Menschliche Potenziale sollen in dieser Optik optimal genutzt und in dem Unternehmen eingesetzt werden (Franken 2015, S. 105 ff.). Alternativ geht es auch darum, Gerechtigkeit zu schaffen (Fujimoto et al. 2013, S. 152), dadurch das Vertrauen der Mitarbeitenden und Kunden zu gewinnen, Stress zu reduzieren und Mitarbeitende zu unterstützen und besser ins Unternehmen zu integrieren (Pless und Maak, 2004, S. 131). Eine Definition, die beide Aspekte vereint, formuliert Stuber (2004, S. 16): Vielfaltsmanagement ist „…die bewusste Anerkennung, Berücksichtigung und konsistente Wertschätzung

---

[1]In der Praxis werden u. a. sowohl die deutschen wie englischen Begriffe Vielfaltsmanagement, Vielfalt- und Integrationsmanagement, Diversity Management und Diversity & Inclusion Management verwendet (vgl. auch Krell 2014, S. 29–30).

von Unterschiedlichkeit sowie die aktive Nutzung und Förderung von Vielfalt zur Steigerung des Erfolges".

Bevor die Relevanz der Diversity-Dimension „sexuelle Orientierung" am Arbeitsplatz weiter erkundet werden kann, soll hier geklärt werden, was unter sexueller Orientierung verstanden wird. Sexuelle Orientierung beschreibt den physischen und emotionalen Bezug zu einer anderen Person (vgl. Colgan und Rumens 2015, S. 1 ff.). Wie bei anderen Diversity-Dimensionen stellen eindeutige sich gegenseitig ausschließende Ausprägungen eine Verkürzung der realen Vielfalt dar. So stellen die Pole jung-alt, behindert-nicht behindert nur zwei gegenüberliegende Pole einer Fülle von Ausprägungen dar. Ähnlich verhält es sich mit den beiden Polen heterosexuell und homosexuell. Heterosexuell empfindende Menschen fühlen sich zu Personen des anderen Geschlechts hingezogen, homosexuell empfindende zu Personen des gleichen Geschlechts (Köllen 2012, S. 146). Zu beiden Geschlechtern, in ganz unterschiedlicher Ausprägung, fühlen sich bisexuell empfindende Menschen hingezogen. Grundsätzlich gehören damit auch heterosexuell empfindende Mitarbeitende in die Dimension der sexuellen Orientierung. Heterosexualität wird allerdings in diesem Kontext aufgrund der gesellschaftlichen Grundannahme des Heterosexismus, der Heterosexualität als Norm und andere Formen des physischen und emotionalen Bezugs zu einer anderen Person als Abweichung versteht (Nielson et al. 2000 S. 283), im Alltag nicht thematisiert. Sexuelle Orientierung wird von geschlechtlicher Identität unterschieden. Transident sind Personen, deren Geschlechtsidentität oder Erscheinungsbild nicht dem Geschlecht entspricht, dem sie bei Geburt zugeordnet wurden. Neben der geringen Beachtung, die die Vielfaltsdimension „sexuelle Orientierung" bisher gefunden hat, stellen sich auch praktische Hindernisse. LGBT[2]-Mitarbeitende in Unternehmen anzusprechen und für die Teilnahme an Forschungsprojekten zu gewinnen, ist oft nicht einfach und setzt von den Mitarbeitenden Vertrauen in die Forschenden voraus (Tindall und Waters 2012, S. 193; Ward und Winstanley 2005, S. 458). Forschende müssen damit rechnen, mit Ablehnung und aktiver Feindseligkeit konfrontiert zu werden (z. B. via E-Mail; mündliche Kommunikation; Derendinger et al. 2016).

Entsprechend der doppelten Zielformulierung des Diversity Managements lassen sich die vorliegenden Studien nach ihrem Fokus unterscheiden. Studien, die das Diversity Management ins Zentrum stellen und aufzeigen, was hier bereits von Unternehmen geleistet wird, Studien, die danach fragen, welchen Benachteiligungen und Repressionen Schwule und Lesben an ihrem Arbeitsplatz ausgesetzt sind und welche Auswirkungen dies auf ihre Arbeitszufriedenheit und Gesundheit hat. Und schließlich Studien die den ökonomischen Nutzen aufzeigen, wenn Mitarbeitende dank entsprechender Diversity-Maßnahmen ihr Potenzial uneingeschränkt einbringen können (vgl. Köllen 2012).

Einen Überblick über verfügbare englisch- und deutschsprachige Studien und zentrale Ergebnisse ermöglicht Köllen (2012). Für Deutschland liegen neue Studien zum aktuellen Entwicklungsstand des Diversity Managements im Hinblick auf den Stellenwert

---

[2]Lesbisch, schwul (englisch: gay), bisexuell, transgender.

der Dimension „sexuelle Orientierung" vor (Frohn 2007; Kammerer-Jöbges et al. 2015; Köllen 2010, 2015). Diese Studien liefern ein verlässliches, aber möglicherweise zu positives Bild der aktuellen Situation in Deutschland. Antworten sind eher von Unternehmen zu erwarten, die bereits für die Fragestellung sensibilisiert sind (vgl. PrOut@Work-Foundation 2015). So haben Kammerer-Jöbges et al. (2015) gezielt Unternehmen angesprochen, von denen erwartet wurde, dass sie dem Untersuchungsgegenstand gegenüber aufgeschlossen sind. Erwartet wurde dies von Unterzeichnern der Charta der Vielfalt (2016) und Unternehmen mit mehr als 1000 Beschäftigten, die im Gegensatz zu vielen KMU über ausgebaute Personalabteilungen verfügen. Der Anteil der befragten Unternehmen und Behörden, in denen sexuelle Orientierung ein Thema des Diversity Management ist, hat sich gegenüber den Vorjahren von 37 % auf über 50 % gesteigert (Kammerer-Jöbges et al. 2015, S. 8). Work-Life-Balance und Gender werden in je knapp 90 % der befragten Unternehmen und Behörden beachtet, Behinderung, Migrationshintergrund und Alter in je rund 80 %. Sexuelle Orientierung ist damit weiterhin die am wenigsten berücksichtigte Diversity-Dimension (Krell et al. 2006). Die Dimension sexuelle Orientierung wird insbesondere bei Vorliegen eines Diversity-Gesamtkonzeptes beachtet.

In der Schweiz erreichen Diversity- und Inclusion-Konzepte erst eine Minderheit lesbischer und schwuler Mitarbeitender. Von den von Derendinger und Kollegen (2016) befragten 44 Unternehmen, gibt ein Drittel an, keine Information über nicht heterosexuelle Mitarbeitende zu haben, ebenfalls knapp ein Drittel verfügt über keine spezifischen Maßnahmen, die sicherstellen, dass Ehe und eingetragene Partnerschaft gleichgestellt werden. Auch Unternehmen, die über eine Diversity-Strategie verfügen, erwähnen darin sexuelle Orientierung und Geschlechtsidentität oft nicht explizit (Derendinger et al. 2016, S. 35). Wenn Maßnahmen formuliert werden, beschränken sich diese oft auf die allgemeine Formulierung von Nicht-Diskriminierung im Hinblick auf sexuelle Orientierung. Seltener noch wird Geschlechtsidentität angesprochen (Parini 2015, S. 17). Ein weiterer Hinweis auf die geringe Sensibilisierung der Verantwortlichen in Schweizer Unternehmen sind Schwierigkeiten von Forschenden, bei Befragungen einen ausreichenden Rücklauf zu generieren (mündliche Kommunikation, Derendinger et al. 2016).

Wie bereits festgestellt, entwickeln in erster Linie international tätige Unternehmen im Rahmen ganzheitlicher Diversity-Management-Konzepte Maßnahmen und Instrumente zur Diversity-Dimension „sexuelle Orientierung". In der Schweiz entfallen 99,8 % der Arbeitsstätten und fast 83 % der Beschäftigung (Vollzeitäquivalente) auf die kleinen und mittleren Unternehmen (BFS 2012). Auch rechtlich gesehen besteht in der Schweiz Nachholbedarf bezüglich der Gleichstellung von homosexuellen Menschen. Nach einem Ranking der ILGA Europe, welche die Rechtslage von LGBT-Menschen in Europa regelmäßig analysiert, belegt die Schweiz den 23. Rang von 49 Ländern (ILGA-Europe 2016). So fehlen beispielsweise explizite Gesetze gegen Diskriminierung, Hassattacken und Polizeigewalt gegen homosexuelle Menschen. Weiter besteht keine vollständige Gleichstellung von Heirat und eingetragener Partnerschaft, Adoption beispielsweise ist eingetragenen Paaren nicht erlaubt. Eingetragene Partnerschaften sind seit 2007 möglich.

Den beiden Zielrichtungen des Diversity und Inclusion Managements folgend (Köllen 2012, S. 149), wird im Folgenden zuerst dargestellt, mit welchen Diskriminierungserfahrungen Lesben und Schwule an ihrem Arbeitsplatz konfrontiert werden und wie Unternehmen diesen begegnen, um diese Mitarbeitenden zu unterstützen und besser ins Unternehmen zu integrieren (Pless und Maak 2004). Dann wird dargestellt, mit welchen Maßnahmen Unternehmen, dem ökonomischen Ansatz folgend, durch aktive Nutzung und Förderung von Vielfalt die Unternehmensattraktivität erhöhen, Effizienz und Produktivität steigern und die Markt- und Kundenorientierung verbessern (Fullerton 2013). Schließlich werden Maßnahmen und Instrumente aufgezeigt, die innerhalb eines umfassenden Diversity Managements zu einer offeneren und integrierenderen Unternehmenskultur beitragen.

3.1.2 Erfahrungen am Arbeitsplatz

In diesem Abschnitt soll geklärt werden, welche Folgen das Fehlen von Maßnahmen und Instrumenten zur Diversity-Dimension „sexuelle Orientierung" für die betroffen Arbeitnehmerinnen und Arbeitnehmer hat und was Unternehmen und Behörden mit einem entsprechenden Konzept gewinnen können.

Um eine Quantifizierung der Tragweite von Investitionen ins Diversity und Inclusion Management vornehmen zu können, wird nachfolgend versucht abzuschätzen, wie viele Mitarbeitende in der Schweiz betroffen sind. Es gibt keine publizierten Zahlen von Schweizer Großunternehmen über ihre Mitarbeitenden und deren sexuelle Orientierung. In Großbritannien wird von ca. 5–7 % homosexueller Arbeitnehmender ausgegangen (Colgan et al. 2007, S. 591). Köllen (2012, S. 148) spricht von 4–17 % der Bevölkerung, die homosexuell sind. Auf die Schweiz bezogen mit rund 5 Mio. erwerbstätigen Menschen (BFS 2016) kann damit von 200.000 bis 800.000 homo- und bisexuellen Arbeitnehmenden ausgegangen werden. Rein statistisch ist damit zu rechnen, dass in jedem Unternehmen pro 100 Mitarbeitende fünf bis zehn schwul oder lesbisch sind. Umso mehr erstaunt es, dass die Dimension „sexuelle Orientierung" bisher in Unternehmen kaum als relevante Dimension des Diversity Managements betrachtet wurde.

Eine mögliche Erklärung ist die fehlende Sichtbarkeit. Viele Schwule und Lesben sind an ihrem Arbeitsplatz nicht geoutet. In einer aktuellen Studie aus der Schweiz mit 1097 Teilnehmenden berichten 42 % an ihrem Arbeitsplatz geoutet zu sein, weitere 43,5 % sind teilweise geoutet und 14,5 % sind nicht geoutet (Parini 2015, S. 5). Diese Werte überschätzen vermutlich die Proportion geouteter Mitarbeitender, da eher aufgeschlossene und offene schwule und lesbische Arbeitnehmende erreicht wurden. Diese Zahlen sind insofern auffällig, als dass beispielsweise in Großbritannien, wo die Diversity-Dimension „sexuelle Orientierung" schon früher thematisiert wurde, deutlich mehr Arbeitnehmende geoutet sind (Colgan et al. 2007, S. 596).

Damit stellt sich die Frage nach den Gründen, die eigene sexuelle Orientierung zu verbergen. Homosexuelle Arbeitnehmende werden an ihrem Arbeitsplatz sowohl mit formaler wie informale Diskriminierung und Benachteiligung (Priola et al. 2014, S. 490) konfrontiert. Formale Diskriminierung umfasst Benachteiligung oder Ausschluss im Bewerbungsprozess oder bei Beförderungen und fehlender Zugang zu Rechten und Ressourcen. Informale Diskriminierung beinhaltet verbales oder nonverbales Verhalten, das verletzt und ausschließt und die Integrität und das Wohlbefinden der betroffenen Mitarbeitenden beeinträchtigt. Während offene formale Diskriminierung in westlichen Ländern dank entsprechender Gesetzgebung rückläufig ist, bleiben Formen verdeckter Diskriminierung oft bestehen.

Kulturelle Normen unterstützen und fördern Heterosexualität, bevorzugen heterosexuelle Partnerschaften und Familienformen und verhindern eine offene Diskussion von lesbischen und schwulen Lebensformen und Partnerschaften. Eine heteronormative Arbeitsumgebung schafft ein Klima der Stille um LGBT-Mitarbeitende und verhindert ein Outing, aus Angst vor Diskriminierung und Isolation (Ward und Winstanley 2005, S. 448; Priola et al. 2014, S. 490). Heterosexistisches und homophobes Verhalten im beruflichen Alltag zeigt sich in Mikroaggressionen durch Kolleginnen und Kollegen oder Vorgesetzte (Holmes 2010, S. 132), verletzenden Handlungen, Blicken oder im Ausschluss von sozialen Events, aber auch stiller Diskriminierung wie beispielsweise Tratsch, Schweigen oder abfälligen Bemerkungen (Priola et al. 2014, S. 499). Colgan et al. (2007, S. 598) belegen, dass 1/5 der homosexuellen Arbeitnehmenden basierend auf ihrer sexuellen Orientierung aktiv diskriminiert oder belästigt werden. In einer neueren Befragung (Tindall und Waters 2012, S. 455) geben 39 % von 1200 befragten homosexuellen Arbeitnehmenden an, dass sie schwulenfeindlichen Belästigungen am Arbeitsplatz ausgesetzt sind und 19 % gaben an, dass ihre sexuelle Orientierung bei der Karriereförderung ein Hindernis sei.

Ein Bruch mit der heterosexuellen Grundkultur wird als störend empfunden und die Betroffenen laufen Gefahr, stereotypisiert und sexualisiert zu werden (Köllen 2012, S. 151). Stereotypisierung zeigt sich beispielsweise dadurch, dass homosexuelle Mitarbeitende aufgrund ihrer sexuellen Orientierung für gewisse Berufe als geeignet oder ungeeignet eingestuft werden (Holmes 2010, S. 132). Es kann eine „Verschiebung von Weiblichkeit und Männlichkeit" (Köllen 2012, S. 151) entstehen. Lesben werden eher männliche Eigenschaften und Schwulen eher weiblichere Eigenschaften zugeordnet. Dies geht so weit, dass auch eine Kompetenzverschiebung bei homosexuellen Arbeitnehmenden angenommen wird. Schwulen Mitarbeitern werden eher Kompetenzen im kreativen oder sozialen Bereichen zugetraut als heterosexuellen Männern, lesbischen Mitarbeiterinnen hingegen werden tendenziell männlichere Eigenschaften und Fähigkeiten zugeschrieben, die sie für andere Bereiche qualifizieren sollen als heterosexuelle Frauen (Köllen 2012, S. 152). Eine weitere Zuspitzung ist die Gleichsetzung von Homosexualität mit Sexualität, die gegenüber anderen Persönlichkeitsmerkmalen überbewertet wird (Buba und Vaskovics 2016) und zu einer Übersexualisierung von lesbischen und schwulen Mitarbeitenden führt.

In der aktuellen für die Schweiz vorliegenden Studie von Parini (2015, S. 7). werden diese Zuschreibungen und Mikroagressionen sichtbar. Bezogen auf die zurückliegenden drei Jahre geben 70 % der befragten LGBT-Arbeitnehmenden an, in der einen oder anderen Form Diskriminierung aufgrund der sexuellen Orientierung an ihrem Arbeitsplatz beobachtet zu haben. Stereotype Zuschreibungen und Übersexualisierung äußern sich in Witzen, Klischees und Vorurteilen im Zusammenhang mit sexueller Orientierung oder geschlechtlicher Identität. Zwei Beispiele seien zitiert (Übersetzung aus dem französischen Original durch AG): „Man kann diesen Typen nicht anstellen, der kann sich nicht integrieren, der ist zu schwul"; „die Lastwagenfahrerin, die Frau, die sich wie ein Kerl kleidet oder wie ein Kerl spricht" (Parini 2015, S. 7). Über 20 % berichten auch von beobachteten obszönen Äußerungen und Gesten sowie sexuellen Belästigungen. Etwas seltener wurde beobachtet, dass die beruflichen Kompetenzen von lesbischen oder schwulen Mitarbeitenden infrage gestellt oder sie bei informellen sozialen Anlässen oder innerhalb des Teams ausgegrenzt wurden.

Um solche Auswirkungen, Vorurteile und Stereotypen zu begrenzen, verheimlichen viele homosexuelle Arbeitnehmende bewusst ihre sexuelle Orientierung (Tindall und Waters 2012, S. 467). Es wird davon ausgegangen, dass fast die Hälfte aller LGBT-Mitarbeitenden ihre sexuelle Identität aus Angst, den beruflichen Aufstieg zu riskieren, verstecken (McDermott 2006, S. 203). In der Schweizer Studie (Parini 2015, S. 13–14) geben beispielsweise über 15 % der Befragten an, sich nicht zu outen, aus Angst verletzt oder isoliert zu werden, 10 % weil sie befürchten, ihren Job zu verlieren.

Zentrale Risiken und Auswirkungen einer fehlenden inkludierenden Unternehmenskultur sind in Abb. 3.1 zusammengefasst. Von einer Beseitigung formaler und informaler Diskriminierung müsste sowohl für die Mitarbeitenden wie auch für die Unternehmen ein Mehrwert entstehen. Unternehmen fällt deshalb die Aufgabe zu, eine Unternehmenskultur zu schaffen, in der alle Mitarbeitenden ein unterstützendes und wohlwollendes Arbeitsklima vorfinden, das es ihnen erlaubt, ihr Potenzial zu verwirklichen. Im folgenden Kapitel wird aufgezeigt, welchen ökonomischen Nutzen Unternehmen durch ein Diversity und Inclusion Management generieren können.

3.1.3 Ökonomischer Nutzen

Damit die Inklusion von Minderheiten gegenüber anderen Arbeitnehmergruppen gerechtfertigt werden kann, muss ein klarer ökonomischer Vorteil für Unternehmen

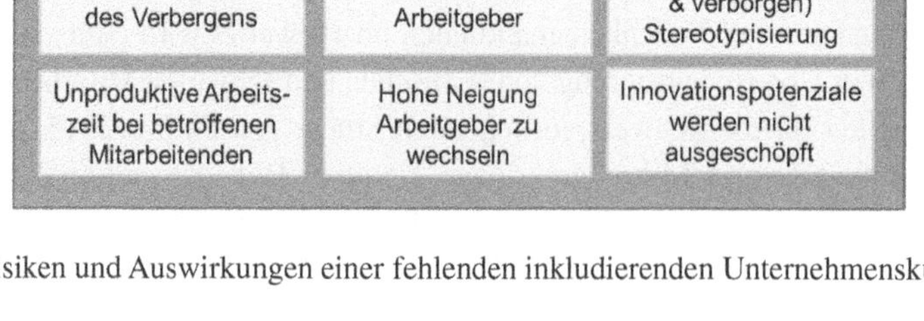

Problematik ohne Diversity & Inclusion Massnahmen		
Unternehmenskultur des Verbergens	Unattraktiver Arbeitgeber	Diskriminierung (offen & verborgen) Stereotypisierung
Unproduktive Arbeitszeit bei betroffenen Mitarbeitenden	Hohe Neigung Arbeitgeber zu wechseln	Innovationspotenziale werden nicht ausgeschöpft

Abb. 3.1 Risiken und Auswirkungen einer fehlenden inkludierenden Unternehmenskultur

entstehen. Die Auswirkungen einzelner Maßnahmen des Diversity Managements sind oft nicht quantifizierbar, hingegen versprechen verschiedene qualitative Faktoren einen Nutzen. Die Arbeitgeberattraktivität eines Unternehmens wird durch Maßnahmen zur Nichtdiskriminierung positiv beeinflusst. So wird die Arbeitsplatzwahl von homosexuellen Arbeitnehmenden durch eine LGBT-freundliche Reputation des Unternehmens stark beeinflusst (Tindall und Waters 2012, S. 455). Diese Botschaft der Offenheit und Inklusion wirkt auch attraktiv auf potenzielle Kundinnen und Kunden und potenzielle Mitarbeitende. Frauen können davon ausgehen, dass ein fortschrittliches Diversity Management auch für sie gerechte Arbeitsbedingen bereithält. Angehörige von Minderheitengruppen werden erwarten, dass in diesen Unternehmen auch Maßnahmen in anderen Diversity-Dimensionen gelebt werden (Kammerer-Jöbges et al. 2015, S. 5).

Die Botschaft wirkt auch nach innen. Durch entsprechende Diversity- und Inclusion-Maßnahmen wird ein positives Arbeitsklima ermöglicht. In wissensintensiven und innovativen Berufsfeldern ist die Kommunikation, der Austausch von Ideen und Lösungen, der Aufbau von vertrauensvollen, unterstützenden und kooperativen Beziehungen zwischen Kolleginnen und Kollegen, Kunden sowie Lieferantinnen und Lieferanten zentral (Guasp und Balfour 2008). Mitarbeitende, die befürchten, dass ihre Kontakte am Arbeitsplatz negativ beeinflusst werden oder dass ihre Anstellung in Gefahr ist, wenn ihre sexuelle Orientierung bekannt würde, können nicht ihre volle Leistung erbringen (Tindall und Waters 2012). Ein offenes und angstfreies Arbeitsklima ermöglicht innovatives, effizientes und produktives Arbeiten (Bell et al. 2011, S. 142). Verschiedene Studien zeigen einen positiven Zusammenhang zwischen dem Grad der Offenheit sowie der empfundenen Arbeitszufriedenheit, der Verbundenheit mit dem Unternehmen und der empfundenen Unterstützung durch das Top-Management (Button 2001; Frohn 2007, S. 30; Brenner et al. 2010, S. 332). Mitarbeitende, die ihre sexuelle Orientierung offen leben können, zeigen weniger psychosomatische Beschwerden, sind zufriedener und stärker mit dem Unternehmen verbunden (Day und Schoenrade 2000; Frohn 2007, S. 37).

Wenn hingegen Mitarbeitende ihre Homosexualität am Arbeitsplatz verstecken, darauf achten müssen, was sie bedenkenlos erzählen können, und sich Gedanken darüber machen, welches Verhalten sie verraten könnte, sinkt ihre Leistungsfähigkeit (Frohn 2007, S. 45). Ein Vortäuschen von Zugehörigkeit kann zu einem Absinken des leistungsbezogenen Selbstbewusstseins und der Leistung selber führen (Köllen 2012, S. 155). Teilnehmende der sehr aufschlussreichen qualitativen Studie von Guasp und Balfour (2008) berichten, wie ihre Freude an der Arbeit, Kreativität und Innovationsfähigkeit durch das Verstecken ihrer sexuellen Orientierung beeinträchtigt wird und wie befreiend und motivierend sie es erleben, wenn sie offen sein können. Der Zusammenhang zwischen einer LGBT-freundlichen Unternehmenspolitik und sowohl Zufriedenheit als auch Arbeitsleistung ist inzwischen gut belegt (Tindall und Waters 2012, S. 455; Colgan et al. 2007, S. 602). Müssen Mitarbeitende ihre sexuelle Orientierung weder verstecken noch Angst haben, diskriminiert oder benachteiligt zu werden, arbeiten sie selbstbewusster in ihren Teams, bringen dadurch mehr Ideen hervor und werden innovativer und produktiver (Brenner et al. 2010, S. 331; Fullerton 2013, S. 122). Als gerecht empfundene

Diversity- und Inclusion-Maßnahmen führen zu einer höheren Zufriedenheit und zu einer höheren Arbeitsleistung. Sie stärken das Engagement gegenüber dem Unternehmen und verbessern die Interaktion zwischen Unternehmen und Arbeitnehmenden (Fujimoto et al. 2013, S. 156). Eine inklusive Umgebung fördert nicht nur das Wohlbefinden und die Leistungsfähigkeit der LGBT-Mitarbeitenden (Fujimoto et al. 2013, S. 152) sondern wirkt sich auch positiv auf andere Mitarbeitergruppen und schließlich auf das Unternehmen selbst aus (Colgan et al. 2007, S. 590). Damit hat das Vielfalts- und Inklusionsmanagement eine positive Auswirkung auf die Rentabilität eines Unternehmens (Fullerton 2013, S. 121). Allerdings sind konkrete Zusammenhänge zwischen Diversity- und Inclusion-Maßnahmen und Unternehmenszahlen schwierig nachweisbar. Erste Studien weisen auf positive Zusammenhänge von LGBT-freundlichen Maßnahmen und finanziellen Kennzahlen hin (Wang und Schwarz 2010, S. 209). Eine LGBT-freundliche Unternehmenskultur zahlt sich für Mitarbeitende und Unternehmen aus (Köllen 2012, S. 156).

3.1.4 LGBT-freundliche Maßnahmen am Arbeitsplatz

Grundlage einer LGBT-freundlichen Unternehmenskultur sind klare Maßnahmen und Instrumente innerhalb eines umfassenden Diversity und Inclusion Managements (Kammerer-Jöbges et al. 2015, S. 26 ff.). Im Folgenden wird dargestellt, welche Maßnahmen sich in der Praxis bewährt haben, um ein unterstützendes und inkludierendes Arbeitsklima zu schaffen. Dazu gehören, neben rechtlichen und formalen Anpassungen im Zuge neuer Partnerschaftsgesetze, Maßnahmen auf Ebene Management und Führung, die Bezeichnung von Ansprechpartnerinnen und -partnern, Beauftragten, Mentorinnen und Mentoren oder Schirmherrinnen und Schirmherren, die Kommunikation nach innen und außen, die Unterstützung von internen Mitarbeitendennetzwerken, die Kooperation mit externen LGBT-Organisationen und die Unterstützung von internen oder externen LGBT-Veranstaltungen.

Management, Führung, AnsprechpartnerInnen, HR. Ein positiver Zusammenhang besteht zwischen einem unterstützenden Management und der Arbeitszufriedenheit und Leistungsfähigkeit homosexueller Arbeitnehmender (Day und Schoenrade 2000, S. 359; Köllen 2012, S. 159; Guasp und Balfour 2008, S. 10). Eine entscheidende Rolle kommt dabei dem Top-Management und den Führungskräften zu. Maßnahmen haben vor allem dann Erfolg, wenn sie vom Top-Management ausgelöst und mitgetragen werden. Dadurch wird eine klare inkludierende Botschaft ausgesendet, die das Commitment auch aufseiten der Mitarbeitenden stärkt (Guasp und Balfour 2008, S. 17). So hat es sich beispielsweise bewährt, wenn Interviews mit LGBT–Mitarbeitenden in Führungsposition zu ihren Erfahrungen und ihrem Werdegang im Intranet oder auf der Homepage publiziert werden (Fullerton 2013, S. 121). Sichtbare schwule und lesbische Führungspersonen erleichtern Mitarbeitenden sich zu outen (Guasp und Balfour 2008, S. 18). Wichtig ist die Schulung und Sensibilisierung von Vorgesetzten (Köllen 2012, S. 160) und der Einsatz von Mentoren und Mentorinnen (Guasp und Balfour 2008, S. 19). Transparente

Kriterien im Hinblick auf die Förderung und Entwicklung von Mitarbeitenden verhindern, dass Vorurteile und Stereotypen zu diskriminierendem Verhalten führen können (Guasp und Balfour 2008, S. 10).

Kommunikation. Eine klare und eindeutige Kommunikation von Unternehmen, wie sie sich beispielsweise in expliziten und kommunizierten Antidiskriminierungsrichtlinien niederschlägt, führt zu einer höheren Loyalität von homosexuellen Arbeitnehmenden dem Unternehmen gegenüber (Tejeda 2006, S.45; Guasp und Balfour 2008, S. 9).

Mitarbeitendennetzwerke. Positive Impulse gehen auch von internen LGBT-Netzwerken aus. Neben dem unterstützenden Austausch untereinander haben Mitglieder solcher Netzwerke auch weniger Neigungen, den Arbeitgeber zu wechseln (Köllen 2012, S. 160). Die Unterstützung von Netzwerken wird als Botschaft des Arbeitgebers gewertet, ein inklusives Arbeitsklima schaffen zu wollen (Guasp und Balfour 2008, S. 14).

Kooperationen und Sponsoring. Auch die Anerkennung und Zusammenarbeit mit externen LGBT-Organisationen und deren Unterstützung durch Sponsorenbeiträge, Schirmherrschaften, Spenden oder die Unterstützung von Mitarbeitenden bei der Teilnahme an LGBT-Veranstaltungen wird als positives Signal zur Inklusion von LGBT-Mitarbeitenden gewertet (Guasp und Balfour 2008, S. 17).

Für den deutschen Sprachraum liegt eine aktuelle Studie vor (Kammerer-Jöbges et al. 2015, S. 27), die aufgezeigt, welche Maßnahmen und Instrumente bereits eingesetzt werden. Befragt wurden Vertreterinnen und Vertreter von 32 Unternehmen und 33 Behörden in Deutschland mit mehr als 1000 Mitarbeitenden, die als Unterzeichnende der Charta der Vielfalt (2016) gegenüber Diversity Management aufgeschlossen sind (Kammerer-Jöbges et al. 2015, S. 8). Mehr als 70 % der Unternehmen und Behörden nennen als konkrete Maßnahmen Ansprechpartner, interne Kommunikation (Broschüre, Internet, Printprodukte), externe Unternehmenskommunikation, Personalmarketing und interne Kommunikation/Mitarbeitendenveranstaltungen. Von über 50 % der Befragten werden Kooperation mit externen Partnern, spezielle Weiterbildungsangebote, Mitarbeitendennetzwerke, Gruppenbeauftragte, Koordinierungs- oder Arbeitsgruppe und spezielle Mentoringprogramme genannt. Auffallend ist, dass Mitarbeitendennetzwerke, die bei der Entwicklung von Maßnahmen zum Aufbau eines LGBT-freundlichen Arbeitsklimas Diversity-Beauftragte unterstützen und entlasten könnten, erst an siebter bzw. neunter Stelle genannt werden (Kammerer-Jöbges et al. 2015, S. 27). Ebenso fällt auf, dass Personalstatistiken zwar bei anderen Diversity-Dimensionen, sehr viel seltener hingegen (in 12 % der befragten Unternehmen und Behörden) bei der Dimension „sexuelle Orientierung" eingesetzt werden. Damit wissen auch diese Unternehmen nicht, wie viele ihrer Mitarbeitenden schwul oder lesbisch sind. Die genannten Maßnahmen werden meist auch bei anderen Diversity-Dimensionen eingesetzt. Es spricht deshalb vieles dafür, die Dimension „sexuelle Orientierung und Geschlechtsidentität" in den Rahmen eines ganzheitlichen Diversity Managements zu integrieren.

Für die Schweiz liegt eine aktuelle Befragung (Derendinger et al. 2016, S. 35) von 44 Unternehmen vor, wovon mehr als die Hälfte weniger als 1000 Mitarbeitende aufweisen. Nur die Hälfte der Unternehmen verfügt über eine Diversity Politik und nur neun dieser

Unternehmen nennen darin LGBT-Mitarbeitende explizit. Entsprechend geben nur 50 % der Unternehmen an, aktiv ein Klima zu fördern, in dem Mitarbeitende ihre sexuelle Orientierung offen leben können. Erst zwei Drittel der Unternehmen haben ihre Personalreglemente nach Einführung des Partnerschaftsgesetzes (2007) angepasst. LGBT-Anlässe und -Organisationen werden kaum unterstützt.

Obwohl nicht repräsentativ, wirft diese Befragung doch ein Schlaglicht auf den bereits oben erwähnten Nachholbedarf bezüglich Maßnahmen im Rahmen der Diversity-Dimension „sexuelle Orientierung und Geschlechtsidentität" insbesondere von kleineren Unternehmen in der Schweiz. International ausgerichtete oder nationale Großkonzerne könnten auch in der Schweiz, ähnlich wie im Ausland, eine führende Rolle übernehmen. In dieser Studie wurde untersucht, in welcher Form sich Schweizer Großunternehmen im Rahmen ihres Diversity Managements mit der Dimension „sexuelle Orientierung" befassen, welche Maßnahmen sie zur besseren Inklusion homosexueller Arbeitnehmender ergreifen, ob proklamierte Maßnahmen umgesetzt werden und wie die Wahrnehmung bei den betroffenen Arbeitnehmenden aussieht. Im Rahmen einer explorativen, qualitativen Studie sollen deshalb folgende Forschungsfragen beantwortet werden:

- Welchen direkten oder indirekten Nutzen versprechen sich Schweizer Großunternehmen von einer aktiven Inklusion homosexueller Arbeitnehmender?
- Wie nehmen homosexuelle Mitarbeitende aus ihrer Sicht Vielfalts- und Inklusionsmaßnahmen wahr?
- Welche Vielfalts- und Inklusionsmaßnahmen sind am besten geeignet, um ein positives Arbeitsklima für homosexuelle Arbeitnehmende zu schaffen?

Mit der Beantwortung dieser Fragen soll ein aktueller Beitrag zum Diversity und Inclusion Management mit Schwerpunkt in der Schweiz geleistet werden. Im Folgenden werden das methodische Vorgehen beschrieben, die Ergebnisse präsentiert und diskutiert und schließlich Empfehlungen für die Praxis abgeleitet.

3.2 Methode und Sample

Um gezielt Unternehmen anzusprechen, die bereits für die Diversity-Dimension „sexuelle Orientierung" sensibilisiert sind, wurde mittels einer Webrecherche eruiert, in welchen Unternehmen Netzwerke von Schwulen und Lesben existieren. Dies ist laut Köllen (2012, S. 158) ein mögliches Indiz für aktive Inklusionsmaßnahmen von homosexuellen Mitarbeitenden durch Unternehmen. Per E-Mail und Telefon wurde mit den jeweiligen Unternehmen Kontakt aufgenommen, um Expertinnen und Experten für ein Interview zu gewinnen. Als Unternehmen konnten zwei international tätige Großbanken, eine international tätige Versicherungsgesellschaft und ein nationales Dienstleistungsunternehmen gewonnen werden. Als Interviewpartnerinnen und -partner stellten sich drei Frauen und zwei Männer zur Verfügung. Drei davon waren in leitender Position im Diversity und Inclusion Management tätig, zwei waren als Fachspezialistinnen und -spezialisten HR tätig, homosexuell und im internen LGBT-Netzwerk engagiert. Die Interviews wurden im Frühjahr 2014 vom Erstautor geführt. Der Interviewleitfaden wurde im Vorfeld in zwei Testinterviews überprüft und angepasst. Die Expertinnen- und Experteninterviews wurden mittels Audioaufnahme aufgezeichnet, transkribiert und computergestützt mit Atlas-ti codiert und schließlich analysiert. Die Codes wurden sowohl deduktiv aus den Hauptfragen des Interviewleitfadens wie auch während des Codierprozesses induktiv abgeleitet und um Subcodes ergänzt. Finale Hauptkategorien waren Maßnahmen zur Inklusion, ökonomischer Nutzen von Maßnahmen und Unternehmenskultur.

Aufbauend auf den Ergebnissen aus den Interviews wurde der Gesprächsleitfaden für die Fokusgruppendiskussion erarbeitet. Bedingung für die Teilnahme an der Fokusgruppe war, dass die Teilnehmenden in einem LGBT-Unternehmensnetzwerk aktiv sind oder diesem nahe stehen. Angestrebt wurde eine möglichst heterogene Gruppenzusammensetzung. Wie für die Expertinnen- und Experteninterviews gestaltete sich auch hier der Rekrutierungsprozess als schwierig. So konnte nur eine lesbische Frau für die Fokusgruppe rekrutiert werden. Sämtliche Teilnehmenden sind langjährige Mitarbeitende und bei ihrem Arbeitgeber geoutet, im Arbeitsalltag allerdings situationsbedingt teilweise nur implizit geoutet. Neben Teilnehmenden aus den vier Unternehmen, aus denen die Expertinnen und Experten stammten, wurde ein Teilnehmer aus einem fünften Unternehmen (nationales Dienstleistungsunternehmen) in die Fokusgruppe eingeladen. An der eineinhalbstündigen Diskussion im Mai 2015 nahmen eine Frau und vier Männer teil. Die Diskussion wurde vom Erstautor auf Basis eines Journals und Gesprächsleitfadens geführt. Die Fokusgruppendiskussion wurde mittels Audioaufnahme aufgezeichnet, transkribiert und computergestützt mit Atlas-ti codiert und schließlich analysiert. Um die Vergleichbarkeit mit den Expertinnen- und Experteninterviews zu gewährleisten, wurden die Codes und Subcodes nach Möglichkeit beibehalten und nur zurückhaltend ergänzt. Finale Hauptkategorien waren die Kategorien wahrgenommene Maßnahmen zur Inklusion (inkl. Reaktionen auf die Maßnahmen), Beurteilung des ökonomischen Nutzens, Problemsicht und Bedeutung der Unternehmenskultur sowie gewünschte Maßnahmen.

3.3 Ergebnisse: Treiber und Akteure in Schweizer Unternehmen

Mit dieser Forschungsarbeit wird Unternehmen und Organisationen ein Argumentarium für das Diversity und Inclusion Management mit Schwerpunkt „sexuelle Orientierung" zur Verfügung gestellt. Es wird aufgezeigt, welchen ökonomischen Nutzen Schweizer Großunternehmen durch das Vielfalts- und Inklusionsmanagement in der Dimension „sexuelle Orientierung" erwarten, wie die Inklusionsmaßnahmen von den Arbeitnehmenden wahrgenommen und welche als zielführend eingestuft werden. In den folgenden Abschnitten werden die Ergebnisse aus den Interviews und der Fokusgruppe beschrieben, konsolidiert und interpretiert.

3.3.1 Maßnahmen und Erfahrungen von vier Schweizer Großunternehmen

Nachfolgend werden die Ergebnisse aus den Interviews vorgestellt. Die Präsentation folgt den drei Kategorien Maßnahmen zur Inklusion, ökonomischer Nutzen und Unternehmenskultur.

3.3.1.1 Maßnahmen zur Inklusion

Genannt werden neben rechtlichen und formalen Gleichstellungsmaßnahmen Maßnahmen auf Unternehmensebene, die ein inklusiveres Arbeitsklima fördern sollen, und Maßnahmen, die den LGBT-Mitarbeitenden und -Netzwerken direkt zugutekommen.

Rechtliche und formale Gleichstellungsmaßnahmen aufgrund des Partnerschaftsgesetzes bestehen in allen vier Unternehmen. Konkret genannt werden die Gleichstellung von eingetragener Partnerschaft und Ehe im Gesamtarbeitsvertrag (U4) und in der Begünstigungsklausel der Pensionskasse (U3), allgemein gleiche Rechte für alle (z. B. Geschenke bei Hochzeit und Eintragung der Partnerschaft; U2) oder situative Anpassungen bei Bedarf (z. B. Adoptionsurlaub; U1).

Management, Führung, AnsprechpartnerInnen, HR. In zwei Unternehmen ist der bzw. die CEO Träger der Diversity-Dimension „sexuelle Orientierung" (U1, U4). In U4 wird explizit ein Kulturwandel top-down angestrebt. Spezifische Trainings für Führungskräfte bieten drei Unternehmen an (U1, U3, U4) an. Inhaltlich geht es dabei um die Sensibilisierung, um die Implementierung einer entsprechenden Führungskultur, um die Schaffung eines Klimas der Inklusion. Ein (freiwilliges) Seminar Vielfaltsmanagement soll Führungskräfte in U4 sensibilisieren und den Kulturwandel unterstützen. Ein Unternehmen hat auch ein Programm initiiert (U1) bei dem sich heterosexuelle Mitarbeitende zum Träger bzw. zur Trägerin des Inklusionsgedankens bekennen. Eine Hotline bzw. Kompetenzcenter als Anlaufstelle bei Problemen kennen zwei Unternehmen (U1, U4). In zwei Unternehmen wird sexuelle Orientierung explizit im HR thematisiert, um Rekrutierungsfehler aufgrund von Stereotypien zu vermeiden (U1, U4).

Kommunikation. Alle Unternehmen haben Maßnahmen implementiert, um ihre Mitarbeitenden zu sensibilisieren und ein LGBT-freundliches Arbeitsklima zu schaffen. Ein expliziter Code of Conduct bzw. Verhaltenskodex besteht in drei Unternehmen (U1, U2, U3). Dieser wird in U3 neuen Mitarbeitenden im Rahmen der obligatorischen Einführung auch explizit vermittelt, um sie zu sensibilisieren und mit den Unternehmenswerten vertraut zu machen. U3 führt Sensibilisierungsprogramme in den Abteilungen durch, um Voreingenommenheit und einem „unconcious bias" entgegenzutreten. Auch U3 und U4 bieten spezifische Kurse für Mitarbeitende an. In U1 liegen Informationen in Form von Q&A und weiteren Unterlagen vor, U2 stellt Mitarbeitenden eine Informationsbroschüre zur Verfügung,

Mitarbeitendennetzwerk. In allen vier Unternehmen besteht ein Mitarbeitendennetzwerk (Kriterium für Einbezug des Unternehmens in die Studie). Dabei geht es oft darum, den Mitarbeitenden ein angenehmes Arbeitsklima zu bieten „...Ziel ist, dass die Mitarbeiter sich wohlfühlen, dass sie so auch effektiver arbeiten und dass (... die) Attraktivität gesteigert werden kann" (U4:32). Der Vorteil für die Unternehmen bei der Förderung eines LGBT-Netzwerkes wird auch darin gesehen, dass „...man dort hierarchieübergreifend ein Mittel hat und eben die Message von Diversity und speziell eben dann auch Inclusion noch breiter auf nicht hierarchiebasierten Kommunikationswegen verbreiten kann in der Firma..." (U3:17). Das Mitarbeitendennetzwerk ist in U2 und U3 offiziell anerkannt, wird finanziell unterstützt und hat eine eigene Internetseite. In U3 finden Networking Events unter Einbezug des Netzwerks statt. Netzwerkaktivitäten werden in U4 auch an Top-Kader Events präsentiert und mittels Flyer wird auf das Netzwerk hingewiesen.

Kooperationen und Sponsoring. Sponsoring im LGBT-Kontext wird von allen vier Unternehmen betrieben. Die Maßnahmen Training für Führungskräfte (von 3 Unternehmen genannt), Mitarbeitendennetzwerke (4), Code of Conduct (3) und Sponsoring (4) werden am häufigsten als Maßnahme im Rahmen der Diversity-Dimension „sexuelle Orientierung" zur Schaffung eines LGBT-freundlichen Arbeitsklimas eingesetzt.

Reaktionen auf Maßnahmen. Alle Interviewpartnerinnen und -partner berichten über positive wie negative Reaktionen von heterosexuellen und homosexuellen Arbeitnehmenden auf die verschiedenen Maßnahmen. Mitarbeitende können sich benachteiligt fühlen, wenn eine spezifische Gruppe gefördert wird „jetzt brauchen die Schwulen und Lesben auch noch ein Netzwerk, die brauchen doch das nicht, also zuerst die Frauen und dann die Schwulen" (U4:6). Das Verständnis, warum jetzt ein Unternehmen aktiv eine Gruppe fördert, kann bei anderen Mitarbeitenden gering sein „...Wieso gibt es jetzt für die ein Netzwerk und für andere nicht?" (U3:34). Von homosexuellen Mitarbeitenden kommen sowohl positive Reaktionen wie „toll machen wir das..." (U4:50) aber auch negative wie „wieso gibt es jetzt ein spezielles Netzwerk für uns, wir sind doch auch normal..." (U3:34) und „... (wenn) es immer als Thema ist, dann ist man immer so ein bisschen der Outsider und es wird wie so speziell als irgendwas, auf irgendeinen Makel oder etwas, das noch nicht die Akzeptanz im allgemeinen Leben gefunden hat, behandelt" (U2:48).

3.3.1.2 Ökonomischer Nutzen

Vielfach benötigen Maßnahmen im Rahmen des Diversity Managements eine Legitimation, damit Unternehmen Gelder sprechen und diese Massnahmen auch umsetzen. In den Interviews wurde deshalb auch gezielt nach dem erwarteten ökonomischen Nutzen gefragt. Genannt wurden insbesondere Unternehmensattraktivität und Reputation, eine höhere Produktivität, eine stärkere Bindung der Mitarbeitenden, Marktorientierung und ein positiver Einfluss auf die Unternehmenskultur.

Unternehmensattraktivität und Reputation. Die Unternehmen streichen unterschiedliche Aspekte heraus. U1 unterstreicht die Passung: Objektives Einstellungsmanagement und dadurch ideale Teamzusammenstellungen, ein passendes und dadurch attraktives Arbeitsklima und passende Mitarbeitende für passende Produkte. U2, U3 und U4 sehen einen klaren Vorteil hinsichtlich Reputation und dadurch sowohl Steigerung der Attraktivität des Unternehmens für Mitarbeitende, sei es bei der Akquise oder hinsichtlich der Zufriedenheit der Mitarbeitenden und bei Kunden.

Effizienz und Produktivität. Die Interviewpartnerinnen und -partner streichen den Zusammenhang zwischen Wohlbefinden und Leistungsbereitschaft bzw. Leistungsfähigkeit heraus. Die Inklusion von Mitarbeitenden schafft eine optimale Arbeitsumgebung, in der sich jede und jeder geben kann wie er oder sie ist und sich wohlfühlt (U1, U4). Mitarbeitende können frei arbeiten, wenn der innere Druck abgebaut wird (U2). Vorhandenes Potenzial kann optimal genutzt werden (U4). Es entstehen eine höhere Leistungsbereitschaft (U4), Effizienz und Produktivität in der Zusammenarbeit (U1, U4) und hat einen positiven Einfluss auf das Team und damit auch wieder auf die Produktivität (U3).

Stärkere Bindung der Mitarbeitenden. Dieser Aspekt wird von den Interviewpartnerinnen und -partnern aus U4 herausgestrichen. Sie erwarten durch Diversity-Maßnahmen eine bessere Identifikation mit dem Unternehmen und hoffen damit, diese länger ans Unternehmen binden zu können.

Marktorientierung. Die Unternehmen hoffen, durch ein besseres Kundenverständnis marktorientierter zu sein (U1) und durch innovative Produktentwicklung Wettbewerbsvorteile zu gewinnen (U1, U4).

Unternehmenskultur. Ein ökonomischer Nutzen wird auch in der Förderung von Durchmischung und dem Aufbau einer offeneren (U4) und vielfältigeren (U3) Unternehmenskultur und der Verhinderung von Diskriminierung und Ausgrenzung (U2) gesehen.

3.3.1.3 Unternehmenskultur

Die Interviewpartnerinnen und -partner verweisen auf die Bedeutung der oben erwähnten Maßnahmen, um eine offene und integrierende Unternehmenskultur und das zugehörige Arbeitsklima zu ermöglichen. So ist durch die „…Verankerung der Netzwerke über die Jahre hinweg (…) eine Kultur geschaffen und gewachsen…" (U3:19). „Offen-kritisch gegenüber solchen Netzwerken zu sein, ist definitiv sozial nicht mehr erwünscht" (U4:70). Die Interviewpartnerinnen und -partner äußern sich hinsichtlich der Auswirkungen der getroffenen Maßnahmen auf die Unternehmenskultur sehr differenziert. So werden einerseits positive Entwicklungen festgestellt. Ein positives Arbeitsklima werde durch entsprechend sensibilisierte Mitarbeitende gestützt. Die „meisten Menschen in diesen globalen Unternehmen sind relativ sensibilisiert mit Themen, die eben auch heikel werden könnten, wenn man dagegen verstößt" (U2:26) und man wird „…daran erinnert (…), was liegt drin, was liegt nicht drin, eben auch Sprüche klopfen auf eine Art, wo man gegen verschiedene dieser Themen verstößt, seien das rassistische Aussagen, sei das gegenüber Frauen sich unflätig verhalten oder auch Frauen gegenüber Männern, also wo es dann so in Richtung sexuelle (…) Diskriminierung geht oder Anstößigkeit und dann halt eben auch, dass Homosexualität nicht aktiv ausgegrenzt wird…" (U2:27).

Andererseits wird die Unternehmenskultur auch kritisch bewertet „…es ist so ein bisschen ein männlich dominiertes Unternehmen, wo dann halt eben auch Werte wie Männlichkeit und so cooler sind, als jetzt vielleicht schwul zu sein" (U2:19). Die Interviewpartnerinnen und -partner haben auch beobachtet, dass zwischen einzelnen

Berufsgruppen, Abteilungen und Teams Unterschiede in der Umsetzung einer inklusiven Kultur bestehen „…in der gesamten Firmenkultur dieser Abteilung. Dort haben wir zum Beispiel auch einen sehr geringen Frauenanteil, also es ist nicht nur LGBT, sondern generell ebenso ein bisschen ein Mikrokosmos" (U3:42). Auch jedes Team habe sein eigenes Arbeitsklima und seinen eigenen Umgang mit der sexuellen Orientierung „…je nach Team ist es möglich, über solche Themen zu sprechen oder es ist weniger möglich, über das zu sprechen" (U4:4). Dies würde von den Mitarbeitenden auch entsprechend wahrgenommen: „So wie ich mich gut fühle als Mitarbeiter in einem Bereich oder in gewissen Bereichen, so würde ich mich vielleicht in anderen Bereichen nicht gut fühlen" (U1:63). Schwule und lesbische Mitarbeitende würden deshalb auch innerhalb des Unternehmens „…ein Umfeld (wählen), wo ich funktionieren kann und in gewissen Bereichen würde ich nicht funktionieren" (U1:64).

Gemäß den Erfahrungen der Diversity-Verantwortlichen kristallisieren sich um die internen Netzwerke herum die mit der Implementierung einer inklusiven Unternehmenskultur verbundenen Herausforderungen heraus. Einerseits bieten sie eine Plattform zum Austausch mit homosexuellen Mitarbeitenden und ermöglichen damit den Zugang zu deren Erfahrungen und Problemsicht. Andererseits provozieren diese Netzwerke auch Abwehrreaktionen von Mitarbeitenden, die es schwulen und lesbischen Mitarbeitenden möglicherweise eher erschweren, sich zu outen. Obwohl die vier Unternehmen ausgewählt wurden, weil ihr Diversity und Inclusion Management explizit im Bereich „sexuelle Orientierung" als wegweisend gelten kann, zeigen sich weiterhin Brüche in der gelebten Unternehmenskultur. Trotz inklusiver Policies, einem breiten Set von Maßnahmen und klarer Botschaften von CEOs und Führungskräften, wird die angestrebte inklusive Unternehmenskultur noch bei Weitem nicht in allen Abteilungen und Teams gelebt, sondern hängt stark von der Bereitschaft einzelner Führungskräfte und Teamleitender ab. Es ist zu vermuten, dass trotz klarer Botschaften auf Managementebene heteronormative Vorstellungen weiterhin verbreitet sind und die Offenlegung einer homosexuellen Orientierung immer noch mit Risiken verbunden ist. Im Folgenden soll nun auf Basis der Daten aus der Fokusgruppendiskussion mit schwulen und lesbischen Mitarbeitenden dieser Unternehmen überprüft werden, inwieweit diese Beobachtung aus ihrer Sicht und nach ihren Erfahrungen zutrifft.

3.3.2 Erfahrungen von Mitarbeitenden aus Schweizer Großunternehmen

Nachfolgend werden die Ergebnisse aus der Fokusgruppe vorgestellt. Die Präsentation folgt den vier Kategorien wahrgenommene Maßnahmen zur Inklusion (inkl. Reaktionen auf die Maßnahmen), Beurteilung des ökonomischen Nutzens, Problemsicht und Bedeutung der Unternehmenskultur sowie gewünschte Maßnahmen.

3.3.2.1 Wahrgenommene Maßnahmen zur Inklusion

Die von den Unternehmen initiierten Maßnahmen werden von den Teilnehmenden der Fokusgruppendiskussion wahrgenommen und kritisch, auch konträr, diskutiert. Die Teilnehmenden sind sich bewusst, dass es immer zwei Seiten gibt. So werden Maßnahmen von den einen Mitarbeitenden, egal welcher sexuellen Orientierung, begrüßt und andere nicht. Es werde immer negative Reaktionen geben. Insgesamt sind sie sich jedoch einig, dass die positiven Effekte gegenüber negativen überwiegen (F115).

Rechtliche und formale Gleichstellungsmaßnahmen werden kaum genannt. Die Gleichstellung mit verheirateten Paaren wird in Großunternehmen als selbstverständlich vorausgesetzt. Als positiv wird erachtet, wenn Unternehmen Maßnahmen ergreifen, die über den gesetzlichen Rahmen hinausgehen (F74).

Management, Führung, Ansprechpartnerinnen und Ansprechpartner, HR. Sehr positiv wird die Sichtbarkeit der Unterstützung durch den bzw. die CEO und der Geschäftsleitung, bzw. die Präsenz der Konzernleitung beurteilt (F43, F48, F82). Bei der Umsetzung von Maßnahmen spielen diese Machtpromotoren eine wichtige Rolle: „Das ist bis zum CEO rauf gegangen, das ist sofort genehmigt worden…" (F58). „Es braucht jemanden, der die Initiative ergreift, der relativ hoch genug in der Organisation ist, um selbst entscheiden zu können" (F38).

Als weitere konkrete Maßnahmen werden die Sensibilisierung und Schulung von allen Mitarbeitenden (F82, F167), ein „Compliance Training sexuelle Orientierung als Teil der Vielfaltsthematik" (F91) und eine Meldestelle bei Diskriminierung (F92, F175) genannt. Positiv wird auf Inklusionsmaßnahmen reagiert, die den Kontakt zu heterosexuellen Mitarbeitenden herstellen „Wir sind ein vielfältiges Unternehmen, und dazu gehört eben auch das Thema, und da haben wir auch gerne Kontakt mit allen Heterosexuellen. Das finde ich ganz wertvoll" (F162). U1 habe beispielsweise seine Diversity Events für homosexuelle Mitarbeitende für alle Mitarbeitenden aus dem Unternehmen geöffnet. Auf den Verteilerlisten seien inzwischen ca. 1/3 heterosexuelle Mitarbeitende (F163). Auch die Zusammenarbeit mit anderen Vielfaltsgruppen wird geschätzt (F164). Hier spielt Offenheit eine wichtige Rolle, homosexuelle Mitarbeitende müssen den Kontakt nach außen suchen und dürfen sich nicht unter ihresgleichen abschotten (F160). Auch die Maßnahme der Integration des Themas sexuelle Orientierung in Schulungen von Führungskräften stößt auf Anklang, jedoch nicht mit Quotenvorgaben, sondern als fester Bestandteil einer Vielfaltskultur in einem Unternehmen (F169). Uneinig sind sich die Diskussionsteilnehmenden, ob diese Themen in das allgemeine Diversity Management eingebaut werden und nicht als etwas Spezielles oder als eigenständiger Lehrgang geführt werden (F172) sollen oder ob Führungskräfte wegen Berührungsängsten explizit an das Thema sexuelle Orientierung herangeführt werden müssen (F174, F73).

Kommunikation. Die Fokusgruppenteilnehmenden nehmen vor allem die Positionierung im Intranet nach innen und auf der Homepage nach außen sowie Berichte über Diversity- und Inclusion-Maßnahmen des Unternehmens in der Presse wahr, in denen die Haltung des Unternehmens gegenüber Diskriminierung zum Ausdruck kommt.

Mitarbeitendennetzwerk, Kooperationen und Sponsoring. Als treibende Kräfte in diesen Netzwerken nehmen die Diskussionspartnerinnen und -partner das Netzwerk als in ihrer Verantwortung stehend und nicht in derjenigen des Unternehmens wahr. „Ich sehe ein bisschen Schwierigkeiten, zu sagen, das Unternehmen macht das. Weil bei uns geschieht es schon ja, aber indiziert vom Netzwerk oder indiziert vom Mitarbeiter" (F34) oder „Bei uns (in U4) ist es auch so, dass die Initiative immer von uns aus kommen muss…" (F41).

Die finanzielle Unterstützung für Initiativen, die aus dem Netzwerk heraus entstehen, beispielsweise durch Unterstützung von größeren LGBT-Events, insbesondere das Sponsoring der U1 und U3, wird konträr beurteilt (F42, F113, F117, F123). Die Diskussionspartnerinnen und -partner aus den U1 und U3 waren sichtlich stolz auf diese Engagements „…hängen überall die Plakate des Unternehmens, es kann uns keiner mehr ignorieren und das fand ich einen großen Schritt" (F131). Auch der Mitarbeitende aus der U4 findet es positiv, dass sich seine Arbeitgeberin im folgenden Jahr bei diesem Event engagieren wird. Für die Diskussionsteilnehmenden zeigt sich gerade an diesem Sponsoring, wie stark sich die Firmenkultur gewandelt hat. So wurden früher bestimmte Sponsorings nicht veröffentlicht (F116). Teilnehmende von LGBT-Events mussten sich früher Gedanken darüber machen, ob sie das Firmenlogo oder die firmennahe Bekleidung tragen dürfen (F135). Heute sind die Mitarbeitenden stolz auf das Tragen der Arbeitgeberlogos (F125, F136). Kritisch wird angemerkt, dass ein Sinnkonflikt entstehe, wenn ein Event von einem politischen Anlass zu einem kommerzialisierten Anlass verkomme (F129). Allerdings wird auch gewarnt, dass negative Stimmen dazu führen können, dass ein Unternehmen sein finanzielles Engagement zurückzieht (F140).

Umsetzung. Als wichtig bei der Umsetzung von Maßnahmen wird von den Teilnehmenden erachtet, dass eine Integration in die anderen Diversity-Dimensionen stattfindet. Es könnte negative Auswirkungen auf Mitarbeitende haben, wenn der sexuellen Orientierung ein besonderer Status eingeräumt werde, es sollte „…kein spezielles Kapitel oder Thema (der) sexuellen Orientierung (geben), sondern im Kontext von der Vielfalt und der Diskriminierungsthematik allgemein, dass man das dort schon erwähnt, als einen Punkt…" (F164, F173). Negativ wird aufgenommen, wenn beispielsweise konzerninterne Stellen wie das HR nicht mit der Thematik sexuelle Orientierung umgehen können. Es wird erwartet, dass die Fachstellen entsprechend befähigt sind (F175).

Von den Diskussionsteilnehmenden wird auch registriert, wenn in bestimmten Bereichen keine Maßnahmen ergriffen werden und die Thematik Inklusion von homosexuellen Mitarbeitenden vergessen wird (F144). Die Teilnehmenden erwarten, dass nicht sie den Anstoß für Maßnahmen geben müssen, sondern dass das Unternehmen selbst initiativ wird.

Ob in Mitarbeitendenumfragen nach der sexuellen Orientierung gefragt werden soll, wurde auch diskutiert. Das Verständnis dafür konnte weniger bei den homosexuellen als bei den heterosexuellen Mitarbeitenden fehlen (F75, F76) „…dass es Diskussionen auslöst. Eben nicht mal von den Schwulen, sondern von den Heterosexuellen. Denn es gibt dann viele die sich betroffen fühlen. Ich muss diese jetzt nicht beantworten, ist ja eh klar" (F79).

3.3.2.2 Beurteilung des ökonomischen Nutzens
Genannt wurden insbesondere die Steigerung der Unternehmensattraktivität, eine höhere Produktivität und stärkere Bindung der Mitarbeitenden und ein potenzieller Einfluss auf die Marktorientierung.

Unternehmensattraktivität und Reputation. Eine offene Vielfaltspolitik kann einen großen Einfluss auf die Arbeitgeberattraktivität haben (F4, F9) „...mich bewusst dazu entschieden, zum internationalen Großunternehmen zu gehen, wo das an sich ein Thema ist" (F1). Es werden klare Vorteile für das Unternehmen bezüglich Reputation und Image gesehen (F127, F128). Die jeweiligen Mitarbeitenden schauen klar darauf, ob das Unternehmen Diversity stützt und kommuniziert.

Produktivität und Bindung. Ein weiterer Nutzen für das Unternehmen wird darin gesehen, dass sich Mitarbeitende so geben können, wie sie sind, und ihre Energie entsprechend in die Arbeit investieren (F44). Durch interne Netzwerke und Inklusionsmaßnahmen werden die Mitarbeitenden besser an das Unternehmen gebunden (F7). Auch die Präsenz der Unternehmen bei öffentlichen Anlässen habe einen positiven Effekt auf die Mitarbeitendenzufriedenheit und die Identifikation mit dem Unternehmen „Ich bin schon auch stolz gewesen" (F132).

Marktorientierung. Öffentliche Auftritte haben nicht nur für Mitarbeitende einen positiven Effekt, sondern auch für potenzielle, homosexuelle Kunden (F132). „Mir ist jetzt die ZKB sehr sympathisch und wenn ich mich jetzt für ein Unternehmen entscheiden muss, dann sicher für eines, das mich als schwulen Mann anspricht, als eines, welches das nicht macht" (F141). Der Nutzen, den homosexuelle Arbeitnehmende in der Beratung von homosexuellen Kunden generieren, wird hinterfragt. Es sei nicht zwingend, dass jemand aufgrund der gleichen sexuellen Orientierung kompetenter für die jeweilige Kundengruppe ist (U149).

3.3.2.3 Problemsicht und Bedeutung der Unternehmenskultur
Der Unternehmenskultur wird eine große Hebelwirkung zugeschrieben. Wie auch die Diversity-Fachpersonen der vier Unternehmen stellen die Teilnehmenden der Fokusgruppendiskussion fest, dass in den einzelnen Abteilungen und Bereichen sehr unterschiedliche Kulturen herrschen. So merke man beispielsweise, dass in „...der Verwaltung, im Büroumfeld (...), dass das ein offeneres Thema ist" (F20). Auch in den internen Netzwerken seien hauptsächlich Mitarbeitende aus Administrationen und weniger aus anderen Berufen aktiv (F147).

Die dominante heterosexuelle Kultur zeige sich oft im Alltag, wenn heterosexuelle Arbeitnehmende unbewusst über ihre sexuelle Orientierung sprechen, da das für sie normal ist, sei es nun bei Bewerbungsgesprächen, in Vorstellungsrunden oder während des Kaffees (F24). Hingegen ist es jeweils eine bewusste Entscheidung, wenn man sich als Homosexueller outet bzw. nicht outet „Ich glaube schon, dass wir das unterbewusst zur Nebensache deklarieren, wo ein heterosexueller Mensch, gar nicht darüber nachdenkt, sondern es gehört vornherein dazu" (F29). Bereits im Bewerbungsprozess kann es so zu verletzenden Situationen kommen, so „…gibt es manchmal so komische Situationen in den Bewerbungsgesprächen, das Herumsprechen um das alleinstehend. Und das Erklären, dass sie eigentlich nicht heiraten möchte und eine Partnerin hat. Die aber gerade nicht da ist. Ah, sie sind alleinerziehend" (F31). Sexuelle Orientierung sollte schon im Bewerbungsgespräch angesprochen werden können, um späteren Problemen vorzubeugen (F13).

Als Betroffene mit einem latent homophoben Klima umzugehen ist für die Interviewpartner eine Herausforderung „…an meinem Arbeitsplatz, also wenn ich mich dort immer verstellen muss, ist das ein No-Go von meiner Seite her" (F14). Es wird versucht entsprechende Orte (Unternehmen, Abteilungen) zu meiden. Ich „…könnte mir vorstellen, dass wenn es ein Problem gäbe, dass ich dann wahrscheinlich schauen würde, ob es intern oder extern eine Jobalternative gäbe" (F23).

Schwierig ist es, mit konkreten homophoben Bemerkungen umzugehen. Nichts zu sagen ist eine Möglichkeit „…sind wir am Essen und es kommt irgendein Spruch. Dann erlebe ich bei mir selber, dass ich heute in der Regel nichts sage" (F104). Das hat auch damit zu tun, dass man entweder nicht weiß, wie man angemessen reagieren könnte. „Du gehst über den Flur, zwei Leute unterhalten sich, es war nicht angemessen. Aber was kann das Unternehmen jetzt konkret machen, was können (wir) konkret machen" (F95)? Den Diskussionsteilnehmenden ist klar, dass vieles auch mit alten Normen zu tun hat, dass den Personen oft gar nicht bewusst ist, dass sie mit ihren Aussagen andere verletzen (F107). Denn wenn sie aktiv auf ihre Aussagen angesprochen werden, merken die meisten, dass sie etwas Unpassendes gesagt haben (F109). Trotzdem besteht die Gefahr, dass man durch die Reaktion auch persönlich verletzt wird oder Beziehungen zu Kolleginnen und Kollegen leiden „und dann sagt jemand in der Pause, jetzt fehlt nur noch, dass er schwul ist (…) ich sage es (…) ihm und (er) sagte dann, du bist jetzt auch noch heikel (…). Ich kann ja diese Person auch nicht nicht mehr mögen" (F105). Die Diskussionsteilnehmenden wünschen eine Kultur, in der die Menschen sich und das, was sie mit ihren Aussagen bewirken können, mehr hinterfragen (F110). „…wo man das direkt ansprechen kann" (F103).

Während Unterstützung und klare Botschaften des Managements sehr positiv wahrgenommen werden „…bei diesem Auftritt bei der Pride. Das ist bis zum CEO rauf gegangen, das ist sofort genehmigt worden…" (F58), bleiben abwehrende Bemerkungen und Handlungen der Führungsebene lange haften. „Am Start wurden ganz prominente Netzwerke gebildet und ich habe mich dann mit anderen erkundigt, warum es dieses Netzwerk nicht gibt. Es hieß dann, weil wir niemand vom höheren Management finden, welcher das leitet" (F53). Auch versteckte Unterstützung wird negativ wahrgenommen „…hatten etwas gesponsert, wir durften es aber nicht deklarieren, dass wir das gesponsort haben an der Pride. Man durfte nicht U3 drauf schreiben" (F116). Auch Abwehr und schlichtes Ignorieren von sexuellen Minderheiten wird wahrgenommen „…wir (haben) ein paar Jahre zuvor angeregt (…), dass wir auch etwas prominenter sein könnten. Kamen dann so Argumente wie unsere Reputation könnte darunter leiden, die Kunden würden das nicht gut finden" (F59). In einem anderen Kontext wurde gefragt „…ob man das überhaupt bedacht hat. Es kam dann eine ausweichende Antwort" (F143). Schlichtes Nichtwissen zeigt sich auch darin, dass „… wir (…) nicht sagen können, wie viel LGBT wir haben" (F61).

Bereits bei der Darstellung der Maßnahmen hat sich gezeigt, welche zentrale Bedeutung positiven Botschaften und Maßnahmen vonseiten des bzw. der CEO und des oberen Managements zukommt. Hier zeigt sich nun, dass auch negative Reaktionen, Abwehr und Ignorieren von schwulen und lesbischen Mitarbeitenden registriert wird. Auf individueller Ebene fällt es den Diskussionsteilnehmenden schwer, in einem heteronormativen oder latent homophoben Klima angemessen zu handeln oder bei (verbalen) Übergriffen zu reagieren. Obwohl die Diskussionsteilnehmenden in Unternehmen mit einer anerkanntermaßen positiven LGBT-Inclusion-Politik arbeiten, führen ihre Alltagserfahrungen zu einer differenzierten Problemsicht (vgl. Abb. 3.1). Die Bedeutung eines entsprechenden Maßnahmenkatalogs im Rahmen eines umfassenden Diversity und Inclusion Managements zur Schaffung einer inklusiven Unternehmenskultur wird unterstrichen.

3.3.2.4 Gewünschte Maßnahmen

Zwei Themen standen im Zentrum: klare Statements der Unternehmen zugunsten der Diversity-Dimension „sexuelle Orientierung" und die Erhebung sexueller Orientierung in Mitarbeitendenumfragen.

Sämtliche Teilnehmenden würden eine Videobotschaft mit homosexueller Führungskraft unterstützen und als positive Maßnahme wahrnehmen (F155, F157). Jedoch wird es als wichtig erachtet, dass die Maßnahme in einem Maßnahmenpaket integriert und kommunikativ begleitet wird (F155). Weiter sollten Unternehmen aus Sicht der Fokusgruppe klare Statements über die Haltung gegenüber Diskriminierung abgeben (F85). Allerdings wird auch darauf hingewiesen, dass Ankündigungen auch Taten folgen sollten. Es wird eine Umsetzungslücke zwischen angekündigten und durchgeführten Inklusionsmaßnahmen festgestellt, dass „…sie uns mehr beachten sollen. Das wurde groß angekündigt, aber jetzt hört man praktisch nichts mehr davon" (F39).

In der Fokusgruppe wurde die Maßnahme „Integration einer Frage nach der sexuellen Orientierung in Mitarbeitendenumfragen" kontrovers diskutiert. Zum einen wird davon ausgegangen, dass diese Frage von homosexuellen wie von heterosexuellen Arbeitnehmenden kritisch diskutiert würde (F79). Es ist bekannt „…wie viele Frauen wir haben, wie viele Schweizer, Franzosen, wie viel oder was auch immer wir haben. Aber wir können nicht sagen wie viele LGBT wir haben" (F61). Der größte Mehrwert wird darin gesehen, dass die Thematik „sexuelle Orientierung" bei einem Einschluss in eine Mitarbeitendenumfrage in Unternehmen diskutiert würde (F67). Andererseits könnten damit auch negative Reaktionen ausgelöst werden (F68). Jedoch sollten alle Mitarbeitenden für diese Thematik sensibilisiert werden (F82, F152).

3.4 Beantwortung der Forschungsfragen

Nachfolgend werden die drei Forschungsfragen anhand der empirischen Ergebnisse beantwortet. Abb. 3.2 fasst die Ergebnisse zusammen.

Forschungsfrage 1 Der direkte oder indirekte Nutzen, den sich die befragten Schweizer Großunternehmen von einer aktiven Inklusion homosexueller Arbeitnehmender versprechen, lässt sich in sechs Punkten zusammenfassen.

- Steigerung der Arbeitgeberattraktivität durch eine aktive Kommunikation von Diversity-Maßnahmen im Bereich sexuelle Orientierung bei attraktiven Zielgruppen (junge, aufgeschlossene, gut ausgebildete Fach- und Führungskräfte)
- Steigerung von Effizienz und Produktivität von schwulen und lesbischen Mitarbeitenden in einem angstfreien und offenen Arbeitsklima
- Positive Auswirkungen auf die Markt- und Kundenorientierung durch vielfältigere Mitarbeitende
- Verbesserung von Reputation und Image bei (potenziellen) Kunden und der Öffentlichkeit beispielsweise durch das Sponsoring von LGBT-Events
- Positive Auswirkungen auf Innovation und Entwicklung durch vielfältigere Mitarbeitende und eine offene und wertschätzende Unternehmenskultur
- Stärkere Mitarbeitendenbindung durch eine stärkere Identifikation mit dem Unternehmen

Forschungsfrage 2 Homosexuelle Mitarbeitende nehmen Vielfalts- und Inklusionsmaßnahmen ihres Arbeitgebers sehr differenziert wahr. Einzelne Maßnahmen werden nicht

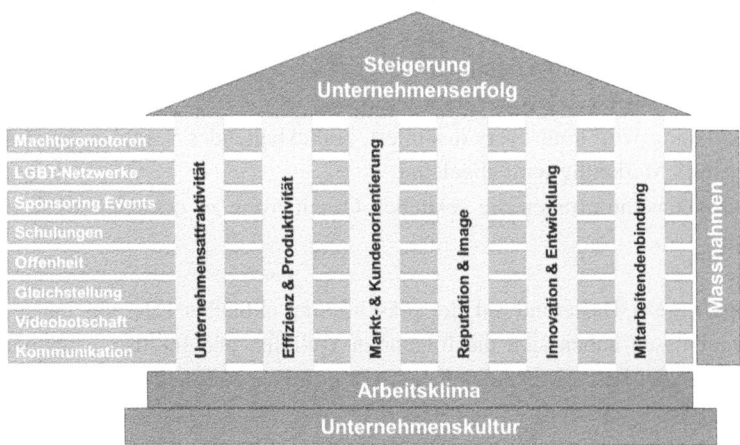

Abb. 3.2 Inklusionsmaßnahmen, die im Rahmen des Diversity Managements das Arbeitsklima positiv beeinflussen und den Unternehmenserfolg steigern

nur positiv begrüßt, wenn sie implementiert werden, sondern deren Fehlen wird explizit negativ gewertet. Zentrale, positiv bewertete Maßnahmen werden im Folgenden dargestellt, gegebenenfalls negative oder einschränkende Aspekte diskutiert.

- Rechtliche und formale Gleichstellungsmaßnahmen werden als selbstverständlich vorausgesetzt, positiv bewertet werden Maßnahmen, die über den gesetzlichen Rahmen hinausgehen
- Sichtbare Unterstützung durch den bzw. die CEO und die obere Führungsebene (Machtpromotoren). Fehlende explizite Unterstützung, Ignoranz oder abwehrende Reaktionen werden registriert und negativ bewertet
- Schaffung von Ansprechpartnerinnen und -partnern, Meldestellen etc.
- Sensibilisierung und Schulung von Führungskräften und HR-Mitarbeitenden, allerdings auf freiwilliger Basis. Negativ wird aufgenommen, wenn exponierte Stellen (HR), nicht mit der Thematik umgehen können. Es wird erwartet, dass die Fachstellen entsprechend befähigt sind
- Sensibilisierung und Schulung aller Mitarbeitenden und Lernenden
- Inklusionsmaßnahmen, die den Kontakt zu heterosexuellen Mitarbeitenden bzw. anderen Diversity-Gruppen fördern
- Aktive Kommunikation der Maßnahmen nach außen (Homepage, Presse) und nach innen (Intranet, Events)
- Anerkennung und Unterstützung interner Mitarbeitendennetzwerke als Partner. Negativ gewertet wird die Erwartung von Unternehmen, dass die Initiative zu inkludierenden Maßnahmen jeweils aus den Netzwerken kommen sollte
- Finanzielle Unterstützung für Initiativen, die aus dem Netzwerk heraus entstehen, Sponsoring von Events. Allerdings wird dieser Aspekt kontrovers diskutiert, befürchtet wird eine Kommerzialisierung oder Vereinnahmung
- Integration der Maßnahmen in ein umfassendes Diversity und Inclusion Management. Negative Auswirkungen werden befürchtet, wenn der sexuellen Orientierung ein besonderer Status eingeräumt wird. Negativ bewertet wird die Nichtbeachtung des Diversity-Dimension „sexuelle Orientierung"
- Gay-Marketing wird kontrovers diskutiert, zurückhaltendes Vorgehen ist in Ordnung, zu offensives Marketing wird abgelehnt
- In Mitarbeitendenumfragen die sexuellen Orientierung zu erfragen, wird kontrovers diskutiert

Forschungsfrage 3 Basierend auf der präsentierten aktuellen Literatur und den empirischen Ergebnissen haben sich die folgenden Vielfalts- und Inklusionsmaßnahmen als am besten geeignet herauskristallisiert, um ein positives Arbeitsklima für homosexuelle Arbeitnehmende zu schaffen.

- CEO bzw. Geschäftsleitungsmitglied als Machtpromotor einsetzen
- LGBT-Netzwerke fördern und unterstützen

- Sponsoring von Events
- Sensibilisierung von Führungskräften und Mitarbeitenden durch Schulungen
- Förderung der individuellen Entfaltung durch eine offene und inklusive Unternehmenskultur
- Gleichstellungsmaßnahmen, die über den gesetzlichen Minimalrahmen hinausgehen
- Videobotschaft mit geouteten Führungskräften
- Interne und externe Kommunikation verstärken durch Kommunikation aller Diversity-Maßnahmen zu allen Dimensionen sowohl im Intranet als auch auf der Homepage im Rahmen eines umfassenden Diversity und Inclusion Managements

3.5 Diskussion

Der ökonomische Ansatz des Diversity und Inclusion Managements verspricht Wertsteigerung, Effizienzverbesserung und Steigerung des Erfolgs (Fullerton 2013). Potenziale der Mitarbeitenden sollen optimal genutzt und im Unternehmen eingesetzt werden. Wie die Ergebnisse der vorliegenden Studie zeigen, folgen Schweizer Großunternehmen der Argumentation, durch Diversity-Maßnahmen im Bereich sexuelle Orientierung ihre Unternehmensattraktivität zu steigern, effizienter und produktiver zu werden, markt- sowie kundenorientierter zu arbeiten, ihre Reputation und ihr Image zu verbessern, innovativer zu werden und ihre Mitarbeitenden längerfristig an ihr Unternehmen zu binden. Diese Mehrwerte, die durch die aktive Inklusion homosexueller Mitarbeitender erreicht werden sollen, werden in der Literatur plausibilisiert und bestätigt (Colgan et al. 2007; Day und Schoenrade 2000; Frohn 2007; Fujimoto et al. 2013; Tejeda 2006; Tindall und Waters 2012).

Um die gesteckten Ziele zu erreichen, haben die untersuchten Unternehmen eine Vielzahl von Maßnahmen implementiert. Ob diese zu der erhofften Attraktivitätssteigerung und Effizienzverbesserung führen, kann in der vorliegenden qualitativen Untersuchung nicht überprüft werden. Stattdessen wurde untersucht, wie die einzelnen Maßnahmen vom Zielpublikum, den schwulen und lesbischen Mitarbeitenden, bewertet werden. Implizit wird damit der Gedanke verfolgt, dass positiv bewertete Maßnahmen beim Zielpublikum auch die erwünschten Effekte erzielen.

Es hat sich allerdings gezeigt, dass die Zusammenhänge und Wechselwirkungen komplex sind. Die einzelnen Maßnahmen werden von den befragten schwulen und lesbischen Mitarbeitenden differenziert und teilweise auch konträr beurteilt. Auf die Gefahr, dass im Rahmen des Diversity Managements ergriffene Maßnahmen nicht nur positive, sondern auch negative Reaktionen hervorrufen können, weist Kaplan (2006, S. 63) hin, wobei er allerdings an Reaktionen von Mitarbeitenden aus anderen Vielfaltsdimensionen denkt. Die vorliegende Untersuchung zeigt, dass auch homosexuelle Mitarbeitende kritisch auf Maßnahmen reagieren. Zum einen möchten diese Mitarbeitenden nicht anders als ihre heterosexuellen Kolleginnen und Kollegen behandelt werden. Für sie steht ihre sexuelle Orientierung nicht im Vordergrund, entsprechend möchten sie nicht dadurch definiert werden. Andererseits werden auch bei einer grundsätzlich positiven Einstellung die einzelnen Diversity-Maßnahmen kritisch bewertet. Auffallend ist auch, dass das Fehlen spezifischer Instrumente oder Maßnahmen, fehlende oder ungenügende Kommunikation insbesondere auch von der Geschäftsleitung und im Außenauftritt nicht neutral, sondern explizit negativ bewertet werden. Für die Vielzahl Schweizer Unternehmen, die keine Maßnahmen im Diversity-Bereich „sexuelle Orientierung" kennen (vgl. Derendinger et al. 2016; Parini 2015), bedeutet dies einen klaren Wettbewerbsnachteil.

Ferner zeigen die Ergebnisse dieser Studie auch, dass die Entwicklung einer offenen und inklusiven Unternehmenskultur ein langwieriger Prozess ist. Rechtliche und formale Gleichstellungsmaßnahmen, klare Botschaften des Managements, Sensibilisierung und Schulung von Führungskräften und Mitarbeitenden, die Unterstützung von LGBT-Netzwerken und das Sponsoring von Anlässen tragen entscheidend zur Schaffung eines inklusiven Klimas bei. Trotzdem berichten die Diskussionspartnerinnen und -partner von Mikroaggressionen, von Demütigungen und Verletzungen. Homosexuellen Arbeitnehmenden fällt es oft schwer, auf Demütigungen zu reagieren, die meist nicht aus bösem Willen, sondern aus Gedankenlosigkeit im Umfeld einer heteronormativen Umgebung geschehen. Oft herrscht Hilflosigkeit, da die Arbeitsbeziehung nicht gefährdet werden soll. Es wird darauf hingewiesen, dass die Durchdringung der Maßnahmen in einzelnen Bereichen, Abteilungen und Teams sehr unterschiedlich ist (McDermott 2006). Hier kommt dem HR- bzw. den Diversity-Verantwortlichen eine zentrale Aufgabe zu. Von diesen Fachstellen wird erwartet, dass sie befähigt und willens sind, professionell mit der Thematik sexuelle Orientierung umzugehen. Ihnen obliegt es auch, Führungskräfte durch Schulungen zu befähigen, in ihrem Verantwortungsbereich ein inklusives Arbeitsklima zu schaffen, in dem Vorurteile, Stereotypen und Gedankenlosigkeit keinen Platz finden.

In den untersuchten Schweizer Unternehmen kommt den internen LGBT-Netzwerken eine große Bedeutung zu. Dies steht im Widerspruch zur der Aussage von Köllen (2010, S. 167), der die Wirkung von LGBT-Netzwerken als gering einstuft. Auch Kammerer-Jöbges et al. (2015, S. 31) weisen auf eine für sie überraschend geringe Verbreitung von LGBT-Netzwerken in den befragten Unternehmen und Behörden hin. Allerdings wird auch darauf hingewiesen (Colgan et al. 2007, S. 602), dass das Management meist erst unter Druck der LGBT-Mitarbeitenden reagiert und entsprechende Maßnahmen einleitet. Bei der verbreiteten Zurückhaltung von Unternehmen in der Schweiz bezüglich der Diversity-Dimension „sexuelle Orientierung" sind oft die LGBT-Netzwerke ausschlaggebend, dass homosexuelle Mitarbeitende aktiv inkludiert und Diversity- und Inclusion-Maßnahmen erarbeitet werden. Es erscheint damit plausibel, dass in Schweizer Großunternehmen die Netzwerke eine zentrale Rolle einnehmen. In Unternehmen ohne Netzwerke fehlt oft die Initiative für entsprechende Maßnahmen (F47).

Schließlich ist zu bedenken, dass Maßnahmen in der Diversity-Dimension „sexuelle Orientierung" auch zu Gegenreaktionen von Mitarbeitenden führen können und das Diversity Management in eine Dilemma-Situation bringen (Kaplan 2006, S. 63; Tejeda 2006, S. 56). Es ist damit zentral, Diversity-Maßnahmen nicht losgelöst, sondern im Kontext eines ganzheitlichen Diversity und Inclusion Managements zu verstehen und zu kommunizieren, um die Balance zwischen verschiedenen Interessengruppen zu wahren. Ganzheitlich ist dabei nicht mit einheitlich zu verwechseln (Kammerer-Jöbges et al. 2015, S. 34). In einem abgestimmten Konzept werden Instrumente und Maßnahmen nach den jeweiligen Bedürfnissen entwickelt und in der für das Unternehmen spezifischen Form umgesetzt. Die im Folgenden präsentierten Empfehlungen basieren auf den Erfahrungen von vier Großunternehmen in der Schweiz mit einem ausgebauten Diversity Management und Diversity-Beauftragten. Sie deshalb als nicht auf beispielsweise KMUs übertragbar zu verstehen, würde allerdings zu kurz greifen. Stattdessen ist zu überlegen, wie die mit den jeweiligen Maßnahmen verbundenen Ziele im jeweiligen Unternehmenskontext auch über andere Wege erreicht werden können. Ob die Erkenntnisse repräsentativ für alle Schweizer Großunternehmen sind, kann nicht belegt werden. Bei der Interpretation ist sicherlich zu beachten, dass sich die vier Schweizer Großunternehmen mit aktiven Maßnahmen für eine bessere Inklusion von Mitarbeitenden positionieren.

3.5.1 Empfehlungen für die Praxis

Im Zentrum aller Maßnahmen steht die Veränderung der Unternehmenskultur (Bell et al. 2011). Schwule und lesbische Mitarbeitende, die keine Diskriminierung und Benachteiligung befürchten, sind produktiver, initiativer und innovativer. Statt sich zu verbergen, können sie offen kommunizieren und sich in Teams integrieren. Sie sind leistungsstärker und bringen neue und andere Erfahrungen ins Unternehmen ein. Eine offene und integrierende Unternehmenskultur hat auch nach außen eine positive Wirkung auf Arbeitgeberattraktivität, Reputation und Image. Damit sind alle Inklusionsmaßnahmen in ihrer Wirkung auf die Unternehmenskultur zu bewerten. Für Unternehmen bedeutet dies, basierend auf der bestehenden Unternehmenskultur, ein entsprechendes Diversity Management zu entwickeln. Dabei kommt dem oberen Management eine herausragende Rolle zu. Im optimalen Fall wird das Diversity Management vom bzw. von der CEO initiiert und repräsentiert und von den Führungskräften in die Abteilungen und Teams getragen. Sie sind für den Erfolg und die Nachhaltigkeit der einzelnen Maßnahmen in Zusammenarbeit mit den Betroffenen verantwortlich. Um Führungskräfte dafür zu sensibilisieren und zu befähigen, müssen sie entsprechend geschult werden. Schulungsprogramme können intern beispielsweise in Zusammenarbeit mit LGBT-Netzwerken oder mit externen Partnern erarbeitet werden.

Eine klare Botschaft geht auch von expliziten Antidiskriminierungsrichtlinien (Tejeda 2006, S. 45) und Gleichstellungsmaßnahmen aus, wie sie in Schweizer Großunternehmen inzwischen als zwingend erachtet werden. Eine Anpassung an gesetzliche Vorgaben im Rahmen der Gleichstellung von Ehe und eingetragener Partnerschaft ist selbstverständlich, darüber hinausgehende Gleichstellung (z. B. Adoptionsurlaub) schaffen Mehrwerte.

Eine zentrale Rolle kommt internen LGBT-Netzwerken zu. Unternehmen können deren Gründung initiieren, unterstützen oder wohlwollend begleiten. Bestehende Netzwerke sollten als Partner verstanden werden, die Verantwortung für Initiativen im Rahmen des Diversity und Inclusion Managements allerdings nicht vollständig an die Netzwerke abgegeben werden. Hier braucht es eine gleichwertige Partnerschaft von Netzwerk und Unternehmen.

Sponsoring von LGBT-Anlässen und Events ist eine Möglichkeit, Wertschätzung und Unterstützung für die Anliegen von LGBT-Gruppierungen auszudrücken. Die Maßnahme sollte allerdings nicht überstrapaziert werden, da zu starkes Engagement auch als Vereinnahmung verstanden werden kann.

Das Gay-Marketing ist in Schweizer Großunternehmen wenig verbreitet und wurde in der Studie nicht explizit diskutiert, kann allerdings auch eine durchaus geeignete Inklusionsmaßnahme sein. Allerdings gilt auch hier, diese zurückhaltend einzusetzen, unüberlegte und vereinnahmende Kampagnen können auch einen gegenteiligen Effekt haben.

Bei allen Maßnahmen ist zu beachten, dass keine direkte Verbindungen zwischen Diversity Management und individueller Leistungsfähigkeit bzw. zwischen Diversity Management und Unternehmenserfolg bestehen. Die Beziehungen werden nur indirekt über das Diversity-Klima hergestellt (Köllen 2010, S. 72). Aus Sicht dieser Forschungsarbeit haben sämtliche Handlungen, gewollte oder ungewollte, eines Unternehmenseinfluss auf das Arbeitsklima, auch solche, die nicht direkt mit dem Diversity Management in Beziehung stehen. Dies bedeutet, dass alle Handlungen eines Unternehmens über das Arbeitsklima auch das Diversity-Klima beeinflussen. Diversity-Maßnahmen, die losgelöst oder im Widerspruch zu anderen Werten und Maßnahmen des Unternehmens stehen, sind unglaubwürdig. Nur im Rahmen eines ganzheitlichen Diversity Managements entfalten sie ihre positive Wirkung.

Literatur

Bell, M. P., Özbilgin, M. F., Beauregard, T. A., & Sürgevil, O. (2011). Voice, silence, and diversity in 21st century organizations: Strategies for inclusion of gay, lesbian, bisexual, and transgender employees. *Human Resource Management, 50*(1), 131–146. doi:10.1002/hrm.20401.

Bentner, A., & Dylong, S. (2015). *Mehr Diversity im demografischen Wandel: Impulse für ein innovatives Personalmanagement*. Wiesbaden: Springer Fachmedien.

BFS. (2012). Beschäftigte in KMU-Unternehmen: Regionale Disparitäten in der Schweiz – IndikatorensystemWirtschaftsstruktur und wirtschaftliche Leistungsfähigkeit – Kleine und mittlere Unternehmen. http://www.bfs.admin.ch/bfs/portal/de/index/regionen/03/key/00/ind27.indicator.270107.2701.html. Zugegriffen: 15. Febr. 2016.

BFS. (2016). Wichtige Arbeitsmarktindikatoren, Entwicklung. http://www.bfs.admin.ch/bfs/portal/de/index/infothek/lexikon/lex/0.topic.1.html. Zugegriffen: 15. Febr. 2016.

Brenner, B. R., Lyons, H. Z., & Fassinger, R. E. (2010). Can heterosexism harm organizations? Predicting the perceived organizational citizenship behaviors of gay and lesbian employees. *The Career Development Quarterly, 58*, 321–335.

Buba, H. P., & Vaskovics, L. A. (2016). *Benachteiligung gleichgeschlechtlich orientierter Personen und Paare: Studie im Auftrag des Bundesministeriums der Justiz* („Rechtstatsachenforschung"). Köln: Bundesanzeiger Verlags.m.b.H. http://cp27.xsadmin.de/download/sofos3-pdf.pdf. Zugegriffen: 1. Febr. 2016.

Button, S. B. (2001). Organizational efforts to affirm sexual diversity: A cross-level examination. *Journal of Applied Psychology, 86*(1), 17–28. doi:10.1037/0021-9010.86.1.17.

Charta der Vielfalt. (2016). Diversity als Chance – Die Charta der Vielfalt der Unternehmen in Deutschland. http://www.charta-der-vielfalt.de. Zugegriffen: 1. Febr. 2016.

Colgan, F., Creegan, C., McKearney, A., & Wright, T. (2007). Equality and diversity policies and practices at work: Lesbian, gay and bisexual workers. *Equal Opportunities International, 26*(6), 590–609. doi:10.1108/02610150710777060.

Colgan, F., & Rumens, N. (2015). Understanding sexual orientation at work. In F. Colgan & N. Rumens (Hrsg.), *Routledge studies in management, organizations and society: Vol. 31. Sexual orientation at work. Contemporary issues and perspectives* (S. 1–27). New York: Routledge, Taylor & Francis Group.

Day, N. E., & Schoenrade, P. (2000). The relationship among reported disclosure of sexual orientation, anti-discrimination policies, Top-Management support and work attitudes of gay and lesbian employees. *Personnel Review, 29*(3), 346–363. doi:10.1108/00483480010324706.

Derendinger, A., Fürer, D., Lienberger, K., & Neidhart, M. (2016). *Employer branding: Concept for a Swiss LGBTI-diversity label*. Olten: University of Applied Sciences Northwestern Switzerland.

Franken, S. (2015). *Personal: Diversity management* (Bd. 14). Wiesbaden: Springer Gabler.

Frohn, D. J. T. (2007). *Out im Office?!: Sexuelle Identität, (Anti-)Diskriminierung und Diversity am Arbeitsplatz*. Köln. www.schwules-netzwerk.de. Zugegriffen: 1. Febr. 2016.

Frohn, D. J. T. (2013). Subjektive Theorien von lesbischen, schwulen und bisexuellen bzw. transidenten Beschäftigten zum Umgang mit ihrer sexuellen bzw. ihrer Geschlechtsidentität im Kontext ihrer beruflichen Tätigkeit – eine explorative qualitative Studie. *Forum: Qualitative Sozialforschung/Forum: Qualitative Social Research, 14*(3 Art. 6).

Fujimoto, Y., Härtel, C. E., & Azmat, F. (2013). Towards a diversity justice management model: Integrating organizational justice and diversity management. *Social Responsibility Journal, 9*(1), 148–166. doi:10.1108/17471111311307877.

Fullerton, M. (2013). Diversity and inclusion – LGBT inclusion means business. *Strategic HR Review, 12*(3), 121–125. doi:10.1108/14754391311324462.

Guasp, A., & Balfour, J. (2008). *Peak performance: Gay people and productivity*. www.stonewall.org.uk. Zugegriffen: 1. Febr. 2016.

Holmes, O. (2010). Redefining the way we look at diversity: A review of recent diversity and inclusion findings in organizational research. *Equality, Diversity and Inclusion: An International Journal, 29*(1), 131–135. doi:10.1108/02610151011019255.

Hopkins, D. S. P. (1980). Models for Affirmative Action Planning and Evaluation. *Management Science, 26*(10), 994–1006. doi:10.1287/mnsc.26.10.994.

ILGA-Europe. (2016). ILGA-Europe: Annual Review of the Human Rights Situation of Lesbian, Gay, Bisexual, Trans and Intersex People in Europe. http://www.ilga-europe.org/sites/default/files/2016/full_annual_review.pdf; https://rainbow-europe.org/country-ranking. Zugegriffen: 28. Sept. 2016.

Kammerer-Jöbges, B., Behr, R., & Ostermayer, B. (2015). *Diversity Management in Deutschland: Eine empirische Studie des Völklinger Kreis e. V.* Berlin: Völklinger Kreis.

Kaplan, D. M. (2006). Can diversity training discriminate? Backlash to lesbian, gay, and bisexual diversity initiatives. *Employee Responsibilities and Rights Journal, 18*(1), 61–72. doi:10.1007/s10672-005-9005-4.

Köllen, T. (2010). *Bemerkenswerte Vielfalt: Homosexualität und Diversity Management: Betriebswirtschaftliche und sozialpsychologische Aspekte der Diversity-Dimension ‚sexuelle Orientierung'* (1. Aufl.). München: Hampp.

Köllen, T. (2012). Privatsache und unerheblich für Unternehmen? Der Stand der Personalforschung zur „sexuellen Orientierung". *Zeitschrift für Personalforschung, 26*(2), 143–166. doi:10.1688/1862-0000.

Köllen, T. (2015). The impact of demographic factors on the way lesbian and gay employees manage their sexual orientation at work. *Management Research Review, 38*(9), 992–1015. doi:10.1108/MRR-05-2014-0099.

Krell, G. (2008). Diversity Management: Chancengleichheit für alle und auch als Wettbewerbsfaktor. In G. Krell (Hrsg.), *Chancengleichheit durch Personalpolitik. Gleichstellung von Frauen und Männern in Unternehmen und Verwaltungen. Rechtliche Regelungen – Problemanalysen – Lösungen* (5. Aufl., S. 63–80). Wiesbaden: Gabler.

Krell, G. (2014). „Chancengleichheit für alle und auch als Wettbewerbsvorteil" – Bilder von Diversity. In D. Gesmann-Nuissl, R. Hartz, & M. Dittrich (Hrsg.), *Perspektiven der Wirtschaftswissenschaften* (S. 17–35). Wiesbaden: Springer Fachmedien.

Krell, G., Pantelmann, H., & Wächter, H. (2006). Diversity(-Dimensionen) und deren Management als Gegenstände der Personalforschung in Deutschland,Österreich und der Schweiz. In G. Krell & H. Wächter (Hrsg.), *Trierer Beiträge zum Diversity Management: Bd. 7. Diversity Management. Impulse aus der Personalforschung* (1. Aufl., S. 25–56). München: Hampp.

Loden, M., & Rosener, J. B. (1991). *Workforce America! Managing employee diversity as a vital resource*. Homewood: Business One Irwin.

McDermott, E. (2006). Surviving in dangerous places: Lesbian identity performances in the workplace, social class and psychological health. *Feminism & Psychology, 16*(2), 193–211. doi:10.1177/0959-353506062977.

Nielson, J. M., Walden, G., & Kunkel, C. A. (2000). Gendered heteronormativity: Empirical ilustrations in everyday life. *The Sociological Quarterly, 41*(2), 283–296.

Nkomo, S., & Hoobler, J. M. (2014). A historical perspective on diversity ideologies in the United States: Reflections on human resource management research and practice. *Human Resource Management Review, 24*(3), 245–257. doi:10.1016/j.hrmr.2014.03.006.

Parini, L. (2015). *Etre LGBT au travail: résultats d'une recherche en Suisse*. Genève: Univeristé de Genève.

Pless, N., & Maak, T. (2004). Building an inclusive diversity culture: Principles, processes and practice. *Journal of Business Ethics, 54*(2), 129–147. doi:10.1007/s10551-004-9465-8.

Priola, V., Lasio, D., de Simone, S., & Serri, F. (2014). The sound of silence. lesbian, gay, bisexual and transgender discrimination in ‚Inclusive Organizations'. *British Journal of Management, 25*(3), 488–502. doi:10.1111/1467-8551.12043.

PrOut@Work-Foundation (PROUT AT WORK). (2015). Regenbogen. Mehr. Wert.: Vom offenen Umgang mit Sexueller Orientierung und Geschlechtlicher Identität wirtschaftlich profitieren. PROUT AT WORK Dossier. http://www.proutemployer.com/. Zugegriffen: 1. Febr. 2016.

Stuber, M. (2004). *Diversity: Das Potenzial von Vielfalt nutzen – den Erfolg durch Offenheit steigern*. München: Luchterhand.

Tejeda, M. J. (2006). Nondiscrimination policies and sexual identity disclosure: Do they make a difference in employee outcomes? *Employee Responsibilities and Rights Journal, 18*(1), 45–59. doi:10.1007/s10672-005-9004-5.

Tindall, N. T. J., & Waters, R. D. (2012). Coming out to tell our stories: Using queer theory to understand the career experiences of gay men in public relations. *Journal of Public Relations Research, 24*(5), 451–475. doi:10.1080/1062726X.2012.723279.

Wang, P., & Schwarz, J. L. (2010). Stock price reactions to GLBT nondiscrimination policies. *Human Resource Management, 49*(2), 195–216. doi:10.1002/hrm.20341.

Ward, J., & Winstanley, D. (2005). Coming out at work: performativity and the recognition and renegotiation of identity. *The Sociological Review, 53*(3), 447–475. doi:10.1111/j.1467.

Social Media Controlling

4

Bathury Thambimuthu, Eduard Klein und Petra Maria Asprion

Zusammenfassung

Social Media Controlling wird in Schweizer Unternehmen immer häufiger diskutiert; jedoch ist es auch insbesondere für kleinere Unternehmen schwierig, Social Media in Unternehmensprozesse zu integrieren. Auch die Messung von Aktivitäten bzw. der Wirkung von Social-Media-Aktivitäten ist vielfach nicht etabliert oder ausgereift. Trotz guter Gründe für eine Einführung lassen sich Unternehmen nur zögerlich zu einem strategisch geleiteten oder zumindest systematischen Einsatz vom Methoden und Werkzeugen (Tools) überzeugen. Dieser Beitrag stellt den aktuellen Stand von Social Media Controlling (SMC) in Schweizer Unternehmen dar, analysiert vorfügbare Methoden und Tools und präsentiert eine Handlungsempfehlung für Unternehmen. Nach einem Überblick über die Thematik sowie einer Abgrenzung zu verwandten Ansätzen wie etwa Social Media Monitoring wird auf die Bedeutung von SMC in Schweizer Unternehmen eingegangen. Durch eine vergleichende Analyse ausgewählter SMC-Tools wird deutlich, dass die Tools für diverse Anwendungsbereiche gut geeignet sind. Die entwickelte Handreichung in Form einer Handlungsempfehlung zeigt, was bei der Einführung von SMC zu beachten ist. So konnte klar herausgearbeitet werden, dass SMC nur erfolgreich ist durch klar definierte Social-Media-bezogene

---

B. Thambimuthu (✉)
Studen, Schweiz
E-Mail: bathury.t@gmail.com

E. Klein · P. M. Asprion
E-Government-Institut, Berner Fachhochschule, Bern, Schweiz
E-Mail: eduard.klein@bfh.ch

P. M. Asprion
E-Mail: petra.asprion@bfh.ch

© Springer Fachmedien Wiesbaden GmbH 2017
K.O. Tokarski et al. (Hrsg.), *Zukunftstrends Wirtschaft 2020*,
DOI 10.1007/978-3-658-15069-3_4

Ziele, transparente und zielgerichtete interne und externe Kommunikation sowie durch die Einbindung der Geschäftsleitung bzw. des Topmanagements. Erfolgskritisch ist auch die Definition und Etablierung einer SMC-Strategie.

4.1 Einleitung

Die Nutzung sozialer Netzwerke ist heutzutage fest im Alltag verankert. Facebook ist in der Schweiz laut einer aktuellen Studie (Xeit 2014) die meistgenutzte Anwendung. Rund die Hälfte der befragten Personen nutzt das Internet täglich zur Informationssuche. Nutzer von Social Media nehmen in Kommentaren, Blogs, Bewertungen und Empfehlungen aktiv Bezug auf Inhalte und tauschen ihre Meinungen und Erfahrungen aus.

Immer mehr Nutzer von Social-Media-Plattformen, Foren oder Blogs kommunizieren über Produkte und Dienstleistungen, teilen anderen Nutzern persönliche Erfahrungen mit oder geben Empfehlungen für Kaufentscheidungen. Für Unternehmen besteht somit die Chance, diese Informationen durch SMC-Tools zu analysieren. Dadurch können sowohl Produkte und Dienstleistungen, nicht zuletzt auch die Unternehmensstrategie so angepasst und gesteuert werden, dass sich für Unternehmen ein Mehrwert und somit ein größeres Erfolgspotenzial ergeben kann.

Obwohl die strategische Bedeutung von Social Media zunimmt, sind viele Unternehmen zurückhaltend bei der Nutzung entsprechender Analysemöglichkeiten. Vor allem kleine und mittlere Unternehmen (KMU) scheuen Aufwand und Kosten bei der Etablierung von Social-Media-Aktivitäten, obwohl deren Einsatz in Kombination mit der Nutzung von Controlling-Tools sinnvoll ist (Berger und Rumo 2011). In der Schweiz sind zwei Drittel aller Unternehmen mittels Social Media aktiv, dennoch wurde in den meisten Fällen keine explizite Social-Media-Strategie entwickelt. Dadurch verschenken Unternehmen das Potenzial, das sie schöpfen könnten, durch Messen von Aktivitäten, Abschätzung ihrer Wirkungen und Entwickeln geeigneter Folgemaßnahmen (Bernet PR und Studie 2013).

Dieser Beitrag gibt einen Einblick in die Thematik von SMC und zeigt insbesondere das Potenzial für Schweizer Unternehmen auf. Mittels Literatur- und Praxisrecherchen sowie durch Evaluation von Methoden und Tools wird eine Grundlage für die Entwicklung einer Handlungsempfehlung für die Einführung und Etablierung von SMC geschaffen. Folgende übergeordnete Fragestellung wurde der Untersuchung zugrunde gelegt:

„Inwiefern können die Auswirkungen von Social-Media-Aktivitäten durch SMC gemessen und analysiert werden und welche Tools bieten sich dafür an?"

Darüber hinaus werden folgende Fragen im Unternehmenskontext beantwortet:

- Welche Stellung hat Social Media in der Schweiz?
- Welche Gründe sprechen für die Einführung von SMC?
- Was muss bei der Einführung von SMC beachtet werden?

4 Social Media Controlling

Der Beitrag ist wie folgt strukturiert: Auf der Basis einer Literaturrecherche erfolgt eine Begriffsklärung und Einordnung von SMC. Anhand ausgewählter Studien wird die Bedeutung von Social Media und entsprechenden Plattformen in der Schweiz aufgezeigt. In Abschn. 4.3 werden Gründe für die Einführung von SMC dargestellt. Danach werden Methoden zur Einführung von SMC skizziert.

In Abschn. 4.5 werden Qualitätskriterien und Anforderungen für SMC-Tools identifiziert. Auf Basis einer Analyse zur Nutzung entsprechender Tools werden die meistgenutzten SMC-Tools vorgestellt und mithilfe ausgewählter Qualitätskriterien verglichen.

Aus den Erkenntnissen wird eine Handreichung für Unternehmen im Sinne einer Sammlung von Handlungsempfehlungen in Abschn. 4.6 zusammengestellt: Anhand eines ausgewählten Controlling-Konzeptes (Schweizer Bundesverwaltung) werden wichtige Grundsätze zur Etablierung eines SMC-Systems dargelegt, die Erarbeitung von Messgrößen wird skizziert sowie im Social Media vorkommende Feedbacktypen und dazu stimmige Reaktionsmöglichkeiten werden vorgestellt.

4.2 Social Media in der Schweiz

Es werden Begriffe zu Social Media, insbesondere zu SMC, erläutert und gegenüber ähnlichen Begriffen abgegrenzt. Des Weiteren wird die Bedeutung von Social Media in der Schweiz diskutiert. Ausgewählte Social-Media-Plattformen werden analysiert und dargestellt.

4.2.1 Begriffe

Nach Weinberg (2010) steht Social Media für „den Austausch von Informationen, Erfahrungen und Sichtweisen mithilfe von Community-Websites und gewinnt in unserer vernetzten Welt zunehmend an Bedeutung. Dank Social Media fallen die geografischen Mauern zwischen Menschen." Demnach haben Unternehmen die Möglichkeit zur webbasierten Interaktion mit Kunden und anderen Interessengruppen; so können Meinungen und Motivationen von Nutzern in Erfahrung gebracht werden.

Der Bundesverband Digitale Wirtschaft sieht Social Media als eine Vielfalt digitaler Medien und Technologien zur Kommunikation und Erstellung kollektiv gestalteter medialer Inhalte. Die Grenze zwischen Produzent und Konsument verschwimmt; dies unterscheidet Social Media von traditionellen Massenmedien (Bundesverband Digitale Wirtschaft e. V. Fachgruppe Social Media 2009).

Eine empirische Studie der Universität Oldenburg verdeutlicht den zunehmenden Einfluss von Social Media für die Markenwelt und stellt einen Bezug zwischen Social Media und Unternehmen her. Demzufolge *„erfordern und schaffen Social Media eine Kultur der Diskussion, Kritik und offenen Meinungsäußerung. Damit gehen große Herausforderungen für Unternehmen einher, die sich nun nicht mehr ausschließlich auf die klassischen Marketinginstrumente verlassen können und neue Kommunikationsstrategien* *entwickeln müssen"* (Nicolai und Vinke 2009, S. 4). Dies verursacht auch eine Veränderung der Unternehmenskultur und bringt neue Wege der Kommunikation, insbesondere für die Interaktion mit Kunden und Mitarbeitern mit sich.

Social Media Controlling
In der Literatur nimmt Controlling zur Steuerung eines Unternehmens Planungs-, Koordinations- und Kontrollaufgaben wahr, um die Unternehmensführung mit den notwendigen Instrumenten und Informationen zu versorgen (IGC 2010; Horvàth 1998; Küpper et al. 1990). Controlling soll allen beteiligten Akteuren Informationen zur Verfügung stellen, um Zielerreichungsprozesse zu initiieren und zu nutzen. Voraussetzung ist eine enge Zusammenarbeit des Controllings mit anderen Managementsystemen und Organisations-, Führungs- und Informationssystemen. Controlling ist eine bereichsübergreifende Funktion zur Steuerung von Unternehmen. Seit einiger Zeit setzt sich Controlling auch mit den Themen Compliance und nachhaltiges Wirtschaften auseinander.

Obwohl die Präzisierung der Begriffsbildung noch nicht abgeschlossen ist (Reuter 2013), umfasst SMC nach der Oliver Wyman Group „die Planung, Messung, Steuerung und Kontrolle von Social-Media-Aktivitäten, sodass positive Effekte optimiert und Risiken frühzeitig erkannt werden" (Burger et al. 2013). Nach Zaugg und Egle (2014) wird unter SMC das *„Portfolio der Aufgaben, Methoden und Instrumente zur informationellen Sicherstellung der Planung, Steuerung und Kontrolle von Social-Media-Aktivitäten"* verstanden.

Social Media Monitoring
Social Media Monitoring ist ein Teilbereich von SMC (Werner und Kainz 2015). Social Media Monitoring umfasst die Beobachtung und Analyse von Diskussionen und Meinungen in webbasierten Social-Media-Plattformen.

Web Monitoring
Als Synonym für Social Media Monitoring wird auch der Begriff Web Monitoring verwendet. Jedoch befasst sich Web Monitoring lediglich mit der Erhebung und Analyse von Daten in Bezug auf das Kommunikationsverhalten von Nutzern im Internet. Social Media Monitoring stellt dabei eine Weiterentwicklung des klassischen Web Monitorings dar und wird als Spezialisierung des Web Monitorings verstanden (Brauckmann 2010).

Social Media Intelligence
Der Begriff „Social Media Intelligence" entstand nach Zeng et al. (2010) durch die Integration von Social Media in Aufgaben aus dem Bereich „Business Intelligence". Mit der zunehmenden Akzeptanz und damit verbunden der wachsenden Informationsmenge aus Social-Media-Plattformen ist umfangreiches Datenmaterial verfügbar. Mit dem Zitat: *„We need to shift our focus from measuring what's easy to measure what matters"* heben Moe und Schweidel (2014) die Bedeutung des Einsatzes geeigneter Messgrößen und Auswertungssysteme im Social-Media-Bereich hervor. Durch intelligente Nutzung soll ein Mehrwert etwa für Produktgestaltung bzw. das Stakeholder-Beziehungsmanagement entstehen.

4.2.2 Bedeutung

Die digitale Präsenz hat einen hohen Stellenwert in Bezug auf die Sichtbarkeit von Unternehmen; dies kann mit der Zunahme von Nutzern im Bereich Social Media erklärt werden. Die Bedeutung von Social Media in der Schweiz und der Umgang von Unternehmen mit digitaler Präsenz wird durch Studien der Bernet PR AG (Bernet PR und Studie 2013) in Zusammenarbeit mit der Zürcher Hochschule sowie einer weiteren Studie (Wave) von Universal Media (Universal Media 2013) im Folgenden dargestellt.

4.2.2.1 Nutzerverhalten

Die UM Wave ist die weltweit größte und am längsten laufende Social-Media-Studie. Sie wird in 75 Ländern durchgeführt und repräsentiert Ansichten, Bedürfnisse und Verhaltensweisen von 1,3 Mrd. Internet- und Social-Media-Nutzern.

In Abb. 4.1 sind die untersuchten Märkte nach den Kriterien „Sceptical", „Innovative", „Avantgarde" und „Slow" klassifiziert. „Sceptical" umfasst Länder, die sowohl eine geringe Internetverbreitung als auch eine geringe Social-Media-Nutzung aufweisen. „Innovative"-Länder haben demgegenüber die höchste Internetverfügbarkeit und auch eine hohe Nutzung von Social Media. Dies weist auf ausgeprägte Social-Media-Aktivitäten hin. „Avantgarde" repräsentiert die Länder mit niedriger Internetverbreitung und dennoch aktivem Social-Media-Nutzungsverhalten. Gegenüber liegen die „Slow" Länder mit wenig Internetverfügbarkeit und zurückhaltendem Interesse an Social Media (Universal Media 2013).

Die Schweiz gehört zu den Ländern, die bei der Social-Media-Nutzung weltweit eine führende Rolle einnehmen. Seit der ersten Erhebung im Jahr 2006 nimmt die Bedeutung von Social Media in der Schweiz stetig zu. Die Integration von Social Media mittels

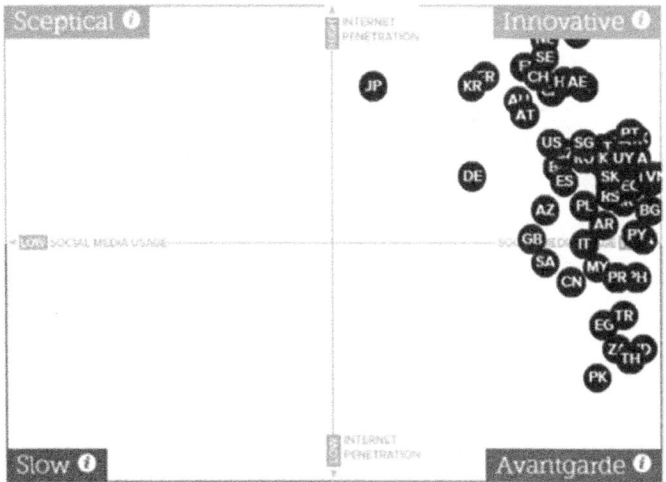

Abb. 4.1 Social Evolution by Market

neuer Innovationen wie Smart TV, Tablets, Smartphones und weiterer „Gadgets" weist eine hohe Prozentzahl aus: 86,1 % der Schweizer Bevölkerung greifen auf Social-Media-Plattformen von Smartphones aus zu; über Tablets sind 55,5 % der Nutzer aktiv. Weitere Aktivitäten wie das Zugreifen auf Social Media über Smart TV (36,4 %) oder das aktive Verwalten der Social Network Profile (66,3 %) bestätigen die Wichtigkeit von Social-Media-Plattformen in der Schweizer Bevölkerung. Dabei werden die Online-Netzwerke wie Facebook und Xing, Twitter für Microblogging und Content Communities wie YouTube am häufigsten genutzt (Latzer et al. 2013).

Abb. 4.2 zeigt, dass die Bevölkerung der Schweiz Social Media vor allem benutzt, um private und berufliche Beziehungen zu pflegen und um Wissen zu teilen.

4.2.2.2 Schweizer Unternehmen und Social Media

Mit zunehmenden Aktivitäten potenzieller Konsumenten im Social-Media-Umfeld werden auch Unternehmen auf Social-Media-Plattformen aktiver. Abb. 4.3 zeigt, dass sich

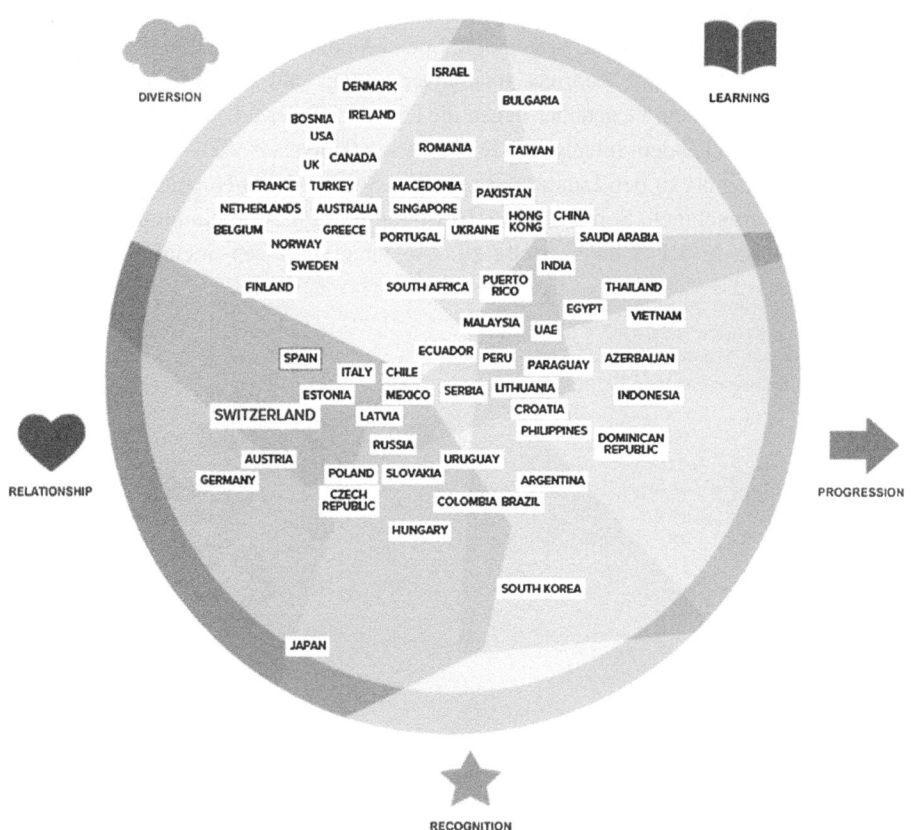

Abb. 4.2 Social-Media-Engagement. (Universal Media 2013)

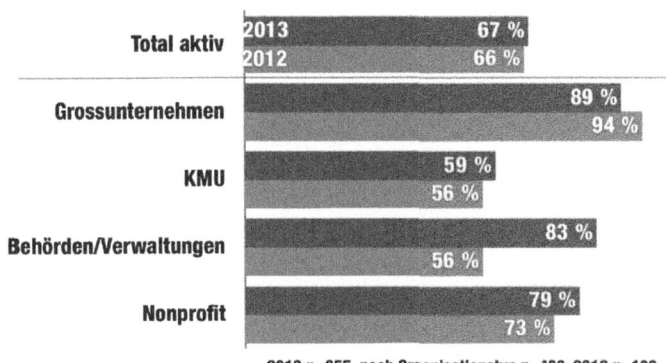

Abb. 4.3 Social-Media-Aktivität der Unternehmen in der Schweiz. (Bernet PR und Studie 2013)

zwei Drittel der Schweizer Organisationen im Bereich Social Media engagieren, wobei die Bedeutung von Social Media mit der Größe von Unternehmen zunimmt. Im Jahr 2003 waren 89 % der Großunternehmen mit mehr als 250 Mitarbeitenden im Bereich Social Media aktiv. Die Beteiligung der KMUs mit bis zu 10 Mitarbeitern lag dagegen nur bei 59 %. Einen großen Schritt haben die öffentlichen Verwaltungen, Behörden und Ämter vorgenommen, indem sie ihre Social-Media-Aktivität im Vorjahresvergleich von 58 auf 83 % gesteigert haben (Bernet PR und Studie 2013).

Bei Unternehmen lassen sich im Branchenvergleich ebenfalls deutliche Unterschiede ausmachen: Stark informationsbezogene Unternehmen wie Banken, Versicherungen oder Medien sind zu über 90 % in Social Media aktiv, während es in Unternehmen der Bau- oder Chemie- bzw. Pharma-Branche nur etwa 50 % aktive Teilhabe gibt. Interessanterweise ist der B2B-Bereich stärker vertreten als B2C: Nur 60 % der auf Endkonsumenten fokussierten Unternehmen beteiligen sich an Social Media, während B2B-Unternehmen zu 72 % in diesem Bereich aktiv sind (Bernet BR und Studie 2013).

Dessen ungeachtet verzichten ein Drittel der Schweizer Unternehmen auf die Einführung von Social-Media-Aktivitäten. Als Gründe werden (zu) hoher Aufwand für die Einführung und den Betrieb, mangelndes Interesse sowie das Fehlen entsprechender Konzepte genannt. Nicht zuletzt spielen auch die Unsicherheit über die Erfolgschancen und die Angst vor Informationslecks eine Rolle.

Abb. 4.4 zeigt, dass von den ernsthaft engagierten Unternehmen im Social-Media-Bereich nur rund die Hälfte über eine Social-Media-Strategie verfügen. Davon haben ein Drittel der Unternehmen eine Strategie für die gesamte Organisation und gut ein Fünftel für einzelne Bereiche. Zwei Fünftel der Unternehmen investieren Geld und Zeit ohne zugrunde liegende Strategie, wobei Unterschiede abhängig von der Größe eines Unternehmens bestehen: Während bei KMU mit Social-Media-Aktivitäten nur rund die Hälfte über eine Strategie verfügt, sind es bei den Großunternehmen vier Fünftel.

Abb. 4.4 Social-Media-Strategie. (Bernet PR und Studie 2013)

Schweizer Unternehmen wurden befragt, was sie sich durch Social-Media-Aktivitäten erhoffen und welche Ziele sie mit einem Social-Media-Einsatz verfolgen (vgl. Abb. 4.5). Mit 82 % steht der externe Dialog an der Spitze. Zudem wird Social Media für die Verbreitung der Produkt- und Dienstleistungsinformationen und für die Image- und Reputationspflege genutzt. Eine weitere Motivation für die Nutzung von Social Media besteht darin, einen Trend nicht zu „verschlafen".

4.2.2.3 Monitoring

Die Studie von Bernet (PR und Studie 2013) zeigt, dass Monitoring einen erhöhten Stellenwert in den Schweizer Unternehmen hat. Es scheint sich die Erkenntnis durchzusetzen, dass die Beobachtung von Social-Media-Aktivitäten wirksam für das Controlling genutzt werden kann. In der Studie wurden ausgewählte Unternehmen befragt, ob sie Monitoring bzw. Controlling für Social-Media-Plattformen einsetzen. Das Ergebnis

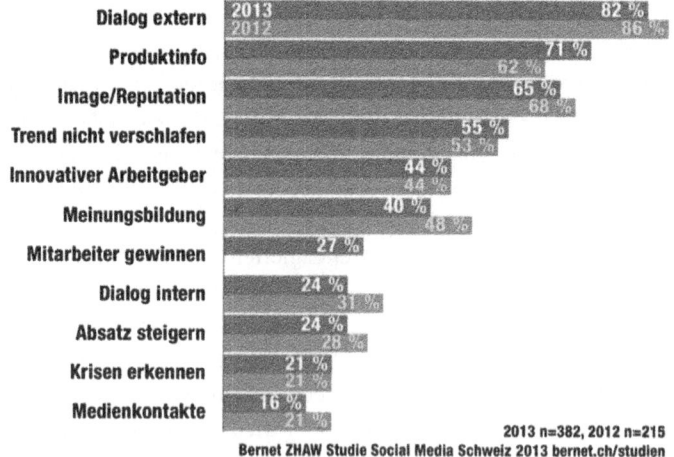

Abb. 4.5 Gründe für die Nutzung von Social-Media-Strategie. (Bernet PR und Studie 2013)

Abb. 4.6 Einsatz von Monitoring-Tools. (Bernet PR und Studie 2013)

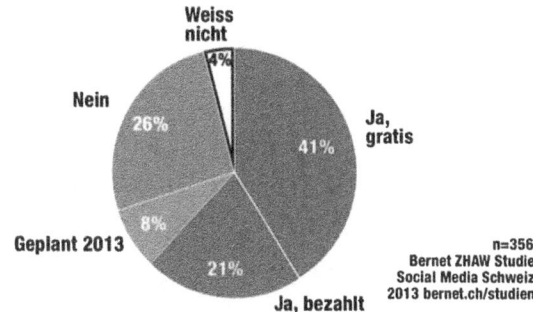

der Befragung zeigt, dass von den im Social Media engagierten Unternehmen im Jahr 2012 mehr als die Hälfte ein Monitoring-Tool im Einsatz hatte, mit steigender Tendenz im Jahr 2013. In Abb. 4.6 ist darüber hinaus der Anteil verwendeter kostenpflichtiger und kostenloser Monitoring-Tools zu sehen.

Nach Bernet PR und Studie (2013) bewerten Entscheidungsträger die Nutzung sozialer Netzwerke im unternehmerischen Kontext sowie Monitoring-Tools grundsätzlich als gewinnbringend. Dies hängt mit der Zunahme der Vielfalt von Social-Media-Plattformen und der Anzahl von Social Media Anbietern zusammen. Das Social Media Prisma (vgl. Abb. 4.7) visualisiert einen Überblick über Anbieter. In der Schweiz ist Facebook die beliebteste Social-Media-Plattform, gefolgt von YouTube, Xing und Twitter.

4.3 Gründe für die Nutzung

Unternehmen verwenden das „traditionelle" Controlling unter anderem, um die Erreichung von Unternehmenszielen messen zu können. Des Weiteren um eine adäquate Umsetzung der Strategie, der Allokation von Ressourcen und die dazu notwendige Infrastruktur zu gewährleisten. Mit der Verbreitung von Social Media muss sich das Controlling für neue Möglichkeiten und Aufgaben öffnen (zum Beispiel die Nutzung von Daten aus dem Social-Media-Umfeld).

Social Media beeinflusst Kaufentscheidungen
Social Media wird nicht nur für die Pflege beruflicher und privater Beziehungen genutzt, sondern auch um Kaufentscheidungen zu beeinflussen (aus Unternehmenssicht) und zu erleichtern (aus Nutzersicht). Social-Media-Nutzer verwenden webbasierte Netzwerke intelligent und suchen bzw. nutzen Produkte, Preise, Angebote und Bewertungen anderer Verbraucher, um eine bessere Grundlage für ihre Kaufentscheidung zu erhalten. Laut einer europaweiten Studie zum Kaufverhalten von Konsumenten ziehen mehr als die Hälfte der Befragten im Alter von 16 bis 64 Jahren soziale Netzwerke bei ihren Kaufentscheidungen heran. Von den Befragten, die Unternehmen in einem sozialen Netzwerk folgen, gaben gut ein Drittel an, dass sie Social-Media-Plattformen nutzen, um

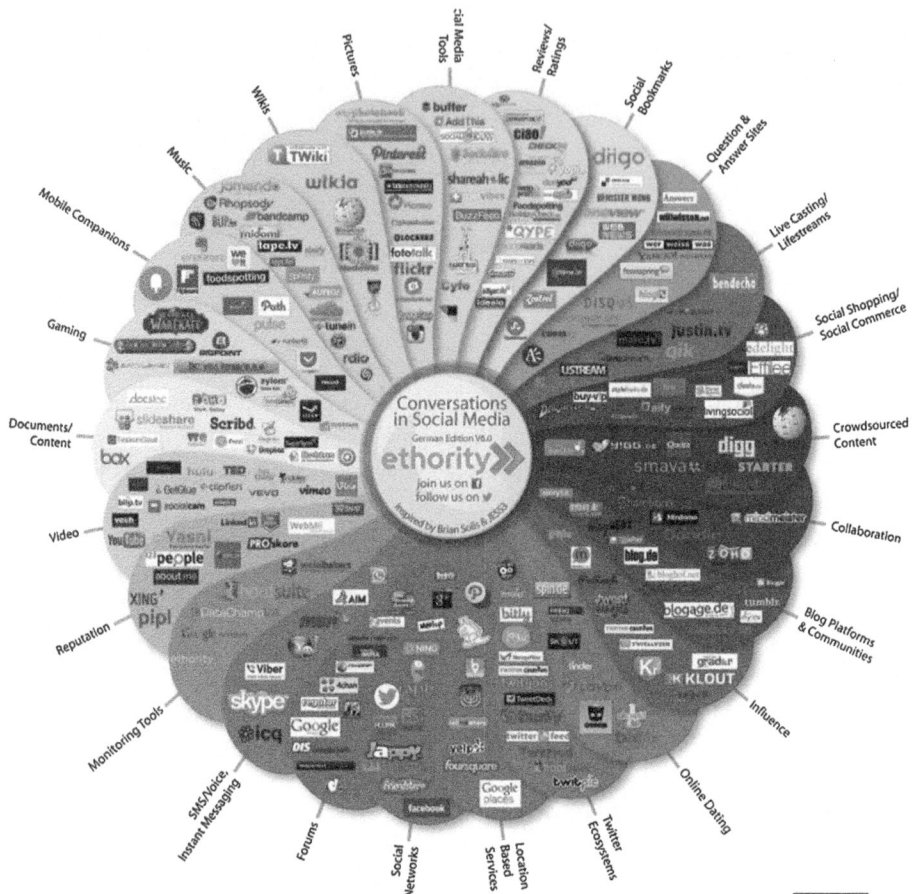

Abb. 4.7 Social-media-prisma. (Ethority 2014)

Produktbewertungen, Rankings und Services zu recherchieren. Weiterhin sind für fast zwei Drittel der Befragten Preisvergleiche auf Social Media über das Mobiltelefon wichtig bis sehr wichtig (IBM Deutschland 2011).

Aus Unternehmenssicht ist die Berücksichtigung nutzergenerierter Produktbewertungen zunehmend wichtig. Auch vertrauen Nutzer eher dem Rat anderer Konsumenten als den Angaben von Herstellern. Daher sind verbrauchergenerierte Rezensionen eine ernst zu nehmende Größe im Online-Vertrieb und Marketing-Mix von Unternehmen. Nach Fittkau und Maaß (2009) hat fast jeder zweite Nutzer geleitet durch eine private Bewertung ein Produkt (nicht) gekauft oder eine Dienstleistung (nicht) in Anspruch genommen. Der Einfluss von Bewertungen auf Kaufentscheidungen und Markenwahrnehmungen wird in Abb. 4.8 verdeutlicht.

4 Social Media Controlling

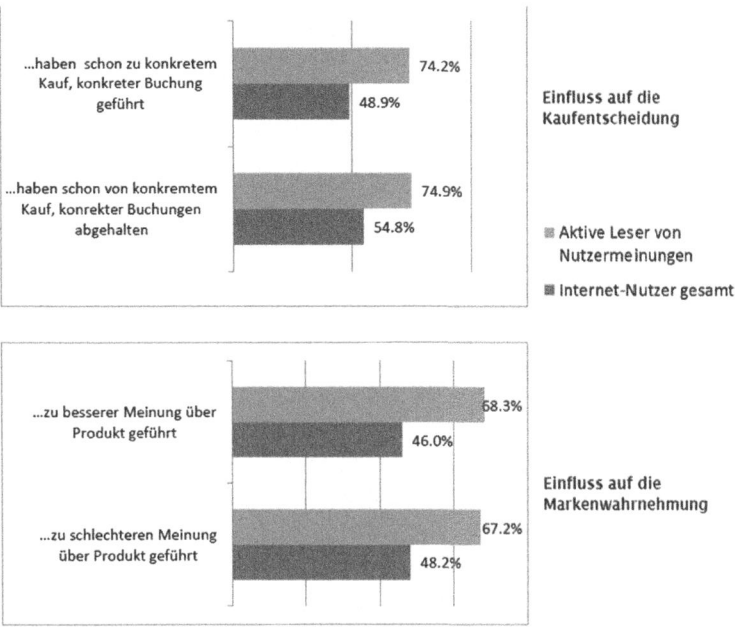

Abb. 4.8 Nutzermeinungen. (Nach Fittkau und Maaß 2009)

Beobachten und aktiv werden
Marktdruck sorgt dafür, dass sich Unternehmen dafür interessieren, was ihre Kunden über ihr Unternehmen, dessen Reputation, Produkte, Dienstleistungen und nicht zuletzt die Marke kommunizieren. Kundenbefragungen und Bewertungsportale geben zwar auch Kundenmeinungen wieder, jedoch nehmen auf Social-Media-Plattformen die Anzahl der Einträge exorbitant zu (vgl. Abschn. 4.2.2.1). Für viele Nutzer ist der tägliche Blick auf Social-Media-Plattformen in den Tagesablauf integriert (JR Design 2015). Nutzer möchten ihre Meinungen einbringen und sich mit anderen Nutzern austauschen; dadurch können sie den Erfolg von Produkten und Dienstleistungen beeinflussen und mitbestimmen (Weinberg 2010).

Als Beispiel hatte die Nestlé AG 2010 mit einem Social-Media-Angriff von Greenpeace zu kämpfen; in einem Video wurde der Vorwurf erhoben, dass Nestlé durch die Verwendung von Palmöl die Zerstörung von Wäldern fördert und den Lebensraum bedrohter Orang-Utans zerstört. Das Video wurde auf Twitter, Facebook und auf YouTube vielfach geteilt. Daraufhin ließ Nestlé das Video löschen, wodurch Boykottaufrufe auf Social-Media-Plattformen zunahmen. Das Unternehmen versuchte mittels seiner Facebook-Seite, die Aufrufe zu verhindern, was jedoch misslang. Folglich wurde das Thema von den Medien aufgegriffen und erreichte eine breite Öffentlichkeit. Der Einfluss von Nutzermeinungen auf den Kauf von Produkten und damit die anbietenden

Unternehmen zeigt dieses Beispiel deutlich. Eine Social-Media-Analyse im Vorfeld wäre hier hilfreich gewesen, letztendlich musste Nestlé seinen Ruf mit einem aufwendigen Reputationsmanagement wiederherstellen (AKOM360 2010).

Kundenbedürfnisse entdecken
Auf Social-Media-Plattformen geben Nutzer oft persönliche Informationen wie Alter, Freizeitverhalten, Hobbys, Lieblingsprodukte und -geschäfte preis. Für Unternehmen sind solche Informationen interessant, der darin verborgene Wert ist konventionellen CRM-Systemen weit überlegen. Mit Social-Media-Analyse-Tools können zielgruppenorientierte Angebote geschaffen werden, aus denen wiederum Kundenwünsche abgeleitet werden können. Nicht zuletzt kann der Erfolg unmittelbar gemessen werden (Hilker 2012).

Best Practice Beispiel „Dell Corporation"
Dell nutzt Social Media für Kundenbindung, Vertrieb und Service. Regionen- und produktbezogene Twitter Accounts gehen spezifisch auf individuelle Kundenbedürfnisse ein. Im Blog „Idea Storm" werden Ideen von Kunden für Produktinnovationen und Produktgestaltungen aufgenommen. Verbesserungsvorschläge werden von den Social-Media-Nutzern bewertet und diskutiert. So nutzt Dell die Kundenbegeisterung für ihre Produkte und fördert die Kundenbindung. Das Unternehmen ist auch auf anderen Social Media Kanälen präsent und unterhält eine eigene Community „Direct2Dell.com" für ihren Kundensupport (Hilker 2012).

Nach Thun et al. (2000) schätzen Kunden es, wenn Unternehmen ihren Anliegen auch nach dem Kauf eines Produktes Gehör schenken. So bieten Schweizer Unternehmen wie etwa Upc-Cablecom, Swisscom, Dell, Telekom und Migros Kundensupport via Twitter oder über andere Social-Media-Kanäle. Michael Buck, Social-Media-Verantwortlicher bei Dell, bemerkt dazu: *„Unsere Kunden, die ihre Probleme via Twitter gelöst bekommen, sind zufriedener als diejenigen, die ihre Antworten über Call Center bekommen"* (Hilker 2012).

Negative Einträge
Einer der bekanntesten und wichtigsten Gründe für das Einführen von SMC ist, negative Einträge frühzeitig zu erkennen und umgehend darauf reagieren zu können. Anmerkungen von Kunden können so in positives Feedback umgewandelt werden. Eine erfolgreiche Problemlösung kann zu positiven Beiträgen, z. B. über den Kundendienst, führen. Zudem zeigt ein Unternehmen, dass es auch Interesse an negativem Feedback hat und um seine Kunden bemüht ist.

Wettbewerbsbeobachtung
Durch das rechtzeitige Erkennen von Trends können sich Unternehmen von Wettbewerbern abheben. Durch Verwendung relevanter Suchbegriffe (Keywords) kann eine ausgewählte Branche beobachtet werden. Damit können neue Mitbewerber oder Produkte

schnell identifiziert werden. Unternehmen können zielgerichtet Marketing betreiben und auch Kunden des Wettbewerbers ansprechen. Die Möglichkeiten der Wettbewerbsbeobachtung sind vielfältig, deshalb ist es wichtig, im Vorfeld die Ziele eines Konkurrenz-Monitoring zu identifizieren. Durch Beobachtung von zum Beispiel Online-Diskussionen über konkurrierende Produkte und Marken können Trends frühzeitig erkannt werden.

4.4 Referenzen zur Einführung

Immer mehr Unternehmen versuchen, das Potenzial von Social Media für sich zu nutzen, zu quantifizieren und zu optimieren. Aktuelle Studien (vgl. Abschn. 4.2.2.1.) belegen jedoch, dass rund die Hälfte der Unternehmen mit einer Social-Media-Präsenz über keine systematische Strategie verfügen und folglich mit nicht durchdachten Social-Media-Aktivitäten Risiken eingehen. Im Folgenden werden zwei Referenzmodelle zur Einführung von SMC vorgestellt, das *„Oliver Wyman* Framework" und das *„4 Social C* Framework".

4.4.1 Oliver Wyman Framework

Allein durch das Beobachten von Diskussionen in Social Media können relevante Eindrücke, Informationen und Erlebnisse gewonnen werden, da diese unmittelbaren Einblick in Kundenmeinungen ermöglichen. Neben passiver Beobachtung sollten Erkenntnisse auch aktiv genutzt und zur Verbesserung von Prozessen und Produkten eingesetzt werden.

In Abb. 4.9 ist der Einsatz von Social Media entlang der Wertschöpfungskette dargestellt. Bereichsabhängig werden unterschiedliche Social-Media-Kanäle zur Förderung von Social-Media-Aktivitäten vorgeschlagen.

Nach (Burger et al. 2013) ist das Ziel des Social-Media-Controllings die Steigerung von Effizienz und Effektivität der Social-Media-Aktivitäten. Als Aufgaben des Controllings wurden das Erfassen, Filtern, Aufbereiten und Auswerten relevanter Daten auf Social-Media-Plattformen hervorgehoben. Dies wird als essenziell angesehen, um eine transparente Informationsbasis für Diskussionen und Entscheidungen zu schaffen. So dient SMC zur Beantwortung zentraler Fragen wie etwa „Welche Äußerungen gibt es über (m)ein Produkt?", „Wer äußert sich?", „Wodurch wird die höchste Viralität erreicht?", „Wie wird ein positives Engagement in einem Verkauf erreicht?", „Was sind die Auswirkungen meiner Social-Media-Aktivitäten?".

Nach Oliver Wyman unterscheiden sich die Instrumente zur Beantwortung dieser Fragen nach dem Kompetenzgrad des unternehmensinternen SMC (vgl. Abb. 4.10). In Unternehmen mit unstrukturierter Vorgehensweise und mangelnden Analysefähigkeiten wird in der Regel das Potenzial von Social Media nicht ausgeschöpft. Dahingegen

Abb. 4.9 Social-Media-Einsatz entlang der Wertschöpfungskette. (Burger et al. 2013)

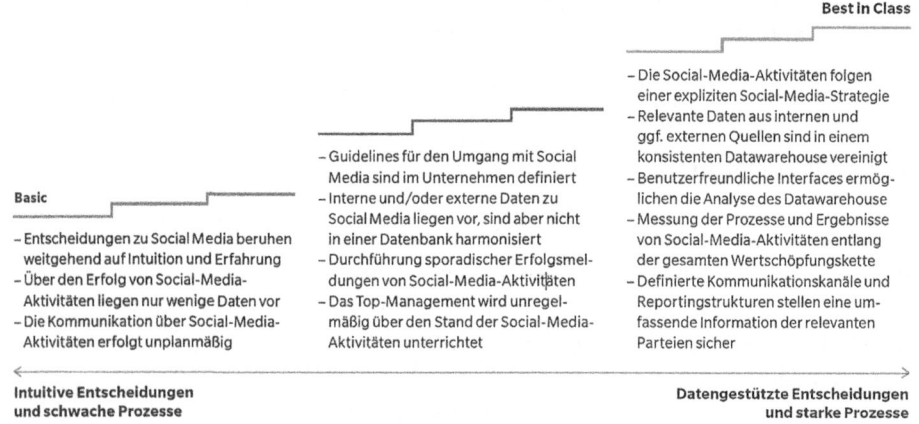

Abb. 4.10 Kompetenzgrad bzgl. Social-Media-Einsatz in Unternehmen. (Burger et al. 2013)

ermöglicht es die Implementierung eines strategieorientierten und systematischen Social-Media-Controllings, diese Defizite auszugleichen (Burger et al. 2013).

Das Oliver Wyman-Framework empfiehlt die Social-Media-Strategie in strategische und operative Maßnahmen zu kategorisieren. Des Weiteren wird der Einsatz von Kennzahlen (KPI, Key Performance Indicators) befürwortet, um einen transparenten Einblick in die Prozessqualität der Social-Media-Aktivitäten zu ermöglichen.

Die Implementierung des Oliver Wyman-Frameworks orientiert sich an einer typischen Wertschöpfungskette und besteht aus den folgenden Schritten (vgl. Abb. 4.11):

1. Definition der strategischen Ziele von Social-Media-Aktivitäten
2. Ableitung konkreter, operativer Maßnahmen zur Umsetzung der strategischen Ziele
3. Operationalisierung von Social-Media-Aktivitäten durch Kennzahlen

Abb. 4.11 Umsetzung des Oliver-Wyman Frameworks am Beispiel einer Marketing-Abteilung

Auswahl und Definition der Kennzahlen müssen sich an den strategischen Zielen ausrichten und können unternehmensspezifisch sein. Sie lassen sich entsprechend ihrer Funktion verschiedenen Kennzahlkategorien, etwa „Usage", „Performance" sowie „Impact" zuordnen (Burger et al. 2013).

Durch SMC entsteht ein Mehrwert für ein Unternehmen erst dann, wenn die aus Auswertungen generierten Informationen in die Entscheidungsfindung eingebunden werden. Dazu sind üblicherweise Anpassungen von Strukturen und Prozessen sowie die Definition von Verantwortlichkeiten notwendig. Oliver Wyman geht davon aus, dass mit der zunehmenden Professionalisierung von Social-Media-Aktivitäten die Leistungsmessung in die traditionelle Controlling-Funktion migrieren wird. Entsprechend sind Schnittstellen zwischen IT (Datengenerierung), Controlling (Datenanalyse) und insbesondere all jenen Unternehmensbereichen zu definieren, deren Leistungsangebot durch die generierten Informationen verbessert werden kann. Dazu gehören zum Beispiel Produktentwicklung, Marketing oder Kundenservice (Burger et al. 2013).

4.4.2 4 Social C

Für die Messung der Social-Media-Aktivitäten empfehlen Zaugg und Egle (2014) das flexible und zielgerichtete „4 Social C Framework". Dabei soll aus der Strategie eines Unternehmens abgeleitet werden, welches „Social C" für das Unternehmen relevant ist und welche Ziele zu erreichen sind.

Die 4 C stehen für Commerce (Verkaufsförderung), Content (Suchmaschinenoptimierung), Community (Kundenbindung) und Customer Care (Kundenbindung). Für die ausgewählten Bereiche werden passende KPI abgeleitet, um den Social-Media-Erfolg zu messen. Abb. 4.12 zeigt hierzu ein Beispiel.

Es werden finanzielle und nicht-finanzielle KPI verwendet. Um den Mehrwert von Social-Media-Aktivitäten zu messen, werden auch Kosten, etwa Personalkosten, eingelöste Gutscheine oder Werbung berücksichtigt.

	Commerce	Content	Community	Customer Care
Nutzen (monetär und nicht monetär)	Referral Traffic Anzahl Käufe Ø Kaufpreis Ø Kauffrequenz Anzahl Gutschein- rückläufer bzw. Gesamtbetrag Anzahl Ad Impressions Ø TKP	Opportunitätskos- ten im Vergleich zu Suchmaschinen- marketing Anzahl veröffent- lichte Beiträge Anzahl wiederkeh- render Kunden Ø Verweildauer Ø Interaktion (z. B. Anzahl Klicks, Anzahl Kommen- tare, Anzahl Likes) Ø Viralität (z. B. Anzahl Shares)	Anzahl Nutzer einer Plattform Anzahl Topnutzer Ø Interaktion Ø Viralität Ø Aktivitätsgrad (z. B. Anzahl Beiträge/Nutzer) Sentimentanalyse Ø NPS	Ø Antwortzeit Anzahl Anfragen Ø Viralität Ø Kunden- zufriedenheit Ø NPS
Kosten	Personalkosten Mediabudget Betrag der einge- lösten Gutscheine	Personalkosten Mediabudget, um Reichweite zu gewinnen Tools zur Erstellung	Personalkosten Mediabudget, um Fans/Followers/ Visitors zu gewinnen Nutzerincentivierung	Personalkosten IT-Kosten Infrastrukturkosten

Abb. 4.12 KPI im 4 Social C. (Nach Zaugg und Egle 2014)

4.5 Ausgewählte SMC-Tools

Erst durch eine Detailanalyse von Social-Media-Aktivitäten kann sich ein Unternehmen ein Bild über Stimmungen und Reaktionen von Nutzern machen und daraus Maßnahmen ableiten. Zum einfachen Beobachten stehen kostenlose Tools wie z. B. Twittersuche, Google Analytics und YouTube-Analytics zur Verfügung, Für weitreichendere bzw. tiefer gehende Informationen und Analysen sind kostenpflichtige Angebote verfügbar. Im Folgenden werden zunächst Qualitätskriterien für SMC-Tools zusammengestellt, danach Funktionalitäten ausgewählter Tools vorgestellt und im Anschluss eine Analyse der Tools basierend auf den festgelegten Qualitätskriterien vorgenommen.

4.5.1 Qualitätskriterien

Die ausgewählten Qualitätskriterien orientieren sich nicht an allgemeinen Anforderungen wie Usability, Support, Schnittstellen und Exportfunktionen, sondern fokussieren auf die für SMC-Tools spezifischen Anforderungen.

Quellenabdeckung
Es müssen bekannte Social-Media-Plattformen abgedeckt sein, die Möglichkeit der Anbindung weiterer, evtl. eher unbekannter oder regionaler Plattformen ist wünschenswert. Falls nicht abgedeckte Quellen berücksichtigt werden sollen, ist gegebenenfalls ergänzend ein weiteres Tool (z. B. Twittertools, Blogsearch) zu verwenden.

Analyse und Filterfunktionen
Detaillierte Analyse von Datenströmen wird durch Filtermechanismen erleichtert. Die Sortierung nach Schlüsselwörtern (Keywords), Datum, Quelle, Stimmung sowie geografischen und demografischen Daten ist ebenfalls nützlich. Dadurch werden die Identifikation von Nutzermeinungen und das Erkennen einflussreicher Quellen erleichtert. Fragen über die Reichweite der Quellen und den geografischen Standort der Verfasser können ebenfalls beantwortet werden. Vergleichsmöglichkeiten mit anderen Unternehmen z. B. auf Basis bestimmter Keywords gibt Einsicht in den unternehmerischen Wettbewerb.

Stimmungsanalyse und Sprachunterstützung
Die Stimmungsanalyse (Sentiment Analysis) ermöglicht die frühzeitige Erkennung negativer, positiver oder neutraler Meinungen bzgl. Produkten, Dienstleistungen oder Unternehmen. Zahlreiche Anbieter bieten mittlerweile eine automatisierte Stimmungsanalyse an. Wichtig insbesondere für global oder international agierende Unternehmen ist die Unterstützung von Analysen in mehreren Sprachen.

Nach derzeitigem Stand scheitern Algorithmen zur Sentiment Analyse an komplexeren Textpassagen wie z. B. bei der Erkennung ironischer Äußerungen im Social Web. Tools bieten üblicherweise drei (positiv, neutral und negativ) oder mehr Sentiment-Kategorien an, um auch komplexe Textpassagen einordnen zu können. Je mehr Kategorien es gibt, umso ungenauer sind allerdings die Ergebnisse (Ogneva 2010). Aufgrund der derzeitigen Schwächen von Stimmungsanalysen sind Möglichkeiten zur Nachbearbeitung sinnvoll, um etwa irrelevante Treffer zu entfernen.

Historisierung von Daten
Meinungsumschwünge und Analysen im Zeitverlauf können interessante Impulse für Handlungsoptionen geben. Dies setzt Funktionalität zur Historisierung von Daten voraus.

Reporting und Alarmfunktion
Auf Möglichkeiten zur Konfigurierbarkeit ist zu achten, ebenso auf Alarmfunktionen, die z. B. beim Übertreten bestimmter Schwellenwerte, die auf Abweichungen hinweisen.

4.5.2 Funktionalitäten

4.5.2.1 Kostenfreie Tools

Ob für Management, Monitoring, Controlling oder Analyse – kostenfreie Tools gibt es für alle Social-Media-Bereiche. Sie unterstützen meist eines der großen Social Networks wie Facebook, Twitter, Pinterest oder YouTube. Häufig sind dies funktionsreduzierte Versionen kommerzieller Lösungen oder als Open-Source-Projekt entwickelt. Trotz der Einschränkungen sind diese Tools für kleinere Recherchen und Analysen hilfreich.

Twitter Tools

Die Goldbach Interactive AG, ansässig in der Schweiz, führt jedes Jahr eine vergleichende Studie von Social-Media-Tools durch[1]. Demnach eignen sich für schnelle und Ad-hoc-Recherchen vor allem die Twitter Tools wie z. B. *TweetAlarm, TweetReseach, Tweetdeck*.

Auch andere Anbieter stellen Tools für die Analyse von Social-Media-Daten zur Verfügung. *Topsy* schneidet dabei im Hinblick auf Bedienung, Analyse und Funktionalität am besten ab. Dieser Dienst stellt eine Suchmaschine nur für Twitter dar. Ohne Registrierung können Tweets basierend auf Keywords oder Zeiträumen gefiltert werden. Weiterhin kann nach geteilten Links, Tweets, Fotos, Videos und Personen gesucht werden, wobei Tweets in 10 Sprachen analysiert werden können. Das Gesprächsvolumen von bis zu drei Begriffen kann im Zeitverlauf visualisiert und gegenübergestellt werden, nach Anmeldung via Twitter oder Facebook können die Suchanfragen gespeichert und E-Mail-Alerts dafür eingerichtet werden. Mit dem Twazzup[2] Tool können ebenfalls Analysen durchgeführt werden. Bei der Eingabe eines Keywords wird sowohl die Häufigkeit von Tweets zu diesem Begriff angezeigt, sowie auch welche Personen diese Keywords am meisten twittern.

Facebook Tools

Im Gegensatz zu Tweets stellt Facebook ein geschlossenes Netzwerk dar, zusätzlich zu öffentlichen Informationen werden Beiträge erst nach Anmeldung und nach definiertem Benutzerkreis (privat, nur Freunde, öffentlich), zugänglich gemacht. Seit 2010 steht eine Programmierschnittstelle (API) zur Verfügung, die rein technisch den Abruf aller Facebook-Inhalte ermöglicht.[3] Nicht nur Statusmeldungen, sondern auch Fan-Seiten, Gruppen, Videos, Fotos und weitere Inhalte können durchsucht werden. Für die öffentlichen Meldungen gibt es von Facebook das Tool Insights[4].

---

[1]Goldbach Interactive: http://www.goldbachinteractive.ch/insights?filter=toolreport14.
[2]Twazzup: https://www.twazzup.com.
[3]Facebook Privatsphäre: http://www.fastcompany.com/1623277/crib-sheet-mark-zuckerbergs-facebook-f8-keynote.
[4]Facebook for Business: https://www.facebook.com/business/.

Facebook for business (Insights)
Mit jedem Beitrag, das ein Unternehmen auf seinem Facebook-Unternehmensprofil veröffentlicht, kann dessen Reichweite abgelesen werden, sowie auch die Anzahl „likes" und Geschlecht, Alter und Ort des jeweiligen Nutzers, der like/dislike anwählt. Zudem kann analysiert werden, in welchem Bereich des Unternehmensprofils sich Nutzer am meisten aufhalten, um das Profil kundenspezifisch anzupassen.

Um die Funktionalitäten zu verwalten und die Zahlen zu messen, werden unter anderem folgende Funktionalitäten angeboten: Werbung kann aufgeschaltet werden und auf Reichweite, erreichte Personen etc. analysiert werden. Unterschiedliche Profile können verwaltet und übersichtlich (auf einen Blick) zusammengefasst werden. Für die Analysen innerhalb von Facebook bietet Insights umfassende Möglichkeiten.

Google Analytics
Google Analytics bietet außer Analyse-Optionen für Webseiten auch Funktionalitäten für Social-Media-Plattformen. Dazu werden Besucherquellen auf Unternehmensseiten analysiert; z. B. Zugriffe, die über Suchanfragen oder sonstige Verweise entstanden sind. So können die wichtigsten sozialen Netzwerke für ein Unternehmen ermittelt werden. Der Besucherstrom von sozialen Netzwerken hin zur Website lässt sich mit Google Analytics visuell darstellen. Auch kann dadurch erkannt werden, welche sozialen Netzwerke viel Traffic auf eine bestimmte Website leiten und welche Inhalte in den verschiedenen sozialen Netzwerken beliebt sind.

Yahoo Pipes
Yahoo Pipes bietet die Möglichkeit, alle relevanten Social-Media-Quellen zu einem einzigen, sich regelmäßig aktualisierenden Datenstrom zusammenzufassen. Yahoo Pipes (engl. „Röhren") stellt einen grafischen Editor zur Verfügung, über den sich jede beliebige Quelle einbinden lässt. Die gewünschten Daten können per „Drag-and-Drop" beliebig angeordnet, verbunden und mit verschiedenen Filter- und Sortierfunktionen bearbeitet werden. Filterung nach Personen, Keywords, Zeitraum und Links sind möglich.

Eine Pipe kann wahlweise als „RSS-Feed" oder als „Widget" gestaltet werden, das dann auf einer Website oder in andere Applikationen integriert werden kann. Das Yahoo-Pipes-Konzept ist sehr komplex und kann flexibel genutzt werden. Es braucht daher Zeit, um die volle Funktionalität von Pipes zu erschließen. Pipes lassen sich wiederum als Modul in neue Pipes einbinden.[5]

4.5.2.2 Kostenpflichtige Tools
Kostenpflichtige Lösungen verfügen über umfassendere Funktionalität und die Möglichkeit benutzerspezifischer Anpassungen. Die Goldbach Interactive AG hat im Jahr 2014 eine Studie durchgeführt, in der über 300 Social-Media-Tools untersucht wurden.

---

[5]https://pipes.yahoo.com/pipes/.

Folgende Tools werden nach Wörmann und Sedlacek (2014) als „Top Performer" bezeichnet: Digimind, Engagor, Brandwatch, Radarly, Synthesio, Talkwalker. Eine weitere Studie von CIO[6] stützt die Auswahl in Bezug auf die folgenden Indikatoren: Datenvolumen, Quellenabdeckung, Tonalität (Stimmung) und Reaktionszeit.

Digimind
Als Weiterentwicklung ihrer Business-Intelligence-Software brachte Digimind im Jahr 2013 ein Social-Media-Tool auf den Markt. Stärken des Tools sind das Auffinden relevanter Ergebnisse sowie die Selektion von Quellen mit einer gewissen Autorität (Wörmann und Sedlacek 2014).

Engagor
Das Tool hat mit 13 beliebten Social-Media-Kanälen eine große Abdeckung (u. a. Facebook, Twitter, Foursquare, LinkedIn, Tumbler, Tripadvisor, Soundcloud) und Möglichkeiten zum Benchmarking. Umfassende Workflows für den Social-Media-Kundendienst und Community Manager, sowie Antwortvorlagen und Auswertungen über Team-Performance in Bezug auf die Aktivität einzelner Teammitglieder und Antwortgeschwindigkeit stehen zur Verfügung.

Brandwatch
Die Gesamtzahl der Suchtreffer von Brandwatch gehört zu dem höchsten Datenvolumen im durchgeführten Performance-Test von Goldbach Interactive (2014). Zwar ist Brandwatch nicht für jeden Quellentyp das Tool mit den meisten Treffern, doch zeigt es für keinen Quellentyp Schwächen, sondern durchweg eine solide Quellenabdeckung. Darüber hinaus konnte das Tool mit der Stabilität und auch mit der uneingeschränkten Geschwindigkeit bei der Analyse und Darstellung großer Datenmengen überzeugen.

Radarly
Die Visualisierung der Monitoring-Daten ist bei Radarly sowohl ansprechend als auch innovativ; insbesondere sind interessante Funktionen für die geografische Auswertung von Daten verfügbar. Neben detaillierten Filtermöglichkeiten sind individuell zusammenstellbare Dashboards sowie eine Sentiment Analyse in 50 Sprachen möglich (Wörmann und Sedlacek 2014).

Synthesio
Die Monitoring-Lösung von Synthesio kann über 21 verschiedene Quellentypen absuchen und bietet damit eine der breitesten Abdeckungen aller Anbieter. Vor allem für Kunden, für die ein internationales Monitoring entscheidend ist, bietet Synthesio neben dem Monitoring typischer Quellen, z. B. Foren, News, Blogs etc., die Beobachtung internationaler Social Networks wie beispielsweise Sina Weibo und Tecenet aus China, VK

---

[6]CIO-Magazin: http://www.cio.de/a/sechms-social-analytics-tools-im-vergleich,2940839.

aus Russland oder das in Brasilien und Indien populäre Orkut an. Zudem ist es möglich, Beiträge aus Radio- und TV-Monitoring in eine Analyse einzubeziehen (Wörmann und Sedlacek 2014).

Talkwalker

Talkwalker ermöglicht das Zusammenstellen sog. Storyboards, dies sind individuelle Dashboards, die als Grundlage für Berichte (Reports) dienen. Eine Sammlung ausgewählter Analysen zu einem bestimmten Thema kann gespeichert, in regelmäßigen Abständen abgerufen und in unterschiedlichen Formaten exportiert werden. Hinterlegte PowerPoint-Vorlagen ermöglichen es, Berichte in ein gewünschtes Präsentationsformat zu integrieren. International gemeinsame Accounts ermöglichen zeitpunkt- und zeitzonenabhängige E-Mail-Nachrichten (Alerts), etwa für den täglichen Überblick neuer Meldungen oder Alarmfunktion bei erhöhtem Meldungsvolumen.

4.5.3 Gegenüberstellung

Im vorherigen Kapitel wurden ausgewählte SMC-Tools vorgestellt, die von aktuellen Studien empfohlen werden. Für die folgende Konsolidierung werden Studien von Goldbach Interactive und CIO herangezogen. Zudem wurden verfügbare Testversionen auf deren Funktionsumfang hin getestet. Es wurden folgende Tools analysiert: Digimind, Engagor, Brandwatch, Radarly, Synthesio und Talkwalker. Abb. 4.13 zeigt Stärken und Schwächen der Tools bzgl. der Kriterien aus Abschn. 4.5.1 auf.

Quellenabdeckung: Hier überzeugt Synthesio mit der Reichweite. Mit 21 Social-Media-Plattformen bietet das Tool die höchste Anbindung an Social-Media-Kanäle.

Filterfunktionen: Die umfangreichsten Analyse- und Filterfunktionen bieten Engagor und Talkwalker. Beide Tools haben überzeugende Filterfunktionen mit folgenden Möglichkeiten: Medientypen, Themen, Länder, Sprachen, Stimmungen und Marken. Die gefilterten Daten können in übersichtlichen Diagrammen angezeigt werden.

Tool	Quellen-abdeckung	Analyse und Filterfunktion	Stimmungs-analyse	Historische Daten	Support	Exportfunktion	Benutzer-freundlichkeit	Reporting und Alerts	Schnitt-stellen	Sprachen
Engagor	13 Plattformen	✓✓✓	✓✓	✓	✓	✓	✓✓✓	✓✓	✓✓✓	-
Brandwatch	8	✓✓	✓	✓	✓	✓	✓✓	✓	✓	27
Radarly	13	✓	✓	✓	✓	✓	✓✓	✓	x	50
Synthesio	21	✓✓	✓	✓	✓	✓	✓✓	✓	✓✓✓	50
Talkwalker	10	✓✓✓	✓	✓	✓	✓✓✓	✓✓	✓✓✓	x	50+
Digimind	-	✓✓	✓	✓	✓	✓	✓✓	✓✓	-	-

Abb. 4.13 Analyse von Social-Media-Tools. (✓: vorhanden, x: nicht vorhanden, –: keine Angabe)

Stimmungsanalyse: Hier überzeugt wieder Synthesio, das führend ist, mit einer Abdeckung von 50 Sprachen.

Historisierung von Daten: Diese Funktion ist in allen Tools vorhanden, die Speicherdauer ist je nach Modell (Basic, Premium) gegen Aufpreis erweiterbar. So bietet z. B. Talkwalker die Speicherung der Daten im Grundpaket für einen Monat, eine Verlängerung bis zu einem Jahr ist kostenpflichtig möglich.

Exportfunktionen: Diese Funktion bieten alle Tools, wobei Talkwalker weitergehende Optionen beinhaltet wie die Überführung der Analysen in eine PowerPoint-Vorlage.

Beim **Support** wurden keine wesentlichen Unterschiede festgestellt. Auf eine tiefer gehende Analyse wurde hier verzichtet, da dies nicht spezifisch ausgeprägt für diese Tool-Kategorie ist.

Schnittstellen: In Bezug auf die Anbindungen externer und interner Systeme mittels Schnittstellen haben Engagor und Synthesio am meisten überzeugt. Beide Tools bieten die Möglichkeit, über eine API auf CRM-Systeme wie Salesforce, Microsoft Dynmics oder SAP Business Objects oder auch mit Helpdesks wie z. B. Desk oder Zendesk zu kommunizieren.

Sprachen: Die größte Abdeckung mit der Analyse in 50 verschiedenen **Sprachen** bieten Talkwalker, Synthesio und Radarly. Gegen Aufpreis bietet Talkwalker zudem die Abdeckung weiterer Sprachen an.

4.6 Handreichung für Unternehmen

Die folgenden Ausführungen sollen als Handreichung dienen – für Unternehmen, die in absehbarer Zeit die Etablierung bzw. Professionalisierung ihres Social-Media-Controllings in Erwägung ziehen.

4.6.1 Grundsätze

Um SMC erfolgreich zu etablieren, müssen im Vorfeld folgende Grundsätze beachtet werden:

Strategie
Die Social-Media-Aktivitäten und das dazugehörige SMC sollten ausgehend von der darauf ausgerichteten Unternehmensstrategie geleitet werden. Darin sollte zumindest definiert sein, was das Ziel ist, welche Personen- bzw. Zielgruppen erreicht werden sollen und welche Instrumente eingesetzt werden.

Kultur
Die Social-Media-Aktivitäten müssen zur Kultur des Unternehmens passen oder die Kultur muss sich dahingehend entwickeln (können). So sollten z. B. Social-Media- Plattformen

intern nicht gesperrt sein. Das Unternehmen muss Prozesse etablieren, um mit Kritik, aber auch mit Lob (kommend aus den Social-Media-Plattformen) umgehen zu können.

Organisation
Die Social-Media-Aktivitäten sollten sowohl bottom-up als auch top-down gewollt, gestützt und vorangetrieben werden. Zudem muss beachtet werden, dass Führungskräfte in die Social-Media-Aufgabe integriert werden; dies ist (pro-)aktiv zu organisieren.

Einführung
Eine stufenweise Einführung ist sinnvoll, um genügend Zeit zu haben, die nötigen Veränderungen umzusetzen und die Mitarbeiter nicht zu überfordern. Es ist empfehlenswert, zunächst mit einer Zielgruppe und einem Instrument zu beginnen, um so erste Erfahrungen zu sammeln.

Inhalt
Auf Social-Media-Plattformen kann die Erstellung der Inhalte nur gelingen, wenn die Zielgruppen und deren Bedürfnisse bekannt sind. Dabei ist es sinnvoll, sich in die Denkweise der Zielgruppe hineinzuversetzen und nicht die des Unternehmens zu fokussieren. Die Herausforderung ist, die nötigen Ressourcen bereitzustellen. Social Media bedeutet Aufwand; werden die benötigten Ressourcen nicht bereitgestellt, kann der Erfolg ausbleiben.

Social-Media-Controlling-Tools
Wie die vorausgegangene Analyse gezeigt hat, sind einige SMC-Tools verfügbar, jedoch unterscheiden sich diese in Umfang, Funktionen und auch Kosten. Einige Tools wie Talkwalker, Brandwatch und Digimind sind z. B. in ihren Reporting- und Analyselösungen federführend, während andere ihre Stärken vor allem in der Quellenabdeckung und verschiedene Sprachen haben.

Deshalb müssen Unternehmen ihre Bedürfnisse und Ziele für die Einführung von Social-Media-Controlling erarbeiten, um dann auch das passende Tool auswählen zu können. Darüber hinaus sind für das Controlling der Social-Media-Aktivitäten Kennzahlen wichtig. Wie diese erarbeitet werden, ist im Folgenden Abschnitt beschrieben.

4.6.2 Messgrößen

Messgrößen und Indikatoren haben in jedem Controlling-System eine große Bedeutung. Die Erarbeitung und Nutzung von passenden KPIs ist etwa für Abweichungsanalysen bzw. Ist-Soll-Vergleiche ein wichtiges Instrument.

Als Fallstudie wird das Detailkonzept des Controllings der Schweizer Bundesverwaltung (Eidg. Vermessungdirektion 1997) hinzugezogen. Basierend auf diesem Konzept wird ein Leitfaden für die Erarbeitung von Social-Media-Controlling-Indikatoren bzw. -Kennzahlen entwickelt:

Der Vorgang für die Erarbeitung der Indikatoren erfolgt in fünf nacheinander durchzuführenden Schritten:

Schritt 1 Analyse der Ausgangslage – Social-Media-Aktivitäten
Ziel: Der aktuelle Zustand, Ziele, anzustrebender Zustand und die erwünschte Wirkung sollten vollständig verstanden und beschrieben werden.

- Beschreibung der Ausgangslage
- Analyse IST-Situation
- Ziele
    - Welche Ziele sollten mit der Einführung von Social-Media-Tools erreicht werden?
- Anzustrebender Zustand
    - Welche Stellung soll im Social Media erreicht werden?
    - Wie weit kann bzw. sollte die Integration von Social Media stattfinden?
- Anzustrebende Wirkung
    - Welche Auswirkungen sollen die Social-Media-Aktivitäten auslösen?

Schritt 2 Identifizierung von Indikatoren – Social-Media-Controlling
Dabei wird festgehalten, wie gemessen werden kann. Folgende Aktionen werden vorgeschlagen:

- Definition typischer Merkmale
- Definition von Messgrößen
- Definition von Messarten

Schritt 3 Bildung von Verhältniswerten
Basierend auf Schritt 2 werden Verhältniswerte gebildet, die geeignet sind, Maßnahmen und spätere Entwicklungen aus der Sicht der Anforderungen der Ziele zu prüfen und zu beurteilen.

Schritt 4 Plausibilitätsprüfung
Die Messgrößen (aus Schritt 2) werden gruppiert und geeigneten Social-Media-Experten zur Validierung vorgelegt.

Schritt 5 Realisierungsprüfung
Messgrößen sind unbrauchbar, wenn diese nicht realisierbar sind. Die Einbindung des Social-Media-Controlling-Tools in die bestehenden Strukturen und Abläufe muss realistisch umsetzbar sein; es kann zum Beispiel unterschieden werden:

- Indikatoren zur Feststellung eines Zustandes,
- Indikatoren zur Feststellung einer Entwicklung.

4.6.3 Feedbacktypen

Ein Grund für Social-Media-Monitoring ist unter anderem die Gefahrenprävention. Mit negativem Feedback muss jedes Unternehmen rechnen und umgehen können. Wichtig ist hierbei, dass (negative) Beiträge frühzeitig identifiziert, analysiert und die daraus resultierenden Reaktionen abgewogen werden. Nicht jede negative Kritik ist als potenzielle Gefahr einzustufen. Kritisch wird es, wenn es sich bei dem Nutzer um einen sogenannten Meinungsführer (Influencer) handelt. In diesem Fall ist davon auszugehen, dass die Kritik weitere Reaktionen nach sich ziehen wird, vor allem wenn sich aus einem Kommentar ein Artikel auf Nachrichtenseiten ergibt. Darüber hinaus spielt der Inhalt der Kritik eine bedeutende Rolle. Ist sie begründet oder nicht? Auf dem Social-Media-Blog „Mashable" wurden vier verschiedene Feedbacktypen thematisiert, die unterschiedliche Reaktionen seitens des Unternehmens erfordern:

Feedbacktypen Mashable[7]
Das geradlinige Problem: Ein Social-Media-Nutzer hat ein konkretes Problem mit einem Produkt oder einer Dienstleistung. Er schildert sein Problem und deutet seine Unzufriedenheit an. Auch wenn hier zunächst Kritik geäußert wurde, ist diese Art von Feedback hilfreich. Ein bestehendes Problem wurde aufgedeckt und kann schließlich gelöst werden.

Konstruktive Kritik: Bei der konstruktiven Kritik erhält das Unternehmen durch den Social-Media-Nutzer neben dem Hinweis auf das Problem auch Lösungsempfehlungen. Dieser Typus ist noch hilfreicher als das geradlinige Problem, da das Unternehmen hier wertvolle Hinweise auf Mängel und Optimierungspotenzial erhält.

Begründete Attacke: In diesem Fall wird die Sache vielschichtiger. Die Attacke selbst hat zwar keine Begründung, aber das dahinter liegende Problem ist fundiert. Der Social-Media-Nutzer ist durch das Verhalten oder eine Handlung des Unternehmens verärgert.

Troll/Spam: Bei der letzten Kategorie handelt es sich um Attacken, denen kein konkretes Problem zugrunde liegt. Meist handelt es sich hierbei um Social-Media-Nutzer, die ein Unternehmen negativ bewerten, um damit die Produkte bzw. Dienstleistungen eines Mitbewerbers zu promoten.

Reaktion auf Feedbacktypen
Das geradlinige Problem: Wenn das Problem bereits im Social Web verbreitet ist und dort diskutiert wird, reicht eine Antwort auf persönlicher Ebene nicht mehr aus. Hier sollte ein Unternehmen eine Antwort für eine breite Öffentlichkeit verfassen. Weiterhin sollten Schritte eingeleitet werden, die zur Behebung der geschilderten Problematik beitragen und Social-Media-Nutzer zeitnah darüber informieren. Prinzipiell sollte sich das

---
[7]Mashable Feedbacktypen: http://mashable.com.

Unternehmen beim Social-Media-Nutzer für den Hinweis bedanken und ihm die Hintergründe erklären.

Konstruktive Kritik: Bei dieser Form von Kritik muss ebenfalls reagiert werden. Äußert ein Social-Media-Nutzer konstruktive Kritik, ist er dem Unternehmen bzw. der Marke gegenüber grundsätzlich nicht negativ eingestellt. Auch wenn das Unternehmen die Vorschläge des Social-Media-Nutzers nicht umsetzen möchte, ist eine positive Antwort auf die Kritikpunkte und die Lösungsansätze sinnvoll. Auf diese Weise werden die Treue des Kunden und das Vertrauen zwischen Kunde und Unternehmen gestärkt.

Begründete Attacke: Diese Attacken beinhalten oftmals eine persönliche Note. Hier ist es ebenfalls sinnvoll, schnell und mit einem positiven Grundton zu reagieren. Da den Attacken ein tatsächliches Problem zugrunde liegt, muss das Unternehmen die Angelegenheit untersuchen und mit dem Social-Media-Nutzer zeitnah einen Lösungsvorschlag kommunizieren.

Troll/Spam: Dies ist der einzige Feedback-Typ, der keiner Antwort bedarf. Da es sich in diesem Fall um kein echtes Feedback handelt, ist sogar empfehlenswert, hier nicht zu reagieren. Das Unternehmen soll den Kommentar ignorieren und falls möglich, löschen (lassen).

Zusammenfassend lohnt es sich meist, das persönliche Gespräch mit dem Social-Media-Nutzer (Verursacher) zu suchen. Hinterlässt ein Nutzer einen negativen Kommentar im Social Media, sollte mit einem entsprechenden Gegenargument geantwortet und reagiert werden. So kann eine Verschiebung in andere Kommunikationskanäle vermieden werden. Letztlich bedeutet die Entscheidung für Social-Media-Controlling immer auch die Bereitschaft, sich mit negativem Feedback auseinanderzusetzen (Catone 2010). Für einen langfristigeren Lerneffekt im noch neuen Feld Social-Media-Controlling sollten in beiden Fällen Vorgehen und Reaktionen der Community ausführlich dokumentiert und analysiert werden.

4.7 Zusammenfassung

Der vorliegende Beitrag zeigt, dass Social Media für Unternehmen (in der Schweiz) immer wichtiger wird. Die sehr zeitnahen Rückmeldungen erlauben es, Kundenbedürfnisse zu erkennen und rasch auf diese einzugehen. Somit bietet Social Media die Chance, kostengünstig intensive und dauerhafte Kundenbeziehungen zu führen.

Die Integration von Social Media kombiniert mit SMC ist grundsätzlich sinnvoll. Unternehmen müssen sich entscheiden, ob und wie sie Social Media in bestehende Prozesse einbinden. Grundsätzlich stellt sich die Frage: Was wollen Unternehmen mit Social Media erreichen?

Wer über Social Media ein bestimmtes Zielpublikum ansprechen möchte, das mit anderen Medien vielleicht nicht (mehr) zu erreichen ist, profitiert – nicht zuletzt von der „Mund-zu-Mund Propaganda" in den sozialen Medien. Des Weiteren sollten sich Entscheiderinnen nicht nur fragen, was Social-Media-Aktivitäten an Wertschöpfung bringen, sondern auch überlegen, welche Auswirkungen es hat, nicht auf den sozialen Plattformen präsent zu sein.

Knapp die Hälfte aller Unternehmen, die Social Media nutzen, hat kein SMC etabliert und kann so auch den (Miss)Erfolg mit bzw. durch Social-Media-Aktivitäten nicht überwachen und messen. Damit verpassen sie die Chance, ihre Aktivitäten und auch ihre internen Prozesse zu verbessern. Insgesamt erhält das Thema SMC in sozialen Netzwerken bislang nur geringe Beachtung, hauptsächlich daraus resultierend, dass das Wissen über geeignete Messgrößen fehlt und der Aufwand zur Einführung von Social Media abschreckt.

Die Untersuchung hat auch gezeigt, dass für Social-Media-Controlling nur auf wenige Methoden und Tools zurückgegriffen werden kann. Jedoch haben die vorhandenen und vorgestellten Methoden und Tools an Bedeutung gewonnen durch den nachgewiesenen Mehrwert, der durch die Anwendung bei den Unternehmen erzielt werden konnte.

Zusammenfassend unterstützt SMC alle Social-Media-Aktivitäten eines Unternehmens und wirkt sich positiv auf dessen Wertschöpfung aus. Die entwickelte Handreichung gibt Hinweise zur systematischen Vorgehensweise bei der Etablierung (Grundsätze), zur Auswahl, Entwicklung von Messgrößen sowie zu „Aktion und Reaktion" auf Social-Media-Feedbacks (Feedbacktypen).

Literatur

AKOM360. (2010). Social Media Reputation und Monitoring. http://blog.akom360.de/2010/03/social-media-reputation-und-monitoring/. Zugegriffen: 19. Mai 2015.

Berger, M. S., & Rumo, E. J. (2011). *Nutzung von Social Media in Schweizer KMU, 11*, 5–6, 10–18. http://entrepreneurshipinstitute.ch/sites/default/files/brochure210x148_DE_web_REV2.pdf.

Bernet, P. R., & Studie, B. Z. (2013). Social Media wird Alltag: Integration nimmt zu. *Bernet ZHAW Studie Social Media Schweiz 2013 bernet.ch/studien, 4*, 1–26.

Brauckmann, P. (2010). Webmonitoring: Aneignen oder einkaufen? *Social Media Reichweiten, 3*(10), 50–51.

Bundesverband Digitale Wirtschaft e. V. Fachgruppe Social Media. (2009). *Social Media Kompass 2009.* http://social-network-marketing.info/sites/default/files/BVDWSocialMediaKompass2009.pdf.

Burger, D., Herbolzheimer, D. C., & Janssen, D. S. (2013). *Social-media- controlling,* http://www.oliverwyman.de/content/dam/oliver-wyman/europe/germany/de/insights/publications/2013/Oliver%20Wyman_POV_Social%20Media%20Controlling_DE.pdf.

Catone, J. (2010). How to deal with negative feedback in social media. http://mashable.com/2010/02/21/deal-with-negative-feedback/. Zugegriffen: 22. März 2015.

Eidg. Vermessungdirektion. (1997). CONTROLLING IN DER BUNDESVERWALTUNG Projekt „Pilotkantone" – Teilprojekt „Controlling" Detailkonzept und Systembeschrieb.

Ethority. (2014). Social media prisma by ethority. http://ethority.de/social-media-prisma/. Zugegriffen: 12. Mai 2015.

Fittkau & Maaß Consulting. (2009). *Nutzermeinungen im Internet: Die neue Macht der Konsumenten* (S. 12). Hamburg: Fittkau & Maaß Consulting.

Hilker, C. (2012). *Erfolgreiche Social-Media-Strategien für die Zukunft.* Wien: Linde.
Horvàth, P. (1998). *Controlling* (6. Aufl.). Vahlen Franz GmbH. http://www.amazon.de/Controlling-Peter-Horvath/dp/3800620529. Zugegriffen: 17. Mai 2015.
IBM Deutschland. (2011). IBM Studie: Soziale Netzwerke beeinflussen mehr als die Hälfte der Käufer bei Ihrer Entscheidung. *IBM Newsroom.* https://www-03.ibm.com/press/de/de/pressrelease/35352.wss#release. Zugegriffen: 19. Mai 2015.
IGC. (Hrsg.). (2010). *IGC – International Group of Controlling* (4. Aufl.). Stuttgart: Schäffer-Poeschel Verlag. http://www.igc-controlling.org/index.php. Zugegriffen: 11. Mai 2015.
JR-Design. (2015). Social Media? Seien Sie mutig. Aber nicht übermütig. *JR-Design.* https://jr-design.ch/socialmedia/intro/default.asp. Zugegriffen: 21. Mai 2015.
Küpper, H. U., Weber, J., & Zünd, A. (1990). Zum Verständnis des Controlling–Thesen zur Konsensbildung. *Zeitschrift für Betriebswirtschaft, 60*(90), 281–293.
Latzer, M. et al. (2013). *Internet-Anwendungen und deren Nutzung in der Schweiz.* Zürich. http://www.mediachange.ch/media/pdf/publications/Anwendungen_Nutzung.pdf.
Moe, W., & Schweidel, D. A. (2014). *Social media intelligence.* New York: Cambridge University Press.
Nicolai, A.., Vinke, D. (2009). *Wie nutzen Deutschlands grösste Marken Social Media? Eine empirische Studie.* Verfügbar auf: http://www.construktiv.de/news/construktiv-Social-Media-Studie.pdf.
Ogneva, M. (2010). How companies can use sentiment analysis to improve their business. http://mashable.com/2010/04/19/sentiment-analysis/. Zugegriffen: 19. Apr. 2015.
Reuter, R. (2013). *Social-Media-Controlling: Eine neue Disziplin.* GBI-Genios Verlag. https://books.google.ch/books?id=8XO-BgAAQBAJ.
Universal Media. (2013). Social evolution by market. *Universal Media's Wave.* http://wave.umww.com/social_evolution_by_market.html. Zugegriffen: 2. Mai 2015.
Von Thun, F. S., Ruppel, J. & Stratmann, R. (2000). *Miteinander reden: Kommunikationspsychologie für Führungskräfte.* Rowohlt-Taschenbuch-Verlag. https://books.google.ch/books?id=pXNfNwAACAAJ.
Weinberg, T. (2010). *Social Media Marketing: Strategien für Twitter, Facebook & Co.* Newton: O'Reilly.
Werner, C., & Kainz, F. K. (2015). *Monitoring und Controlling im Social Media Marketing: Tagungsband zur 2. Expertentagung „Social Media Marketing im Spitzensport"* (8. Aufl.). München: Utz.
Wörmann, S. & Sedlacek, J. (2014). Goldbach Interactive – Monitoring-Toolreport 2014. *Goldbach Interactive.* http://www.goldbachinteractive.ch/insights/fachartikel/toolreport14-monitoring-tools. Zugegriffen: 16. Apr. 2015.
Xeit. (2014). Social Media Studie 2014 – wegweisende Ergebnisse für den Schweizer Markt. http://www.xeit.ch/wissen/studien/social-media-studie-2014. Zugegriffen: 26. Febr. 2016.
Zaugg, A. D. & Egle, U. (2014). SMC — die 4 Social C. *HMD Praxis der Wirtschaftsinformatik, 50*(5), 86–92. http://link.springer.com/10.1007/BF03340856.
Zeng, D. et al. (2010). *Social media analytics and intelligence.* Los Alamitos. www.computer.org/intelligent.

E-Recruiting in Schweizer KMU

Marco Chavaillaz und Jochen Schellinger

5

Zusammenfassung

In einer Zeit, die durch Globalisierung sowie schnellen gesellschaftlichen, technologischen und wirtschaftlichen Wandel geprägt ist, werden hoch qualifizierte und flexible Humanressourcen zu einem immer wichtigeren Faktor für den Erfolg von Unternehmen. Unternehmen verfolgen bei der Rekrutierung ihres Personals immer das Ziel, die besten Mitarbeiter für sich zu gewinnen. Da sich der Arbeitsmarkt durch Fachkräftemangel und erhöhte Ansprüche der Arbeitnehmenden in wachsendem Maße zu einem Arbeitnehmermarkt entwickelt, sind die kleinen und mittleren Unternehmen (KMU) besonders gefordert, um im Wettbewerb um die begehrten Fachkräfte bestehen zu können. Diesen erschweren eine oft wenig bekannte Arbeitgebermarke sowie geringe personelle und finanzielle Ressourcen für eine systematische und effiziente Rekrutierung. In diesem Zusammenhang wird das E-Recruiting als Option für KMU gesehen, um kostengünstiger und erfolgreicher zu rekrutieren. Der vorliegende Beitrag basiert auf einer empirischen Analyse, die untersucht, welche Bedeutung Schweizer KMU dem E-Recruiting im Vergleich zu klassischen Rekrutierungskanälen beimessen. Es wird insbesondere aufgezeigt, welche E-Recruiting-Kanäle bereits verwendet werden und wie weit sich dadurch die Besetzung offener Stellen vereinfacht bzw. die Anzahl qualifizierter Bewerberinnen und Bewerber erhöht. Dies erfolgt einerseits in Form einer aktuellen Bestandsaufnahme der gegenwärtigen Situation und der sich abzeichnenden Trends für die Zukunft, andererseits mit der Intention,

---

M. Chavaillaz (✉)
Biel, Schweiz
E-Mail: marco.chavaillaz@gmail.com

J. Schellinger
Masterstudiengang Business Administration, Berner Fachhochschule, Bern, Schweiz
E-Mail: jochen.schellinger@bfh.ch

Gestaltungsperspektiven für die betrachtete Unternehmenskategorie aufzuzeigen. Auf der Grundlage einer Analyse der einschlägigen Literatur und einsehbarer Internetaktivitäten der rekrutierenden Unternehmen wurde den skizzierten Grundfragen mit leitfadengestützten Experteninterviews nachgegangen.

5.1 Einleitung

Ausgangspunkt für die Untersuchung ist die Vermutung, dass der für größere Unternehmen bedeutsame Rekrutierungsweg via Internet von KMU deutlich weniger genutzt wird. Zentrale Rahmenbedingungen für die Suche nach besseren und effizienteren Personalbeschaffungsinstrumenten für KMU sind erstens der Mangel an qualifizierten Fach- und Führungskräften in der Schweiz sowie das sich wandelnde Mediennutzungsverhalten bzw. das veränderte Bedürfnis der Stellensuchenden hinsichtlich der Verfügbarkeit von Stelleninseraten. Vor allem KMU haben das Problem, genügend qualifizierte Arbeitnehmende zu rekrutieren, um ihre offenen Stellen zu besetzen. Dieser Trend wird sich aller Voraussicht nach zukünftig noch weiter verschärfen. Bei der vorliegenden Untersuchung spielt das wirtschaftliche sowie das soziale Umfeld der KMU und der Stellensuchenden eine wichtige Rolle. Aus wirtschaftlicher Sicht sind Aspekte zu beachten, die auf die Effizienz und den Erfolg von Personalbeschaffungsmaßnahmen abzielen wie z. B. Rekrutierungskosten, Infrastrukturkosten etc. Das veränderte soziale Umfeld schlägt sich vor allem in geänderten Verhaltensweisen der zu rekrutierenden Personen auf dem Arbeitsmarkt nieder. So hat sich nicht nur das Mediennutzungsverhalten im Allgemeinen verändert, sondern auch die Art und Weise, wie heute Arbeitssuchende nach offenen Stellen suchen. Unternehmen können sich dieser Entwicklung nicht entziehen und müssen sich mit angepassten Rekrutierungsstrategien in diesem Umfeld behaupten, um die begehrten Fachkräfte für sich zu gewinnen. Die heutige Forschungslücke besteht darin, dass bis jetzt wenig darüber bekannt ist, wie Schweizer KMU die verschiedenen Kanäle des E-Recruiting nutzen und welchen Mehrwert dies für sie generiert oder generieren könnte. Es soll vor allem aufgezeigt werden, welche Kanäle im E-Recruiting bereits verwendet werden und ob sich dadurch die Besetzung offener Stellen im Vergleich zu klassischen Rekrutierungskanälen wie z. B. dem Printinserat vereinfacht bzw. die Anzahl von qualifizierten Bewerbern verbessert. Aus Sicht der KMU stehen ökonomische Aspekte im Vordergrund. Das E-Recruiting wird als Option gesehen, um kostengünstiger und quantitativ und qualitativ erfolgreicher zu rekrutieren. Der Frage, ob dies und wie dies für KMU besser geschehen kann, wird vertiefend nachgegangen. Die vorliegende Untersuchung will einen Beitrag zum Schließen einer vorgefundenen empirischen Forschungslücke leisten. Vor diesem Hintergrund lässt sich folgende Hauptforschungsfrage als Ausgangspunkt der Analyse formulieren:

Welche Bedeutung und Perspektiven hat das E-Recruiting für Klein- und Mittelständische Unternehmen in der Schweiz?

Diese Leitfrage kann in Unterfragen zerlegt werden, die sequenziell beantwortet werden sollen und summarisch dann auch zur Beantwortung der Ausgangsfrage führen:

- Welche Unterschiede im Personalbeschaffungsprozess können zwischen KMU und Großunternehmen bzw. innerhalb des KMU-Segments identifiziert werden?
- Welche internen Herausforderungen und externen Trends in der Personalbeschaffung werden von KMU identifiziert?
- In welchem Ausmaß nutzen KMU in der Schweiz das E-Recruiting bzw. warum wird dies genutzt oder nicht genutzt?
- Gibt es für KMU Besonderheiten beim Einsatz von E-Recruiting (z. B. Kanalnutzung)?
- Was sind, vor dem Hintergrund von Online-Entwicklungstrends, Gestaltungsperspektiven beim E-Recruiting für KMU in der Zukunft?

5.2 Grundlagen der Personalbeschaffung

5.2.1 Begriff und Inhalt der Personalbeschaffung

Um den Prozess der Suche bis zur Bereitstellung von Mitarbeitenden zu beschreiben, existiert in der Literatur kein einheitlicher Sprachgebrauch. Es unterscheiden sich nicht nur die begrifflichen Bezeichnungen, sondern auch das inhaltliche Grundverständnis der Autoren variiert. In der Theorie und Praxis haben sich dennoch mehrere Begriffe etabliert, die weitestgehend synonym verwendet werden. Dazu zählen „Personalbeschaffung" (Ridder 2009, S. 99), „Personalgewinnung" (Stock-Homburg 2010, S. 140), „Personalmarketing" (Hagen 2011, S. 35), „Rekrutierung" (Kasper und Mayrhofer 2009, S. 366), respektive die entsprechende englische Bezeichnung „Recruiting" (Barber 1998, S. 4–6).

Die Menschen als Mitarbeitende eines Unternehmens bilden zusammen mit den anderen Potenzialfaktoren die Produktionsfaktoren, die zur betrieblichen Leistungserstellung unabdingbar sind (Zöllner o. J., S. 3). Das Personal stellt in vielen Unternehmen den wichtigsten Produktionsfaktor dar. Es ist zudem eine Ressource, die in der Regel sehr kostenintensiv und im Unternehmen zumeist knapp ist (Hungenberg 2014, S. 352). Damit Unternehmen langfristig wettbewerbsfähig bleiben können, sind sie auf die ausreichende Versorgung mit Personal angewiesen (Stock-Homburg 2010, S. 103). Die *Personalbeschaffung* hat für die Bereitstellung des zur betrieblichen Leistungserstellung benötigten Personals nach quantitativen, qualitativen, zeitlichen und geografischen Erfordernissen zu sorgen (Strutz 1993, S. 516). Der Beschaffung von Personal kommt innerhalb der personalwirtschaftlichen Aufgabenstellungen als Startgröße aller nachgelagerten Aktivitäten wie Verwaltung, Betreuung oder Entwicklung eine wichtige Bedeutung zu (Bröckermann 2014, S. 2). Berthel und Becker (2013, S. 322) definieren die

Personalbeschaffung als „(…) die Suche und Bereitstellung von Personalressourcen (…), die der Deckung von Personalbedarf (entweder Ersatz- oder Neubedarf) dient". Seitens der Unternehmen wird dabei versucht, potenzielle und qualifizierte Bewerber zu einer Bewerbung auf vakante Positionen zu bewegen. Der Prozess endet, wenn die für die Personalauswahl zuständige Person Bewerbungsunterlagen erhält. Für Drumm (2008, S. 277) umfasst die Bereitstellung von benötigtem und geeignetem Personal nicht nur die Anwerbung, Auswahl und Einstellung, sondern auch deren Einarbeitung. In diesem Zusammenhang spricht er auch von Personalbeschaffungsplanung, die sich in zeitlich aufeinanderfolgende Teilbereiche zerlegen lässt. Eine abweichende Einteilung nehmen Berthel und Becker (2013, S. 321) vor, indem sie von Personalbedarfsdeckung sprechen, die sich in die Teilbereiche Vorbereitung (Festlegung der Qualifikationsanforderungen), Personalbeschaffung (Akquisition der Bewerbenden), Personalauswahl (Eignungsbeurteilung der Bewerbenden) sowie Personaleinführung unterteilt.

Die Personalbeschaffung baut auf der *Personalbedarfsplanung* auf, die eine qualitative oder quantitative Unterdeckung festgestellt hat (Ridder 2009, S. 99). Dies ist der Fall, wenn die zusätzlich benötigte Arbeitsleistung nicht durch Überstunden bzw. Mehrarbeit gedeckt werden kann oder soll (Scherm und Süss 2011, S. 29). Es gibt verschiedene Einflussgrößen, die sich auf den Personalbedarf eines Unternehmens auswirken. Geläufig ist eine Unterscheidung zwischen Ersatzbedarf und Neubedarf (Kasper und Mayrhofer 2009, S. 367). Die Personalfluktuation, bedingt durch Pensionierungen oder Kündigungen sowie Versetzungen, führt zu einem Ersatzbedarf. Neubedarf kann sich in einem Unternehmen u. a. aufgrund einer erhöhten Arbeitsauslastung, veränderter Qualifikationsanforderungen oder einer Expansion in neue Märkte ergeben (Oechsler 2011, S. 162). Für die Deckung des ermittelten Personalbedarfs besteht grundsätzlich die Möglichkeit einer unternehmensinternen oder -externen Personalbeschaffung. Bei der Besetzung einer vakanten Stelle mit einer bereits im Unternehmen vorhanden Arbeitskraft wird unterschieden, ob die Beschaffung mit oder ohne Personalbewegung stattfindet (Becker 2010, S. 92–93). So stellen u. a. die Mehrarbeit, Arbeitszeitverlängerung, Urlaubsverschiebung oder die Erhöhung des Qualifikationsniveaus mit einer Weiterbildung mögliche Instrumente dar, die keine Personalbewegung zur Folge haben. Maßnahmen, die eine Änderung des bestehenden Arbeitsverhältnisses bzw. eine Personalbewegung zur Folge haben, sind beispielsweise Versetzung, Umschulung, Umwandlung von Teilzeit- in Vollzeitarbeitsverträge und von befristeten in unbefristete Verträge (Berthel und Becker 2013, S. 323). Die externe Personalbeschaffung vollzieht sich am Arbeitsmarkt. Dabei wird zwischen einer aktiven und einer passiven Personalwerbung unterschieden (Jung 2008, S. 143). Die Wahl der geeigneten Beschaffungsalternative wird maßgeblich durch die zu erwartenden Kosten sowie die aktuelle Situation auf dem Arbeitsmarkt bestimmt (Drumm 2008, S. 278).

5.2.2 Ablauf des Personalbeschaffungsprozesses

Der Prozess der Personalbeschaffung lässt sich übergreifend in fünf verschiedene Phasen unterteilen.

1. **Phase – Feststellen einer Vakanz:** Die Ermittlung des Personalbedarfs gehört zu den wichtigsten Aufgaben der Personalwirtschaft (Drumm 2008, S. 203). Ausgehend vom aktuellen Personalbestand und dessen zu erwartender Entwicklung sowie der Prognose des zukünftigen Personalbedarfs leitet sich der Nettopersonalbedarf ab (Oechsler 2011, S. 154). Dieser kann sowohl positiv als auch negativ ausfallen. Ein Personalbedarf in einem Unternehmen ist entweder auf einen personellen Abgang infolge einer Kündigung oder Pensionierung oder auf einen erhöhten Arbeitsanfall zurückzuführen. Für ein Unternehmen bietet ein Personalabgang auch die Gelegenheit, die vakante Stelle grundsätzlich auf ihre Notwendigkeit hin zu überprüfen (Teuscher 2011, S. 140). Dies umfasst die Arbeitsanalyse sowie den Entscheid über die Stellenbesetzung (Schwarb 1996, S. 21).
2. **Phase – Definition der Anforderungen:** Die Anforderungen, die an einen Arbeitsplatz gestellt werden, können sich mit der Zeit verändern, besonders vor dem Hintergrund des raschen technologischen Wandels der letzten Jahre. Diese Veränderungsdynamik wird determiniert durch Veränderungen in der unternehmenseigenen Produktpalette, Veränderungen des Arbeitsmarktes sowie von neuen Produktions- bzw. Fertigungsverfahren (Bröckermann 2009, S. 44). Es ist daher notwendig, eine sorgfältige Analyse des beruflichen Alltags vorzunehmen und die relevanten Arbeitsanforderungen und Merkmale der Stelle näher zu bestimmen. Hierbei können die zentralen Anforderungen z. B. durch die Befragung des Vorgesetzten oder des früheren Stelleninhabers ermittelt werden (Becker 2010, S. 101). Das Anforderungsprofil kann als eine Ergänzung zur Stellenbeschreibung angesehen werden. In der Stellenbeschreibung werden personenunabhängig die mit einem Arbeitsplatz verbundenen Funktionen innerhalb der unternehmensbezogenen Ablauforganisation prozessorientiert und stellenbezogen beschrieben (WEKA o. J., S. 9). Mit den dabei definierten Funktionen gehen auch die Kompetenzen sowie die Verantwortung einer Stelle einher. Es erweist sich somit als schwierig, ein Anforderungsprofil ohne genaue Kenntnis einer Stellenbeschreibung zu erstellen.
3. **Phase – Kandidatensuche:** Für die Suche nach geeigneten Kandidaten stehen den Unternehmen der interne sowie der externe Arbeitsmarkt zur Verfügung. Die Wahl aus diesen zwei weitgehend unterschiedlichen Beschaffungsmärkten hängt aus der Sicht des Unternehmens von verschiedenen Kriterien ab (Drumm 2008, S. 280). Es sollten Transaktionskosten, die Spezifität der Qualifikation, Lohnkosten, Investitionen in Humankapital sowie Akkulturationsprobleme bei der Integration von Mitarbeitenden berücksichtigt werden. Drumm (2008, S. 281) konstatiert, dass, abgesehen von den Lohnkosten, die interne Personalbeschaffung bei den genannten Kriterien meist

niedrigere Kosten verursacht als eine externe. Dies soll keineswegs dazu führen, dass von vornherein die interne Beschaffung der externen vorgezogen wird. Interne Personalbewegungen führen dazu, dass frei werdende Stellen letztlich auch über den externen Beschaffungsmarkt besetzt werden müssen (Jung 2008, S. 136). Bei der Entscheidungsfindung können sich Unternehmen an den Ergebnissen der Arbeitsmarktforschung orientieren. Sie gewinnt anhand externer Marktdaten Informationen zu relevanten Zielgruppen oder Teilarbeitsmärkten, zur Bevölkerungs- sowie Beschäftigungsstruktur oder auch zu regionalen Unterschieden (Berthel 2000, S. 173–175). Die Arbeitsmarktforschung beschafft, sammelt und interpretiert quantitative und qualitative Informationen und erlaubt Aussagen über die aktuelle und zukünftige Verfügbarkeit von Personalressourcen auf den Märkten (Berthel und Becker 2013, S. 234). Basierend auf den generierten Informationen sind die Unternehmen dann in der Lage, eine Entscheidung hinsichtlich des Marktes (intern/extern), der Kanäle und Instrumente sowie des Zeitpunktes der Beschaffung zu treffen.

4. **Phase – Personal auswählen:** In der vorangehenden Phase hat das Unternehmen seinen Personalbedarf im ausgewählten Beschaffungsmarkt kommuniziert und die Anzahl der interessierten Bewerbenden ist nun das Resultat von Maßnahmen der Personalbeschaffung (Berthel und Becker 2013, S. 349). Unter Anwendung geeigneter Personalinstrumente gilt es herauszufinden, welcher Bewerber für die vakante Stelle in Frage kommt bzw. dem Anforderungsprofil am besten entspricht (Brenner 2003, S. 135). Die interessierten Kandidaten haben im Rahmen ihrer Bewerbung üblicherweise eine Reihe von Unterlagen bei der zuständigen Person des Unternehmens eingereicht. Durch die Analyse der Bewerbungsunterlagen kann eine Vorauswahl vorgenommen werden. Das anschließende Vorstellungsgespräch mit der Fach- und Personalabteilung gilt als das wichtigste Selektionsinstrument (Oechsler 2011, S. 221). In diesem Gespräch können verschiedene Eindrücke hinsichtlich des Sozialverhaltens (z. B. Erscheinungs- und Persönlichkeitsbild, Gesprächs- und Kontaktfähigkeit etc.) des Kandidaten gewonnen werden und zusätzlich seine Motivation sowie die Erwartungen beider involvierten Parteien abgeklärt werden.

5. **Phase – Anstellungsvertrag:** Haben Kandidaten den Personalauswahlprozess erfolgreich durchlaufen, bildet der Arbeitsvertrag den vorläufigen Abschluss des Beschaffungsprozesses. Durch den Arbeitsvertrag werden Bewerbende zu Mitarbeitenden und an das Unternehmen gebunden. Sie werden somit zu einem Teil des Unternehmens (Jung 2008, S. 181). Der Anstellungsvertrag ist ein idealtypisches Prozessergebnis, es kann in der Praxis aber immer auch vorkommen, dass ein Kandidat ein Vertragsangebot nicht akzeptiert (Stelzer-Rothe und Hohmeister 2001, S. 60 f.).

5.2.3 Beschaffungswege

Bei der Variante der *internen Personalbeschaffung* orientiert sich das Unternehmen zur Deckung des Personalbedarfs am internen Beschaffungsmarkt und greift auf die bereits im Betrieb beschäftigten Mitarbeitenden und deren Kenntnisse, Fähigkeiten und

Qualifikationen zurück (Fröhlich und Holländer 2004, S. 1410 f.). Es ist eine Frage der Dringlichkeit des Bedarfs, welche Instrumente bei der internen Personalbeschaffung angewendet werden. Es wird hierbei zwischen einer kurzfristigen, mittelfristigen und langfristigen Perspektive unterschieden (Berthel und Becker 2013, S. 323). Kurzfristige bzw. mittelfristige Personalengpässe können durch das Leisten von Mehrarbeit oder Überstunden abgedeckt werden oder geplante Ferien sind in eine ruhigere Geschäftsphase verschiebbar. Diese Maßnahmen werden in der Praxis häufig angewendet. Entwickelt sich diese Abdeckung des Personalbedarfs zu einer Dauerlösung, so kann sich eine resultierende Überbeanspruchung negativ auf die Gesundheit der Arbeitnehmenden auswirken (Oechsler 2011, S. 216). Als vorbeugende Maßnahme kann die Qualifizierung der Mitarbeitenden für die Bedarfsdeckung eingestuft und dokumentiert werden. Dies bietet den Vorteil, dass sich den Arbeitnehmenden berufliche Aufstiegschancen bieten, und für die Unternehmen eröffnet dies in einer Engpasssituationen die Möglichkeit, entsprechend qualifizierten Mitarbeitenden mehr und anspruchsvollere Aufgaben übertragen zu können (Jung 2008, S. 137). Vorteile einer innerbetrieblichen Personalbeschaffung sind u. a. die geringen Beschaffungskosten, die Motivationswirkung durch das Anbieten von Aufstiegschancen und, damit verbunden, eine transparente Personalpolitik, die Nutzung des vorhandenen Betriebswissens sowie eine schnelle Personalbedarfsdeckung (Nicolai 2009, S. 60). Nachteile resultieren aus den geringen Auswahlmöglichkeiten, einem möglichen Rückgang der Leistungsbereitschaft aufgrund mangelnder externer Konkurrenz, der Gefahr von Betriebsblindheit, einem Beförderungsautomatismus sowie einer Vernachlässigung des quantitativen Personalbedarfs durch eine starke Fokussierung auf qualitative Personalpolitik. Der Personalentwicklung und der Pflege des internen Arbeitsmarktes kommt angesichts der großen Bedeutung der internen Personalbeschaffung in mittleren und größeren Unternehmen eine wichtige Funktion zu (Weber et al. 2015, S. 301).

Wenn im Rahmen der internen Personalbeschaffung keine geeigneten Mitarbeitenden für vakante Stellen identifiziert werden können oder aus anderen Gründen dieser Beschaffungsmarkt nicht genutzt werden soll, kann die Personalsuche auf den unternehmensexternen Arbeitsmarkt ausgedehnt werden. Die *externe Personalbeschaffung* hat zum Ziel, Fähigkeitspotenziale zu beschaffen, die innerhalb des Unternehmens nicht entwickelt werden können, oder Personal zu gewinnen, bei dem es diese Potenziale zukünftig aufbauen und nutzen kann (Drumm 2008, S. 284). Die Entscheidung für eine externe Personalbeschaffung sowie die Wahl des geeigneten Beschaffungsinstrumentes hängt von verschiedenen Kriterien ab (Albert 2008, S. 76). Beispielsweise gilt es, die Situation auf dem Arbeitsmarkt und damit verbunden die Verfügbarkeit qualifizierter Kandidaten zu berücksichtigen. Des Weiteren wird die Entscheidung auch von den verfügbaren finanziellen Mitteln, der Bedeutung der zu besetzenden Stelle, der Erfolgswahrscheinlichkeit (als Erfahrungswert), der Dringlichkeit der Besetzung, bzw. Schnelligkeit der Beschaffung oder auch von der Möglichkeit, die vakante Stelle öffentlich zu publizieren, beeinflusst. Diese Fülle von Kriterien gilt es für das Unternehmen abzuwägen, um dann möglichst kostengünstig und erfolgreich extern zu rekrutieren.

Eine unternehmensexterne Personalbeschaffung bietet Zugang zu einem breiten Angebot auf nationalen und internationalen Arbeitsmärkten und gegebenenfalls auch den Vorteil einer höheren Qualifikation der Bewerbenden (Huber 2011, S. 84). Positiv ist ferner, dass die Ausbildungskosten für dieses Personal in anderen Organisationen angefallen sind und Bewerbende in einem anderen Unternehmen bereits Erfahrungen und Eindrücke sammeln konnten (Oechsler 2011, S. 215). Somit können möglicherweise Aus- und Weiterbildungskosten für neue Mitarbeitende eingespart, und stattdessen in die interne Personalentwicklung investiert werden. Durch eine externe Personalbeschaffung erhält das Unternehmen zudem neue Impulse und Ideen, die sich positiv auf die organisationale Weiterentwicklung auswirken und eine Erstarrung der Organisation verhindern. Als grundsätzlicher Nachteil gegenüber der internen Bedarfsdeckung sind die höheren Beschaffungskosten zu nennen. Bedingt durch die Auswahlmöglichkeit aus vielen Bewerbenden ist zudem meist mit einem höheren zeitlichen Bearbeitungsaufwand zu rechnen (Schulz 2014, S. 39). Vereinzelt kann sich die externe Beschaffung auch als nicht zielführend erweisen, nämlich wenn für eine vakante Stelle innerbetriebliche Berufserfahrung sowie Betriebskenntnisse benötigt werden. Eine externe Personalbeschaffung ist außerdem mit dem größeren Risiko einer Fehleinschätzung behaftet, wenn Bewerbende etwa nach Stellenantritt die hohen Erwartungen nicht erfüllen oder weil sich die Integration neuer Mitarbeitender in die Organisation als schwierig gestaltet.

Grundsätzlich kann bei der externen Personalbeschaffung zwischen zwei Vorgehensweisen unterschieden werden: einer eher passiven und einer aktiven. Bei der *passiven Beschaffung* unternimmt das Unternehmen kaum Rekrutierungsanstrengungen und greift stattdessen auf erhaltene Spontan- respektive Initiativbewerbungen oder auf einen möglicherweise vorhandenen Bewerberpool zurück (Nicolai 2009, S. 46–49). Dies stellt im Falle eines nicht sehr dringenden und nicht besonders großen Personalbedarfs eine sehr kostengünstige Methode der Personalbeschaffung dar. Voraussetzung einer passiven Beschaffung ist einerseits ein positives Arbeitgeberimage und andererseits auch eine günstige Arbeitsmarktsituation (Scherm und Süss 2011, S. 31). Die Anstrengungen des Unternehmens heben vor allem auf die Verbesserung der Reputation bzw. des Employer Brandings ab, um als attraktiver Arbeitgeber qualifizierte Kandidaten zu Blindbewerbungen zu animieren. Bei einer *aktiven Vorgehensweise* wird das Unternehmen selbst tätig und versucht initiativ geeignete Bewerber zu rekrutieren. Dies kann etwa mit Unterstützung eines Personaldienstleisters geschehen oder durch das Schalten eines Stelleninserates in Print- oder Onlinemedien.

5.2.4 Aktuelle Herausforderungen in der Personalbeschaffung

Bei der Rekrutierung haben die Unternehmen immer das Ziel, die besten Mitarbeitenden für sich zu gewinnen. Viele *Großunternehmen* sehen sich dabei im Vorteil gegenüber den KMU, denn sie haben es verstanden, sich auf dem Arbeitsmarkt als attraktiver Arbeitgeber zu positionieren. Als Konsequenz erhalten sie nicht nur eine größere Anzahl an

Spontanbewerbungen, sondern auch der Bewerberrücklauf auf ausgeschriebene Stellen fällt in der Regel höher aus. Eine weniger bekannte Arbeitgebermarke sowie geringe personelle Ressourcen erschweren eine systematische Rekrutierung in kleinen und mittleren Unternehmen. Hinzu kommen *Umwelteinflüsse*, die sich auf den Arbeitsmarkt und das Arbeitsmarktangebot auswirken und die Rekrutierung zusätzlich erschweren. Der fortschreitende demografische Wandel (Storni 2007, S. 12) sowie der sich abzeichnende Fachkräftemangel (Kägi et al. 2011, S. 17) führen dazu, dass die Nachfrage nach jungen Arbeitskräften das Angebot mehr und mehr übersteigen wird. Der Startschuss für den bereits in den achtziger Jahren vorausgesagten globalen Trend zum „War for Talents" ist längst gefallen (Beechler und Woodward 2009, S. 282–283). Die zumeist hoch entwickelten Schweizer Unternehmen stehen mitten in diesem Talentkampf und der Wettbewerb um die besten Köpfe wird sich weiter intensivieren. Untersucht man die begehrte Kategorie junger, qualifizierter Menschen eingehender, offenbart sich ein weiterer Faktor, der die Personalbeschaffung nachhaltig verändern wird. Es tritt nämlich eine Generation in den Arbeitsmarkt, die sich in Denkweise, Werten und Verhaltensweisen gravierend von früheren Generationen unterscheidet (Reisenwitz und Iyer 2009, S. 93). Dies kann zu Verständigungsschwierigkeiten zwischen den Generationen führen. Deren Lösung und eine Annäherung unterschiedlicher Grundhaltungen kann gleichzeitig als aktuelle und zukünftige Herausforderung in der Rekrutierung angesehen werden (Weise 2011, S. 15). Das fehlende Verständnis der Unternehmen für die Bedürfnisse der sogenannten *„Generation Y"* kann zu Diskrepanzen im Umgang miteinander führen und kann sich auch in den getroffenen Rekrutierungsmaßnahmen widerspiegeln (Weise 2011, S. 15). Herkömmliche Recruiting-Methoden führen nämlich bei der jungen Generation potenzieller Bewerberinnen und Bewerber immer weniger zum Erfolg. Dies lässt sich einerseits durch das veränderte Mediennutzungsverhalten erklären, und andererseits dadurch, dass diese Generation eine gewisse Immunität gegenüber Werbebotschaften entwickelt hat (Helmreich 2014). Werden die Nachwuchskräfte nicht über ihre vorrangig genutzten Kommunikationsmittel wie Internet oder Smartphone in einer ansprechenden Art und Weise auf ein Unternehmen aufmerksam gemacht, so werden konsequenterweise die benötigten Bewerbungen junger, qualifizierter Fach- und Führungspersonen ausbleiben (Weise 2011, S. 15). Kleine und mittlere Unternehmen, die oft eine geringere Anziehungskraft auf dem Arbeitsmarkt ausstrahlen als Großunternehmen, sind hier besonders gefordert. Ihnen ist anzuraten, sich nicht nur mit den Einstellungen und Präferenzen dieser jungen Generation, sondern auch mit den heute zur Verfügung stehenden Kommunikationsmitteln intensiver auseinanderzusetzen. So kann es auch den KMU gelingen, im Wettbewerb um Top-Kräfte zu bestehen und geeignete Rekrutierungskanäle zur Ansprache dieser attraktiven Zielgruppe auf dem externen Arbeitsmarkt zu finden. Auch werden sie dann mit höherer Wahrscheinlichkeit rekrutierte Mitarbeitende langfristig an sich binden und deren Wissen und Fähigkeiten gewinnbringend einsetzen können (Palfrey und Gasser 2013, S. 1–10).

5.3 E-Recruiting als Perspektive der Personalbeschaffung

5.3.1 Transaktionskostentheorie und E-Recruiting

Als theoretischer Erklärungsansatz für die zunehmende Popularität des Agierens von Unternehmen und Arbeitsuchenden auf den virtuellen Personalmärkten eignet sich insbesondere die *Transaktionskostentheorie*. Deren Ausgangspunkt und der wesentliche Unterschied zur neoklassischen Sichtweise ist die Annahme, dass marktwirtschaftliches Handeln mit Kosten verbunden ist. Es wird dabei der Frage nachgegangen, welche Organisationsform des Tausches, also welches institutionelle Arrangement für welche Art von Transaktion effizient ist (Werkmann-Karcher und Rietiker 2011, S. 11). Durch einen Vergleich der anfallenden Transaktionskosten kann dann die jeweils optimale Organisationsform bestimmt werden. Picot (1991, S. 147) weist auf eine enge Verbindung zur Property-Rights-Theorie hin. Diese interpretiert Transaktionen als Übertragung von Verfügungsrechten, durch die Tausch und somit die Entstehung von ökonomischem Nutzen für die beteiligten Vertragsparteien erst ermöglicht wird. Es kann sich dabei um Verfügungsrechte an Produkten oder Dienst-, bzw. Arbeitsleistungen handeln, die übertragbar sind. In Bezug auf die Personalwirtschaft lassen sich Arbeitsvertragsabschlüsse insofern auch als Verfügungsrechtsübertragungen und Tauschakte interpretieren, bei denen Transaktionskosten anfallen, und die mit Agency-Problemstellungen (Moral Hazard) behaftet sein können. Die anfallenden Kosten, die bei der Anbahnung sowie im weiteren Verlauf der Regelung einer personalen Austauschbeziehung entstehen, werden als *Transaktionskosten* bezeichnet. Deren Entstehung und Zusammensetzung können dem Personalmanagement wichtige Handlungsorientierungen liefern. Transaktionskosten fallen hierbei im Vorfeld einer Austauschbeziehung (ex ante – vor Vertragsabschluss) oder während einer bestehenden Arbeitsbeziehung (ex post – nach Vertragsabschluss) an (Oechsler und Paul 2015, S. 33–34). Aus Sicht des Unternehmens entstehen Ex-ante-Transaktionskosten an verschiedenen Stellen während der Suche nach passenden Kandidaten für eine zu besetzende Position. Dies beginnt bereits bei der informationskostengenerierenden Erstellung und Veröffentlichung einer Stellenanzeige. Abhängig von der ausgeschriebenen Stelle und dem dahinterstehenden gesuchten Profil erhält ein Unternehmen unterschiedlich viele Bewerbungen. Die Sichtung und die Auswahl geeigneter Kandidatinnen und Kandidaten ist deshalb abermals mit selektionsbezogenen Informationskosten für die Entscheidungsfindung sowie Zeit- bzw. Kostenaufwand für Absagen an nicht passende Bewerber verbunden. Umgekehrt verursacht die Suche und Auswahl möglicher Arbeitgeber auch bei potenziellen Bewerbenden Informationskosten. Dies beinhaltet etwa den Zeitaufwand für die Suche und Beurteilung der Stellenangebote oder auch Kosten für die Bereitstellung der Bewerbungsunterlagen. Beim Vergleich unterschiedlicher Stellenangebote entstehen beim Bewerber zudem Vergleichskosten.

Das *E-Recruiting* stellt aus Sicht der Personalbeschaffung ein wirksames Instrument dar, um die Transaktionskosten für die beteiligten potenziellen Vertragspartner zu minimieren. Der Begriff „E-Recruiting" geht in seinen Ursprüngen auf die neunziger Jahre zurück und bedeutete damals lediglich die Digitalisierung von Bewerberdaten (Mülder 2003, S. 84). In der heutigen Zeit werden unter E-Recruiting alle elektronisch gestützten Maßnahmen der Darstellung des Unternehmens und der damit einhergehenden Beweber(vor)auswahl verstanden, wobei auch Teile der Personalentwicklung dazugehören (Pratsch 2007, S. 19). Berthel und Becker (2013, S. 329–330) sehen im Einsatz informationstechnisch unterstützter Verfahren, computergestützter Instrumente sowie Social-Media-Tools eine Unterstützung für die Personalbeschaffung und teilweise auch der Personal(vor)auswahl. Ein ganzheitlich verstandenes E-Recruiting umfasst nicht nur die reine Suche nach dem passenden Kandidaten für eine vakante Stelle, sondern bezieht vielmehr auch das Bewerbermanagement, die Präsentation des Unternehmens als Arbeitgeber im Internet, HR-Systeme, die den Rekrutierungsprozess optimieren und online ablaufende Vorselektionsprozesse mit ein (Seeger 2013). Verglichen mit den klassischen Wegen der Personalbeschaffung bietet das Internet als Rekrutierungsmedium vielfältigere Einsatz- und Gestaltungsmöglichkeiten und berücksichtigt zudem die veränderten Anforderungen, die an das Recruiting gestellt werden. Weiter ist von Vorteil, dass Online-Inserate nicht an Ort und Zeit gebunden sind und daher 24 h täglich von jedem Ort weltweit aus abgerufen werden können (Berthel und Becker 2013, S. 331). Weitere Vorteile des E-Recruitings sind u. a. die Zeit- und Kostenersparnis, eine zielgruppengenauere Stellenausschreibung, regional unabhängige und verfeinerte Suchmöglichkeiten sowie individuellere und meist informativere Stellenangebote (Seeger 2013) und dadurch insgesamt deutlich niedrigere Transaktionskosten. Durch das Internet ist die Personalbeschaffung nicht nur effizienter und gezielter, sondern auch vielfältiger und zeitsparender geworden. Die Zahl der zur Verfügung stehenden E-Recruiting-Kanäle wächst stetig an: Online-Jobbörsen, Social Media, Professional Networks, Twitter, Facebook, Mobile Web, Mobile Apps, QR-Codes etc. Dieser Umstand stellt für KMU eine große Herausforderung dar. Diese müssen einerseits den Überblick über die vorhandenen Kanäle behalten und auf der anderen Seite die für das Unternehmen effizientesten Kanäle auswählen.

5.3.2 Perspektiven der Personalbeschaffung

Aufgabe der Personalbeschaffung ist es „(…) das Unternehmen bedarfsgerecht und kostengünstig mit potenziellen Arbeitskräften nicht nur für einen derzeitigen Personalbedarf, sondern auch mit Blick auf zukünftige, unternehmensstrategischen Entwicklungen zu versorgen" (Oechsler 2011, S. 214). In diesem Zusammenhang erscheint es sinnvoll, die Personalbeschaffung aus unterschiedlichen Perspektiven zu betrachten. Ein Unternehmen kann langfristig über Employer Branding, mittelfristig über Personalmarketing und kurzfristig durch Stellenbesetzungen mit Arbeitskräften versorgt werden. Diese eingenommene Sichtweise ist in der Literatur nicht unumstritten, beruht aber vor allem auf einer unklaren Abgrenzung der Begriffe untereinander, wie bereits in Abschn. 5.2.1. anhand der häufig synonymen Verwendung von Personalbeschaffung und Personalmarketing aufgezeigt wurde.

Employer Branding ist als ein ganzheitlicher und strategischer Ansatz zur Sicherung und Steigerung der Arbeitgeberattraktivität eines Unternehmens zu verstehen (Immerschitt und Stumpf 2014, S. 35). Der Begriff des Employer Branding wurde im deutschsprachigen Raum erstmals durch die Deutsche Employer Branding Akademie definiert:

> Employer Branding ist die identitätsbasierte, intern wie extern wirksame Entwicklung und Positionierung eines Unternehmens als glaubwürdiger und attraktiver Arbeitgeber. Kern des Employer Brandings ist immer eine die Unternehmensmarke spezifizierende oder adaptierende Arbeitgebermarkenstrategie. Entwicklung, Umsetzung und Messung dieser Strategie zielen unmittelbar auf die nachhaltige Optimierung von Mitarbeitergewinnung, Mitarbeiterbindung, Leistungsbereitschaft und Unternehmenskultur sowie die Verbesserung des Unternehmensimages. (…) (2006).

Gegenüber potenziellen Bewerbenden kommt der Arbeitgebermarke deshalb eine zentrale Bedeutung zu, weil mit ihr die Schlüsselbotschaften des Unternehmens transportiert werden, und so der Entscheidungsprozess der Bewerber vereinfacht wird (Immerschitt und Stumpf 2014, S. 42). Die Schärfung des Arbeitgeberprofils sowie die operative Implementierung der Arbeitgebermarke erfolgt dann im Personalmarketing, das die Maßnahmen auf die relevanten Zielgruppen hin, unter Berücksichtigung ihrer Bedürfnisse und Interessen, ausrichtet (Scholz 2011, S. 182). Drumm (2008, S. 294) spricht von einer kommunikativen Vermittlung von Vorteilen, die das Unternehmen gegenüber anderen Arbeitgebern zu bieten vermag. Es geht darum, das Unternehmen sowie den Arbeitsplatz den potenziellen Mitarbeitenden zu verkaufen. Die Stellenbesetzung bzw. die Personalbeschaffung im engeren Sinne wird durch das im Vorfeld erfolgreich umgesetzte Personalmarketing unterstützt. Um den veränderten Anforderungen an die Personalbeschaffung gerecht zu werden, sollten Unternehmen demnach vermehrt Ressourcen in nachhaltige Kommunikation und in die Steigerung der Arbeitgeberqualität investieren, was bei den Fachkräften zu einem positiven Image führt (Beck 2008). Die für viele Unternehmen als potenzielle Arbeitnehmer höchst relevante Generation-Y-Zielgruppe der Zwanzig- bis Dreißigjährigen unterscheidet sich, wie schon angeführt, in ihrem Mediennutzungs- und Kommunikationsverhalten deutlich von den Älteren (Däfler 2014, S. VI–VII). Um die zukünftigen Fach- und Führungskräfte der kulturell diversen und interkulturell geprägten Generation Y anzuziehen, muss ein Unternehmen mit einer gezielten Employer-Branding-Strategie auftreten (Hubschmid 2012). Die steigende Bedeutung des Employer Brandings zeigt sich auch in einer von der HR-Beratung Hewitt Associates (2010) durchgeführten empirischen Studie. Unternehmen, denen es gelingt, die neuesten Trends und Entwicklungen im Hinblick auf eine zeitgemäße Kommunikation zu erkennen, befinden sich auf dem besten Weg, längerfristig in diesem Markt zu bestehen. Das E-Recruiting ist hierfür ein wichtiges personalwirtschaftliches Instrument.

5.3.3 E-Recruiting-Kanäle

5.3.3.1 Unternehmenswebseite
In der heutigen Zeit verfügen nicht nur Großunternehmen, sondern vermehrt auch kleine KMU über eine eigene Webseite im Internet. Die eigene Online-Präsenz stellt sozusagen

den Basiskanal für Unternehmen im E-Recruiting dar und dient der Darstellung als attraktiver Arbeitgeber, aber auch, um Mitarbeitende online zu rekrutieren. Diverse Studien bestätigen immer wieder, dass die Unternehmenswebseite für potenzielle Bewerbende die wichtigste Anlaufstelle darstellt, um sich über einen Arbeitgeber zu informieren bzw. um sich letztendlich zu bewerben (Jäger und Meurer 2013). Dies auch, wenn der Erstkontakt von Bewerbenden mit einem Unternehmen vielleicht über einen anderen Kanal wie beispielsweise ein Jobboard oder via Social Media erfolgt ist. Bei der Rekrutierung mittels der Unternehmenswebseite weist häufig auf der Startseite eine eingerichtete Schaltfläche mit der Bezeichnung „Jobs" oder „Offene Stellen" auf den Karrierebereich hin. Das Unternehmen kann dort wichtige Informationen über sich vermitteln sowie die offenen Stellen publizieren. Zudem kann die Möglichkeit einer Direktbewerbung z. B. via Formular angeboten werden. Darüber hinaus kann der Karrierebereich auch etwas über die Unternehmenskultur und den gewünschten Typus von Mitarbeitenden vermitteln (Sage HR Solutions 2013, S. 4). Die Unternehmenswebseite ist eine Art virtuelle Visitenkarte und der Ersteindruck entscheidet bei potenziellen Bewerbenden oftmals über eine Bewerbung. Einer inhaltlich und funktional zeitgemäß gestalteten Webseite kommt daher auch im Kontext des E-Recruitings eine große Bedeutung zu.

5.3.3.2 Online-Jobboards

Einen bedeutsamen Kanal im E-Recruiting stellen die Jobboards dar. Es handelt sich hierbei um Bewerbungsdienste, die Bewerbende an Unternehmen mit Personalbedarf weiterreichen (Drumm 2008, S. 286). Für kleine und wenig bekannte Unternehmen, deren Webseite von Bewerbern kaum direkt aufgerufen wird, stellt der virtuelle Stellenmarkt einen wichtigen Beschaffungskanal dar. In der Schweiz gibt es eine Reihe von Jobsuchmaschinen, die in Jobbörsen, Zeitungen, Verbänden und Karrierewebseiten von Unternehmen nach offenen Stellen suchen und diese in aggregierter Form auf der eigenen Plattform zur Verfügung stellen (z. B. indeed.ch oder jobagent.ch). Besonders relevant sind die kommerziellen Jobboards. Entscheidet sich ein Unternehmen für die Schaltung einer Stellenvakanz in diesem Kanal, so muss ähnlich wie beim Printmedium das geeignete Jobboard anhand von Auswahlkriterien ermittelt werden. Als Entscheidungsgrundlage kann der Bekanntheitsgrad bei Arbeitssuchenden, der Spezialisierungsgrad der Jobbörse im Hinblick auf die gesuchte Zielgruppe, die geografische Reichweite, die Anzahl gelisteter Stellenangebote oder der Preis pro Stellenausschreibung dienen (Knapp 2010, S. 83). In der Schweiz haben im Jahr 2013 die Marktführer aus der Deutschschweiz (jobs.ch) und der Romandie (jobup.ch) fusioniert und die JobCloud AG gegründet, die den beiden Verlagshäusern Tamedia und Ringier gehört. Daneben beinhaltet das Portfolio von JobCloud zusätzlich auch Kaderportale (z. B. alpha.ch) sowie spezialisierte Stellenmärkte (z. B. ictcareer.ch). jobs.ch ist in der Deutschschweiz das bekannteste Jobboard und bietet vielfältige Dienstleistungen an. Darunter eine kostenpflichtige CVcloud, in der die Unternehmen eigenständig nach geeigneten Fachkräften suchen können. Weiter gibt es Dienstleistungen, um die Beachtung zu steigern (z. B.

Direktmailing der Vakanz an die passenden Bewerber) oder die Bekanntheit zu erhöhen (z. B. Firmenlogo auf Startseite von jobs.ch).

5.3.3.3 Social Media

Social Media ist ein Thema, das die Entwicklung im Online-Recruiting in den letzten Jahren am stärksten geprägt haben soll (Prospective Media Services 2014). Gemäß Busemann und Gscheidle (2011, S. 361–362) beinhaltet Social Media sechs verschiedene *Angebotsformen:* Weblogs, bzw. Blogs, Onlineenzyklopädien, Fotocommunitys (z. B. Instagram), Videoportale (z. B. YouTube), Microblogs (z. B. Twitter) sowie soziale Netzwerke und Communities. Hierbei kann grundsätzlich zwischen privaten (Facebook, Google+ etc.) und beruflichen (XING, LinkedIn etc.) Plattformen unterschieden werden. Soziale Netzwerke erlauben es den Nutzern, eigene Profile in Text-, Bild- oder Videoform zu erstellen, mit anderen Nutzern derselben Plattform dauerhaft in Verbindung zu treten, über die Plattform Statusmeldungen zu verbreiten und über Nachrichten in Chat- oder E-Mail-Form zu kommunizieren. Des Weiteren können Profile und Beiträge anderer Nutzer kommentiert, weitergeleitet oder ergänzt werden (Pastowsky 2011, S. 58).

Anhand eines privaten (Facebook) sowie Business- (XING) Netzwerks werden nachfolgend einzelne Instrumente vorgestellt, die bei der Personalbeschaffung eingesetzt werden können.

Private Netzwerke am Beispiel von Facebook

Menschen nutzen Facebook „(…) to stay connected with friends and family, to discover what's going on in the world, and to share and express what matters to them" (Facebook 2015). Diese Idee war der Grundstein für den Aufstieg von Facebook zum größten sozialen Netzwerk der Welt. In der Schweiz zählt das soziale Netzwerk mittlerweile mehr als 3 Mio. Mitglieder. Nutzer können auf Facebook ein virtuelles Profil ihrer eigener Person anlegen, sich mit Freunden, Bekannten sowie Unbekannten vernetzen, Fotos und Videos posten, Beiträge kommentieren und vieles mehr. Ursprünglich war die Plattform nur für private Personen gedacht, aber mittlerweile können auch Unternehmen eigene Seiten erstellen, sogenannte Fanpages. Die Personenprofile, Gruppen oder Seiten von Unternehmen oder Marken dienen in erster Linie der Selbstdarstellung (Back et al. 2012, S. 16). Vermehrt ist zu beobachten, dass auch kleine und mittelständische Unternehmen mit eigenen Präsenzen auf Facebook vertreten sind (Grothe 2014, S. 127). Für die Personalbeschaffung bieten sich Unternehmen verschiedene Chancen und Möglichkeiten mit Facebook:

- *Stellenangebote posten und teilen:* Ein Stellenangebot zu posten erfordert keine unternehmenseigene Facebook-Seite, sondern kann auch über ein privates Profil erfolgen. Hierbei wird ein Beitrag verfasst mit einem Link, der zum Stellenangebot auf der Unternehmenswebseite führt. Durch die Aufforderung, den Beitrag zu teilen, kann sich die Reichweite potenzieller Kandidaten stark erhöhen. Der geringe zeitliche Aufwand ist wohl auch der Grund, weshalb immer öfter von Personalverantwortlichen oder zufriedenen Mitarbeitenden offene Stellen gepostet oder geteilt werden.

- *Sourcing:* Die Funktion Graph Search ist eine semantische Suchmaschine, die aktuell nur im englischen (US) Interface verfügbar ist. Die ursprüngliche Idee war, dass Nutzer leichter Gleichgesinnte finden, Menschen mit gleichen Hobbys in der Nähe, Freizeit- und Fitnesspartner und Ähnlichem (Hutter 2013). Allerdings stellt der Graph Search auch ein Rechercheinstrument für Unternehmen dar. Es kann beispielsweise nach Jobbezeichnung und Ausbildung (z. B. „People who studied Marketing at Universität St.Gallen [HSG] and live in Zürich, Switzerland") oder Ausbildung und Arbeitgeber (z. B. „People who work at Credit Suisse and work as IT Workers") gesucht werden. Die Suche ist in gewisser Weise aber auch eingeschränkt, da viele Angaben im persönlichen Profil freiwillig von den Nutzern eingetragen werden. Es ist daher nicht zwingend, dass Angaben zum Arbeitgeber oder zur Ausbildung der Teilnehmenden erfasst sind.
- *Fanpage:* Die Entscheidung, ob es sinnvoll ist, eine eigene Fanpage zu erstellen oder nicht, hängt von verschiedenen Faktoren ab (Grothe 2014, S. 138), unter anderem, ob die Bewerberzielgruppe auf Facebook vertreten ist, ob es genügend Inhalte, Geschichten und Bilder gibt, um mindestens einmal pro Woche etwas zu posten oder ob ausreichend Ressourcen im Sinn von Personal und Qualifikation, Zeit und Geld vorhanden sind. Die Fanpages können durchaus für die kurzfristige Rekrutierung genutzt werden, indem Stellenangebote veröffentlicht werden, aber das Employer Branding steht klar im Vordergrund. Es geht um den persönlichen Dialog mit den Nutzern sowie um die Außendarstellung der Unternehmung. Grothe (2014, S. 137) ist der Meinung, dass Facebook und die KMU sehr gut zusammenpassen. Dies, weil KMU im Vergleich zu Großunternehmen einen sehr persönlichen und kollegialen Umgang mit ihren Mitarbeitenden pflegen und diese Stärke auch durch einen persönlichen Umgang mit den Fans zur Geltung kommt.
- *Anzeigen:* Im Zusammenhang mit Employer Branding und Recruiting via Facebook sollte die Möglichkeit zielgruppengerechter Anzeigenwerbung nicht außer Acht gelassen werden (Bärmann 2012, S. 98). Nachdem ein Werbekonto erstellt ist, können die Suchbegriffe (Keywords), die Zielgruppe, das Budget, die Laufzeit und der Klickpreis bestimmt werden. Besonders praktisch ist hierbei, dass Facebook bereits während der Erstellung die Anzahl Personen angibt, die diese Anzeige erreichen könnte. Weiter kann entschieden werden, wohin die Nutzer, die auf die Anzeige klicken, umgeleitet werden. Denkbar wäre einerseits die eigene Unternehmenswebseite oder die eigene Facebook-Fanpage. Unternehmen können die Facebook-Anzeigen für die Schaltung von Stellenanzeigen oder auch zur Image-Werbung einsetzen.

Business-Netzwerke am Beispiel von XING
XING ist mit mehr als 8,45 Mio. Mitgliedern in der D-A-CH-Region (XING 2015b) für Personalverantwortliche in Bezug auf die Rekrutierung das bedeutendste Soziale Netzwerk im deutschsprachigen Raum. Es handelt sich bei XING um ein soziales Netzwerk für berufliche Kontakte. Berufstätige aller Branchen vernetzen sich auf XING, suchen

und finden dort Jobs, Mitarbeitende, Aufträge, Kooperationspartner, fachlichen Rat oder Geschäftsideen (XING 2015). In den mehr als 40.000 Fachgruppen können sich die Mitglieder austauschen oder sich persönlich an Events treffen. Der Vorteil von Social Media und insbesondere von XING gegenüber Jobboards ist, dass auch die passiv suchenden potenziellen Mitarbeitenden erreicht werden können. Mitglieder von XING können in ihrem Profil den aktuellen Karrierestatus angeben und beispielsweise die Stati „auf Jobsuche" oder „offen für Angebote" auswählen. Zusätzlich können weitere Angaben wie der gewünschte Tätigkeitsbereich, Arbeitsort oder Gehaltsvorstellungen erfasst werden. Kürzlich hat XING die aktuellen demografischen Daten seiner User veröffentlicht (XING 2015), die die sehr hohe Attraktivität dieses Bewerberpools unterstreichen. Bei den Mitgliedern aus der D-A-CH-Region sind rund zwei Drittel männlich, über 31 % sind in höheren Führungspositionen tätig und jeder Zweite verfügt über einen Hochschulabschluss. Erkennt eine Unternehmung ihre Zielgruppe in den XING-Mitgliedern wieder, dann bietet das soziale Netzwerk vielseitige Funktionen als Unterstützung bei der Personalbeschaffung. Das Active Sourcing wird oftmals in Verbindung mit XING erwähnt. Auch bietet sich die Möglichkeit, nach Informationen zu bereits identifizierten Kandidaten zu suchen oder Stellenangebote zu posten, bzw. zu teilen. Wie bei Facebook können ebenfalls zielgruppengerechte Anzeigen geschaltet werden. Weitere Optionen sind:

- *Stellenanzeigen:* Unter XING Stellenmarkt wird ein klassisches Online-Jobboard offeriert, das auf den ersten Blick vergleichbar mit jobs.ch erscheint. Merkmal klassischer Jobboards ist, dass vorrangig nur die aktiven Jobsuchenden mit einer Stellenanzeige erreicht werden. Bei XING werden zusätzlich aber auch noch die passiv suchenden Personen erreicht. Eine Stellenanzeige wird nicht nur auf dem Jobboard veröffentlicht, sondern es werden automatisch vielfältige Verknüpfungen hergestellt, und so erscheint das Stellenangebot beispielsweise auf der Startseite eines passiv Jobsuchenden unter „Jobempfehlungen von XING" (Dannhäuser und Chikato 2014, S. 57).
- *Unternehmensprofil:* Ein Unternehmensprofil kann zum Zweck des Employer Brandings, bzw. der Imagewerbung eingesetzt werden. Analog zur Facebook Fan Page ist ein professioneller Auftritt ein entscheidender Faktor für den Erfolg. Ein solcher Auftritt kann dabei bereits mit einem überschaubaren Budget realisiert werden. Dannhäuser und Chikato (2014, S. 69) empfehlen unbedingt die Arbeitgeberbewerbungsplattform „Kununu" im Unternehmensprofil einzubinden und zufriedene Mitarbeiter als Markenbotschafter des Unternehmens zu nutzen. Wenn potenzielle Kandidaten auf dieser unabhängigen Plattform eine positive Bewertung lesen, kann Vertrauen in die Arbeitgebermarke aufgebaut und gegebenenfalls eine Bewerbung ausgelöst werden.

5.3.4 Personalbeschaffung bei Kleinen und Mittelständischen Unternehmen in der Schweiz

Für den *Begriff „KMU"* gibt es in der Schweiz keine offizielle Definition (SECO 2015). In der Literatur werden unterschiedliche Ansätze verfolgt, um die Unternehmen entweder nach qualitativen oder nach quantitativen Merkmalen abzugrenzen (Habersaat et al. 2001, S. 10). So kann ein Unternehmen aus qualitativer Sicht als ein KMU charakterisiert werden, wenn es sich durch Merkmale wie Kundennähe, Schnelligkeit und Flexibilität dank kurzer Entscheidungswege und flacher Hierarchien auszeichnet (Fueglistaller und Wiedmann 2003, S. 98). Die Stellung des Unternehmers wäre ein weiteres mögliches qualitatives Merkmal. Der Unternehmer eines KMU ist nämlich üblicherweise nicht nur Kapitalgeber und Unternehmensleiter, sondern auch selber im operativen Geschäft tätig und führt die Unternehmung nur mit einer kleinen Anzahl von Führungskräften (Habersaat et al. 2001, S. 10). Die Abgrenzung und Beschreibung von KMU anhand der Beschäftigtenzahl hat sich in der Schweiz durchgesetzt. So definiert das SECO ein KMU als ein Unternehmen mit weniger als 250 Angestellten (Vollzeitäquivalente) (SECO 2015). Innerhalb der KMU-Kategorie wird in Kleinst-, Klein- und Mittelunternehmen unterschieden. Die provisorischen *Zahlen des BFS* für das Jahr 2012 zeigen, dass 99,8 % aller marktwirtschaftlichen Unternehmen in der Schweiz weniger als 250 Mitarbeitende beschäftigen und somit als KMU gelten. Die Mikrounternehmen stellen innerhalb der KMU die größte Gruppe dar. Rund 9 von 10 Unternehmen in der Schweiz beschäftigen weniger als 10 Mitarbeitende und gelten als Mikrounternehmen. Die kleinen Unternehmen (10 bis 49 Mitarbeiter) und die mittleren Unternehmen (50 bis 249 Mitarbeiter) stellen einen Anteil von 6,3 % bzw. 1,2 % aller Unternehmen in der Schweiz. Die große Bedeutung der KMU für die Schweiz wird durch die Anzahl der Mitarbeitenden, die diese Unternehmen beschäftigen, illustriert. Mehr als 70 % der Beschäftigten (nach Vollzeitäquivalenten) sind für eine KMU tätig. 30,8 % der Beschäftigten arbeiten in einem Mikrounternehmen, 20,3 % in einem kleinen und 19 % in einem mittleren Unternehmen. Demgegenüber weisen die 1256 Großunternehmen (250 und mehr Mitarbeiter) einen Anteil von 29,9 % der Beschäftigten in der Schweiz auf.

Das *Personalwesen der KMU* ist mit dem von Großunternehmen kaum zu vergleichen (Richter 2009, S. 7). Ein wichtiges Unterscheidungsmerkmal ist der geringe Institutionalisierungsgrad des Personalwesens in KMU. Dies ist allerdings nicht darauf zurückzuführen, dass KMU dem Personalwesen einen geringeren Stellenwert einräumen, als dies bei Großunternehmen der Fall ist. Vielmehr liegt es daran, dass die quantitative und qualitative Personalarbeit erst mit steigender Mitarbeitendenzahl zunimmt, und sich so mit der Unternehmensgröße die Wahrscheinlichkeit erhöht, dass ein Unternehmen die Personalarbeit in Form einer eigenen Personalabteilung institutionalisiert (Richter 2009, S. 10). Erst mittelgroße Unternehmen verfügen in der Regel über eine eigene Personalabteilung, während sich in Großunternehmen mehrere Abteilungen (z. B. Personalentwicklung, Personalmarketing etc.) mit dem Personalwesen befassen (Olfert 2008, S. 37 ff.). Bei KMU ist die Personalarbeit vor allem durch Verwaltungsarbeit gekennzeichnet und beinhaltet Aufgaben wie die Lohnadministration, Personalverwaltung sowie Personalbeschaffung, -auswahl und -freisetzung (Hamel 2006, S. 238 f.). Infolge der meist fehlenden Personalabteilung werden in KMU daher auch nur selten

Personalspezialisten eingesetzt und die Personalarbeit wird in der Regel vom Geschäftsführer oder vom Leiter Finanzen als Nebenaufgabe erledigt (Heybrock et al. 2010, S. 3). Somit ist es auch nachvollziehbar, dass lediglich ein Viertel der KMU mit bis zu 150 Mitarbeitenden einen hauptamtlichen Personalleiter beschäftigen (Ackermann und Blumenstock 1993, S. 29 ff.). Die qualitative Ausprägung des Personalwesens in KMU ist demnach stark vom Geschäftsführer und dessen Know-how abhängig (Richter 2009, S. 11). Dies muss allerdings nicht per se einen Nachteil darstellen, da die Personalarbeit in kleineren Unternehmen meist sehr überschaubar ist. Hinsichtlich der hierarchischen Einordnung einer Personalabteilung in größeren KMU sind mehrere Varianten denkbar. So kann das Personalwesen einem Mitglied der Unternehmensleitung bzw. einer Instanz darunter unterstellt werden oder gleich als eigenständige Abteilung auf der ersten Führungsebene positioniert werden (Thom und Zaugg 1996, S. 3 f.). Die hierarchische Einordnung des Personalwesens in der Unternehmensorganisation spiegelt üblicherweise auch dessen Stellenwert innerhalb der Organisation wider. Ressourcenknappheit in Bezug auf Personal und Finanzen haben für KMU zur Folge, dass Rekrutierungsmaßnahmen im Vergleich zu Großunternehmen nicht mit der gleichen Intensität und Qualität betrieben werden können (Kay und Richter 2010, S. 35–37). Insbesondere in diesem Bereich ist der Wettbewerb zwischen KMU und Großunternehmen aber deutlich feststellbar (Festing et al. 2011, S. 21).

5.3.5 Aktuelle Studien zum E-Recruiting in der Schweiz

Der *TREND REPORT* (Prospective Media Services 2014) ist die größte gesamtschweizerische Studie zum Thema Online-Recruiting und berücksichtigt sowohl Arbeitgeber wie auch Arbeitnehmende. Aus diesem Grund ist die Studie besonders geeignet, um das Suchverhalten der Stellensuchenden näher aufzuzeigen. Vier von fünf Befragten der Studie nutzen ein Smartphone und rund jeder fünfte Smartphone-User hat eine Job-App heruntergeladen. Bei der Stellensuche nutzt rund die Hälfte der Befragten die Suchmaschine Google, um nach Jobs zu suchen. Intensiv bei der Stellensuche verwendet werden auch die Stellenbörsen sowie die Unternehmenswebseite. Waren Printmedien 2010 noch praktisch gleich bedeutend wie die Online-Stellenbörsen, hat bis 2014 ein klarer Rückgang der Relevanz des Printbereichs stattgefunden. Lediglich Social Media ist aktuell noch von geringerer Bedeutung bei der Stellensuche, was sich in Zukunft aber wohl deutlich ändern wird. Eine Verlinkung zu Social-Media-Profilen wird von den Stellensuchenden als wenig wichtig eingestuft. Die Studie hat auch gezeigt, dass die Online-Reputation eines Arbeitgebers immer wichtiger wird. So sind rund ein Drittel aller Arbeitnehmenden bei ihren Recherchen zu potenziellen Arbeitgebern auf negative Einträge im Internet gestoßen, was im schlimmsten Fall zu keiner Bewerbung führt. Bei der Informationssuche nutzen die Befragten nicht nur die Unternehmenswebseite, sondern auch weitere Kanäle wie Suchmaschinen, Arbeitgeber-Bewerbungsplattformen oder soziale Netzwerke.

Ob die Unternehmen bei der Rekrutierung die für die Stellensuchenden relevanten Kanäle nutzen, kann anhand der Studie *Social-Media-Recruiting* aufgezeigt werden (Online-Recruiting.net 2015). Die Studie wird seit 2012 jährlich erhoben und hat sich gemäß eigener Aussage als Stimmungsbarometer für innovative Recruiting-Methoden in der Schweiz etabliert. Mehr als 50 % der befragten Unternehmen beschäftigen bis zu 100 Mitarbeitende bzw. 80 % bis zu 500 Mitarbeitende. Der KMU-Anteil ist somit recht hoch. Um Kandidaten auf eine Stelle aufmerksam zu machen, nutzen die Unternehmen nach wie vor die traditionellen Online-Medien. Die Jobportale (96 %) und Unternehmenswebseiten (82 %) sind dabei die beliebtesten Rekrutierungskanäle. Noch vor den Printmedien sind das eigene Netzwerk (61 %) und die interne Mitarbeiterempfehlung (60 %) klassiert. Der Hype um Social Media Recruiting hat in der Schweiz nie wirklich begonnen, dessen Relevanz zeigt aber im Vergleich zu den Vorjahren leicht steigende Tendenzen auf. Social Media nutzen Unternehmen in der Schweiz vor allem zum Inserieren von Stellenangeboten. Mehr als jedes dritte befragte Unternehmen gab an, in den letzten sechs Monaten mindestens eine Vakanz mit Hilfe von sozialen Medien besetzt zu haben. Bei den Social-Media-Kanälen werden vor allem XING sowie LinkedIn bei der Personalgewinnung eingesetzt. Andere soziale Netzwerke wie Facebook, Twitter und Google+ spielen nur eine untergeordnete Rolle und werden lediglich von jedem vierten Unternehmen zumindest gelegentlich als Rekrutierungskanal eingesetzt. Die Studie TREND REPORT bestätigt die geschilderten Ergebnisse mit leichten Abweichungen. Beispielsweise waren für die befragten Unternehmen im TREND REPORT Social Networks für die Stellenausschreibung mittlerweile genauso wichtig wie Printmedien. Über die Social Networks hinaus werden offene Stellen auch immer öfter an überraschenden Orten wie auf Tutti.ch, staatlichen Seiten oder in Online-Zeitungen publiziert.

Den Einfluss des Suchmaschinen-Giganten *Google* scheinen die Unternehmen indessen bis jetzt zu unterschätzen, was sich etwa daran zeigt, dass lediglich 28 % Suchmaschinenoptimierung bzw. 2 % Google AdWords einsetzen. Die mobile Nutzung des Internets ist in den letzten Jahren infolge der technologischen Entwicklung und der Verbreitung von Smartphones stark angestiegen. Rund zwei Drittel der Internetuser in der Schweiz nutzen bereits das Internet mobil und dies bevorzugt auf dem Smartphone (BFS 2014). Zudem suchen 34 % der privaten Smartphone-Nutzer mobil nach Stellenanzeigen (Google 2013, S. 14). Google hat diesen Entwicklungstrend hin zum mobilen Internet nicht nur erkannt, sondern auch durch den kürzlich grundlegend veränderten Such-Algorithmus darauf reagiert (Die Welt 2015). Webseiten, die nicht für Smartphones und Tablets optimiert sind, werden nun schlechter bewertet bzw. nicht als erste Treffer bei einer Suche angezeigt. Dies bedeutet, dass eine Webseite besondere technische Voraussetzungen und Usability-Merkmale aufweisen muss, um optimal angezeigt und bedient werden zu können (Bärmann 2012, S. 240). Ein nahe liegender Gedanke für Unternehmen wäre, das Smartphone auch bewusst als Medium für das Recruiting zu nutzen bzw. sich mit dem Thema „*Mobile Recruiting*" auseinanderzusetzen. Unter Mobile Recruiting wird hierbei vor allem die mobile Optimierung der Rekrutierungswebseite verstanden (Prospective Media Services 2012). Eine solche mobiloptimierte Webseite ist für Unternehmen mit bereits kleinem finanziellen und zeitlichen Aufwand zu bewerkstelligen.

5.4 Empirische Bestandsaufnahme zum E-Recruiting von Schweizer KMU

5.4.1 Forschungsdesign und Methodenwahl

Bei der Durchführung der eigenen empirischen Untersuchung fiel die Wahl in Verbindung mit den gestellten Forschungsfragen auf ein *qualitatives Vorgehen,* das flexibel und offen ausgestaltbar ist. Lamnek bezeichnet die explorative Vorgehensweise und die Möglichkeit, Neues zu entdecken, als eine wichtige Stärke der qualitativen Forschung (Lamnek 2005, S. 21). Des Weiteren erlaubt das Vorgehen die Berücksichtigung verschiedener Perspektiven der Beteiligten (Wolf 2008, S. 23). Dies heißt, es wird nicht nur das Wissen der Beteiligten untersucht, sondern auch deren Perspektive und Handeln (Flick 1995, S. 13 ff.). Aufgrund der geringen Anzahl von Untersuchungspersonen bedeutet dies allerdings auch, dass keine repräsentativen Aussagen gemacht werden können (Lamnek 2005, S. 3). Es ist daher besonders wichtig, dass der Forschungsprozess nachvollziehbar gemacht wird, um die Möglichkeit einer gewissen Generalisierbarkeit der Ergebnisse zu erreichen (Mayring 2007). Das Instrument des leitfadengestützten Experteninterviews eignet sich zur Generierung bereichsspezifischen und objektbezogenen Wissens (Scholl 2003, S. 67). Gläser und Laudel (2010, S. 116) sehen die Methode im Vorteil, „(…) weil über den Leitfaden sichergestellt werden kann, dass alle für die Rekonstruktion benötigten Informationen erhoben werden". Für die vorliegende Untersuchung stellt das Leitfadeninterview ein geeignetes Instrument dar, um von den Experten Meinungen und Erfahrungen zum E-Recruiting der KMU zu erfahren. Außerdem wird mit der Erstellung eines einheitlichen Leitfadens gewährleistet, dass in allen Interviews die Experten mit derselben Thematik konfrontiert werden. Den Aufbau des Leitfadens für die Experteninterviews zeigt Tab. 5.1.

Bei der *Auswahl der Experten* bzw. der Unternehmen wurden verschiedene Kriterien berücksichtigt. In der Wissenschaft ist nicht ganz eindeutig, wer als Experte zu bezeichnen ist. Nach Gruber (1994, S. 9) gilt als Experte eine Person, „(…) die über eine Domäne außerordentlich viel weiß, ohne notwendigerweise Ausführungskompetenzen besitzen zu müssen. Impliziert ist in der Regel, dass Erwerb von Expertise durch Praxis und Erfahrung geschieht." Liebold und Trinczek (2002, S. 33) vertreten eine ähnliche Auffassung, als Experten werden „(…) im landläufigen Sinne Sachverständige, Kenner und Fachleute bezeichnet, also Personen, die über besondere Wissensbestände verfügen". In der vorliegenden Untersuchung wird unter dem Begriff „Experte" eine Person verstanden, die eine leitende Funktion im HR innehat, als Geschäftsführer die Unternehmung leitet bzw. stark in den Rekrutierungsprozess involviert ist. Als Selektionskriterium bei den KMU wurde deren Mitarbeitendenzahl herangezogen. In Mikrounternehmen erfolgt die Personalbeschaffung primär über informelle Kanäle wie über enge persönliche Beziehungen, die aus dem Freundeskreis, der Ausbildung oder engeren privaten Kontakten abgeleitet werden (Reichwald et al. 2013, S. 133). Der Fokus wurde daher auf die kleinen und mittleren Unternehmen gelegt, die zwischen 10 und 249 Mitarbeitende

Tab. 5.1 Thematischer Aufbau des Interviewleitfadens. (Quelle: Eigene Darstellung)

Warm-up (Persönliche Vorstellung durch Experten)
Welchen Stellenwert hat das Personalwesen in Ihrem Unternehmen?
Was sind für Ihr Unternehmen die wichtigsten internen Herausforderungen und externen Trends bei der Personalbeschaffung?
Welchen Personalbedarf erwarten Sie für dieses Jahr und mit welchen Schwierigkeiten rechnen Sie bei der Stellenbesetzung?
Welche Kanäle nutzen Sie für die Personalbeschaffung und warum?
Welche Kanäle werden aus Ihrer Sicht am häufigsten von den Kandidaten genutzt bei der Stellensuche und was sind mögliche Gründe dafür?
Welche Rolle spielt Social Media Recruiting bei Ihrer Personalbeschaffung?
Cool Down (Weitere Anregungen seitens Experten)

(Vollzeitäquivalente) beschäftigen. Kontrastierend sollten ebenfalls Großunternehmen mit mehr als 250 Mitarbeitenden in das Sample aufgenommen werden. Es wurde ferner darauf geachtet, dass die Unternehmen in möglichst unterschiedlichen Branchen tätig sind, um so auch ein näherungsweises Abbild der Schweizer KMU-Landschaft zu erhalten. Insgesamt wurden Experteninterviews mit einem Mikrounternehmen, fünf kleinen Unternehmen, fünf mittleren Unternehmen sowie drei Großunternehmen in den Kantonen Bern und Aargau sowie im deutschsprachigen Teil des Kantons Freiburg geführt. Die geografische Verteilung erfolgte unter der Annahme, dass zwischen der Romandie und der Deutschschweiz bzw. innerhalb der Deutschschweiz keine markanten Unterschiede hinsichtlich der Nutzung von E-Recruiting-Kanälen bestehen. Als Durchführungsort der Experteninterviews wurde der Firmensitz der Unternehmen gewählt, denn „(…) um eine möglichst natürliche Situation herzustellen und authentische Informationen zu erhalten, finden qualitative Befragungen im alltäglichen Milieu des Befragten statt" (Fronhoff 1999).

Bevor mit der Auswertung begonnen werden konnte, mussten sämtliche aufgezeichneten Interviews transkribiert werden. Als Protokollierungstechnik wurde die *wörtliche Transkription* gewählt. Die Datenauswertung erfolgte mittels einer qualitativen Inhaltsanalyse zur systematischen Komplexitätsreduzierung. Hierfür zeigte sich eine Mischform der zusammenfassenden und strukturierenden Inhaltsanalyse als am besten passend. Ziel der strukturierenden Inhaltsanalyse ist es, „(…) bestimmte Aspekte aus dem Material herauszufiltern, unter vorher festgelegten Ordnungskriterien einen Querschnitt durch das Material zu legen oder das Material aufgrund bestimmter Kriterien einzuschätzen" (Mayring 2002, S. 115). Demgegenüber verfolgt die Technik der Zusammenfassung das Ziel, „(…) das Material so zu reduzieren, dass die wesentlichen Inhalte erhalten bleiben, durch Abstraktion einen überschaubaren Corpus zu schaffen, der immer noch Abbild des Grundmaterials ist" (Mayring 2003, S. 58). In einem ersten Schritt wurde anhand des Leitfadens mit seinen Unterfragen ein Codierleitfaden erstellt. Dieser enthielt für jede Kategorie eine Definition, eine typische Textpassage als Ankerbeispiel und Codierregeln zur Abgrenzung zwischen den Kategorien (Mayring und Fenzl 2014, S. 548). Die Kategorien wurden einerseits deduktiv aus den Schwerpunktthemen des Leitfadens gebildet und außerdem induktiv aus dem Textmaterial gewonnen. Der Codierleitfaden wurde laufend verfeinert und die Anzahl der Kodes reduziert. In einem dritten Schritt wurden dann die definierten Kodes auf das gesamte Material angewendet. Einzelne Textstellen wurden einer oder mehreren Kategorien bzw. Kodes zugeordnet, wobei auch das Trennen der Sequenzen innerhalb von Passagen notwendig war (Meuser und Nagel 1991, S. 451).

5.4.2 Ergebnisse der Untersuchung und Gestaltungsempfehlungen

5.4.2.1 Hauptergebnisse

In diesem Abschnitt werden die aus den geführten Experteninterviews gewonnenen Erkenntnisse anonymisiert aufgezeigt und die definierten Forschungsfragen beantwortet.

Welche Unterschiede im Personalbeschaffungsprozess können zwischen KMU und Großunternehmen bzw. innerhalb des KMU-Segments identifiziert werden?

„Da mache ich wirklich das, was mir in den Sinn kommt oder das, wo ich das Gefühl habe, dass es angebracht ist", fasst der Junior-Geschäftsführer der kleinen Metallbau GmbH sein Vorgehen bei der Personalbeschaffung zusammen. Die Firma verfügt über langjährige Mitarbeitende. Die Fluktuation ist dementsprechend niedrig und Neueinstellungen sind die Ausnahme. Auftragsspitzen werden mit temporären Aushilfen abgedeckt, die über Personaldienstleister eingemietet werden. Das nicht formalisierte Vorgehen ist daher auch nachvollziehbar. „Relativ rudimentär und einfach" läuft der *Prozess der Personalbeschaffung* auch bei der Inkasso AG ab. Der Personalbedarf wird vom Abteilungsleiter an den Geschäftsführer gemeldet. Nachdem entschieden wurde, ob der Bedarf genehmigt wird oder nicht, begleitet der betroffene Abteilungsleiter den ganzen Prozess. Das Inserat wird geschrieben, die offene Stelle inseriert, interessante Kandidaten werden eingeladen, ein bis maximal zwei Gespräche pro Kandidat geführt und danach wird über eine Anstellung entschieden. „(…) Sehr sehr schlank", beschreibt der Stv. Geschäftsführer den Prozess. „Es ist schon immer etwa derselbe Ablauf", meint auch der Leiter Finanzen & Administration der Firma Maschinenbau AG: „Es kommt einer und sagt, wir brauchen einen Mitarbeiter. Wir probieren nachher zu definieren, mit dem Vorgesetzten zusammen, was der Kandidat mitbringen muss, was für eine Stelle es ist, was das Anforderungsstellenprofil ist. Nachher wird ein internes Stelleninserat aufbereitet (…). Und dann geht es einfach darum, bei der Vorselektion zu schauen, bringt der Mann das mit, was wir suchen." Erfüllt ein Bewerber mindestens die definierten „Muss-Kriterien", so wird das Dossier in die suchende Abteilung weitergeleitet, wo dann der bzw. die Linienvorgesetzte bzw. Bereichsleitende die Unterlagen prüft. Mit passenden Kandidaten wird anschließend ein Vorstellungsgespräch vereinbart. Im ersten Gespräch steht das gegenseitige Kennenlernen im Vordergrund und oftmals erfolgt auch ein Betriebsrundgang.

In einem zweiten Gespräch wird dann nochmals vertieft auf die Stelle eingegangen und es werden offene Fragen wie etwa der Lohn geklärt, bevor eine Entscheidung fällt. Es kommt allerdings auch vor, dass der ganze Prozess vom Geschäftsführer betreut wird und er alleine Vorstellungsgespräche führt und über eine Anstellung entscheidet. Dieser Umstand kann durchaus ein qualitatives Merkmal einer inhabergeführten KMU darstellen, konnte allerdings aufgrund des Samples nicht weiter vertiefend beobachtet werden. Dass sich der grundlegende Personalbeschaffungsprozess in größeren Unternehmen nur punktuell von dem in kleinen Unternehmen unterscheidet, zeigt das Beispiel der Sport AG. Die HR-Leiterin beschreibt den Prozess wie folgt:

> Diese Anfragen kommen eigentlich immer zuerst zu mir vom entsprechenden Abteilungsleiter. Nachher wird aufgrund der Stellenbeschreibungen, die vorhanden sind, ein Inserat geschrieben. Dann wird Rücksprache mit dem Abteilungsleiter gehalten, um zu schauen, ob das so in Ordnung ist. Anschließend wird das ausgeschrieben. (…) Die Dossiers kommen dann laufend herein und diese werden als Erstes von mir ausgewertet. Die, die ich als passend empfinde, leite ich dementsprechend dem Abteilungsleiter weiter. Er wertet dann die Dossiers definitiv nochmals von seiner Seite aus, ob das passen könnte oder nicht, und die Leute werden dann für die Gespräche eingeladen. Beim ersten Gespräch sind der Abteilungsleiter und ich dabei. Das erste Gespräch ist meistens relativ kurz, ein Gespräch zum Kennenlernen. Man merkt relativ schnell, ob jemand auf derselben Wellenlänge ist oder nicht. Ob die Person fachlich das mitbringt, was wir erwarten und fordern, und ob die Person auch persönlich zur Firma sowie der bestehenden Abteilung oder ins Team passt. Beim zweiten Treffen kommt es zu einem „Schnuppertag" und der Entscheidung, ob es zu einem Anstellungsverhältnis kommt oder nicht.

Bei der *Organisation des Personalwesens* konnten bei den befragten Unternehmen unterschiedliche Ausprägungen festgestellt werden. Die kleinen Unternehmen verfügen ausnahmslos über keine eigene Abteilung, die für Personalfragen zuständig ist. Über den Stellenwert des Personalwesens in seinem Unternehmen äußert sich der Stv. Geschäftsführer der Inkasso AG: „Leider nicht so groß wie andere Bereiche, aufgrund der Ressourcenknappheit, die wir als KMU, kleines KMU, natürlich haben. Wir können es uns nicht leisten, eine Person zu beschäftigen, die nur Personalwesen macht und führt. Diese Person hätte vermutlich auch nicht genügend Arbeit, auch wenn wir es uns leisten könnten." In der Firma sei es zudem der Geschäftsführer, der das Personalwesen „verwalte". Dies beinhaltet hauptsächlich die administrative Abwicklung der Lohnzahlungen, Neueintritte, Kündigungen, das Erstellen der Arbeitszeugnisse sowie diverse kleinere Angelegenheiten. Das scheint eine typische Konstellation in den kleinen Betrieben zu sein. In kleinen Unternehmen ist das Personalwesen gemäß CFO der Prost AG sehr lean gehalten: „(…) so schlank wie möglich, so effizient es nur geht." Die meisten untersuchten mittleren Unternehmen zeigen ein anderes Bild. Bei der Food AG ist laut Bereichsleiterin Personal das Personalwesen folgendermaßen organisiert: „Wir sind zwei Personen, im Moment 180 Stellenprozent. Aber das werden gegen Ende Jahr wieder 200 Stellenprozent sein. Ich bin direkt am CEO angegliedert und habe noch eine Assistentin, die in der Personaladministration, aber eigentlich auch in der Rekrutierung und darüber hinaus mithilft. Wir kümmern uns zu zweit darum." Ähnlich ist das Personalmanagement auch bei der Energie AG organisiert. Die Abteilung umfasst zwei Mitarbeitende. Der Leiter HR trägt dabei die Gesamtverantwortung und die HR-Assistentin unterstützt ihn hauptsächlich bei der Personaladministration. Der Leiter HR ist selber ein wenig erstaunt, dass er ein Mitglied der erweiterten Geschäftsleitung und als Stabsstelle direkt dem CEO unterstellt ist: „Das ist vielleicht noch etwas speziell. Vielfach in dieser Größe der Unternehmung ist das HR eine Subabteilung von Finanzen und Dienstleistung oder so." Diese Aussage deckt sich auch mit den Gesamtergebnissen der Befragung. So ist beispielsweise bei der Verkehrsbetrieb AG das HR als Abteilung dem Leiter Finanzen unterstellt und bei der Firma Haushaltgeräte AG ist der Leiter Finanzen gleichzeitig Leiter HR und führt eine Doppelfunktion aus. Weiter konnte festgestellt werden, dass in mittleren Unternehmen Politikfelder wie „strategisches Personalmanagement" oder „Personalentwicklung" thematisiert wurden, was im Gegensatz dazu in den kleinen Betrieben nicht der Fall war. Dies ist vermutlich vor allem darauf zurückzuführen, dass mit zunehmender Mitarbeitendenzahl auch die Wahrscheinlichkeit steigt, dass ein Unternehmen über einen HR-Spezialisten verfügt. In der Befragung war dies bei Unternehmen ab 80 Mitarbeitenden der Fall. Diese HR-Fachleute sind dann auch eher in der Lage, zusätzliche Themen im Personalwesen abzudecken. Bei einem Vergleich der mittleren mit den großen Unternehmen konnte außerdem festgestellt werden, dass der Institutionalisierungsgrad des Personalwesens mit zunehmender Größe weiter ansteigt.

Welche internen Herausforderungen und externen Trends in der Personalbeschaffung werden von KMU identifiziert?

Die Ergebnisse zeigen, dass sich die befragten Unternehmen mit vielseitigen Herausforderungen konfrontiert sehen. Eine trennscharfe Abgrenzung in Themenbereiche gestaltet sich dementsprechend schwer. In einer groben Dreiteilung kann zwischen internen Herausforderungen, dem Fachkräftemangel sowie weiteren Zukunftsperspektiven unterschieden werden.

Interne Herausforderungen
Intern stellen die *limitierten Ressourcen* für das Personalwesen und dementsprechend für die Rekrutierung eine zentrale Herausforderung für KMU dar. Für viele Personalverantwortliche der untersuchten KMU ist bereits der Beginn der Personalbeschaffung mit Schwierigkeiten verbunden, wenn es um die Definition des Anforderungsprofils der gesuchten Mitarbeitenden geht. Dies wird von den Personalverantwortlichen oft mit einer unklaren Kommunikation seitens des betroffenen Abteilungsleitenden begründet. Eine genaue Abklärung des gesuchten Mitarbeitendenprofils zusammen mit dem Abteilungsleitenden gestaltet sich hierbei als zeitaufwendige Angelegenheit, sie ist aber für den Erfolg der Rekrutierung entscheidend. Die Leiterin Personalabteilung schildert ihre Erfahrungen bei der Verkehrsbetrieb AG: „Für mich ist manchmal schwierig, von den Vorgesetzten eine klare Aussage zu erhalten, was sie überhaupt benötigen. (…) dass man nicht einfach sagt, ich will wieder einen Gleichen wie vorher." Eine unklare Kommunikation seitens der Abteilungsleiter erschwert auch die Personalarbeit in der

Maschinenbau AG: „Das ist immer ein schwieriger Prozess bei uns, damit wir klare Definitionen erhalten, was wird eigentlich gesucht. (...) Meistens kommen sie zu uns und sagen: ‚wir suchen wieder jemanden' oder ‚wir suchen einen Kundendienstleiter oder einen Kundendienstmann, nicht einen Leiter'." Gezeigt hat sich in der Befragung, dass vor allem bei technischen Profilen das Personalwesen in den Unternehmen aufgrund fehlender Fachkenntnisse rasch an seine Grenzen stößt. Ein intensiver Austausch mit der Abteilung ist dann unabdingbar, um ein klares Anforderungsprofil erstellen zu können. Bei Unternehmen, die eher im Dienstleistungssektor tätig sind, scheint dies weniger der Fall zu sein oder wurde zumindest in den Interviews nicht explizit erwähnt. Des Weiteren ist vielfach das *Stelleninserat* Gegenstand von Diskussionen in KMU. Eine ansprechendes und zugleich realistisch geschriebenes Inserat zu verfassen, verursacht mitunter Schwierigkeiten, was sich auf die Menge und Qualität des Bewerbendenrücklaufs auswirkt. „Es ist sehr schwer, das einzugrenzen", berichtet der Personalverantwortliche der Haushaltgeräte AG und meint damit eine treffende Formulierung der Stellenanforderungen im Inserat, um möglichst passende Kandidaten anzusprechen. Schreibt er das Inserat zu spezifisch und stellt zu hohe Anforderungen, erhält er entsprechend weniger Bewerbungen. Umgekehrt kann es vorkommen, dass sich beispielsweise Sachbearbeitende auf eine Führungsstelle bewerben, da die Anforderungen zu niedrig angesetzt oder zu unklar formuliert wurden. Er nennt diese Gratwanderung „die größte Herausforderung". Auf die Wichtigkeit der sprachlichen Formulierung sowie der Gestaltung des Inserates weist der CFO der Fairo AG hin. Es hänge von den verwendeten Begriffen ab, ob sich der passende Kandidat auf eine Stelle bewerbe oder nicht. Zudem sei es zentral, mit dem Inserat den potenziellen Bewerbenden ein realistisches Bild der Stelle und der Firma zu vermitteln. Dies beinhalte auch, dass nicht nur die angenehmen, sondern unbedingt auch die mühsamen Aufgaben, z. B. repetitive Tätigkeiten, genannt werden.

Fachkräftemangel
Als externen Trend sehen die KMU vor allem den *Fachkräftemangel*. Es hat sich gezeigt, dass praktisch jedes KMU über mindestens ein Berufsbild verfügt, das nur sehr schwierig auf dem Arbeitsmarkt beschafft werden kann: „Es ist natürlich seit Jahren so, dass es schwierig ist, genau auf die Zeit oder auf den Termin an die guten Profile zu kommen. Das ist aber sicher etwas, was alle sagen würden." Mit dieser Einschätzung liegt der CFO der Prost AG richtig, wie die Untersuchung zeigt. Das Thema Fachkräftemangel ist sehr präsent in den befragten Unternehmen, und wird dennoch unterschiedlich bewertet. Der HR Business Partner der Getränke AG findet, der Fachkräftemangel „(...) hat sich extrem verschärft." Die HR-Leiterin äußert sich mit „Jein" auf die Frage, ob die Sport AG vom Fachkräftemangel betroffen sei. Zwischen diesen beiden Aussagen liegen die Antworten der restlichen befragten Unternehmen. Bei der Food AG stellt die Bereichsleiterin Personal einen Fachkräftemangel vor allem im Elektrobereich fest: „Also im handwerklichen Bereich, Leute die bereit sind, in Schicht zu arbeiten, und dann diese Voraussetzungen mitbringen. Also Elektrotechnik oder Elektromonteure oder so. Dort hatten wir eine Stelle lange offen, also sicher länger als ein Jahr, bis wir sie besetzen

konnten." Die Schwierigkeiten bei der Stellenbesetzung seien weniger auf den Lohn zurückzuführen, sondern auf den Umstand der Schichtarbeit. Die qualifizierten Kandidaten können sich ihren Arbeitgeber aussuchen und bevorzugen daher meist andere Firmen, bei denen keine Schichtarbeit geleistet werden muss. Ähnlich sieht die Situation auch bei der Verkehrsbetrieb AG aus. Die Fachspezialisten sind rar, vor allem im Elektrobereich und bei Ingenieurstellen. Treffend umreißt der Leiter Finanzen & Administration die Eigenart eines im Maschinenbau tätigen KMU wie der Maschinenbau AG:

> Wir als KMU-Betrieb haben vielfach einfach einen Mitarbeiter in einem Fachgebiet und weil wir eher national tätig sind, sollte dieser Mann dann Deutsch, Französisch, Englisch können. Er sollte gegenüber dem Kunden ein verkäuferisches Auftreten haben, sollte aber intern ein guter Projektleiter sein. (…) Und das alles in einer Person zusammenzufassen, das ist eine zusätzliche Schwierigkeit zum sonst schon geltenden Fachkräftemangel, den wir hier in Biel haben, oder was wahrscheinlich in der ganzen Schweiz so ist.

Der Fachkräftemangel ist keineswegs nur auf technische Profile beschränkt, sondern betrifft auch Fachspezialisten im IT-Bereich und tendenziell auch administrative Profile. Wie die Untersuchung und die genannten Beispiele zeigen, sind kleine bis große Unternehmen vom Fachkräftemangel betroffen. Es gibt dabei spezifische Berufsbilder, vor allem im technischen Bereich, die besonders rar sind. Einen potenziellen Wegweiser für die zukünftige Entwicklung im Thema „Fachkräfte" führt die HR-Leiterin der Sport AG an: „(…) wo ich es extrem finde, das ist schon relativ tragisch, weil es tief unten beginnt: gute Dossiers für Lehrpersonen zu erhalten. Und das ist eigentlich wirklich wie der Anfang. Das sind die jungen Talente, die wir anziehen, die später einmal die Fachkräfte sein können. Darum habe ich das Gefühl, dass es jetzt noch einigermaßen geht. Aber zukünftig denke ich, dass es ein großes Problem werden kann." Die Qualität der Lehrstellenbewerbenden sei dabei mangelhaft und es fehle an der Motivation und Begeisterung, den Beruf überhaupt erlernen zu wollen. Da die Sport AG in den Bereichen Informatik, Konstruktion, Kaufmännische Verwaltung und Logistik Lehrstellen anbietet, ist dies keineswegs ein nur auf ein spezifisches Berufsfeld bezogenes Problem. Handwerkliche Lehrstellen zu besetzen sei extrem schwierig geworden, meint auch die Leiterin Personalabteilung der Verkehrsbetrieb AG. Von weiteren Unternehmen gibt es keine Einschätzung zur Schwierigkeit bei der Besetzung von Lehrstellen, da sich diese Erkenntnis erst im Verlauf der Interviewdurchführungen gezeigt hat. In der Literatur wird oft von der „Generation Y" gesprochen, aber offenbar wird auch deren Nachfolger, die „Generation Z", die Unternehmen vor weitere neue Herausforderungen stellen, wie hier angedeutet wird.

Weitere Zukunftsperspektiven
„Trends sind natürlich, dass nicht mehr der Arbeitgeber am längeren Hebel ist, sondern der Arbeitnehmer aufgrund vom Wandel, also soziologischer, demografischer Wandel", stellt der HR Business Partner der Getränke AG fest. Auch der HR-Leiter der Energie AG teilt eine ähnliche Einschätzung: „Das ist auch eine gewisse Zeiterscheinung, dass

eigentlich ganz viele Leute wählerisch sind. Grundsätzlich stehen den Leuten viele Möglichkeiten offen." Dieser identifizierte Trend kennzeichnet erneut die grundlegende *Entwicklung von Arbeitgeber- hin zu Arbeitnehmermärkten*. Diese Entwicklung haben viele der befragten Unternehmen erkannt und auch im Interview angesprochen. Damit einher geht noch ein weiterer Aspekt, wie der HR Business Partner der Getränke AG meint: „Man muss dem Mitarbeiter etwas bieten zukünftig. Wenn man all die Studien anschaut, steht Selbstverwirklichung an oberster Stelle für die „young professionals" und die Studenten." Nicht nur das Kräfteverhältnis zwischen Arbeitgeber und Arbeitnehmenden auf dem Arbeitsmarkt verändert sich, sondern mit den jungen Personen tritt auch offensichtlich eine neue Generation in den Arbeitsprozess ein, die veränderte Ansprüche an ihren (potenziellen) Arbeitgeber stellt. Bei der Getränke AG zeigt sich dies u. a. daran, dass die Mitarbeitenden und Stellenbewerber sich vermehrt eine ausgewogene *Work-Life-Balance*, bzw. auch die Möglichkeit von Home Office wünschen. Dies ermöglicht den Mitarbeitenden eine flexiblere Einteilung der Arbeit und der Arbeitszeit und kann zu einer besseren Vereinbarkeit von Beruf und Familie beitragen und zudem als Argument in der Rekrutierung verwendet werden, wie der CFO der Fairo AG bemerkt. Die Verkehrsbetrieb AG hat viele langjährige Mitarbeiter, diese sind „(...) etwa mit 25 Jahren gekommen und werden mit 65 pensioniert." Dies wird sich nach Ansicht der Leiterin der Personalabteilung in Zukunft ändern, wenn vermehrt Mitarbeiter aus den Generationen Y und Z im Unternehmen tätig werden. Es sei zudem nur begrenzt möglich, einen Mitarbeiter überhaupt *an das Unternehmen zu binden*. Diese Erfahrung macht auch die Energie AG, die im Kundendienst viele junge Mitarbeitende als Agenten beschäftigt. Diese verfügen in der Regel über eine Berufsausbildung und im Idealfall über gewisse Berufserfahrung im Kundenservicebereich. Bereits nach zwei bis drei Jahren wollen sich diese Mitarbeitenden weiterentwickeln und beginnen beispielsweise eine Weiterbildung oder verlassen das Unternehmen wieder. Den Expertengesprächen war entnehmbar, dass sich einige Unternehmen quasi damit abgefunden haben, dass sich die jungen Mitarbeitenden nur bedingt oder gar nicht mehr dauerhaft an das Unternehmen binden lassen. Die KMU können den Mitarbeitenden nur begrenzte Karriereperspektiven bieten und sind in ihren Maßnahmen eher limitiert, wie auch der Stv. Geschäftsführer der Inkasso AG anmerkt: „(...), als kleines Unternehmen hat man dann auch nicht so viele Positionen, die, je nachdem, attraktiv sind oder wo man sich groß entwickeln kann. Die Hierarchiestufen sind auch eher flach, sodass für Personen, die sich hierarchisch weiterentwickeln möchten, je nachdem, die Möglichkeiten eher beschränkt sind bei uns." Der Teamleiter Administration der Werkzeughandel AG stellt zudem fest, dass größere Unternehmen gegenüber KMU mehr Möglichkeiten und Mittel haben, um sich nach außen zu positionieren und zu präsentieren. Die *eigene Attraktivität als Arbeitgeber* scheint bei den befragten Unternehmen durchwegs ein wichtiges Thema zu sein. Im Wettbewerb um die besten Fachkräfte agieren die KMU außerdem mit limitierten finanziellen Ressourcen. Dies erweist sich vor allem beim Kampf um Fachspezialisten als nachteilig gegenüber Großunternehmen, wie mehrere der befragten Unternehmen berichtet haben. Lohn- und standortmäßig mit einer Großunternehmung mitzuhalten sei sehr schwer, meint der Leiter HR der Energie AG betreffend seiner aktuellen Suche nach einem SAP-Spezialisten.

In welchem Ausmaß nutzen KMU in der Schweiz das E-Recruiting bzw. warum wird dieses genutzt oder nicht genutzt?

Die Kanalnutzung der befragten Unternehmen wird nachfolgend größensortiert tabellarisch dargestellt (vgl. Tab. 5.2). Berücksichtigt wurden die gängigen Rekrutierungskanäle, das heißt diejenigen, die von den Unternehmen bei der Befragung oft genannt wurden. Die Nutzungsintensität der Kanäle seitens der Unternehmen wird mit den Stufen 1 (oft) bis 4 (nie) abgebildet.

Auf den ersten Blick scheint es, als ob alle befragten Unternehmen mehr oder weniger die gleichen Kanäle für die Rekrutierung nutzten. Bei der Auswahl der Kanäle steht vor allem die *zielgruppengerechte Ansprache* im Fokus. Die Unternehmen verwenden, je nach gesuchtem Mitarbeitendenprofil, andere Kanäle. Es werden insgesamt, abhängig vom gesuchten Profil, unterschiedlich viele Kanäle parallel eingesetzt. Eine klare Differenzierung zwischen den befragten Unternehmen anhand ihrer Mitarbeitendenzahl und Kanalnutzung kann nicht vorgenommen werden. Vielmehr weisen die Beschaffungskanäle unternehmensspezifische Vorteile auf, die deren Verwendung begründen. Im Falle der Sport AG oder Food AG gibt es branchenspezifische Plattformen in Form von Online-Medien oder auch Fachzeitschriften, die in Abhängigkeit vom Mitarbeitendenprofil von den Unternehmen zum Inserieren verwendet werden. Bei der Verkehrsbetrieb AG werden beispielsweise Vakanzen für eine Stelle als Buschauffeur in den unternehmenseigenen Bussen ausgeschrieben. Die Getränke AG ist sehr präsent an Hochschulen, um die besten Absolvierenden für sich zu gewinnen. Dies sind lediglich Beispiele, die das spezifische Vorgehen der befragten Unternehmen verdeutlichen sollen. Die Unternehmen sind durchaus offen, zukünftig auch *neue Wege* der Beschaffung zu beschreiten, wie der Fall der Verkehrsbetrieb AG zeigt: „Ansonsten habe ich das Gefühl, einfach vor allem die Augen offen haben und überlegen, wo und was wir noch machen können. Ein Schild aufstellen oder was weiß ich. Glaube nicht, dass es nur die Online-Geschichten sind, ich habe das Gefühl, dass man sonst viel mehr auffallen kann. Mit anderen Dingen oder bei anderen Leuten." Die *Personaldienstleister* als Rekrutierungskanal sind bei den befragten Unternehmen von hoher Bedeutung. Tendenziell nimmt die Nutzungsintensität des Kanals Personaldienstleister jedoch mit steigender Unternehmensgröße ab. Der HR Business Partner der Getränke AG berichtet von einer hälftigen Kostenreduktion für Personaldienstleister in den letzten zwei Jahren und meint eher emotional: „Weil mir das der Stolz nicht zulässt, viel Geld auszugeben für eine Personalberatung (…).“ Die kleine Unternehmung Prost AG hingegen rekrutiert neue Mitarbeitende fast ausschließlich mit der Unterstützung von Personaldienstleistern, was durch nicht vorhandene Ressourcen im Personalwesen begründet wird. Bezüglich der Alternative, eine Person mit einer Teilzeitstelle für die Rekrutierung anzustellen, heißt es dort: „Ich bin der Meinung, mit unserer Größe funktioniert das nicht, man hat dann die Fixkosten sofort. Man muss dann wieder die Qualität auf das Niveau bringen, wie man das heute hat mit verschiedenen Partnern, mit denen wir zusammenarbeiten." Ebenfalls wegen mangelnder zeitlicher Ressourcen rekrutiert die Energie AG die Mitarbeitenden für den Kundendienst vor allem über Personaldienstleister. Der Ressourcenaspekt scheint zentral bei der Wahl

Tab. 5.2 Übersicht Kanalnutzung der Unternehmen (anonymisiert). (Quelle: Eigene Darstellung)

Größe	Unternehmen	Funktion Interviewee	Kanal					
			Personaldienstleister	Print	Privates und berufliches Netzwerk	Webseite	Jobbörsen	Social Media
Mikro	Metallbau GmbH	Junior Geschäftsführer	1	1	1	1	4	4
Klein	Informations AG	Geschäftsführer	1	3	1	4	1	4
Klein	Inkasso AG	Stv. Geschäftsführer	4	4	2	4	1	4
Klein	Werkzeughandel AG	Teamleiter Administration	1	1	1	1	1	4
Klein	Prost AG	CFO	1	4	1	4	4	4
Klein	Fairo AG	CFO & Leiter HR	1	4	1	1	1	4
Mittel	Maschinenbau AG	Leiter Finanzen & Administration	1	3	1	1	2	4
Mittel	Haushaltsgeräte AG	Personalverantwortlicher	1	4	k. A.	1	1	4
Mittel	Energie AG	Leiter HR	1	4	1	1	1	4
Mittel	Food AG	Bereichsleiterin Personal	2	2	k. A.	1	2	4
Mittel	Verkehrsbetrieb AG	Leiterin Personalabteilung	3	3	1	1	1	4
Groß	Sport AG	HR-Leiterin	2	4	k. A.	1	1	2
Groß	Tool AG	HR-Fachfrau	2	3	k. A.	4	1	2
Groß	Getränke AG	HR Business Partner	2	3	1	1	1	1

Legende: 1 = Oft; 2 = Ab und zu; 3 = Eher selten; 4 = Nie; k. A. = keine Angabe dieses Kanals. Die Großunternehmen verfügen im Gegensatz zu den meisten KMU über eine eigene Personalabteilung und daher sowohl über das fachliche Know-how als auch über zumeist genügend Ressourcen. Gemeinsam ist den untersuchten Unternehmen, dass sie bei einer verdeckten Suche Personaldienstleister in Anspruch nehmen. Dies kann z. B. der Fall sein, wenn der zu ersetzende Mitarbeiter noch im Unternehmen beschäftigt ist oder wenn aus anderen Gründen die Belegschaft von der Vakanz nichts erfahren soll. Außerdem werden Personaldienstleister von den befragten Unternehmen oft auch bei der Rekrutierung von Führungspersönlichkeiten engagiert.

Nur sehr wenige Unternehmen verwenden noch *Printmedien* für Stellenausschreibungen: „(…) die Zeitungsbeilagen mit Stellenanzeigen, da bin ich überzeugt, die werden mit der Zeit aussterben. Hat von mir aus keine Zukunft. (…) Es gibt sie zwar immer noch, aber die Anzeiger werden immer dünner." Die Einschätzung des Geschäftsführers der Informations AG steht hier stellvertretend für den Gesamttenor der Befragung. Bei der Food AG werden aber mit Zeitungsinseraten für gesuchte Mitarbeitende in der Produktion nach wie vor gute Erfahrungen gemacht. Ein Vorteil sei, dass bei der Wahl der Zeitung die Region sehr gut eingegrenzt werden kann. Außerdem könne man so auch Leute ansprechen, die noch nicht das Internet nutzen, und das Inserat könne zudem zur Imagewerbung genutzt werden. Nachteilig erweise sich allerdings, dass ein Inserat relativ teuer und nur an einem Tag publiziert sei. Im Vergleich dazu sei dies in den Online-Kanälen wie der Webseite oder Jobbörsen nicht der Fall. Der Leiter Finanzen & Administration der Maschinenbau AG sieht ebenfalls diese Nachteile und meint, die Wahrscheinlichkeit sei relativ klein, dass gerade am Erscheinungstag der passende Bewerber oder die Bewerberin die Zeitung kaufe oder lese. Zudem hat er die Erfahrung gemacht, dass über diesen Kanal viele unbrauchbare Bewerbungen eintreffen. Darunter sind viele Spontanbewerbungen von Personen, die einfach den Firmennamen in der Zeitung gesehen hätten.

Das *private und berufliche Netzwerk* wird von den befragten Unternehmen rege genutzt und im Falle einer Vakanz automatisch aktiviert. Eine erfolgreiche Vermittlung durch Mitarbeitende wird bei allen befragten Unternehmen auch mit einer kleinen Prämie belohnt, welche zwischen ein paar hundert Franken und 2000 bis 3000 Franken betragen kann. Vorteilhaft findet man bei der Energie AG, dass Weiterempfehlungen der Firma durch die Mitarbeitenden an Kollegen auch ein Zeichen seien, dass Arbeitsplatz und Arbeitgeber attraktiv sind. Die HR-Fachfrau der Tool AG stellt außerdem fest, dass die Mitarbeitenden in der Regel nur passende Kandidaten intern für eine Stelle vorschlagen. Nachteilig sei aber, dass man die Empfehlenden nur ungern enttäuschen möchte, wenn der vorgeschlagene Freund oder die Bekannte doch nicht auf eine Stelle passen sollte. Festgestellt werden konnte, dass vor allem bei den KMU, die im technischen Bereich und oft auch in einer Nische tätig sind, das berufliche Netzwerk eine große Bedeutung für die Suche nach Fachspezialisten hat. Insgesamt scheint das private und berufliche Netzwerk von den Unternehmen als ergänzender Kanal zu sonstigen Rekrutierungsbemühungen eingesetzt zu werden.

Das *E-Recruiting* wird von den KMU intensiv genutzt, wie die Ergebnisse zeigen. Hierbei gibt es mit der Webseite und den Jobbörsen auch eindeutig favorisierte Kanäle der KMU. Die Gründe, weshalb KMU das E-Recruiting forciert nutzen, sind vielfältig. Bei den *Jobbörsen,* und hier vornehmlich bei jobs.ch, schätzen die KMU vor allem die im Gegensatz zur eigenen Webseite große Reichweite. jobs.ch ist die meistbesuchte Jobbörse bei Stellensuchenden und auch die eher wenig bekannten KMU profitieren so von der großen Anzahl an potenziellen Bewerbenden. Die HR-Leiterin der Sport AG ist der Meinung, dass bei der Personalsuche in der Deutschschweiz zwingend jobs.ch genutzt werden sollte. Vorteilhaft sei, dass jobs.ch diverse Partnerplattformen wie Alpha oder Topjobs unterhalte. So sei, je nach Stelle, auch eine zielgruppengenaue Ansprache möglich. Des Weiteren sind die Kosten ein wichtiger Faktor für die Wahl der E-Recruiting-Kanäle. Viele der befragten Unternehmen verfügen über Pakete à 20 oder 30 Inserate bei jobs.ch. Das Inserieren auf diesem Jobboard kostet die KMU daher nur wenige hundert Franken, wohingegen die Inanspruchnahme eines Personaldienstleisters oder ein Printinserat ein Vielfaches kosten würde. Der Stv. Geschäftsführer der Inkasso AG sieht die Hauptvorteile bei jobs.ch in der einfachen Handhabung, der Geschwindigkeit beim Aufschalten eines Inserates, der Publikationsdauer von 30 Tagen sowie in der Erreichbarkeit und Reichweite. Die HR-Leiterin der Sport AG weist auf einen kritischen Aspekt hin, wonach sich Stellensuchende aufgrund der Vielzahl ausgeschriebener Stellen bei den großen Jobbörsen extrem schnell verlieren können. Andere Experten haben außerdem erwähnt, dass man mit jobs.ch zwar sehr schnell Bewerbungen erhält, aber dafür sei auch die Hemmschwelle von nicht passenden Stellensuchenden geringer, eine Bewerbung abzuschicken, was zu höherem Selektionsaufwand führe.

Weiterhin kann festgestellt werden, dass die Nutzungsintensität der *Webseite* zur Online-Rekrutierung mit steigender Unternehmensgröße zunimmt. Bei mehreren kleinen Unternehmen wird die Webseite gar nicht als Rekrutierungskanal eingesetzt. Die Gründe sind meist dieselben, wie sie das Beispiel der Inkasso AG zeigt: „(…) unsere Webseite ist eher statisch und wird wenig jetzt gepflegt. Der Pflegebedarf von den Informationen, also von den Produktinformationen, ist eher gering, sodass wir… dann die Webseite auch nicht groß pflegen, was das anbetrifft, und insofern pflegen wir das auch nicht, wenn wir eine Vakanz haben." Der Geschäftsführer der Informations AG meint dazu, dass es sich bei der unternehmenseigenen Webseite lediglich um eine oberflächliche „Infopage" handle und man habe sich bis jetzt nicht nach außen präsentiert. Er möchte dies demnächst aber im Rahmen eines internen Projektes ändern. Unter anderem sollen Bilder der Mitarbeitenden und Videos in der neuen Webseite integriert und künftig auch offene Stellen aufgeschaltet werden. Er stellt zudem fest, dass ein Wertewandel bei den jungen Personen beobachtbar sei und nicht mehr nur die „nackte Stelle" eine Rolle spiele. Es sei daher sinnvoll, diese Zielgruppe über eine dies berücksichtigende Webseite anzusprechen. Bei der Prost AG liegt eine strategische Entscheidung vor, den Webseiten-Kanal zur Rekrutierung nicht zu nutzen, obwohl eine ansprechende Webseite vorhanden wäre. Vor allem bei den mittleren und größeren Unternehmen stellt die Webseite eine Art Grundkanal dar und es werden alle offenen Vakanzen dort aufgeschaltet. „Bei der Homepage gibt es eigentlich keinen Nachteil. Das ist nur ein Vorteil für mich", äußert sich die Expertin der Food AG über diesen Kanal. Auch für die Sport AG sieht die HR-Leiterin einen wichtigen Vorteil in diesem Kanal: „Leute, die sich bei uns bewerben, weil sie explizit bei uns arbeiten kommen möchten, das sind die Leute, die direkt auf die Homepage gehen." Sie kann sich vorstellen, dass es auch ein Nachteil sein kann, wenn das Unternehmen viele Stellen ausgeschrieben habe. Dies könnte bei potenziellen Bewerbenden oder bei Konkurrenten Fragen aufwerfen, weshalb das Unternehmen so viele offene Stellen habe, was sich so negativ auf das Image auswirken könne. Insgesamt scheint die Webseite einen sehr wichtigen und auch effizienten Kanal für Unternehmen darzustellen, die über eine gewisse Bekanntheit verfügen, sei dies branchenintern oder national. Auch für kleinere Unternehmen kann dieser Kanal sehr kostengünstig sein. Allerdings wird deren Webseite aufgrund des geringen Bekanntheitsgrades offenbar nicht so häufig von Stellensuchenden direkt aufgerufen. In Bezug auf die Gestaltung der Webseite besteht die Gefahr, dass eine vernachlässigte Seite eher Bewerbende abschreckt als diese anzuziehen. Einige der befragten Unternehmen haben die Webseite bereits für mobile Endgeräte optimiert, aber noch nicht alle. Es wurde erkannt, dass viele Bewerbende auch via Smartphone oder Tablet die Webseite der Unternehmen besuchen. Hinsichtlich des Inhalts bzw. des Informationsgehalts der Webseite für potenzielle Bewerbende haben sich die Unternehmen unterschiedlich geäußert. Vor allem bei den kleinen Unternehmen sind zumeist lediglich Basisinformationen wie ein kurzes Porträt des Unternehmens aufgeschaltet. Einen höheren Informationsgehalt für potenzielle Bewerbende weisen viele Webseiten der mittleren und großen Unternehmen auf, da dort das Unternehmen auch als Arbeitgeber vorgestellt wird. Festgestellt werden konnte auch, dass fast bei allen Unternehmen keine Bilder der Mitarbeitenden oder Videos, z. B. in Form einer Firmenpräsentation, vorhanden sind.

Die intensive Nutzung der E-Recruiting-Kanäle ist unter anderem darauf zurückzuführen, dass sich die KMU dem veränderten Mediennutzungsverhalten der Stellensuchenden anpassen, die heute weitgehend im Internet auf Jobsuche gehen. *Social Media* werden trotzdem seitens der kleinen und mittleren Firmen aus verschiedenen Gründen nicht genutzt. Die aktuelle Präsenz der KMU auf Social Media fasst das Beispiel der Maschinenbau AG sehr gut zusammen: „Also wir als Firma haben einen Facebook Account, wir haben einen XING-Account, wir haben einen LinkedIn Account. Wenn ich jetzt aber fragen gehe, wer das Passwort noch weiß, dann hätten wir bereits das erste Problem." Der Hintergrund dazu ist, dass die Webseite der Maschinenbau AG vor gut einem Jahr erneuert wurde und die zuständige Firma meinte, man müsse unbedingt eine Verlinkung zu den Social-Media-Plattformen auf der Webseite hinterlegen, ohne dass dies danach weiterverfolgt wurde. Die fehlende Zuständigkeit ist eine zentrale Ursache, weshalb die meisten befragten Unternehmen ihre bereits erstellten Profile auf den verschiedenen Plattformen nicht nutzen. Es gibt aber auch Unternehmen wie die Fairo AG oder Food AG, die aktiv bei Facebook oder YouTube präsent sind. Allerdings werden dort Themen rund um die eigenen Produkte behandelt und die Kanäle werden nicht für die Rekrutierung eingesetzt. Ein positives Beispiel für die Nutzung des Social-Media-Kanals ist das Großunternehmen Sport AG, deren HR-Leiterin feststellt: „Die Sport AG ist präsent und zwar auf Facebook, YouTube, XING und Kununu. (…), von dem her eigentlich breit gefächert im Prinzip." Ebenfalls wird „Yousty" genutzt, eine Art Facebook für Lehrlinge, respektive für Lehrstellen. Auf der Facebook-Seite wird regelmäßig der Link zum Stellenportal der Webseite gepostet. Auf YouTube finden sich Videos im Zusammenhang mit den Produkten von Sport AG. XING und Kununu werden noch nicht so lange genutzt, daher sei noch unklar, wie diese für Rekrutierung eingesetzt werden könnten. Eine Anstellung konnte bisher aufgrund von Social Media allerdings noch nicht generiert werden. Die befragten Großunternehmen bewirtschaften ihre Social Media Accounts aber ansonsten nicht sehr aktiv und unterscheiden sich damit in diesem Sample kaum von den KMU. Insgesamt ist seitens der KMU eine skeptische Grundhaltung gegenüber Social Media feststellbar. Fehlende Ressourcen in Form von Zeit und Geld sind dabei der Haupthinderungsgrund für die Nutzung. Des Weiteren ist häufig das notwendige Knowhow bei den Personalverantwortlichen nicht verfügbar. Außerdem befürchten viele der KMU, bei einem unprofessionellen Auftritt einen möglichen Imageschaden. Das Gros der Experten ist sich einig, dass Social Media ein Trend sei, der bei der Rekrutierung aber vermutlich erst in den nächsten Jahren an Relevanz gewinnen wird.

Gibt es für KMU Besonderheiten beim Einsatz von E-Recruiting (z. B. Kanalnutzung)?

In den Rahmenbedingungen der KMU begründete Besonderheiten beim Einsatz von E-Recruiting konnten klar festgestellt werden. Social Media werden von den kleinen und mittleren Unternehmen überhaupt nicht für die Rekrutierung eingesetzt. Demgegenüber stellen die Webseite und die Jobbörsen die mit Abstand beliebtesten Kanäle der KMU dar. Innerhalb des KMU-Segments gibt es Unterschiede dahin gehend, dass die Webseite von kleinen Unternehmen weniger oft für die Rekrutierung eingesetzt wird als dies bei den mittelgroßen Unternehmen der Fall ist. Dies ist darauf zurückzuführen, dass oftmals die Webseite bei den kleinen Unternehmen nur einer oberflächlichen Außendarstellung dient. Hingegen publizieren mittelgroße Unternehmen häufig all ihre Vakanzen auf der unternehmenseigenen Webseite. Hinsichtlich der Jobbörsen ist in der Schweiz jobs.ch ganz klarer Marktführer und wird von den KMU fast ausschließlich benutzt. Bei der Suche nach spezifischen Profilen (z. B. Führungspositionen oder Fachspezialisten) wird teilweise auch in spezialisierten Jobbörsen inseriert, dabei werden häufig die Angebote, bzw. Partnerplattformen von jobs.ch genutzt.

Was sind, vor dem Hintergrund von Online-Entwicklungstrends, Gestaltungsperspektiven beim E-Recruiting für KMU in der Zukunft?

Die Untersuchung konnte gewisse Defizite bei den KMU feststellen, mit deren Beseitigung zukünftig ein erfolgreicheres E-Recruiting betrieben werden kann. Die abgeleiteten Gestaltungsperspektiven beinhalten Maßnahmen, welche die Webseite, das Employer Branding, die Inserate sowie den Aufbau von Know-how im Bereich Social Media umfassen. Vertiefend wird auf diese Empfehlungen im nächsten Abschn. 5.4.2.2 eingegangen.

5.4.2.2 Gestaltungsempfehlungen für KMU

Wie in der vorliegenden Untersuchung aufgezeigt werden konnte, weisen die kleinen und mittleren Unternehmen beim E-Recruiting noch Verbesserungspotenzial auf. Unter Berücksichtigung der in KMU zumeist knappen personellen und finanziellen Ressourcen als essenzieller Rahmensetzung werden nachfolgend, nicht abschließend, einige pragmatische Gestaltungsempfehlungen zur Optimierung des E-Recruiting abgeleitet.

5.4.2.2.1 Webseite

Optimierung für mobile Geräte
Die Hälfte der Webseiten der befragten Unternehmen sind nicht optimiert für mobile Geräte. Die Analyse legt nahe, dass sich dies so oder noch problematischer bei allen Schweizer KMU verhält (siehe auch Abschn. 5.3.3.1). Die führenden Unternehmen der Internet-Branche wie Facebook und Google zeigen, wohin der Weg in Bezug auf die Netz-Mobilität zukünftig führt: „Da immer mehr Menschen Mobilgeräte für den Zugriff auf das Internet verwenden, müssen sich unsere Algorithmen diesen Nutzungsgewohnheiten anpassen" (Google Webmaster Central Blog 2015b). Unternehmen, die ihre Webseite nicht für mobile Geräte (Smartphones, Tablets) anpassen, erhalten im Google-Index ein schlechteres Ranking und werden so abgestraft. Das veränderte Suchverhalten der Stellensuchenden und weitergehende Vorteile einer für mobile Geräte optimierten Webseite (vgl. Abschn. 5.3.3.1) sprechen gleichsam für mobile Versionen der Webseite auch bei KMU. Hierbei kann ein Leitfaden von Google zur Optimierung der Webseite Hilfestellung liefern (Google, Leitfaden für Mobilgeräte 2015a), sofern die Umsetzung nicht durch Dritte erfolgt.

Inhalt und Gestaltung der Webseite (Bilder und Videos)
In den Interviews haben einige der Experten darauf hingewiesen, dass die unternehmenseigene Webseite Verbesserungspotenzial aufweist. Dies betrifft den Informationsgehalt, der sich potenziellen Bewerbenden beim Besuch der Webseite bietet, sowie die allgemeine Gestaltung bzw. das Layout der Seite. Insbesondere die kleinen Unternehmen verfügen häufig nur über eine rudimentär ausgestaltete Webseite. Beinahe alle befragten KMU nutzen jedoch wie die Großunternehmen Jobbörsen zur Ausschreibung offener Stellen. Die Rolle und Bedeutung der Webseite im Prozess der Personalbeschaffung wird allerdings von vielen KMU unterschätzt. Sieht ein Stellensuchender ein interessantes Online-Inserat, besucht er in der Regel immer auch die Webseite des Unternehmens, um sich weiter zu orientieren. Die Webseite muss als vielfach erster Einblick in ein Unternehmen potenziellen Bewerbenden systematisch und schnell, das heißt transaktionskosteneffizient, einen aussagekräftigen positiven Eindruck des möglichen KMU-Arbeitgebers vermitteln. Bei einer guten Webseite wird dabei durchgängig das Corporate Design des Unternehmens verwendet, die offenen Stellen sind mit einem oder wenigen Klicks von der Startseite aus erreichbar und das Unternehmen stellt sich als Arbeitgeber vor. Von besonderer Bedeutung und mit hohem Wirkungspotenzial bei der Entscheidungsfindung für eine Bewerbung scheinen visuelle Impressionen in Form von Mitarbeitendenfotos und authentischen Firmenvideos, die mit verhältnismäßig geringem Kostenaufwand in Webseiten integriert werden können und vor allem auf der emotionalen Ebene ansetzen.

5.4.2.2.2 Employer Branding

Kununu
Das Employer Branding ist bei den befragten Unternehmen in der Regel zwar ein wichtiges Thema, aber es wird aktuell zumeist nur wenig aktiv unternommen, um sich als attraktiver Arbeitgeber zu präsentieren. Die Vorteile einer Beschäftigung bei einem KMU gegenüber

einer Tätigkeit in einem Großunternehmen wie breite Aufgabengebiete, mehr Verantwortung oder schnelle und unkomplizierte Entscheidungswege werden in der Regel nicht thematisiert. Stellensuchende nutzen im Rahmen einer Arbeitgeber-Recherche nicht nur die Webseite, sondern generell das Internet, um zu günstigen Transaktionskosten möglichst auch an „Insider"-Informationen zu gelangen. Das Arbeitgeber-Bewerbungsportal „Kununu" setzt hier an und bietet ehemaligen oder aktuellen Mitarbeitenden von Unternehmen die Möglichkeit, ihren Arbeitgeber zu bewerten. Bewertet werden dabei u. a. Arbeitsatmosphäre, Kollegenzusammenhalt, Vorgesetztenverhalten oder Gehalt und Sozialleistungen. Potenziellen Bewerbenden helfen die Bewertungen, sich ein erstes, wenngleich auch subjektives Bild eines potenziellen Arbeitgebers zu verschaffen. Für KMU hat die Präsenz auf einem stark frequentierten Bewertungsportal wie Kununu, das auch die Auffindbarkeit bei Google erhöht, ein großes Potenzial für den Arbeitgebermarkenaufbau und eine Bekanntheitssteigerung. In der Schweiz weist Kununu aktuell 82.000 Bewertungen für 20.000 Unternehmen auf (Kununu 2015). Eine Präsenz auf der Kununu-Plattform könnte für viele KMU ein erster einfacher und kostengünstiger Schritt in die Social Media-Welt darstellen. Bewertungsplattformen wie Kununu werden in Zukunft wohl auf alle Fälle auch im Bereich der Online-Rekrutierung weiter an Bedeutung gewinnen und sollten von KMU mit genutzt werden. In Bezug auf Kununu beschränkt sich der Initialisierungsaufwand für ein Unternehmen auf ca. drei Stunden. Da das Profil nicht täglich gepflegt werden muss, fällt der monatliche Aufwand mit ungefähr ein bis zwei Stunden gering aus. Die Kosten von derzeit monatlich 400 EUR für einen Firmenaccount bewegen sich ebenfalls in einem Rahmen, der auch von vielen KMU getragen werden kann.

Werbeanzeigen Facebook
Es gibt für KMU eine Möglichkeit, Facebook als in der Schweiz beliebtestes soziales Netzwerk auch ohne eigene Fanpage für das Recruiting bzw. im Sinne des Employer Brandings zu nutzen. Dafür eignet sich die Anzeigenwerbung, die auf Facebook geschaltet werden kann. Ziel ist es, die Nutzer durch einen Klick auf die Anzeige auf eine vordefinierte Ziel-URL (Webseite oder Karriereportal) umzuleiten. Die Anzeigewerbung kann anhand verschiedener soziodemografischer Kriterien wie Alter, Geschlecht, Wohnort oder sogar Beruf auf die Zielgruppe hin zugeschnitten werden. Die Kosten lassen sich individuell auf das Budget einer KMU ausrichten, da das Mindestbudget lediglich einen Franken beträgt. Wichtig ist dabei auch die Tatsache, dass so gut wie jede Berufsgruppe in der immer noch wachsenden Facebook-Community vertreten ist, was gemäß der befragten Unternehmen beim Netzwerk XING nicht der Fall ist. Ein Facebook-Werbekonto kann über das private oder das geschäftliche Facebook-Profil erstellt werden. Anschließend kann die Kampagne innerhalb von ein paar Minuten erstellt werden. Die Handhabung ist relativ einfach und Facebook stellt hierfür auch eine Anleitung zur Verfügung.

5.4.2.2.3 Know-how – Social Media
Das Gros der befragten Experten hat angegeben, nur über ein sehr begrenztes Wissen bezüglich der Social-Media-Kanäle zu verfügen (vgl. insbesondere Abschn. 5.4.2.1). Es ist daher zumeist unklar, wie diese Kanäle für die Rekrutierung oder für das Employer Branding genutzt werden können. Angesichts der zunehmenden Relevanz des Social-Media-Kanals

bei Rekrutierungen knapper Zielgruppen auf dem Arbeitsmarkt sollten auch KMU auf Basis von Kosten-Nutzen-Abwägungen ein Social-Media-Engagement über Werbeanzeigen hinaus prüfen. Selbst wenn man nicht aktiv auf den Kanälen präsent ist, so ist es doch essenziell, die sozialen Interaktionsmöglichkeiten und denkbare Suchprozesse von potenziellen Mitarbeitenden zu kennen und zu verstehen. Hierfür kann zunächst niederschwellig über eine in der Regel kostengünstige Seminarteilnahme, z. B. bei einem Branchenverband, ein Basiswissen aufgebaut werden, das eine fundierte Entscheidung über ein Social-Media-Engagement respektive Nicht-Engagement erlaubt.

5.5 Schlussbemerkung

Die aus den erhobenen Daten gewonnenen Erkenntnisse decken sich zum großen Teil mit den Erkenntnissen der theoretisch-konzeptionellen Analyse. Eine Ausnahme hiervon bildet der Bereich „Social Media". Frühere nicht KMU-fokussierte Studien hätten vermuten lassen, dass Social Media zwar im Vergleich zu den Jobbörsen oder der eigenen Webseite von den KMU weniger genutzt werden, ihnen aber dennoch eine gewisse Bedeutung beigemessen wird. Dass der Social-Media-Kanal im untersuchten Sample derart unbedeutend ist und derzeit noch sehr kritisch gesehen wird, war nicht zu erwarten. Da Trendstudien zur Internetnutzung oftmals von Rekrutierungsdienstleistern durchgeführt werden, sollten deren Prognosen, zumindest im KMU-Kontext, kritisch hinterfragt werden. So konnte auch der propagierte Trend zum Mobile Recruiting von keinem der befragten Experten bestätigt werden. Die aufgezeigten exemplarischen Gestaltungsperspektiven, wie die KMU zukünftig den Erfolg des E-Recruitings auch mit eingeschränktem Know-how kosteneffizient und realisierbar steigern können, tragen den üblicherweise gegebenen Restriktionen von KMU Rechnung. Angesichts der geringen Zahl empirischer Untersuchungen zum E-Recruiting von KMU in der Schweiz und der hohen Entwicklungsdynamik im Thema, wären für die Zukunft weitere vertiefende und primär auch quantitative Studien wünschenswert. Vor allem in Bezug auf die Nutzung des Social-Media-Kanals scheint hier noch, angesichts vieler offener Fragen, ein hohes Forschungspotenzial zu bestehen. Ein Aspekt, der in der vorliegenden Untersuchung ganz ausgeklammert wurde, sind Chancen und Risiken neuer KMU-zentrierter Geschäftsmodelle für die derzeitigen Rekrutierungsdienstleister, die vielfach selber auch dem KMU-Segment angehören. Auch hier scheinen vertiefende Analysen für die Zukunft noch sehr vielversprechend.

Literatur

Ackermann, K.-F., & Blumenstock, H. (1993). Personalmanagement in mittelständischen Unternehmen – Neubewertung und Weiterentwicklungsmöglichkeiten im Lichte neuer Forschungsergebnisse. In K.-F. Ackermann & H. Blumenstock (Hrsg.), *Personalmanagement in mittelständischen Unternehmen* (S. 3–69). Stuttgart: Schäffer-Poeschel.

Albert, G. (2008). *Betriebliche Personalwirtschaft* (9. Aufl.). Herne: Neue Wirtschafts-Briefe.

Back, A., Gronau, N., & Tochtermann, K. (2012). *Web 2.0 und Social Media in der Unternehmenspraxis. Grundlagen, Anwendungen und Methoden mit zahlreichen Fallstudien* (3. Aufl.). München: Oldenbourg Verlag.
Barber, A. (1998). *Recruiting employees: Individual and organizational perspectives* (Bd. 8). Thousand Oaks: Sage Publications.
Bärmann, F. (2012). *Social Media im Personalmanagement. Facebook, Xing, Blogs*, Mobile Recruiting und Co. erfolgreich umsetzen. Heidelberg: MITP-Verlag.
Beck, C. (2008). *Personalmarketing 2.0. Vom Employer Branding zum Recruiting.* Neuwied: Hermann Luchterhand Verlag.
Becker, M. (2010). *Personalwirtschaft: Lehrbuch für Studium und Praxis.* Stuttgart: Schäffer-Poeschel.
Beechler, S., & Woodward, I. C. (2009). The global "war for talent". *Journal of International Management, 15*(3), 273–285.
Berthel, J. (2000). *Personal-Management: Grundzüge für Konzeption betrieblicher Personalarbeit* (6. Aufl.). Stuttgart: Schäffer Poeschel.
Berthel, J., & Becker, F. (2013). *Personal-Management* (10. Aufl.). Bielefeld: Schäffer-Poeschel.
BFS. (2014). Internetnutzung in den Schweizer Haushalten 2014. Medienmitteilung, Neuenburg.
Brenner, D. (2003). *Neue Mitarbeiter suchen, auswählen, einstellen.* Münschen: Hermann Luchterhand Verlag.
Bröckermann, R. (2009). *Personalwirtschaft: Lehr- und Übungsbuch für Human Resource Management* (5. Aufl.). Stuttgart: Schäffer-Poeschel.
Bröckermann, R. (2014). *Prüfungstraining Personalwirtschaft: Repetitorium, Aufgaben, Klausuren.* Stuttgart: Schäffer-Poeschel.
Busemann, K., & Gscheidle, C. (2011). Web 2.0: Aktive Mitwirkung verbleibt auf niedrigem Niveau. *Media Perspektiven, 7*(8), 360–369.
Däfler, M.-N. (2014). Sieben Thesen zu Social Media (Recruiting). In R. Dannhäuser (Hrsg.), *Praxishandbuchs Social Media Recruiting* (S. V–IX). Stuttgart: Springer-Gabler.
Dannhäuser, R., & Chikato, D. (2014). Zünden Sie mit XING Ihren Recruiting-Turbo! In R. Dannhäuser (Hrsg.), *Praxishandbuch Social Media Recruiting: Experten Know-how/Praxistipps/Rechtshinweise* (S. 19–90). Wiesbaden: Springer Gabler.
Die Welt. (kein Datum). welt.de, http://www.welt.de/wirtschaft/article139811260/Google-bestraft-Seiten-ohne-Mobil-Optimierung.html. Zugegriffen: 26. Mai 2015.
Drumm, H. (2008). *Personalwirtschaft* (6. Aufl.). Berlin: Springer.
Facebook. (2015). Company info. http://newsroom.fb.com/company-info/. Zugegriffen: 18. Mai 2015.
Festing, M., Dowling, P., Weber, W., & Engle, A. (2011). *Internationales Personalmanagement.* Wiesbaden: Springer Gabler.
Flick, U. (1995). *Qualitative Forschung. Theorie, Methoden, Anwendung in Psychologie.* Reinbek bei Hamburg: Rowohlt.
Fröhlich, W., & Holländer, K. (2004). Personalbeschaffung und -akquisition. In E. Gaugler, W. Oechsler, & W. Weber (Hrsg.), *Handwörterbuch des Personalwesens* (3. Aufl., S. 1403–1419). Stuttgart: Schäffer-Poeschel.
Fronhoff, C. (1999). Das Interview. http://www.info-sozial.de/data/Interview.html. Zugegriffen: 26. Mai 2015.
Fueglistaller, U., & Wiedmann, T. (2003). New trends in business management theory consequences for SME. In T. Wiedmann (Hrsg.), *Neue Trends in der Managementlehre Konsequenzen für KMU.* Stuttgart: Steinbeis-Edition.
Gläser, J., & Laudel, G. (2010). *Experteninterviews und Qualitative Inhaltsanalyse* (4. Aufl.). Wiesbaden: VS Verlag.
Google. (2013). *Unser mobiler Planet: Schweiz. Der mobile Nutzer.*

Google. (2015a). Leitfaden für Mobilgeräte. https://developers.google.com/webmasters/mobile-sites/get-started/?utm_source=wmc-blog&utm_medium=referral&utm_campaign=mobile-friendly. Zugegriffen: 28. Mai 2015.

Google. (2015b). Webmaster Central Blog. http://googlewebmastercentral.blogspot.de/2015/02/finding-more-mobile-friendly-search.html. Zugegriffen: 28. Mai 2015.

Grothe, M. (2014). Warum Branding und Recruiting auf Facebook? In R. Dannhäuser (Hrsg.), *Praxishandbuch Social Media Recruiting: Experten Know-how/Praxistipps/Rechtshinweise* (S. 127–177). Wiesbaden: Springer-Gabler.

Gruber, H. (1994). *Expertise. Modelle und empirische Untersuchungen.* Opladen: Westdeutscher Verlag.

Habersaat, M., Schönenberger, A., & Weber, W. (2001). *Die KMU in der Schweiz und in Europa.* Bern: Staatssekretariat für Wirtschaft (Bern).

Hagen, A. (2011). Personalmarketing – Rekrutierung von Nachwuchskräften in deutschen Unternehmen. In K. W. Jost & W. Kramer (Hrsg.), *Wismarer Schriften zu Management und Recht* (Bd. 60). Bremen: Europäischer Hochschulverlag.

Hamel, W. (2006). Personalwirtschaft. In C. Pfohl (Hrsg.), *Betriebswirtschaftslehre der Mittel- und Kleinbetriebe. Größenspezifische Probleme und Möglichkeiten zu ihrer Lösung* (4. Aufl., S. 233–260). Berlin: Schmidt.

Helmreich, A.-C. (2014). ABSOLVENTA Jobnet. Infografik: Generation Y – Junge Talente rekrutieren: https://www.jobnet.de/news/infografik-generation-y

Hewitt Associates. (2010). *Arbeitgeber Attraktivität – Employer Branding und Talent Supply 2010.*

Heybrock, H., Kreuzhof, R., & Rohrlack, K. (2010). *Personalmanagement in kleinen und mittleren Unternehmen.* Flensburg: Hampp.

Huber, A. (2011). *Personalmanagement.* München: Vahlen.

Hubschmid, E. (2012). *Shaping efficient employer branding strategies to target generation Y: A cross-National Perspective on Recruitment Marketing.* Bern: Lang.

Hungenberg, H. (2014). *Strategisches Management in Unternehmen: Ziele – Prozesse – Verfahren* (8. Aufl.). Wiesbaden: Springer-Gabler.

Hutter, T. (2013). Facebook: Graph Search für Stellensuchende und Recruiter. http://www.thomashutter.com/index.php/2013/07/facebook-graph-search-fur-stellensuchende-und-recruiter/. Zugegriffen: 18. Mai 2015.

Immerschitt, W., & Stumpf, M. (2014). *Employer Branding für KMU.* Wiesbaden: Springer Fachmedien.

Jäger, W., & Meurer, S. (Hrsg.). (2013). *Human Resources im Internet 2012: Bewertung der HR-Websites bedeutender deutscher Arbeitsgeber [Kindle Edition]* (8. Aufl.). Wiesbaden: Hochschule RheinMain.

Jung, H. (2008). *Personalwirtschaft* (8. Aufl.). München: Oldenbourg Wissenschaftsverlag.

Kägi, W., Morlok, M., & Braun, N. (2011). Fachkräftemangel und Migration. *Die Volkswirtschaft Das Magazin für Wirtschaftspolitik, 84*(12), 17–20.

Kasper, H., & Mayrhofer, W. (Hrsg.). (2009). *Personalmanagement – Führung – Organisation* (4. Aufl.). Wien: Linde.

Kay, R., & Richter, M. (2010). *Fachkräftemangel im Mittelstand: Was getan werden muss.* Abteilung Wirtschafts- und Sozialpolitik der Friedrich-Ebert-Stiftung.

Knapp, E. (2010). *Rekrutierungsmanagement: Erfolgreiche Mitarbeitergewinnung für Unternehmen.* Berlin: Schmidt.

Kununu. (2015). Häufige Pressefragen. http://www.kununu.com/info/fragen. Zugegriffen: 2. Juni 2015.

Lamnek, S. (2005). *Qualitative Sozialforschung* (4. Aufl.). Weinheim: Beltz.

Liebold, R., & Trinczek, R. (2002) Experteninterview. In S. Kühl & P. Strodtholz (Hrsg.), *Methoden der Organisationsforschung. Ein Handbuch* (S. 33–71). Reinbek: RoRoRo.

Mayring, P. (2002). *Einführung in die qualitative Sozialforschung* (5. Aufl.). Weinheim: Beltz.
Mayring, P. (2003). *Qualitative Inhaltsanalyse. Grundlagen und Techniken.* Weinheim: Beltz.
Mayring, P. (2007). Generalisierung in qualitativer Forschung. *Forum Qualitative Sozialforschung,* 8(3), 3–7.
Mayring, P., & Fenzl, T. (2014). Qualitative Inhaltsanalyse. In N. Baur & J. Blasius (Hrsg.), *Handbuch Methoden der empirischen Sozialforschung* (S. 543–556). Wiesbaden: Springer VS.
Meuser, M., & Nagel, U. (1991). *Experteninterviews – vielfach erprobt, wenig bedacht, ein Beitrag zur qualitativen Methodendiskussion.* Wiesbaden: Opladen.
Mülder, W. (2003). Einsatz von Workflow-Management-Systemen bei der Personalrekrutierung. In U. Konradt & W. Sarges (Hrsg.), *E-Recruitment und E-Assessment: Rekrutierung, Auswahl und Beurteilung von Personal im Inter- und Intranet* (S. 83–103). Göttingen: Hogrefe.
Nicolai, C. (2009). *Personalmanagement* (2. Aufl.). Stuttgart: Lucius & Lucius Verlagsgesellschaft.
Oechsler, W. (2011). *Personal und Arbeit: Grundlagen des Human Resource Management und der Arbeitgeber-Arbeitnehmer-Beziehungen* (9. Aufl.). München: Oldenbourg Wissenschaftsverlag.
Oechsler, W., & Paul, C. (2015). *Personal und Arbeit: Einführung in das Personalmanagement* (10. Aufl.). Berlin: De Gruyter.
Olfert, K. (2008). *Personalwirtschaft* (14. Aufl.). Neckargemünd: Neue Wirtschafts-Briefe.
Online-Recruiting.net. (2015). Social Media Recruiting Studie_2015. Auwertung Schweiz.
Palfrey, J., & Gasser, U. (2013). *Born digital: Understanding the first generation of digital natives.* New York: Basic Books.
Pastowsky, M. (2011). Innovationspotenziale und Nutzenaspekte Sozialer Netzwerke für die Personalarbeit. In M. Klaffke (Hrsg.), *Personalmanagement von Millennials* (S. 53–75). Wiesbaden: Gabler Verlag.
Picot, A. (1991). Ökonomische Theorien der Organisation – Ein Überblick über neuere Ansätze und deren betriebswirtschaftliches Anwendungspotential. In D. Ordelheide, B. Rudolph, & E. Büsselmann (Hrsg.), *Betriebswirtschaftslehre und Ökonomische Theorie* (S. 143–172). Stuttgart: C. E. Poeschel Verlag.
Pratsch, H. (2007). *E-Recruiting - ein Instrument zur Optimierung der Personalauswahl. Dissertation.* Dissertation, Leuphana Universität Lüneburg, Lüneburg.
Prospective Media Services (2012). Mobile Recruiting in der Schweiz immer wichtiger. Prospective Blog, http://blog.prospective.ch/2012/02/mobile-recruiting-in-der-schweiz-immer-wichtiger/ (Stand 19.05.2015).
Prospective Media Services. (2014). *6. Trend Report, Online-Recruiting Schweiz 2014.* Zürich.
Reichwald, R., Baethge, M., Brakel, O., Cramer, J., Fischer, B., & Paul, G. (2013). *Die neue Welt der Mikrounternehmen: Netzwerke — telekooperative Arbeitsformen — Marktchancen.* Wiesbaden: Springer-Verlag.
Reisenwitz, T., & Iyer, R. (2009). Differences in Generation X and Generation Y: Implications for the Organization and Marketers. (T. M. Association, Hrsg.). *Marketing Management Journal, 2,* 91–103.
Richter, M. (2009). *Mittelständische Personalpolitik.* Charakteristika, Problemfelder und Handlungsempfehlungen. Arbeitskreis Mittelstand in der Friedrich-Ebert-Stiftung.
Ridder, H.-G. (2009). *Personalwirtschaftslehre* (3. Aufl.). Stuttgart: Kohlhammer.
Sage HR Solutions. (2013). Sage HR Focus. Modernes E-Recruiting und effizientes Bewerbermanagement im Mittelstand. Leipzig
Scherm, E., & Süss, S. (2011). *Personalmanagement* (2. Aufl.). München: Vahlen.
Scholl, A. (2003). *Die Befragung. Sozialwissenschaftliche Methode und kommunikationswissenschaftliche Anwendung.* Konstanz: UVK.
Scholz, C. (2011). *Grundzüge des Personalmanagements.* München: Vahlen.
Schulz, L. (2014). *Das Geheimnis erfolgreicher Personalbeschaffung: Von der Bedarfsidentifikation bis zum Arbeitsvertrag.* Wiesbaden: Springer Gabler.

Schwarb, T. (1996). *Die wissenschaftliche Konstruktion der Personalauswahl*. München: Hampp.
SECO. (2015). KMU Portal. http://www.kmu.admin.ch/politik/02961/index.html?lang=de. Zugegriffen: 4. März 2015.
Seeger, J. (2013). Staff Finder. Was steckt eigentlich hinter dem Begriff E-Recruiting? http://blog.staff-finder.jobs/was-steckt-eigentlich-hinter-dem-begriff-e-recruiting/. Zugegriffen: 15. Mai 2015.
Stelzer-Rothe, T., & Hohmeister, F. (2001). *Personalwirtschaft*. Stuttgart: Kohlhammer.
Stock-Homburg, R. (2010). *Personalmanagement: Theorien – Konzepte – Instrumente*. Wiesbaden: Gabler.
Storni, M. S. (2007). *Demografischer Wandel* (2. aktualisierte Aufl.). (e. G. Sozialforschung, Hrsg.). Basel.
Strutz, H. (Hrsg.). (1993). *Handbuch Personalmarketing* (2. Aufl.). Wiesbaden: Springer-Verlag.
Teuscher, H. (2011). *Betriebswirtschaft: Einführung in die Problemstellungen und Lösungskonzepte der Betriebswirtschaftslehre* (2. Aufl.). Zürich: Compendio Bildungsmedien.
Thom, N., & Zaugg, R. (1996). *Organisation des Personalmanagements. Konzeptionelle Grundlagen und empirische Ergebnisse aus der Schweiz*. Bern: Institut für Organisation und Personal der Universität Bern.
Weber, W., Kabst, R., & Baum, M. (2015). *Einführung in die Betriebswirtschaftslehre* (9. Aufl.). Wiesbaden: Springer-Verlag.
Weise, D. (2011). *Rekrutierung der Net Generation: E-Recruiting mit Hilfe von Web 2.0-Tools*. Hamburg: Diplomica.
WEKA Business Media AG. (o. J.). Antworten auf die häufigsten Fragen. http://www.weka.ch/out/media/BK4064.pdf. Zugegriffen: 30. Apr. 2015.
Werkmann-Karcher, B., & Rietiker, J. (2011). *Angewandte Psychologie für das Human Resource Management. Konzepte und Instrumente für ein wirkungsvolles Personalmanagement*. Berlin: Springer.
Wolf, S. (2008). *Der Methodenstreit quantitativer und qualitativer Sozialforschung unter besonderer Berücksichtigung der beiden Forschungstraditionen*. Augsburg: Universität Augsburg, Institut für Medien und Bildungstechnologie.
XING. (2015a). Daten und Fakten. https://recruiting.xing.com/de/daten-und-fakten/. Zugegriffen: 15. Mai 2015.
XING. (2015b). Demografische Daten XING. Online und Mobile. Deutschland Österreich Schweiz (D-A-CH). XING.
XING. (kein Datum). Stellenmarkt. https://www.xing.com/jobs/products/. Zugegriffen: 19. Mai 2015
Zöllner, C. (kein Datum). Allgemeine Betriebswirtschaftslehre. Universität Hamburg, Fakultät Wirtschafts- und Sozialwissenschaften.

Social Business City und Social Entrepreneurship im Schweizer Kontext

Rahel Anna Lovric und Kim Oliver Tokarski

> **Zusammenfassung**
>
> Substanzielle umweltbedingte, soziale und kulturelle Herausforderungen rücken in der wirtschaftlichen und gesellschaftlichen Betrachtung immer stärker in den Fokus. Dabei kommt den Themenbereichen Social Entrepreneurship und Social Business zur Lösung dieser Problemstellungen eine besondere Bedeutung zu. So begegnet das Thema Social Entrepreneurship mit wirtschaftlich-sozialen Innovationen den (negativen) Auswirkungen ökonomischen Handelns. Vor diesem Hintergrund ist der Bereich der Social Business City als Konzept und Instrument für Städte zu betrachten. Dabei liegt der Hauptfokus des vorliegenden Kapitels auf der Klärung, was unter dem Konzept Social Business City verstanden wird und wie dieses in Schweizer Städten und Gemeinden implementiert werden kann. Dabei werden auf Basis einer empirischen Studie (praxisorientierte) Handlungsempfehlungen in diesem Untersuchungskontext gegeben.

6.1 Einleitung

In Wirtschaft und Gesellschaft rücken substanzielle Probleme, wie beispielsweise die Armutsbekämpfung, Zugang zu Bildung oder das Gesundheitswesen, zunehmend in den Betrachtungsfokus. So ist zwar das soziale Sicherheitssystem in der Schweiz breit

---

R.A. Lovric (✉)
Burgdorf, Schweiz
E-Mail: rahel.a.lovric@bluewin.ch

K.O. Tokarski
Institut Unternehmensentwicklung, Berner Fachhochschule, Bern, Schweiz
E-Mail: kim.tokarski@bfh.ch

ausgebaut und funktioniert weitestgehend; dennoch sind auch schweizweit zunehmende Problematiken zu beobachten. Denn die Belastung des letzten tragenden Netzes der sozialen Sicherheit, der subsidiären Sozialhilfe in der Schweiz, wird immer größer (Salzgeber 2014, S. 4 ff.). So rückt vor allem das Thema des Social Entrepreneurship als potenzielle Lösungsalternative weiter in den Betrachtungsfokus.

Auch Universitäten und Hochschulen haben damit begonnen, das Thema des Social Entrepreneurship in ihren Lehrplan zu integrieren. Im Jahre 2009 hat der Global Entrepreneurship Monitor GEM, der sich weltweit für Neugründungen in verschiedenen Ländern interessiert, das Thema des Social Entrepreneurship offiziell in seine Untersuchungen mit aufgenommen (Jakob 2013, S. 28). Bis zum Ende der 1990er-Jahre war das Thema des Social Entrepreneurship für die akademische Forschung jedoch kein sehr relevantes Untersuchungsfeld (Volkmann et al. 2012, S. 32). Das Konzept des Social Business rückte sogar erst im Jahre 2007 durch den Nobelpreisträger Muhammed Yunus mit seinem Buch *Creating a World Without Poverty* in das Bewusstsein der Öffentlichkeit (Jiménez 2014, S. 115). Vor allem im Markt Schweiz hat das Phänomen des Social Entrepreneurship relativ spät eingesetzt; jedoch ist hier heute eine dynamische Entwicklung zu beobachten, was auf ein zunehmendes Interesse von Wirtschaft und Gesellschaft schließen lässt (Jakob 2013, S. 28). Obwohl unter dem Thema des Social Entrepreneurship unterschiedliche Konzepte gefunden werden können, stützen sich viele der bestehenden Untersuchungen und theoretischen Ansätze auf das Konzept in Form von Non-Profit-Organisationen (Weerawerdena und Mort 2006, S. 3 f.).

Über Social Entrepreneurship als angewandtes Konzept von Städten und Gemeinden können bisher nicht viele Informationen zusammengetragen werden. Das Ziel dieser Ausarbeitung ist es demnach aufzuzeigen, wie ganze Städte vom Konzept des Social Entrepreneurship profitieren können. Dazu sollen Rahmenbedingungen zur Förderung bzw. Erweiterung des Social Entrepreneurship durch Städte und Gemeinden in der Schweiz im Sinne von Social Business Cities aufgezeigt und konkrete Handlungsempfehlungen zum Aufbau einer solchen Social Business City abgeben werden.

6.2 Theoretische Grundlagen

6.2.1 Social Entrepreneurship

6.2.1.1 Definition

Eine einheitliche und genaue Definition des Konzeptes Social Entrepreneurship ist aufgrund der Komplexität des Kontextes und der breiten Auslegung nicht gegeben. Für den vorliegenden Fall ist eine Definition von Social Entrepreneurship maßgebend, die sich in erster Linie mittels Innovationen auf das Generieren von sozialen Werten und nachhaltigen Veränderungen fokussiert. Weiterhin soll sich das Konzept nicht nur auf einen einzelnen Bereich beschränken, sondern in diversen Sektoren angewandt werden. Aus diesem Grund wird eine Kombination aus Definitionen diverser Autoren als Arbeitsdefinition abgeleitet:

▶ **Social Entrepreneurship** *Social Entrepreneurship kreiert innovative Lösungen für dringende soziale und gesellschaftliche Probleme mit dem Ziel soziale Werte zu generieren und nachhaltige positive soziale Veränderungen hervorzubringen. Das Konzept kann im Non-Profit-, im Profit- oder im staatlichen Sektor angewandt werden* (Alvord et al. 2004; Austin et al. 2006; Mair und Marti 2006).

6.2.1.2 Allgemeine Grundlagen zur Thematik des Social Entrepreneurship

Zum Social Entrepreneur
Grundsätzlich üben sowohl der Entrepreneur als auch der Social Entrepreneur dieselbe Funktion aus; nämlich die, einen Mangel (in der Wirtschaft) zu erkennen und diesen zu beseitigen. Der hauptsächliche Unterschied zwischen den beiden liegt in der Motivation, die sie antreibt. Während ein Entrepreneur zumeist durch (egoistische) Motive wie Selbstverwirklichung, Selbstbestimmung oder Unabhängigkeit angetrieben wird, stehen beim Social Entrepreneur pro-soziale, altruistische Motive im Vordergrund. Der Entrepreneur lässt sich bei einem möglichen Markteintritt von traditionellen Parametern wie Kaufkraft, Vertriebsnetz, Infrastruktur etc. leiten. Der Social Entrepreneur hingegen fragt sich in erster Linie, wie er durch seinen Markteintritt eine möglichst große Wirkung erzielen kann (Harbrecht 2010, S. 25 f.). Gemäß Oldenburg (2011) zeichnet sich ein Social Entrepreneur weiterhin dadurch aus, dass er bestehende Systeme, die gesellschaftliche Probleme verursachen, transformiert und durch das Aufdecken versteckter Ressourcen selbstwachsende Modelle schafft. Zudem hat er zum Ziel, die Wertschöpfung im Gesamtsystem statt nur in der eigenen Organisation zu maximieren. Die Transformation bestehender Systeme stellt dabei einen besonderen Erfolgsfaktor dar. Beispiele solcher Transformationen sind die Schaffung neuer Marktverbindungen (z. B. Verknüpfung von Wertschöpfungsketten), die Wandlung formaler Normen (z. B. Gesetzgebung, Regulierung etc.) oder Integration neuer Marktteilnehmer (Oldenburg 2011, S. 120, 129).

Geschäftsmodelle im Kontext des Social Entrepreneurship
Eine Herausforderung, die das Konzept des Social Entrepreneurship mit sich bringt, ist die, dass für dieses keine allgemeingültige Rechtsform existiert. Somit ist es schwierig, über verschiedene Länder hinweg einheitliche Daten über Größe und Betätigungsfeld des Konzeptes zusammenzutragen. Zwar gibt es in unterschiedlichen Ländern tatsächlich teilweise spezifische Rechtsformen für Social Entrepreneurship bzw. Social Businesses (Social Enterprises), jedoch können Social Entrepreneurship Initiativen ebenso gut in Genossenschaften, im Non-Profit-Sektor oder bei normalen Profit-Unternehmen vorkommen (Huybrechts und Nicholls 2012, S. 41). Solche Initiativen im Non-Profit-Sektor, als auch bei Profitunternehmen können mittlerweile als recht etablierte Konzepte betrachtet werden. Eine neuere Art von sozialen Unternehmen findet sich in der sogenannten hybriden Unternehmensform. Darin finden sich sowohl Aspekte aus Non-Profit-Organisationen als auch aus Profitunternehmen (soziale Wertgenerierung *und* Gewinnzielung bzw. -maximierung). Dabei

profitieren diese Unternehmen von beiden Unternehmensformen; sie können soziale Ziele mittels innovativen Designs erreichen, was für Non-Profit-Organisationen nicht möglich ist. Gleichzeitig profitieren sie teilweise von wirtschaftlichen Ressourcen wie beispielsweise von Spenden und Stiftungsgeldern, von welchen wiederum traditionelle Profitunternehmen (i. d. R.) keinen Gebrauch machen können (Murphy und Coombes 2009, S. 329).

Volkmann et al. (2012, S. 20 f.) grenzen drei unterschiedliche Unternehmensformen voneinander ab:

1. **Philanthropische Unternehmen** werden einzig über ihre soziale Mission angetrieben. Oberstes Ziel ist dabei die soziale Wertgenerierung. Die Begünstigten bzw. die Kunden nutzen alle Produkte und Dienstleistungen des Unternehmens kostenlos. Finanzielle Unterstützung erhalten solche Unternehmen einzig durch Spenden und Zuschüsse.
2. **Hybride Unternehmen** verfolgen sowohl eine soziale Mission als auch ein finanzielles Ziel. Der Kundenstamm besteht aus Kunden, die den vollen oder reduzierten Preis für Produkte oder Dienstleistungen zahlen oder aber diese gänzlich kostenlos beziehen. Ihr Kapital beziehen sie sowohl von Investoren ohne, mit verringerter oder mit marktgerechter finanzieller Renditeerwartung.
3. **Kommerzielle Unternehmen** sind komplett marktgesteuert; ihr oberstes Ziel ist die Gewinnmaximierung. Kunden zahlen den üblichen Marktpreis für Produkte und Dienstleistungen und für ihr Kapital bezahlen kommerzielle Unternehmen den marktüblichen Kapitalkostensatz.

Im Rahmen der vorliegenden Untersuchung sind vor allem die hybriden Unternehmensformen von Interesse. Die gesamte Bandbreite dieser kann der Abb. 6.1 entnommen werden.

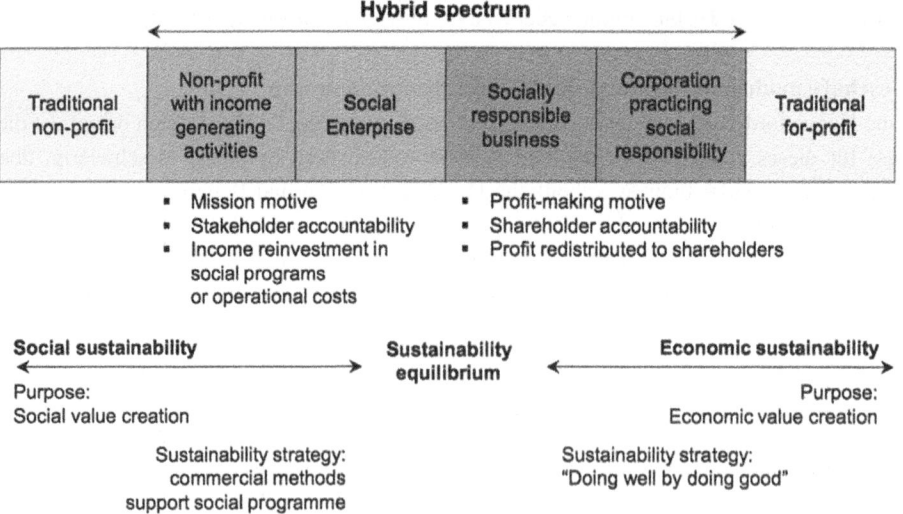

Abb. 6.1 Die Bandbreite hybrider Unternehmensformen. (Volkmann et al. 2012, S. 22)

6.2.2 Social Business

Yunus (2010, S. 12 f., 26) unterscheidet zwischen zwei Wirtschaftsweisen. Die eine dient der Erfüllung persönlicher Ziele mit Fokus auf die Gewinnmaximierung ohne Rücksicht auf Umwelt und Mitmenschen. Die andere widmet sich in erster Linie der Hilfe für die Mitmenschen. Gemäß Yunus gilt diese zweite Art in der Wirtschaftstheorie als *Social Business*. Konkret definiert er ein Social Business als *„ein Unternehmen, mit dem ein Investor anderen Menschen zu helfen versucht, ohne selbst einen finanziellen Nutzen daraus zu ziehen."* Nichtsdestotrotz muss ein Social Business in einigen Aspekten wie ein echtes Unternehmen agieren; um sein Überleben zu sichern, müssen genügend Einkünfte erzielt werden. Ein Teil der monetären Überschüsse wird als Investition in den Ausbau des Unternehmens gelegt, ein weiterer Teil dient als Reserve für wirtschaftlich kritische Zeiten. Zentral bei dieser Art der Unternehmensführung ist die Tatsache, dass durchaus ein Gewinn erwirtschaftet werden kann, jedoch wird dieser Gewinn niemals entnommen. Investoren erhalten demnach genau so viel zurück, wie sie in das Unternehmen eingebracht haben; Dividenden werden keine ausgeschüttet (Yunus 2010, S. 12 f., 26). Yunus erwähnt dabei keinen Richtwert darüber, wie viel Gewinn tatsächlich reinvestiert werden sollte. Ein solcher wird beispielsweise von *seif* (2013, S. 64) geliefert, wobei sich ein Social Business demnach zwischen Wohltätigkeit und Gewinnmaximierung bewegt und Reinvestitionen ins eigene Unternehmen von bis zu 10 % tätigt. Ziel eines Social Businesses ist es, durch wirtschaftliches Handeln ein konkretes soziales Problem zu lösen. Yunus unterscheidet zwei Arten von Social Businesses. *Typ 1* ist ein wirtschaftlich rentabler Unternehmenstyp, der ein soziales Problem bekämpfen soll. Die Investoren stecken alle Gewinne in den Ausbau und die Verbesserung des Unternehmens. *Typ 2* ist ein Unternehmen, das ebenfalls Gewinn abwirft, sich jedoch ganzheitlich im Besitz von Armen bzw. benachteiligten Gruppen befindet. Dies geschieht entweder durch eine direkte Beteiligung oder durch ein Treuhandgremium, das sich für bestimmte soziale Probleme einsetzt (Yunus 2010, S. 26). Eines der bekanntesten Beispiele eines solchen Unternehmens ist die Grameen-Bank. Diese wurde von Yunus ins Leben gerufen um gezielt Mikrokredite an arme Menschen – allen voran Frauen in Bangladesch – zu vergeben, da diese zumeist aufgrund ihrer Kreditunwürdigkeit von anderen Banken abgelehnt werden. Diese Bank gehört tatsächlich den Kreditnehmern, denn neun der 13 Vorstandsmitglieder werden durch die Kreditnehmer gewählt. Diese sind zudem auch Anteilseigner der Bank (Yunus 2010, S. 4 f.). Für den vorliegenden Beitrag wird der *Unternehmenstyp 1* als maßgeblich betrachtet.

6.3 Social Business City

6.3.1 Grundlagen

Bei der Betrachtung der Entwicklung des Lebensraums der Weltbevölkerung fällt auf, dass heute (nahezu) die Hälfte der gesamten Weltbevölkerung in städtischen Regionen lebt. Diese Veränderung vor dem Hintergrund immanenter Seiteneffekte der Globalisierung bringt zunehmend neue Herausforderungen und soziale Probleme in den Städten hervor: Einsparungen in sozialen Programmen wie beispielsweise dem Gesundheitswesen oder der Arbeitslosenunterstützung, generelles Sinken des Einkommens und eine erhöhte Arbeitslosenquote. Weitere Auswirkungen sind zudem die Belastung der Umwelt oder der Anstieg der Kriminalität in den Städten (Jiménez 2014, S. 115 f.). In den heutigen Wohlfahrtsgesellschaften können zwei Arten sozialer Ausgrenzung beobachtet werden. Zum einen der Ausschluss bzw. die Nicht-Integration in soziale Netzwerke oder gewerkschaftliche Verbindungen, was von Gerometta et al. (2005, S. 2010 f.) als die Absenz von Interdependenzen bezeichnet wird, zum anderen die fehlende Teilnahme in unterschiedlichen Bereichen des sozialen Lebens, sei es aufgrund finanzieller Probleme, Unvermögen, ungenügender Bildung, niedriger Wohnverhältnisse oder Zurückweisung. Weiterhin konnten vor allem in den letzten Jahren große Migrationswellen in den Städten West-Europas beobachtet werden. Diese Tendenz hat auch Auswirkungen auf die jeweiligen Städte und ein Teil der Problematik der sozialen Ausgrenzung kann auf diese Entwicklung zurückgeführt werden. Zum einen führt Immigration zu einem erhöhten Wettbewerb um knappe Ressourcen wie beispielsweise bestimmte Arbeitsstellen oder Wohnungen. Zweitens kann die Zunahme der Migranten in Kombination mit dem Prozess der Verstädterung der Vororte dazu führen, dass die Heterogenität der städtischen Netzwerke abnimmt. Die stärkste soziale Grenze findet sich unter den reichen und einflussreichen Gruppen der städtischen Gesellschaft; dabei handelt es sich um eine gewollte Abgrenzung zu anderen sozialen Schichten. Haushalte mit niedrigem Einkommen und ethnische Minderheiten finden sich am unteren Ende der sozialen Leiter. Die Problemlösungsfähigkeiten des Staates bezogen auf räumliche und gesellschaftliche Ungleichheiten sind gemäß Gerometta et al. (2005, S. 2012) eher mangelhaft. Die Unterstützung formaler Institutionen in Integrationsfragen von Randgruppen in soziale und kulturelle Netzwerke der Gesellschaft fällt trotz vorhandener finanzieller Mittel eher geringfügig aus. Auch Irani und Elliman (2008, S. 336 f.) kritisieren die fehlenden Bemühungen des öffentlichen Sektors und führen diese hauptsächlich auf die tief verankerten traditionellen und bürokratischen Strukturen zurück, die Veränderungen und Innovationen in dieser Form verunmöglichen. Diese und weitere Gründe befürworten das Konzept der sogenannten Social Business Cities.

Der Begriff der *Social Business City* wurde dabei im Jahr 2010 erstmals in Bezug auf eine Initiative in Wiesbaden, Deutschland durch ein Netzwerk aktiver Interessengruppen ins Leben gerufen (Wiesbaden Modell der Social Business City). Dieses Netzwerk versucht, das Konzept des Social Business in ihrer Stadt zu fördern, um die dringendsten gesellschaftlichen Probleme der Stadt aktiv anzugehen. Zum heutigen Zeitpunkt gibt es weltweit drei offizielle Social Business Cities. Nach Wiesbaden folgten 2011 Fukuoka in Japan (mit dem Fokus auf das universitäre Umfeld) und 2012 Pistoia in Italien. Weitere Städte, die sich für das Konzept der Social Business City interessieren, sind Wien, Mönchengladbach, Luxemburg, Milano, Hongkong und Ventura in Kalifornien (Jiménez 2014, S. 116).

6.3.2 Definitorischer und konzeptioneller Ansatz

Jiménez (2014, S. 116) definiert eine Social Business City folgendermaßen: *Eine Social Business City ist ein organisiertes und offiziell anerkanntes Netzwerk aus öffentlichen und privaten Institutionen, Verbänden, Unternehmen und anderen Einheiten, welches sich innerhalb der geografischen Grenze einer Stadt etabliert hat und das gemeinsame Ziel verfolgt, durch das Konzept des Social Business soziale Gerechtigkeit zu fördern.* Diese Definition soll die Grundlage zur Erarbeitung einer Arbeitsdefinition für vorliegende Forschungsarbeit dieses Kapitels darstellen. Basierend auf einigen Erkenntnissen aus der theoretischen Untersuchung des Konzeptes des Social Business wird diese Definition jedoch noch erweitert. Eine Social Business City ist demnach folgendermaßen zu definieren:

▶ **Social Business City** *Eine Social Business City ist eine **gemeinschaftliche Bewegung** aus Personen unterschiedlichster Bereiche, welche als **offizielles anerkanntes Netzwerk** in einem **definierten geografischen Rahmen** agiert und das **gemeinsame Ziel** verfolgt, die **Wertschöpfung im Gesamtsystem** zu maximieren. Unter **Beachtung** des gesamten wirtschaftlichen, sozialen, kulturellen und politischen **Umfelds** werden alle **unerfüllten Bedürfnisse** der Gesellschaft aufgedeckt und die erkannten **gesellschaftlichen Probleme** mittels **Innovation bekämpft**. Dabei wird mittels eines **hybriden Geschäftsmodells** das Erzielen eines **konstanten Gewinnes** angestrebt, welcher gänzlich in den Ausbau des Projektes **reinvestiert** wird.*

Für die Lancierung des Projektes der Social Business City bedarf es einer konzeptionellen Grundlage. Eine solche wurde aufgrund der definitorischen Grundlage, der erarbeiteten Theorie zur Thematik und aufgrund eigener Annahmen in acht Schritten erstellt. Diese werden im Nachfolgenden erläutert:

Schritt 1: Projekt-Initiierung
Der erste Schritt ist die Idee und Initiierung des Projektes. In der Regel stehen am Anfang eines solchen Projektes eher Einzelpersonen, die gezielte Missstände und Lücken erkennen oder sich allgemein für die Verbesserung einer Situation einsetzen (ARE et al. 2015, S. 36). Es besteht jedoch auch die Möglichkeit, ein solches Projekt Top-down durch die Politik bzw. die Stadt oder durch bestehende Unternehmen und Institutionen zu lancieren. Die Voraussetzung für die Initiierung des Projektes ist das Erkennen bzw. das Erahnen eines konkreten Problems oder eines Missstandes, welches bzw. welcher gelöst werden soll. Dabei muss es sich nicht zwingend um ein tief greifendes gesellschaftliches Problem handeln, sondern es kann auch die Verbesserung bzw. die Optimierung bestehender Prozesse bzw. Strukturen oder die allgemeine Förderung von Social Entrepreneurship in einer Stadt beinhalten.

Schritt 2: Umfeldanalyse
Der zweite Schritt beinhaltet eine umfangreiche Analyse des wirtschaftlichen, sozialen, kulturellen, rechtlichen, ökologischen und politischen Umfelds. Voraussetzung dabei ist eine Definition der geografischen Grenze, in der agiert werden soll. Dabei gilt es abzuklären, welche bestehenden Projekte, Unternehmen, Institutionen und Netzwerke sowohl im sozialen als auch im nicht-sozialen Bereich im vorliegenden Untersuchungsfeld von Bedeutung sind, welche Rolle diese im gesamtwirtschaftlichen Kontext spielen und ob hier eventuell schon mögliche Partner für das spätere Netzwerk identifiziert werden können. Bei diesem Schritt ist es zudem ebenfalls zentral, Gruppierungen oder Strukturen zu erkennen, die sich nicht in das Gesamtkonzept einbinden lassen und diese gezielt abzugrenzen (ARE et al. 2015, S. 33). In einem nächsten Schritt der Umfeldanalyse müssen die konkreten Probleme oder Missstände der Stadt evaluiert werden. Dabei gilt es die zentralen Brennpunkte zu definieren, die angegangen werden sollen. Weiterhin ist es unerlässlich, die möglichen Chancen und Gefahren herauszuarbeiten, die in Zusammenhang mit dem Projekt auftreten könnten. Zudem ist es ebenfalls zentral, sich mit den Herausforderungen bzw. Schwierigkeiten auseinanderzusetzen, welche die Lancierung und Umsetzung eines solchen Projektes behindern könnten.

Schritt 3: Netzwerk
Der dritte Schritt des Konzeptes beinhaltet die Bildung eines offiziellen Netzwerks. Ein Netzwerk besteht im Minimum aus drei Partnern; die Zusammenarbeit ist dabei langfristig ausgerichtet und einzelne Netzwerkpartner können das Netzwerk jederzeit verlassen und es können neue Partner dazu stoßen (Schirmer und Cameron 2012, S. 92 f.). Dabei ist es die Aufgabe des bzw. der Initianten, die in ihren Augen wichtigsten Partner zu vereinen bzw. sich mit lokalen Ansprechpartnern wie beispielsweise Vereinen, Verbänden oder Stiftungen zu vernetzen, die in der Regel selbst über ein breites Netzwerk verfügen und somit beim Zusammenschluss der wichtigsten Akteure behilflich sein könnten (ARE et al. 2015, S. 36). Zentral ist dabei die frühzeitige Einbindung aller Partner. Um Zielkonflikte zu vermeiden, bedarf es vorgängig einer Bedürfnisabklärung. In der Regel geht es bei diesem dritten Schritt darum, bestehende Ressourcen in Form potenzieller Netzwerkpartner aufzuspüren, einzuordnen und zu vernetzen. Ein nächster zentraler Schritt ist die Festlegung innerhalb des Netzwerkes über die Steuerung des gesamten Projektes und die Rollenverteilung. So sollten sich die einzelnen Akteure frühzeitig über ihre jeweiligen Rollen und ihre Handlungsspielräume einigen (ARE et al. 2015, S. 39).

Schritt 4: Zielsetzung und Zielgruppendefinition
Der zentrale Schritt nach dem Zusammenschluss der unterschiedlichen Akteure ist eine gemeinsame Zieldefinition. Dazu ist es nötig, dass alle Netzwerkpartner das gleiche Problemverständnis aufbringen. Das eigentliche Ziel bzw. die eigentlichen Ziele des Projektes können unterschiedlicher Natur sein. Es kann, ähnlich dem Wiesbaden-Modell, versucht werden, gezielt ein oder mehrere soziale und gesellschaftliche Probleme wie beispielsweise Armut, fehlende Integration von Randgruppen oder Arbeitslosigkeit zu

bekämpfen. Ein anderer Ansatz wäre ein ähnlicher wie der in Fukuoka, bei dem zwar ebenfalls gesellschaftliche Probleme angegangen werden sollen, der sich jedoch in erster Linie auf die Entwicklung von Lehrplänen für die Studenten der Universität, das Organisieren von Social Business Workshops, um das neuartige Konzept zu verbreiten, und die aktive Unterstützung vorhandener Social Business Ideen fokussiert. Genauso gut kann jedoch auch die Standortförderung oder die allgemeine Erhöhung der Lebensqualität in einer Stadt als Ziel festgelegt werden. Ein weiterer Schritt ist hier zudem die Definition der Zielgruppe(n). Auch wenn im Projekt ganz bestimmte Zielgruppen angegangen werden sollen, ist darauf zu achten, aus allen Betroffenen der Stadt Beteiligte zu machen und diese somit ebenfalls gezielt anzugehen und mit einzubeziehen. Dabei gilt es vor allem, auf untervertretene Zielgruppen wie Kinder und Jugendliche oder Migranten zu achten (ARE et al. 2015, S. 42 f.). Nach Definition der Ziele und der Zielgruppen gilt es in einem letzten Schritt darzulegen, welcher konkrete Impact mit den aufgestellten Zielen erreicht werden soll, sodass nach Lancierung des Projekts eine Messgrundlage besteht.

Schritt 5: Form
Der fünfte Schritt beinhaltet die Definition des Finanzierungs- und Geschäftsmodells. Dieser Schritt erfolgt explizit nach der Zielsetzung und der Zielgruppendefinition, da vor allem die Finanzierungsform maßgeblich von der Zielgruppe abhängt, die bearbeitet werden soll. Handelt es sich nämlich um keine zahlungskräftige bzw. zahlungsunfähige Zielgruppe wie beispielsweise Arbeitslose oder Personen, die an der Armutsgrenze leben, muss auf eine Finanzierung der öffentlichen Hand oder auf Investoren ohne Renditeerwartung, die das Projekt durch Spenden finanzieren, zurückgegriffen werden, was grundsätzlich als schwieriger erachtet wird. Sollte es durch das Projekt jedoch möglich sein, sich bis zu einem gewissen Prozentsatz oder gänzlich selbst finanzieren zu können oder gar einen Gewinn zu erzielen, indem beispielsweise bestimmte Produkte oder Dienstleistungen zu normalen oder allenfalls reduzierten (Markt)Preisen verkauft werden, dann empfiehlt sich eine hybrides Geschäftsmodell. Da es beim Konzept der Social Business City in erster Linie darum geht, die Wertschöpfung im Gesamtsystem zu maximieren, soll es jedoch nicht das Ziel sein, einen möglichen Gewinn auszuschütten, sondern einen solchen gänzlich in die Verbesserung und Weiterentwicklung des Projektes zu reinvestieren, ganz im Sinne der Definition eines *Social Business*. Wie genau das Geschäftsmodell eine Wertschöpfung generieren soll, hängt von vielen verschiedenen Faktoren wie beispielsweise den vorhandenen personellen und finanziellen Ressourcen, der Problemstellung, der Zielsetzung und dem Umfeld ab. Grundsätzlich empfiehlt sich jedoch die Bearbeitung sozialer und gesellschaftlicher Probleme oder die Optimierung bestehender Strukturen bzw. Prozesse mittels (sozialer) Innovation.

Schritt 6: Kommunikation
Bei einem Projekt wie dem der Social Business City ist es zentral, die Betroffenen und die Öffentlichkeit frühzeitig über die Gründe und die konkreten Ziele des Projektes zu informieren und diese mit einzubeziehen. Dies weckt Vertrauen und schafft eine

gute Grundlage für die Entwicklung des Projektes. Bei einem Projekt dieser Größe, bei dem eine ganze Stadt betroffen ist, sind die Initianten und das Netzwerk auf die Akzeptanz und die Mithilfe der Stadtbewohner angewiesen. Aus diesem Grund wird die Kommunikation des Projektes als ein zwingender Schritt vor der eigentlichen Umsetzung aufgeführt. Mit einer gezielten Kommunikation soll ein konkretes „Wir-Gefühl" vermittelt werden, was dazu führt, dass die Bewohner einer Stadt anfangen, sich mit ihr zu identifizieren. Als unerlässlich ist dabei eine klare Botschaft, die von allen Zielgruppen verstanden wird. Zudem empfiehlt sich das Entwickeln mehrerer Kommunikationsmaßnahmen, um die Zielgruppen breiter bearbeiten zu können (ARE et al. 2015, S. 40 f.).

Schritt 7: Umsetzung
Der siebte Schritt beinhaltet die eigentliche Umsetzung des Projektes. Dabei gilt es, eine genaue Vorgehensweise zu definieren. Diese richtet sich nach dem definierten Geschäftsmodell in Schritt 5. Die Umsetzung erfolgt unter Beachtung spezifischer Rahmenbedingungen bzw. Voraussetzungen, die unter anderem in der Umfeldanalyse (Schritt 2) herausgearbeitet und durch die Bedürfnisanalyse der Akteure (Schritt 3) festgelegt wurden.

Schritt 8: Kontrolle
Ein Projekt wie das einer Social Business City kann prinzipiell nie als abgeschlossen betrachtet werden, es sei denn, dass mit den eingeführten Maßnahmen nur ein konkretes Ziel erreicht bzw. ein konkretes Problem gelöst werden soll. Grundsätzlich muss sich eine Stadt immer wieder neuen Herausforderungen und auftauchenden Problemen stellen. Gemäß der Definition einer Social Business City ist jedoch das Ziel des Konzeptes die Maximierung der Wertschöpfung im Gesamtsystem, wofür es einen fortlaufenden Prozess benötigt. Aus diesem Grund sollte das Konzept als Kreislauf betrachtet werden, wobei nach der Erfolgsprüfung der Maßnahmen wieder auf den zweiten Schritt, die Umweltanalyse, zurückgesprungen wird, um die Beschaffenheit des ganzheitlichen Umfelds neu zu prüfen und abhängig von eventuellen neuen Problemerkenntnissen das Netzwerk, die Zielsetzung und das Geschäftsmodell anzupassen.

6.4 Empirische Untersuchung

6.4.1 Forschungsdesign

Die vorliegende Ausarbeitung basiert auf einem induktiven Forschungsdesign. Dabei wurde das Prinzip des Leitfadeninterviews angewandt, das nach dem nicht-standardisierten Interview anhand offener Fragen aufgebaut ist (Gläser und Laudel 2010, S. 111). Der (erste) Leitfaden wurde mittels eines (Pre)Test-Interviews an einer unabhängigen Testperson geprüft, um die klare und verständliche Formulierung der Fragen sicherzustellen (Konrad 2011, S. 38). Die Gliederung des Leitfadens erfolgte nach den vier erarbeiteten Forschungsfragen (RQ1–RQ4; im Folgenden dargestellt). Dabei wurden zu jeder dieser

Forschungsfragen jeweils drei bis sechs Unterfragen formuliert, die dabei helfen sollten, die eigentliche Forschungsfrage so umfangreich wie möglich zu beantworten.

Die vier Forschungsfragen bzw. *Research Questions* (RQ), auf denen die gestellten Unterfragen basieren, sind im Nachfolgenden aufgeführt:

RQ1: Wie wird das Konzept des Social Entrepreneurship/Social Business heute wahrgenommen und in welche Richtung entwickelt sich das Konzept?

RQ2: Welchen Stellenwert hat Social Entrepreneurship/Social Business in der Schweiz und wie wird das Konzept in Schweizer Städten und Gemeinden heute gefördert?

RQ3: Ist das Konzept der Social Business City in der Schweiz umsetzbar?

RQ4: Wie entsteht eine Social Business City?

Die Interviews wurden persönlich durchgeführt und mittels Tonaufzeichnung festgehalten. Die durchgeführten Interviews wurden vollständig transkribiert; Pausen, Stimmlagen etc. wurden dabei allerdings nicht beachtet. Die transkribierten Interviews wurden mithilfe des Programms Atlas-TI mittels verschiedener Codes kategorisiert und ausgewertet. Diese konnten dann nach Auswertung wiederum mit der anfänglich durchgeführten Literaturanalyse verglichen werden. Die Codierung erfolgte in sieben Kategorien bzw. Familien und wurde mit jeweils zwei bis fünf Codes pro Kategorie versehen. Die erstellten Codes sind der Tab. 6.1 zu entnehmen.

Für die vorliegende Untersuchung konnten zwölf Schweizer Unternehmen im Untersuchungskontext als Interviewpartner akquiriert werden. In einer qualitativen Sozialforschung wird aus einer bestehenden Grundgesamtheit eine vorsätzliche Fallauswahl getroffen, die zum Ziel hat, das heterogene Untersuchungsfeld falltypisch zu repräsentieren. Die Fallauswahl erfolgte in vorliegendem Fall mittels theoretisch begründeter Vorabfestlegung. Da es für die vorliegende Untersuchung zentral war, möglichst unterschiedliche Feldtypen zu befragen, erfolgte die Auswahl der Experten sehr breit über unterschiedliche Organisationen und Institutionen hinweg. Damit sollte sichergestellt werden, dass für die Beantwortung der Forschungsfragen genügend Perspektiven aus unterschiedlichen Bereichen zusammengetragen werden konnten. Die zwölf akquirierten Gesprächspartner wurden, wo möglich, gruppiert und in folgende Perspektiven aufgeteilt: Sicht von Social Businesses, Stiftungssicht, Standortförderungsperspektive, Verbandssicht, Gemeindesicht, Universitätssicht, Inkubatorenperspektive und Perspektive eines Co-Working-Spaces.

6.4.2 Ergebnisse der Untersuchung und Handlungsempfehlungen

6.4.2.1 Das Konzept des Social Entrepreneurship in der heutigen Gesellschaft

In diesem Unterkapitel werden die Haupterkenntnisse zur Wahrnehmung des Konzeptes des Social Entrepreneurship in unserer heutigen Gesellschaft und dessen Entwicklung dargestellt. Die Forschungsfrage in diesem Zusammenhang lautete wie folgt:

Tab. 6.1 Codetabelle. (Quelle: Eigene Darstellung)

Nr.	Familie	Code
1	Social Entrepreneurship	Eigenschaften
2		Entwicklung
3	Markt Schweiz	Stellenwert
4		Besonderheiten
5		Gesellschaftliche Probleme
6		Schwierigkeiten/Grenzen für Social Entrepreneure
7		Städte
8	Initiierung	Initiative
9		Prozesssteuerung
10	Umfeld	Chancen
11		Gefahren
12		Herausforderungen/Schwierigkeiten
13	Netzwerk	Partner/Akteure
14		Bedingungen
15		Zusammenschluss
16		Zusammenarbeit
17	Form	Finanzierung
18		Geschäftsmodell
19	Umsetzung	Rahmenbedingungen
20		Voraussetzungen
21		Vorgehensweise
22		Kommunikation
23		Impact

Forschungsfrage 1:

Wie wird das Konzept des Social Entrepreneurship/Social Business heute wahrgenommen und in welche Richtung entwickelt sich das Konzept?

Das Konzept des Social Entrepreneurship konnte auf drei Kernaspekte heruntergebrochen werden:

1. **Soziale Haltung (= interne Sicht):** zentral ist die Haltung gegenüber seinen Mitarbeitenden und Kunden und das Schärfen des Bewusstseins in allen Aspekten der Nachhaltigkeit.

2. **Soziale Wertgenerierung (= externe Sicht):** das höchste Ziel stellt die Erreichung eines sozialen Impacts dar. Alle Handlungen werden auf eine gewisse Sinnstiftung zurückgeführt und sollen eine gezielte soziale Wertschöpfung generieren.
3. **Hybride Unternehmensform:** Social Entrepreneurship ist eine Kombination aus der Generierung eines gesellschaftlichen und finanziellen Mehrwerts.

Weiterhin konnte zur Thematik des Social Entrepreneurship eine Entwicklung auf unterschiedlichen Ebenen beobachtet werden:

- **Steigendes Interesse von Stiftungen:** Neben der finanziellen Unterstützung beginnen Stiftungen vermehrt soziale Projekte aktiv in der Umsetzung zu begleiten.
- **Entwicklung auf Universitätslevel:** Das Kursangebot der Universitäten und Hochschulen zur Thematik hat in den letzten Jahren merklich zugenommen.
- **Neue Akteure:** Start-up-Beratungen und Gründungen im sozialen Bereich sind in den letzten Jahren tendenziell angestiegen und es können stets neue Akteure auf dem Markt beobachtet werden.
- **Offenheit und neue Möglichkeiten:** es kann eine vermehrte Zusammenarbeit verschiedenster Institutionen beobachtet werden. Neue Plattformen, bessere finanzielle Möglichkeiten und Informationstechnologien unterstützen die Entwicklung.

Es konnten allerdings auch **entwicklungshemmende Aspekte** beobachtet werden:

- Steigender Druck aus der öffentlichen Hand, den Sozialbereich im Hinblick auf eine Kostenersparnis abzubauen,
- Unwille bestehender Unternehmen, sich den neuen Entwicklungen zu beugen und
- fehlende Nähe zur Wirtschaft von Initianten sozialer Projekte.

Fazit: Als kritischster Aspekt im Zusammenhang mit der Entwicklung des Social-Entrepreneurship-Sektors wurde der Druck des Staates auf den sozialen Bereich betrachtet. Aus diesem Grund gilt es in erster Linie die öffentliche Hand vom Geschäftsmodell der Social Business City zu überzeugen und die langfristigen Vorteile darzulegen. Die Betrachtung von Social Entrepreneurship als hybrides Geschäftsmodell könnte sich dabei als förderlich herausstellen, da dieses eine gewisse finanzielle Unabhängigkeit anstrebt und durch die soziale Mission langfristig sogar soziale Kosten eingespart werden könnten.

> **Handlungsempfehlung 1:**
> Zur Förderung der Entwicklung des Social Entrepreneurship wird die Betrachtung des Konzeptes als hybrides Modell befürwortet. Im Hinblick auf die potenzielle Einführung einer Social Business City wird zudem empfohlen, in erster Linie zu versuchen, die öffentliche Hand von den Vorteilen eines solchen Projektes zu überzeugen, um eventuellen späteren Gegenmaßnahmen frühzeitig entgegenzuwirken.

6.4.2.2 Stellenwert und Förderung im Markt Schweiz

In diesem Unterkapitel soll aufgezeigt werden, welchen Stellenwert dem Thema des Social Entrepreneurship/Social Business in der Schweiz zugeordnet werden kann und welche Besonderheiten und Schwierigkeiten im Hinblick auf die Förderung der Thematik in der Schweiz zu beachten sind. Die Forschungsfrage in diesem Zusammenhang lautet wie folgt:

> **Forschungsfrage 2:**
> *Welchen Stellenwert hat Social Entrepreneurship/Social Business in der Schweiz und wie wird das Konzept in Schweizer Städten und Gemeinden heute gefördert?*

Einen **erhöhten Stellenwert** kann dem Thema des Social Entrepreneurship in der Schweiz vor allem **auf Universitäts- und Hochschulebene** zugeschrieben werden. Dies zeigt die Einführung diverser Kurse und die Organisation spezifischer Veranstaltungen in diesem Kontext. Grundsätzlich ist jedoch das Thema des Social Entrepreneurship selbst noch wenig im Bewusstsein der breiten Öffentlichkeit angelangt. Dies kann auf drei zentrale Aspekte zurückgeführt werden:

1. auf die **Neuheit** der gesamten **Thematik** und daraus resultierend auf die fehlenden Modelle in diesem Zusammenhang,
2. auf das **fehlende Verständnis** zum **Begriff** des **Social Entrepreneurship** und
3. auf die **fehlende Anerkennung** der Städte für einzelne soziale Bemühungen.

Im Hinblick auf die Gründung einer Social Business City gilt es in der Schweiz zudem folgende **Besonderheiten** zu beachten:

- **Soziales Auffangnetz:** Die Beschaffenheit des sozialen Auffangnetzes in der Schweiz erschwert die Förderung des Social Entrepreneurship und könnte grundsätzlich eine Diskussion über die allgemeine Sinnfrage von sozialen Unternehmen anregen.
- **Gesetzgebung:** Soziale Unternehmen dürfen mit der Wirtschaft grundsätzlich nicht konkurrieren. Das Staatswesen verfügt zudem über keine offiziellen Fördergesetze.
- **Kultur:** Die Schweizerische Mentalität wird im Allgemeinen als ängstlich und verschlossen bezeichnet.
- **Innovation:** Die Schweiz nimmt in der Innovationsthematik zwar eine Vorreiterrolle ein, Neugründungen können jedoch nur verhältnismäßig wenige beobachtet werden.

Als die dringendsten **gesellschaftlichen Probleme** in der Schweiz werden Migration, Arbeitslosigkeit bzw. (fehlende) Arbeitsintegration, (soziale) Armut und die Integration von Randgruppen bezeichnet. Optimierungsmöglichkeiten gibt es zudem bei Nachhaltigkeitsthemen und im Bildungsbereich.

Resultierend aus dem allgemein fehlenden Bewusstsein zur Thematik, den Besonderheiten in der Schweiz und weiterer Aspekte sehen sich **Social Entrepreneure** mit einigen zentralen **Schwierigkeiten und Grenzen** konfrontiert:

- **Finanzielle Schwierigkeiten:** Dazu zählen sowohl die allgemein knappen finanziellen Ressourcen als auch die Tatsache, dass potenzielle Investoren häufig den Staat in der Verantwortung sehen; dessen Mittel sind jedoch weitestgehend aufgebraucht.
- **Rechtliche Unklarheiten:** Fehlende Vorgaben zur Rechtsform und allgemeinen Standards erschweren die Gründung eines sozialen Unternehmens.
- **Gesetzliche Regulierungen:** Dazu gehören vor allem gesetzliche Vorschriften und Vorgaben für institutionelle soziale Einrichtungen.
- **Geringe Bekanntheit und fehlende Wertschätzung:** Das Konzept des Social Entrepreneurship leidet bis heute an noch zu geringer Bekanntheit und teilweise an fehlender Wertschätzung der Städte für bereits realisierte soziale Projekte.
- **Personal:** Die Rekrutierung von qualifiziertem Personal stellt vor allem aufgrund der fehlenden finanziellen Mittel eine Herausforderung dar.

Prädestinierte **Schweizer Städte** für das Konzept der Social Business City, auch im Hinblick auf die zentralen gesellschaftlichen Probleme in der Schweiz, sind gemäß den Befragungen hauptsächlich **Basel, Biel** und **Zürich**. Voraussetzungen, um als Social Business City infrage zu kommen, sind demnach 1) bestehende Strukturen im sozialen Bereich und eine bereits heute vertiefte Auseinandersetzung mit sozialen Themen, 2) Institutionen und Organisationen wie beispielsweise große Stiftungen oder Inkubatoren in den Städten selbst und 3) kulturelle Offenheit und Vielfalt.

Grundsätzlich sind auch Hochschulstandorte geeignet, die aufgrund der zunehmenden Sensibilisierung auf Universitäts- und Hochschulebene ebenfalls eine gewisse Offenheit signalisieren.

Fazit: Das fehlende Bewusstsein der Social-Entrepreneurship-Thematik in der breiten Öffentlichkeit, aber auch die fehlende Anerkennung auf politischer Ebene lassen die gesamte soziale Bewegung in der Schweiz heute etwas passiv aussehen und hindert somit die aktive Förderung des Konzeptes. Zentrale Hürden, mit denen sich Social Entrepreneure konfrontiert sehen, lassen sich auch ein Stück weit auf diese Passivität zurückführen. Für die erfolgreiche Gründung einer Social Business City bedarf es einer gewissen Dynamik und Proaktivität. Dies ist eine Voraussetzung, um den heute noch eher geringen Stellenwert des Konzeptes in der Gesellschaft zu erhöhen.

> **Handlungsempfehlung 2:**
> Die Gründung einer Social Business City und somit die aktive Förderung der Social-Entrepreneurship-Thematik in Schweizer Städten und Gemeinden, sollte in einer Stadt vorgesehen werden, die durch ihre Beschaffenheit und ihre Ausrichtung bereits aktive Schritte im sozialen Bereich unternommen hat und grundsätzlich eine offene Haltung gegenüber neuen Projekten in diesem Bereich signalisiert bzw. generell über eine kulturelle Vielfalt und Offenheit verfügt.

6.4.2.3 Umsetzbarkeit des Konzeptes der Social Business City

In diesem Unterkapitel soll geklärt werden, ob das Konzept der Social Business City in der Schweiz grundsätzlich als umsetzbar betrachtet wird. Dazu müssen sowohl mögliche Chancen und Gefahren als auch potenzielle Herausforderungen und Schwierigkeiten eruiert werden, die mit dem Projekt auftreten könnten. Die Forschungsfrage in diesem Zusammenhang lautet wie folgt:

> **Forschungsfrage 3:**
> *Ist das Konzept der Social Business City in der Schweiz umsetzbar?*

Die möglichen Chancen und Gefahren, die sich durch die Bildung einer Social Business City ergeben könnten, können der Tab. 6.2 entnommen werden.

Zudem konnten im Hinblick auf den Aufbau einer Social Business City folgende **Herausforderungen bzw. Schwierigkeiten** identifiziert werden:

- eine erhöhte Konkurrenzsituation,
- Finanzierungsschwierigkeiten und fehlende Wirtschaftlichkeit,
- staatliche Defizite und Überregulierung,
- fehlende Praxisbeispiele und fehlendes Know-how,
- Einbeziehung bestehender Projekte und Organisationen sowie
- fehlender persönlicher Bezug zur Thematik.

Fazit: Es können sowohl greifbare Chancen als auch ernst zu nehmende Gefahren im Hinblick auf den Aufbau einer Social Business City identifiziert werden. Letztere resultieren vor allem durch die allgemein erkannten Herausforderungen bzw. Schwierigkeiten, mit denen in diesem Zusammenhang zu rechnen ist. Grundsätzlich sind jedoch viele der erkannten Herausforderungen bei sorgfältiger Planung zu umgehen oder zumindest zu reduzieren, was die Umsetzbarkeit des Konzeptes grundsätzlich durchaus möglich macht.

Tab. 6.2 Mögliche Chancen und Gefahren im Kontext einer Social Business City. (Quelle: Eigene Darstellung)

Chancen	Gefahren
• Kosteneinsparungen	• Fehlende Umsetzung
• Reduktion von Doppelspurigkeiten	• Hervortreten von Existenzängsten betroffener Personen
• Entstehung positiver Synergien	• Unverständnis bzw. falsche Interpretation des Begriffs *sozial*
• Vergrößerte Reichweite und die Entwicklung stärkerer Lösungen	• Entstehung neuen Ungleichgewichts
• Integration von Randgruppen	• Fehlender Mehrwert für die Akteure
• Aufdecken versteckter Probleme	

> **Handlungsempfehlung 3:**
> Vor dem Aufbau einer Social Business City müssen alle zu identifizierenden Chancen und potenzielle Gefahren im entsprechenden Umfeld aufgeführt werden. Es empfiehlt sich eine Errechnung der Eintrittswahrscheinlichkeiten und im Hinblick auf die möglichen Gefahren die Entwicklung diverser Szenarien, um im Falle eines effektiven Eintritts zeitnah die richtigen Gegenmaßnahmen lancieren zu können.

6.4.2.4 Zur Entstehung einer Social Business City

Initiierung
Die Initiierung des Projektes empfiehlt sich grundsätzlich durch eine Privatperson bzw. eine private Gruppe, die eine tief greifende Motivation und einen gewissen Idealismus mitbringt. Top-down-Initiativen werden tendenziell als weniger geeignet betrachtet, wobei solche jedoch nicht komplett ausgeschlossen werden. Es wird ebenfalls vorgeschlagen, dass die Initiative von nur einem oder nur wenigen Akteuren ergriffen werden sollte, um den Prozess anfänglich nicht zu komplex zu gestalten. Eine weitere Möglichkeit ist ein Impuls aus der Wirtschaft selbst.

Die Steuerung des Prozesses sollte tendenziell von einem Akteur übernommen werden, der die nötigen Ressourcen dazu aufweist und die Möglichkeiten hat, auch komplexe Prozesse ohne große Schwierigkeiten zu koordinieren. Bei der Prozesssteuerung ist eine Top-down-Initiative daher durchaus denkbar.

Fazit: Die Ergreifung der Initiative durch eine Privatperson bzw. auf privater Ebene scheint grundsätzlich mehr Potenzial aufzuweisen, da gemäß den Befragungen persönliches Engagement und eine gewisse Leidenschaft für die Thematik vorliegen sollten. Die Steuerung des gesamten Prozesses hingegen scheint für einzelne Personen oder kleine Gruppen eine nur schwer zu erfüllende Aufgabe zu sein, vor allem bei ganzheitlicher Lancierung eines solchen Projektes. Eine Initiierung von unten nach oben und eine Steuerung von oben nach unten werden jedoch als eher unwahrscheinlich betrachtet. Aus diesem Grund sollte bei der Prozesssteuerung über eine gemischte Form diskutiert werden.

> **Handlungsempfehlung 4:**
> Eine Initiierung des Projektes empfiehlt sich grundsätzlich auf privater Ebene. Für die Leitung des gesamten Projektes bzw. für eine effektive Prozesssteuerung wird die Gründung einer Projektgruppe aus einem Vertreter jeden Bereichs empfohlen. Dies entlastet einerseits die Initianten des Projektes und garantiert andererseits die Interessenswahrung aller beteiligten Akteure.

Netzwerk
Das Netzwerk einer Social Business City sollte aus **Partnern** bzw. **Akteuren** über alle Ebenen hinweg, von der öffentlichen Hand über die Wirtschaft, den Bildungssektor bis hin zur privaten Ebene bestehen. Die zehn folgenden Parteien sind auf Basis der Befragung für das Projekt der Social Business City als bedeutsam genannt worden:

1. öffentliche Verwaltung (Staat, Stadt/Gemeinde, Politik/politische Behörden),
2. Wirtschaft,
3. bestehende Unternehmen (Profit- und Non-Profit-Sektor, Stiftungen, Verbände etc.),
4. Öffentlichkeit (Bevölkerung, Privatpersonen),
5. Inkubatoren (z. B. Impact HUB Zürich),
6. Bildungssektor,
7. Wirtschafts- und Standortförderung,
8. Sozialwesen (Fachstellen),
9. Stiftungen,
10. weitere Netzwerke (z. B. Studentenorganisationen).

Es haben sich zudem sechs **Grundbedingungen** ergeben, die für den Beitritt der potenziellen Partner zum Netzwerk als unerlässlich gelten:

1. **Netzwerkpartner:** Alle Partner sind motiviert und engagiert, können einen echten Beitrag leisten und kennen sich gegenseitig.
2. **Führung/Rollen:** Die Projektleitung ist klar einer Person bzw. Personengruppe zugeteilt worden und es wurde eine klare Rollenverteilung vorgenommen.
3. **Ziel:** Es wird eine gemeinsame Zieldefinition erarbeitet.
4. **Impact/Mehrwert:** Der angestrebte Projekt-Impact muss klar aufgezeigt werden und die Netzwerkpartner müssen für sich einen Mehrwert aus dem Projekt ziehen können.
5. **Zusammenarbeit:** Die Werte und die Mission der jeweiligen Netzwerkpartner müssen gegenseitig respektiert und die jeweiligen Bedürfnisse berücksichtigt werden.
6. **Offenheit und Anerkennung:** Es braucht eine gewisse Offenheit aller Partner und eine tief gehende Auseinandersetzung und echtes Interesse von der politischen Seite.

Für den **Zusammenschluss** bzw. das „an einen Tisch bringen" der Akteure müssen alle potenziellen Partner persönlich angegangen werden; bestenfalls kann bei diesem Schritt auf persönliche Beziehungen zurückgegriffen werden. Als Streitpunkt gilt die Frage, ob beim Erstkontakt bereits ein ausgearbeiteter Entwurf der Projektes vorgelegt oder ob eine erste Kernidee mit den potenziellen Akteuren gemeinsam ausgearbeitet werden soll.

Die Bereitschaft zur **Zusammenarbeit** kann sich unter Umständen als etwas schwierig gestalten, da im sozialen Bereich keine starke Kooperationskultur besteht. Ein Lösungsansatz ist das Verpflichten einzelner Personen, Organisationen und Institutionen aus komplett unterschiedlichen Bereichen, die nicht miteinander konkurrieren und so ihr Wissen zu einer bestimmten Thematik einbringen können.

Fazit: Das Netzwerk der Social Business City sollte alle Ebenen mit einbeziehen und somit sicherstellen, dass aus jedem Bereich ein Spezialist zur Seite steht. Eine breite Abdeckung ermöglicht zudem das Agieren in einem ausgedehnteren Rahmen und somit die Maximierung des sozialen Mehrwerts. Eine Bedürfnisabklärung der einzelnen Partner erhöht zudem die Chance, alle Akteure an einen Tisch zu bekommen und eine Zusammenarbeit zu ermöglichen.

> **Handlungsempfehlung 5:**
> Es wird empfohlen, das Netzwerk einer Social Business City so breit wie möglich und über alle Ebenen hinweg zu erstellen. Für eine erfolgreiche Akquirierung der Netzwerkpartner sollten die Grundbedingungen der Akteure ernst genommen und vorgängig eine allumfassende Bedürfnisabklärung durchgeführt werden.

Umsetzung
Die Umsetzung beinhaltet Rahmenbedingungen und Voraussetzungen, die Vorgehensweise, die Kommunikation und die Messung des Impacts.

Für die realistische Umsetzung eines Social-Business-City-Projektes sind **Rahmenbedingungen** bzw. **Voraussetzungen** zu beachten:

- Es bedarf eines **einheitlichen Problemverständnisses.**
- Es muss eine **gemeinsame Zielsetzung** ausgearbeitet werden.
- Die **Zielgruppe** muss **klar definiert** werden.
- Es braucht ein **genau definiertes Geschäfts- und Finanzierungsmodell.**
- Abgrenzung des **relevanten Marktes** und der **geografischen Region**.
- Es bedarf eine **ganzheitliche Abdeckung** der **Bereiche**.
- Die teilnehmenden Akteure müssen sich mit dem Thema **identifizieren** können und den **Willen** für eine aktive **Zusammenarbeit** aufbringen.
- Es muss ein **realistischer Zeitplan** ausgearbeitet werden.

Zur **Vorgehensweise** beim Aufbau einer Social Business City können fünf zentrale Punkte aufgeführt werden:

1. **Ansatz wählen:** Es gilt zu entscheiden, ob durch das Projekt beispielsweise ein erkanntes Problem bekämpft, bestehende Strukturen bzw. Prozesse optimiert oder ein anderes übergeordnetes Ziel verfolgt werden soll.
2. **Langsam starten:** Das Projekt sollte von innen wachsen. Dabei wird eine konkrete Idee reif gemacht und innerhalb des Netzwerkes ausgearbeitet.
3. **Systematischer Aufbau:** Der Aufbau sollte gut überdacht und bausteinartig erfolgen.
4. **Fokus setzen:** Der Fokus sollte zu Beginn relativ eng gesetzt werden, sodass nicht die Gefahr entsteht, sich im Projekt zu verlieren.
5. **Nachhaltig arbeiten:** Ziel ist ein langfristiger Erfolg des Projektes. Dazu sollte von Beginn an auf eine nachhaltige Strategie und Arbeitsweise gesetzt werden.

Ein zentraler Bestandteil des Social-Business-City-Konzeptes ist zudem die Kommunikation des Vorhabens. Dazu werden vier wesentliche Aspekte aufgeführt:

1. **Frühe Aufklärung:** Um eventuelle Ängste zu vermeiden und die erkannte Problematik dem Umfeld bewusst zu machen, sollte das Projekt frühzeitig kommuniziert werden.

2. **Klare Botschaften:** Die Kommunikation sollte auf eine allgemein verständliche Sprache zurückgreifen und auf die jeweiligen Zielgruppen zugeschnitten sein.
3. **Attraktive Kommunikation:** Um ein Zusammengehörigkeitsgefühl vermitteln zu können, wird eine Kommunikationsform mittels *Storytelling* vorgeschlagen.
4. **Einbeziehung aller Betroffenen:** Die Bevölkerung soll durch Infoveranstaltungen und diverse Events aktiv in den Aufbau der Social Business City integriert werden.

Für eine effektive Messung des erzielten **Impacts** müssen grundsätzlich Kontrollinstrumente hinzugezogen werden. Da jedoch ein solches Instrument für den Social-Entrepreneurship-Bereich nicht existiert, müssen vor der Lancierung des Projektes andere Wege definiert werden, um den tatsächlich erzielten Erfolg messen zu können.

Fazit: Für die Einführung eines Projektes in der Größe wie das einer Social Business City muss mit einem hohen zeitlichen Aufwand gerechnet werden. Durch die Schaffung der zentralen Rahmenbedingungen bzw. für die Erfüllung der Voraussetzungen kann die Vorbereitungsphase des Projektes zeitlich womöglich sogar einen größeren Teil in Anspruch nehmen als die Umsetzung selbst. Eine frühzeitige Kommunikation und die Einbeziehung aller Betroffenen scheint zudem einen zentralen Erfolgsfaktor darzustellen. Eine Überprüfung des tatsächlichen Impacts ist ferner nur möglich, wenn schon in der Vorbereitungsphase definiert wird, welche Messinstrumente dafür hinzugezogen werden.

Handlungsempfehlung 7:
Für die Einführung des Projektes empfehlen sich ein systematischer Aufbau und die Aufstellung eines realistischen Zeitplans, vor allem im Hinblick auf die erkannten im Voraus zu erfüllenden Rahmenbedingungen bzw. Voraussetzungen. Kommunikationsmaßnahmen sollten zudem schon vor der eigentlichen Lancierung des Projektes ergriffen werden, um eventuelle Widerstände bzw. Ängste auf ein Minimum zu reduzieren. Maßnahmen zur Messung des Erfolgs sind zudem ebenfalls frühzeitig zu definieren.

6.5 Kritische Reflexion

Social Entrepreneurship wurde von den Expertinnen und Experten als hybrides Modell wahrgenommen, das unterschiedlich definiert werden kann, was die theoretischen Ausführungen bestätigt. So konnte die Thematik tatsächlich nicht konkret zugeordnet werden und wird je nach Unternehmenszweck und Persönlichkeit anders ausgelegt. Die Befürwortung des hybriden Modells unterstreicht zudem den aufkommenden Trend hin zu einer neuartigen Form der Unternehmensführung, die grundsätzlich aufgrund der Heterogenität der Forschungsansätze als sinnvoll angesehen wurde – auch im Hinblick auf die Unklarheiten über die Rechtsform sozialer Unternehmen. Allerdings muss hier kritisch hinterfragt werden, ob durch eine doppelte Zielverfolgung, nämlich der gleichzeitigen Generierung von gesellschaftlichem und finanziellem Mehrwert, nicht etwa ein Zielkonflikt entstehen könnte. Auf der anderen Seite ist ein einseitiger Fokus nur auf die soziale Mission langfristig sehr wahrscheinlich nicht finanzierbar. Eine Entwicklung des Social Entrepreneurship-Sektors im Markt Schweiz konnte zwar beobachtet werden, laut der befragten Experten ist die Thematik jedoch noch nicht im breiten Bewusstsein der Öffentlichkeit angelangt. In der Schweiz konnten zudem Besonderheiten beobachtet werden, die für die Entwicklung des Social-Entrepreneurship-Sektors als Rahmenbedingungen mit einbezogen werden müssen. Allem voran wurde hier auf das soziale Sicherheitssystem in der Schweiz hingewiesen, das zwar laut theoretischer Untersuchung weitestgehend funktioniert, jedoch langsam an seine Belastungsgrenzen stößt. Die empirische Untersuchung bestätigte dies. Demnach bietet das soziale Auffangnetz in der Schweiz keinen Anreiz, sich wieder aus diesem zu befreien, was die Belastung des Netzes weiter ausreizt. Trotz dieser steigenden Auslastung könnte argumentiert werden, dass die soziale Absicherung in der Schweiz – gerade im Vergleich zu anderen europäischen Länder – immer noch gut funktioniert, sodass sich die Gründung einer Social Business City als überflüssig herausstellt bzw. dass potenzielle Mitwirkende die Notwendigkeit einer solchen aufgrund der Beschaffenheit des sozialen Sektors in der Schweiz nicht wahrnehmen. Im Hinblick auf die Umsetzung des Konzeptes der Social Business City deckten sich die konzeptionellen Ansätze im theoretischen Teil mit den Ergebnissen der Befragungen weitestgehend. So sollte eine Initiative gemäß den Experten eher auf privater Ebene erfolgen. Gemäß theoretischer Voruntersuchungen stehen am Anfang eines solchen Projektes oftmals Einzelpersonen, die gezielte Missstände und Lücken erkennen und aufdecken. Allerdings gilt es auch hier zu hinterfragen, ob eine erfolgreiche Lancierung eines Projektes dieser Größe auf privater Ebene ohne die nötigen finanziellen Mittel überhaupt möglich ist. Eine zentrale Rolle spielt das Netzwerk einer solchen Social Business City. Es wird empfohlen, dieses so breit wie möglich zu erstellen. Im Hinblick auf die Umsetzung eines solchen Projektes konnten diverse Voraussetzungen herausgefiltert werden. Diese können als Ergänzung der in der Theorie aufgeführten Erfolgsfaktoren im Bereich des Social Entrepreneurship betrachtet werden. Zur Vorgehensweise an sich konnten allerdings keine sehr konkreten Aspekte aus den Befragungen herausgezogen werden. Vielmehr wurden ein paar Rahmenbedingungen geschaffen, die für den Aufbau einer Social Business City eine grobe Stoßrichtung vorgeben.

Für weitere Untersuchungen sowohl im Social-Entrepreneurship-Kontext als vor allem auch im Hinblick auf den Aufbau einer Social Business City gibt es noch einiges an nicht ausgenutztem Potenzial. Es ist vor allem im Hinblick auf die tatsächliche Umsetzung des Konzepts von Interesse, welche detaillierteren Aspekte beachtet werden müssen, um ein solches Projekt einer Social Business ganzheitlich zu lancieren und durchzuführen. In der durchgeführten empirischen Untersuchung wären tendenziell alle Interviewpartner bereit gewesen, einem solchen Netzwerk beizutreten, vorausgesetzt die von ihnen gestellten Bedingungen werden erfüllt. Eine Bereitschaft bei einem solchen Projekt mitzuwirken ist also durchaus vorhanden. Ein nächster Schritt wäre demnach die Erstellung eines konkreten Fallbeispiels einer ausgewählten Gemeinde, Stadt oder Region, sodass für weitere Untersuchungen in der Schweiz auf gewisse Erfahrungswerte zurückgegriffen werden kann.

Literatur

Alvord, S. H., Brown, L. D., & Letts C. W. (2004). Social entrepreneurship and societal transformation. An exploratory study. *Journal of Applied Behavioral Science, 40*(3), 260–282. http://jab.sagepub.com/content/40/3/260.short. Zugegriffen: 16. Febr. 2015.

Austin, J., Stevenson, H., & Wei-Skillern, J. (2006). Social and commercial entrepreneurship: Same, different, or both? *Entrepreneurship Theory & Practice, 30*(1), 1–22. http://onlinelibrary.wiley.com/doi/10.1111/j.1540-6520.2006.00107.x/epdf. Zugegriffen: 12. März 2015.

Bundesamt für Raumentwicklung (ARE)., et al. (2015). Quartiere im Brennpunkt: gemeinsam entwickeln, vielfältig gestalten. Erfahrungen zur Quartierentwicklung aus dem Programm „Projekts urbains – Gesellschaftliche Integration in Wohngebieten". https://www.ekm.admin.ch/content/dam/data/ekm/projekte/PU_Erfahrungen_d.pdf. Zugegriffen: 2. Apr. 2015.

Gerometta, J., Häussermann, H., & Longo, G. (2005). Social innovation and civil society in urban governance: Strategies for an inclusive city. *Urban Studies, 42*(11), S. 2007–2021. http://usj.sagepub.com/content/42/11/2007.short. Zugegriffen: 10. März 2015.

Gläser, J., & Laudel, G. (2010). *Experteninterviews und qualitative Inhaltsanalyse. Als Instrumente rekonstruierender Untersuchungen* (4. Aufl.). Wiesbaden: VS Verlag.

Harbrecht, A. (2010). *Social Entrepreneurship – Gewinn ist Mittel, nicht Zweck. Eine Untersuchung über Entstehung, Erscheinungswesen und Umsetzung*. Karlsruhe: KIT Scientific Publishing.

Huybrechts, B., & Nicholls, A. (2012). Social entrepreneurship: Definitions, drivers and challenges. In C. K. Volkmann, K. O. Tokarski, & K. Ernst (Hrsg.), *Social entrepreneurship and social business. An introduction and discussion with case studies* (S. 31–48). Wiesbaden: Gabler.

Irani, Z., & Elliman, T. (2008). Creating social entrepreneurship in local government. *European Journal of Information Systems, 2008*(17), 336–342. http://www.palgrave-journals.com/ejis/journal/v17/n4/abs/ejis200835a.html. Zugegriffen: 10. März 2015.

Jakob, M. (2013). Wachstum im Social-Entrepreneurship-Sektor. *Sozial Aktuell – Die Fachzeitschrift für soziale Arbeit, 2013*(9), 28–30. http://www.avenirsocial.ch/sozialaktuell/132220_sa_09_028_030.pdf. Zugegriffen: 22. Dez. 2014.

Jiménez Jiménez, A. F. (2014). Social business city: Lessons from Wiesbaden. In A. Grove & G. A. Berg (Hrsg.), *Social business. Theory, practice, and critical perspectives* (S. 115–138). Heidelberg: Springer.

Konrad, K. (2011). *Mündliche und schriftliche Befragung – Ein Lehrbuch* (7. korrigierte Aufl.). Landau: Verlag Empirische Pädagogik.

Mair, J., & Marti, I. (2006). Social entrepreneurship research: A source of explanation, prediction, and delight. *Journal of World Business, 41*(1), 36–44. http://www.sciencedirect.com/science/article/pii/S1090951605000544. Zugegriffen: 2. Dez. 2014.

Murphy P. J., & Coombes, S. M. (2009). A model of social entrepreneurial discovery. *Journal of Business Ethics, 2009*(87), 325–336. http://link.springer.com/article/10.1007/s10551-008-9921-y#page-1.

Oldenburg, F. (2011). Wie Social Entrepreneurs wirken – Beobachtungen zum Sozialunternehmertum in Deutschland. In H. Hackenberg & S. Empter (Hrsg.), *Social Entrepreneurship – Social Business: Für die Gesellschaft unternehmen* (S. 119–132). Wiesbaden: VS Verlag.

Salzgeber, R. (2014). Trends in der Sozialhilfe – 15 Jahre Kennzahlenvergleich in Schweizer Städten. Bern: Berner Fachhochschule, Fachbereich soziale Arbeit. http://www.soziale-arbeit.bfh.ch/uploads/tx_frppublikationen/Staedteinitiative_Kennzahlenbericht_Sonderbroschuere_2013.pdf. Zugegriffen: 17. Febr. 2015.

Schirmer, H., & Cameron, H. (2012). Collaborations and partnerships. In C. K. Volkmann, K. O. Tokarski, & K. Ernst (Hrsg.), *Social entrepreneurship and social business. An introduction and discussion with case studies* (S. 83–101). Wiesbaden: Gabler.

Social Entrepreneurship initiative & foundation (seif). (2013). *Awards for social entrepreneurship.* Zürich: o. V.

Volkmann, C. K., Tokarski, K. O., & Ernst, K. (2012). *Social entrepreneurship and social business. An introduction and discussion with case studies.* Wiesbaden: Gabler.

Weerawardena, J., & Sullivan Mort, J. (2006). Investigating social entrepreneurship: A multidimensional model. *Journal of World Business, 41*(1), 21–35. http://www.sciencedirect.com/science/article/pii/S1090951605000532. Zugegriffen: 2. Dez. 2014.

Yunus, M. (2010). *Social business. Von der Vision zur Tat.* München: Hanser.

Preisgestaltung für „Contact-Center as a Service (CCaaS)"

Analyse, Beurteilung und Empfehlung

Till Affolter und Martin Wyttenbach

Zusammenfassung

Der Trend des Cloud Computing macht vor nichts und niemandem Halt, auch nicht vor der Contact-Center-Branche. Anstatt dass jedes Contact-Center seine eigene IT-Infrastruktur selbst betreibt, sollen fortan die gewünschten Anwendungen als Service über das Internet bezogen werden. Im Fachjargon wird diese Art der Leistungsbereitstellung „Contact-Center as a Service", kurz CCaaS, genannt. Doch aufgrund welcher Parameter soll der Preis für ein solches Angebot festgelegt werden? Welche Möglichkeiten existieren überhaupt? Bedeutet Cloud Computing, dass nur noch aufgrund der tatsächlichen Nutzung bezahlt wird? Welche Chancen und Gefahren ergeben sich aus der Art und Weise, wie ein CCaaS-Angebot bepreist wird? Der vorliegende Beitrag beschreibt die Möglichkeiten für die Preisgestaltung von CCaaS-Angeboten und basiert auf Untersuchungen, die im Rahmen einer vertraulichen Bachelorthesis von Affolter (Preisgestaltung für Contact-Center as a Service [CCaaS] Angebote. Analyse, Beurteilung und Empfehlung, Unveröffentlicht, Bern, 2015, passim) durchgeführt wurden.

T. Affolter (✉)
Bern, Schweiz
E-Mail: till@tillaffolter.name

M. Wyttenbach
Institut Unternehmensentwicklung, Berner Fachhochschule, Bern, Schweiz
E-Mail: martin.wyttenbach@bfh.ch

© Springer Fachmedien Wiesbaden GmbH 2017
K.O. Tokarski et al. (Hrsg.), *Zukunftstrends Wirtschaft 2020*,
DOI 10.1007/978-3-658-15069-3_7

7.1 Einleitung

Über die vergangenen Jahrzehnte wurden Contact-Center-Systeme vorwiegend im Rechenzentrum derjenigen Unternehmen betrieben, die das entsprechende Informationstechnische (IT)-System auch selbst zur Verarbeitung von Kunden- oder Lieferantenanfragen nutzten. Mit der Popularisierung von Outsourcing- und Hosted-Service-Konzepten wurden viele der Contact-Center-Systeme – meist aus Kostengründen – ganz oder zumindest teilweise ins Rechenzentrum von externen Leistungserbringern verschoben (vgl. McMenamin 2012, S. 2). Nun beginnt der Trend des Cloud Computing auch den Contact-Center Markt durcheinanderzuwirbeln. Aufgrund der vielen Vorteile, die sich Contact-Center-Betreiber von der Nutzung von Cloud Computing versprechen, ist auch das Interesse am Bezug von Contact-Center Services über die Cloud besonders für kleinere Unternehmen rasant gewachsen (vgl. Dimension Data 2014, S. 5; DMG 2014, S. 1). In diesem Zusammenhang kommt für einen potenziellen Anbieter unvermeidlich die Frage nach den Möglichkeiten für die Gestaltung des Preismodells eines CCaaS-Angebots auf.

Die Gestaltungsmöglichkeiten bei der Bepreisung von Software ist vielfältig, ein allgemeingültiges Preismodell existiert nach Ansicht von Experten nicht (vgl. Bontis und Chung 2000, S. 246; Ellenberg 2013, S. 23). Trotzdem konnten im Verlaufe der Zeit einige grundlegende Veränderungen beobachtet werden: Während zu Zeiten von Großrechnern noch die Bepreisung anhand der Rechenleistung populär war, haben sich in den vergangenen Jahren benutzerorientierte Preismodelle durchgesetzt. So basieren auch diejenigen Preismodelle, die von den Softwareanbietern oder IT-Leistungserbringern für lokal installierte Contact-Center-Infrastrukturen angewendet werden, meist auf nutzungsunabhängigen Bemessungsgrundlagen. Diese sind berechenbar und dadurch für die nachfragenden Unternehmen einfach zu budgetieren (vgl. Bontis und Chung 2000, S. 246 f.). Das finanzielle Risiko liegt aufseiten der Nachfrager, da bei Vertragsabschluss ein fixer Betrag für ein bestimmtes Nutzungspotenzial anfällt. Dies unabhängig davon, wie viel des Potenzials letztendlich auch tatsächlich genutzt wird.

Durch den zunehmenden Konkurrenzkampf, Effizienzsteigerungen und dem Preiszerfall von IT-Infrastrukturkomponenten werden auf dem Cloud-Computing-Markt verstärkt nutzungsabhängige Preismodelle erwartet (engl. pay-per-use, pay-as-you-go). Diese basieren auf der tatsächlichen Nutzung eines angebotenen Services (vgl. Buxmann et al. 2011, S. 106) und können bis zu einem gewissen Grad im Sinne des Nachfragers sein, da nur das bezahlt werden muss, was auch tatsächlich genutzt wird. Das finanzielle Risiko verschiebt sich also in Richtung des Anbieters. Die nutzungsabhängigen Preismodelle bringen jedoch für die Nachfrager auch eine gewisse Unberechenbarkeit mit sich, da viele ihr Nutzungsverhalten nur schlecht einzuschätzen wissen (vgl. Lambrecht und Skiera 2006, passim) und erhebliche Kostenschwankungen aufgrund unterschiedlicher Nutzungsintensitäten auftreten können (vgl. Lehmann und Buxmann 2009, S. 526). Neben der erwarteten Zunahme an nutzungsabhängigen Preismodellen deuten Umfragen darauf hin, dass auch die sogenannten Subskriptionsmodelle (engl. subscription) weiter an Verbreitung gewinnen werden (vgl. IDC 2013, o. S.; Macrovision et al. 2006, o. S.). Trotz all dieser Trends existiert in Bezug auf die eingesetzten Preismodelle für das Anbieten von Services über die Cloud heutzutage aber immer noch eine erstaunliche Vielfalt (vgl. Al-Roomi et al. 2013, passim). Es muss daher angenommen werden, dass diese Preismodelldiversität auch bei Contact-Center-Cloud-Angeboten besteht.

Aufgrund der vorangehend beschriebenen Problemstellung sollte im Rahmen der erwähnten Bachelorthesis von Affolter (2015, passim) folgende Frage beantwortet werden: **Nach welchen Möglichkeiten lassen sich auf dem CCaaS-Markt Preismodelle gestalten, die sowohl für Anbieter als auch für Nachfrager attraktiv sind?** Dafür wurde als erstes die theoretische Grundlage für Contact-Center, Cloud Computing, CCaaS und Preismodelle im Allgemeinen erarbeitet. Anschließend wurde eine Identifikation und Analyse der bestehenden Angebote im CCaaS-Bereich durchgeführt, um deren preisstrategischen Konzepte und Charakteristiken zu erkennen. Aufgrund dieser Untersuchung wurde danach eine Beurteilung der eruierten Preismodelle bzw. deren Parameter in Bezug auf ihre allgemeine Eignung für die Preisgestaltung von CCaaS-Angebote gemacht.

7.2 Grundlagen

7.2.1 Contact-Center as a Service

Im vorliegenden Beitrag wird ein Contact-Center als eine derjenigen organisatorischen Einheiten verstanden, die unterstützt durch geeignete Informations- und Telekommunikationstechniken Kontakte mit Endkunden abwickeln. Weiter wird Cloud Computing als skalierbare und elastische Bereitstellung von IT-Ressourcen über das Internet betrachtet. Durch eine Verbindung der beiden Konzepte lässt sich der Begriff CCaaS folgendermaßen definieren: CCaaS beschreibt die Möglichkeit eines Unternehmens, IT-Ressourcen, die für den Betrieb eines Contact-Centers notwendig sind, als Service von einem externen Service Provider zu beziehen. Die dafür notwendige IT-Infrastruktur wird komplett durch den Service Provider bereitgestellt und betrieben. Dem servicenutzenden Unternehmen unterliegen lediglich die bei der Nutzung eingesetzten bzw. entstehenden Geschäftsdaten sowie bestimmte Anwendungseinstellungen. In einem Contact-Center lassen sich im Allgemeinen die Akteure Endkunde, Agent, Teamleiter, Supervisor, Manager und Back-Office-User erkennen, während im Kontext von Cloud Computing die generellen Akteure Service Customer und Service Provider identifiziert werden. Insofern lässt sich das Beziehungsgeflecht von CCaaS wie in Abb. 7.1 dargestellt aufzeigen.

Wie in Abb. 7.1 dargestellt, tritt im Kontext von CCaaS neben dem Endkunden, dem Contact-Center und dem Auftraggeber der Service Provider als vierter Akteur auf. Dieser stellt dem Contact-Center diejenigen IT-Ressourcen über die Cloud bereit, welche dieses für die Erbringung seiner Service- und Vertriebsprozesse gegenüber den Endkunden benötigt. Das Contact-Center wird dadurch im Wertschöpfungsnetzwerk von Cloud

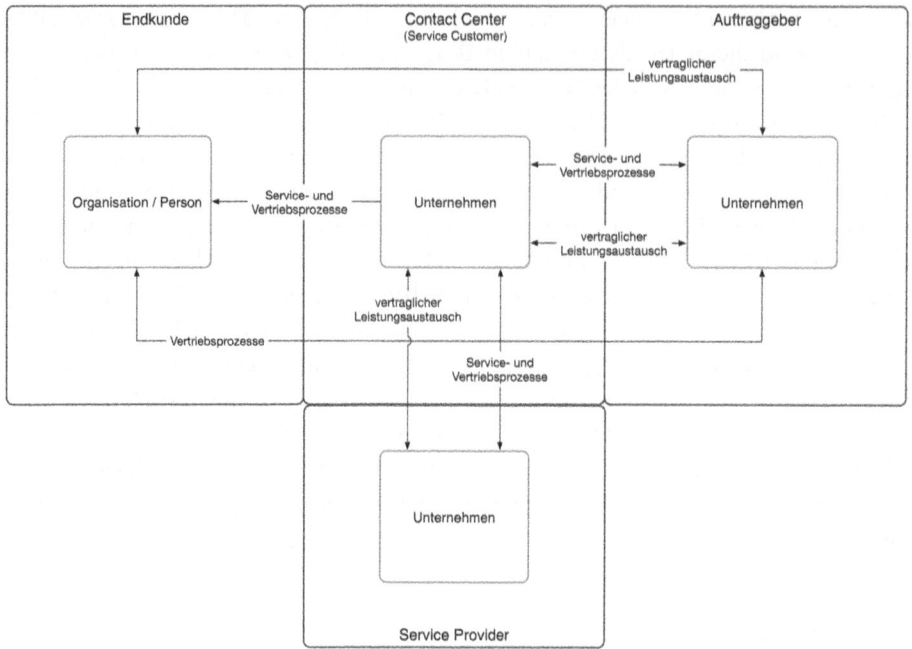

Abb. 7.1 Beziehungsgefüge CCaaS. (Quelle: Eigene Darstellung in Anlehnung an Schümann und Tisson 2006, S. 26)

Computing zum Service Customer. Für den Bezug bzw. die Bereitstellung der Contact-Center-Cloud-Services besteht zwischen dem Contact-Center und dem Service Provider ein vertraglicher Leistungsaustausch und für die möglichst effiziente Abhandlung von Geschäftstransaktionen entsprechende Service- und Vertriebsprozesse.

Die technische Grundstruktur von CCaaS, bzw. der IT-Infrastruktur, die für die Bereitstellung von Contact-Center-Services über die Cloud notwendig ist, zeichnet sich hauptsächlich durch das Verschieben der zentralen Infrastrukturkomponenten vom Contact-Center, bzw. Service Customer zum Service Provider aus (vgl. DMG 2013, S. 1). Dieser betreibt alle technischen Komponenten in Eigenregie, die einzelnen Nutzer des Contact-Centers haben lediglich Zugriff auf einzelne Anwendungseinstellungen und Geschäftsdaten. Aufseiten des Contact-Centers bzw. Service Customers reduziert sich die Infrastruktur auf die persönlichen IT-Komponenten der Nutzer sowie auf betriebswirtschaftliche IT-Anwendungen. Letztere lassen sich ebenfalls von einem Service Provider als Service nutzen und mit dem über die Cloud bezogenen Contact-Center integrieren. Die Nutzer des Contact-Centers verwenden für die Bedienung und Steuerung der Contact-Center-Infrastrukturkomponenten einen modernen Web Browser oder passende lokal installierte Anwendungen, die sich über entsprechende Schnittstellen mit den zentralen Contact-Center-Infrastrukturkomponenten verbinden und mit diesen Daten austauschen. Für die einzelnen Nutzer des Contact-Centers ist die Verschiebung der Contact-Center Infrastrukturkomponenten zum Service Provider nicht sichtbar. Sie können über ihre Bedienoberflächen (z. B. Agenten-Desktop) alle gewohnten Funktionalitäten weiter ausführen und haben Zugriff auf alle Daten, die sie zur Ausübung ihrer Rolle im Contact-Center brauchen. Als weitere technische Komponenten verbleiben meist die physischen oder virtuellen Telefonapparate lokal bei den Nutzern. Wie die verschiedenen betriebswirtschaftlichen IT-Anwendungen lassen sich auch einzelne Systemkomponenten des Contact-Centers (z. B. die Telefonanlage) weiterhin lokal im Contact-Center betreiben (vgl. Cisco 2014, S. 28 ff.) oder als Service über die Cloud beziehen.

7.2.2 Beweggründe für den Wechsel in die Cloud

Als wichtigste grundlegende Treiber für den Wechsel in die Cloud können das Bedürfnis nach erhöhter finanzieller Flexibilität, der Bestrebung den Endkunden bessere Mehrkanal-Interaktionsmöglichkeiten anzubieten und der Einhaltung von Verhaltensmaßregeln, Gesetzen und Richtlinien (Compliance) genannt werden (vgl. DMG 2013, o. S.; Magnetic North 2013, S. 3; Minkara 2013, o. S.). Unter dem Aspekt der verbesserten finanziellen Flexibilität werden dabei sämtliche Bestrebungen, hohe und fixe Investitionskosten durch tiefe und flexible Betriebskosten auszutauschen, verstanden. Besonders Unternehmen deren Contact-Center über das Jahr hinweg unterschiedliche Nutzungsintensitäten bzw. saisonale Stoßzeiten erfahren, versprechen sich durch die Nutzung von CCaaS, dass sich die Betriebskosten entsprechend der Situation dynamisch anpassen. Freigelegte finanzielle Ressourcen könnten so in andere Bereiche und Vorhaben, beispielsweise die fachliche Ausbildung des Personals oder in verbesserte Prozesse, investiert werden. Für kleine und mittlere Unternehmen bietet CCaaS, wie alle anderen Ausprägungen von SaaS, zudem die Möglichkeit, überhaupt an komplexe und ausgereifte IT-Systeme zu gelangen. Der Erwerb von solchen übersteigt bei einem lokalen Betrieb oftmals die finanziellen Möglichkeiten von kleineren Unternehmen, was das Anbieten eines Kundenservices unterstützt durch professionelle Contact-Center-Systeme sehr schwierig gestaltet (vgl. DMG 2014, o. S.).

Zusammengefasst lässt sich sagen, dass Unternehmen aufgrund der sich immer schneller verändernden Technologien, Kundengewohnheiten und regulatorischen Anforderungen den Betrieb ihrer eigenen Contact-Center-Infrastruktur kaum noch effizient und kostengünstig zu bewältigen wissen und dadurch ein gestiegenes Interesse am Bezug von Contact-Center-Services aus der Cloud zeigen (vgl. Magnetic North 2013, o. S.; Minkara 2014, o. S.).

7.2.3 Preismodelle in der Softwareindustrie

Nach Ansicht vieler Experten sind die Möglichkeiten der Gestaltung und Bepreisung von Softwareprodukten äußerst vielfältig. Ein allgemeingültiges Preismodell existiert nicht, müssen doch immer die verschiedenen Eigenheiten der bepreisten Software selbst und des Marktes, auf dem sie angeboten wird, berücksichtigt werden (vgl. Ellenberg 2013, S. 23). Trotzdem gibt es gewisse Rahmenbedingungen und Besonderheiten, die für die Softwareindustrie als Ganzes zutreffen. Aufgrund einiger ökonomischer Besonderheiten lassen sich traditionelle Preiskonzepte nicht einfach so auf den Markt der Softwareindustrie übertragen (vgl. Bontis und Chung 2000, S. 246). Da es sich bei Software um ein digitales Gut handelt, lassen sich die Eigenschaften von ebendiesem als Anhaltspunkte für die Gestaltung eines Preismodells nutzen (vgl. Lehmann und Buxmann 2009, S. 520). Zu den grundlegenden Eigenschaften digitaler Güter zählen nach Whinston et al. (1997, S. 69 ff.) die Unzerstörbarkeit (kein Qualitätsverlust aufgrund von Benutzung), die Veränderbarkeit (Variantenbildung durch Modifikation ist mit geringem Aufwand möglich) und die Reproduzierbarkeit (Vervielfältigung ist ohne Qualitätsverluste und mit geringem Aufwand möglich).

Die Eigenschaft der beinahe kostenlosen Reproduzierbarkeit von Software ist auch den Konsumenten nicht verborgen geblieben, wodurch sich über die vergangenen Jahre gegen die Bezahlung von hohen Preisen für Kopien von Standardsoftware starker Widerstand geregt hat. Dies hat einerseits zu einem starken Preisverfall und andererseits zum Aufkeimen kreativer und komplexer Preismodelle für Software geführt (vgl. Cusumano 2007, S. 20). Aufgrund der günstigen Reproduzierbarkeit lässt sich der Preis für eine Software also schlecht anhand der angefallenen Kosten bestimmen, es müssen demzufolge andere Grundsätze zur Anwendung gelangen wie die nachfrage-, wert- oder wettbewerbsorientierte Preissetzung (vgl. Buxmann et al. 2011, S. 105). Allerdings lässt sich auch diese Anschauung nicht über die gesamte Softwareindustrie stülpen. So tendieren zwar die variablen Kosten für die Softwarelizenzen selbst gegen Null, dasselbe muss aber nicht zwingend auch für die komplementären Wartungs- und Serviceleistungen gelten. Besonders im Zusammenhang mit SaaS können, durch die notwendigen Aufwände für die Bereitstellung der IT-Ressourcen, erhebliche variable Kosten anfallen (vgl. Lehmann und Buxmann 2009, S. 520). Zu den vorangehend genannten Eigenschaften digitaler Güter sollte im Zusammenhang mit Software außerdem berücksichtigt werden, dass es sich dabei um ein Erfahrungsgut handelt, dessen tatsächlicher Wert durch den Käufer erst nach dem Kauf beurteilt werden kann (vgl. Buxmann et al. 2011, S. 105).

Die Preisgestaltung in der Softwareindustrie und ganz besonders im Bereich von SaaS wird neben den Eigenschaften digitaler Güter auch von den Grundcharakteristika des Internets beeinflusst. Dieses vereinfacht die Distribution eines Softwareprodukts, was einen erheblichen Einfluss auf die Transaktionskosten des Anbieters und auf die Größe von dessen potenziellem Abnehmerkreis hat (vgl. Lehmann und Buxmann 2009, S. 520). Besonders die tieferen Transaktionskosten ermöglichen den Softwareanbietern neue Möglichkeiten, was die Preisgestaltung, Preisbildung und Abrechnung angeht (vgl. Bakos 1998, S. 35 ff.). Eine weitere einflussreiche Eigenschaft des Internets in Bezug auf die Preisgestaltung sind die Möglichkeiten zur erleichterten Interaktion zwischen Anbieter und Nachfrager. Dadurch wird unter anderem die Umsetzung von regelmäßigen Preisänderungen sowie die individuelle Ansprache mit einzelnen Nachfragern stark vereinfacht (vgl. Skiera et al. 2005, S. 286).

Als weitere Besonderheit der Softwareindustrie, die einen großen Einfluss auf die Gestaltung der Preismodelle hat, sind die Netzeffekte (auch Netzwerkeffekte genannt) zu nennen. Netzeffekte liegen nach Katz und Shapiro (1985, S. 424) dann vor, „wenn sich der Nutzen eines Gutes für einen Konsumenten dadurch erhöht, dass andere Konsumenten das Gut ebenfalls nutzen" (Buxmann et al. 2011, S. 25). Die Folgen von Netzeffekten auf die Softwaremärkte sind vielfältig und teilweise außerordentlich stark, können sie doch zu nachfrageseitigen Skaleneffekten und zu positiven Feedbacks, welche die Starken stärker und die Schwachen schwächer machen, führen (vgl. Shapiro und Varian 1998, S. 175). So lässt sich oft ein sogenannter Lock-in-Effekt beobachten, bei welchem ein Anbieter seine Nachfrager durch hohe Wechselkosten (engl. switching costs) an sein – häufig technisch nicht optimales – Angebot bindet und Konkurrenten den Markteintritt erschwert (vgl. Shapiro und Varian 1998, S. 103 f.). Märkte, auf denen starke Netzeffekte herrschen, führen oftmals zu Monopolen. Anstelle der Koexistenz von unterschiedlichen Technologien und Standards setzen sich die dominierenden Technologien bzw. Standards eines Anbieters durch. Man nennt solche Märkte daher Winner-takes-it-all-Märkte (vgl. Bakos 1998, S. 4). Im Zusammenhang mit SaaS wird diskutiert, ob diese Art der Softwarebereitstellung zu geringeren Lock-In-Effekten führt. Da die IT-Infrastruktur beim Anbieter installiert und betrieben wird, entsteht für den Leistungsnachfrager tendenziell eine geringere technische Abhängigkeit. Auch die tieferen Investitionskosten sowie die Möglichkeit, SaaS-Verträge zeitnah künden zu können, senken den Lock-In. Selbst die Datenmigration von einem SaaS-Service zu einem anderen ist meistens relativ einfach zu bewerkstelligen (vgl. Buxmann et al. 2011, S. 211). Genauer betrachtet lässt sich aber erkennen, dass besonders bei größeren betriebswirtschaftlichen IT-Systemen, wozu auch Contact-Center IT-Infrastrukturen gezählt werden können, es nicht die Investitions- und Betriebskosten sind, die einen Wechsel zu einem anderen Anbieter verhindern. Hohe Wechselkosten entstehen vielmehr durch die notwendigen Änderungen der Organisationsstruktur und Abläufe, wenn Softwaresystem und Geschäftsprozesse stark ineinander verzahnt sind. Somit sind Lock-In-Effekte auch bei SaaS bzw. CCaaS-Angeboten nicht komplett vermeidbar, dürften aber allgemein weniger stark auftreten als bei einer anderen Form der IT-Leistungsbereitstellung (vgl. Buxmann et al. 2011, S. 211 f.).

7.2.4 Dimensionen und Parameter zu Preisgestaltung in der Softwareindustrie

Wie vorangehend erwähnt, sind die Möglichkeiten für die Gestaltung von Preismodellen in der Softwareindustrie äußerst vielfältig und setzen sich aus mehreren Elementen zusammen. Für die Untersuchungen wurden die von Lehmann und Buxmann (2009, passim) empfohlenen Parameter für die Preisgestaltung von Softwareprodukten verwendet. Die einzelnen Preismodellparameter werden nachfolgend kurz erläutert. Zur besseren Verständlichkeit werden diese, in Anlehnung an Ellenberg (2013, S. 23 ff.), in mehrere Dimensionen eingeteilt und in Abb. 7.2 schematisch dargestellt.

Preisbildung: Bei der Preisbildung legt der Anbieter unter Berücksichtigung der Basis für die Preisermittlung sowie der Interaktionsgrades fest, wie die Höhe der Preise gebildet wird. Die Preisermittlung lässt sich kostenorientiert, nachfrage- bzw. nutzenorientiert oder

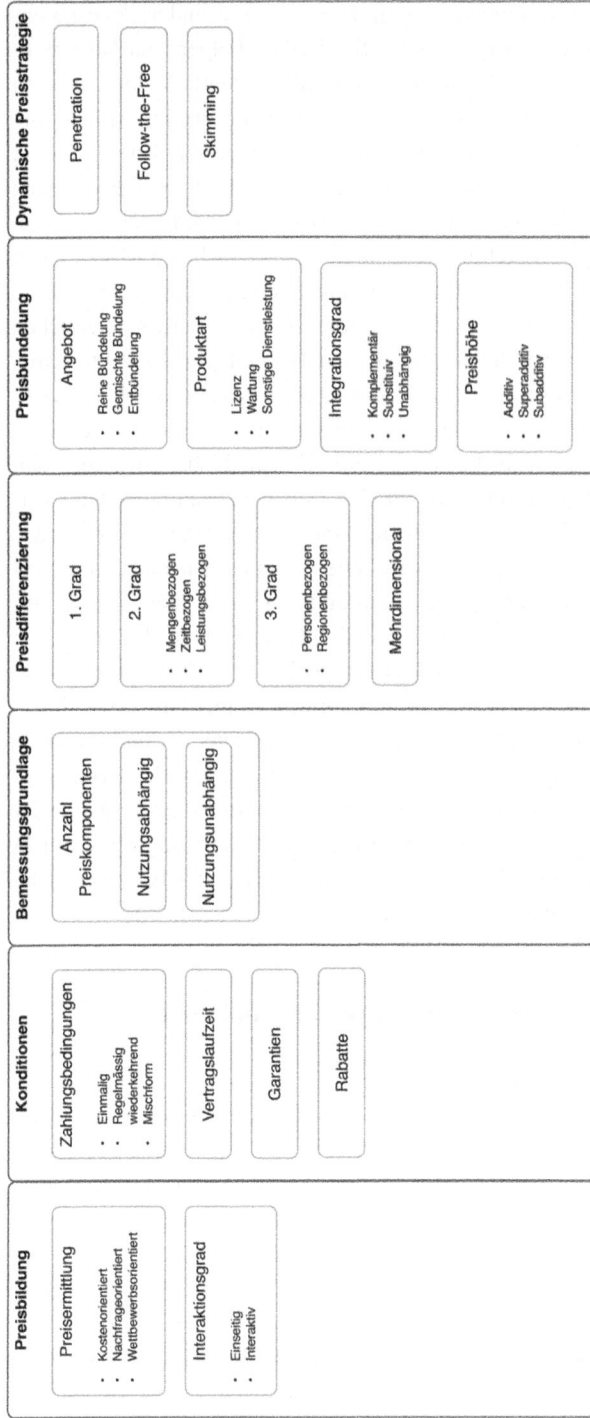

Abb. 7.2 Dimensionen und Parameter der Preisgestaltung. (Quelle: Eigene Darstellung in Anlehnung an Lehmann und Buxmann 2009, passim und Ellenberg 2013, S. 23 ff.)

wettbewerbsorientiert durchführen (vgl. Homburg und Krohmer 2006, S. 270; Nieschlag et al. 2002, S. 810 ff.). Der zweite Parameter in der Dimension der Preisbildung ist der Interaktionsgrad. Es wird zwischen einseitiger und interaktiver Preisbildung unterschieden.

Konditionen: Nach Ellenberg (2013, S. 32 f.) stehen dem Anbieter einer Software in der Dimension Konditionen die Parameter Zahlungsbedingungen, Vertragslaufzeit, Garantien und Rabatte zur Verfügung. Als Zahlungsbedingung ist die einmalige Zahlung, die regelmäßig wiederkehrende Zahlung oder eine Mischform der beiden vorgenannten möglich (vgl. Kittlaus et al. 2004, S. 82). Mit dem Parameter der Vertragslaufzeit lässt sich ein Preismodell so gestalten, dass durch günstigere Tarife Anreize für längerfristige Verträge geschaffen werden (vgl. Meffert und Bruhn 2009, S. 334). Über Garantien ist die Zusicherung eines bestimmten Handelns gegenüber dem Nachfrager möglich. Rabatte sind Preismodifikationen in Form von Preisnachlässen, sie können in den unterschiedlichsten Formen angewendet werden (Funktionsrabatte, Mengenrabatte, Treuerabatte, Zeitrabatte, Barzahlungsrabatte; vgl. Simon und Fassnacht 2009, S. 381).

Bemessungsgrundlage: Hinsichtlich der Parameter der Dimension „Bemessungsgrundlage" ist zuerst die Anzahl verschiedener Preiskomponenten festzulegen. Über die Verwendung mehrerer Preiskomponenten lassen sich nachweislich erhebliche Gewinnsteigerungen erzielen (vgl. Skiera 1999a, S. 126). Jeder Preiskomponente kann anschließend eine nutzungsab- oder nutzungsunabhängige Bemessungsgrundlage zugewiesen werden, wobei für beide Varianten eine Vielzahl unterschiedlicher Bemessungsgrößen denkbar sind. Nutzungsabhängige Bemessungsgrundlagen orientieren sich an der tatsächlichen Nutzung der Software bzw. der Anwendung, wohingegen nutzungsunabhängige Bemessungsgrundlagen lediglich ein Nutzungspotenzial darstellen.

Preisdifferenzierung: Unter dem Begriff der Preisdifferenzierung wird das Anbieten prinzipiell gleicher Produkte an verschiedene Nachfrager zu unterschiedlichen Preisen verstanden. Durch die Berücksichtigung der unterschiedlichen Zahlungsbereitschaften will der Anbieter eine verbesserte Abschöpfung der Konsumentenrente erreichen und dadurch seine Umsätze erhöhen (vgl. Diller 2008, S. 227). Nach Pigou (1929, o. S.) wird unter der Preisdifferenzierung 1., 2. und 3. Grades unterschieden. Die mehrdimensionale Preisdifferenzierung stellt eine Kombination von mindestens zwei anderen Preisdifferenzierungsdimensionen dar und wird zur feineren Segmentierung der Kunden und dadurch zur besseren Abschöpfung der Zahlungsbereitschaften eingesetzt (vgl. Lehmann und Buxmann 2009, S. 524; Skiera und Spann 2002, S. 279).

- 1. Grad: Jedem Nachfrager wird ein Preisangebot in der Höhe seiner maximalen Zahlungsbereitschaft unterbreitet, es erfordert daher ein detailliertes Wissen über die einzelnen Nachfrager.
- 2. Grad: Jeder Nachfrager kann die von ihm gewünschte Produkt-Preis-Kombination selbst auswählen (Selbstselektion) wobei nach Skiera (1999a, S. 287) die Unterscheidung zwischen mengen-, zeit- und leistungsbezogener Preisdifferenzierung gemacht werden kann.
- 3. Grad: Jeder Nachfrager wird entsprechend seiner personen- oder regionenbezogenen Segmentzugehörigkeit einem bestimmten Preis zugeordnet (Fremdselektion; vgl. Skiera 1999b, S. 287).

Preisbündelung: Nach Diller (2008, S. 240) wird unter der Preisbündelung die „Zusammenstellung mehrerer identifizierbarer Teilleistungen (Produkte, Dienste und/oder Rechte) eines oder mehrere Anbieter zu einem Angebotspaket („Set") mit Ausweis eines Gesamtpreis" verstanden. Innerhalb der Dimension Preisbündelung kann zwischen den Parametern Angebot, Produktart, Integrationsgrad und Preishöhe unterschieden werden (vgl. Lehmann und Buxmann 2009, S. 524 f.).

Dynamische Preisstrategie: Wird innerhalb eines mehrperiodigen Zeitraums die Preishöhe gezielt verändert, so wird von einer dynamischen Preisstrategie gesprochen. In der Softwareindustrie sind besonders die Strategien Penetration, Follow-the-Free sowie Skimming von Bedeutung (vgl. Buxmann et al. 2011, S. 122).

7.3 Dominierende Preisgestaltungskonzepte

Im Zeitraum April bis Mai 2015 wurden im Rahmen einer Inhaltsanalyse die Webseiten von CCaaS-Anbietern hinsichtlich ihrer Preismodelle bzw. der dominanten preispolitischen Strategien für CCaaS-Angebote untersucht. Aufgrund einer definierten Operationalisierung wurden verschiedene Preisangaben und andere Dokumente, die Angebotsinformationen oder die damit in Verbindung stehenden Geschäftsbedingungen enthalten, analysiert. Als Grundlage für die Durchführung der Untersuchung dienten die vorangehend beschriebenen Dimensionen und Parameter von Preismodellen in der Softwareindustrie. Im Folgenden wird auf ausgewählte Ergebnisse der Untersuchung von

Tab. 7.1 Dominante Merkmalsausprägungen der Preismodellparameter. (Quelle: Eigene Darstellung)

Preismodelldimension	Dominierende Merkmalsausprägungen der Preismodellparameter
Konditionen	Zahlungsbedingungen regelmäßig wiederkehrend oder Mischform (einmalig und regelmäßig wiederkehrend)
	Keine Rabatte bei jährlicher Zahlungsweise
	Keine kostenlose Testphase
Bemessungsgrundlage	Eine einzelne Preiskomponente
	Ausschließlich nutzungsunabhängige Bemessungsgrundlage oder Kombination aus nutzungsab- und nutzungsunabhängiger Bemessungsgrundlage
	Nutzungsabhängige Bemessungsgrundlage aufgrund zeitlicher Nutzungsdauer
	Nutzungsunabhängige Bemessungsgrundlage nach Named oder Concurrent User
	Keine Mindestmengen
Preisdifferenzierung	Eine oder drei Produktversionen
	Preisdifferenzierung 1. Grades (Preisverhandlungen) bzw. leistungsbezogen 2. Grades
Dynamische Preisstrategie	Keine kostenlose Produktversion (Follow-the-Free-Strategie)

Dimensionen und Parameter von CCaaS-Preismodellen eingegangen. Es wird darauf hingewiesen, dass sich die Preissituation bei den einzelnen CCaaS-Anbietern anders gestalten kann als im Rahmen der Inhaltsanalyse erkannt wurde. Dies, weil einerseits bei vielen Anbietern die Informationen für das Preismodell eines CCaaS-Angebots nur lückenhaft über den offiziellen Webauftritt ausgewiesen werden, und andererseits, weil auch über eine Operationalisierung nicht vollständig ausgeschlossen werden kann, dass Merkmale des Untersuchungsgegenstandes je nach ausführender Person unterschiedlich interpretiert werden. Vor der Beschreibung einzelner Aspekte der erarbeiteten Ergebnisse muss zudem erwähnt werden, dass diese keine Rückschlüsse auf die Erfolgswirksamkeit der einzelnen Preismodellparameter erlauben. Es lässt sich auf Basis der Ergebnisse lediglich eine Aussage über die Verwendungshäufigkeit der geprüften Preismodellparameter machen.

Die Ergebnisse der durchgeführten Inhaltsanalyse ermöglichen die Bestimmung der dominanten Merkmalsausprägungen von den untersuchten Preismodellparameter. In Tab. 7.1 werden diese, aufgeteilt anhand der einzelnen Preismodelldimensionen, zusammenfassend dargestellt.

7.3.1 Allgemeines

Ganz allgemein kann gesagt werden, dass im CCaaS-Markt die Veröffentlichung von Preisinformationen über den offiziellen Webauftritt eines Anbieters nicht gebräuchlich ist. Von den 153 untersuchten Unternehmenswebseiten waren bei etwas mehr als einem Viertel (33 %) Informationen über den Preis bzw. dessen Zusammensetzung einsehbar. Bei allen anderen Anbietern ist die persönliche Kontaktaufnahme mit einem Vertreter des Unternehmens für den Erhalt von Preisinformationen notwendig. Die Beobachtung, dass 81 % der untersuchten Anbieter keine quantifizierten Preisinformationen auf ihrer Webseite veröffentlichen, ist wohl am ehesten mit den Besonderheiten des Industriegüterbereichs zu begründen. Da Auftragsvergaben meist über Ausschreibungen erfolgen, müssen die Anbieter versuchen, einen optimalen Angebotspreis zu bestimmen. Dabei geht es für jeden Anbieter im Prinzip darum, den höchstmöglichen Preis zu bestimmen, der knapp unter dem Angebot des preislich niedrigsten Mitanbieters liegt (vgl. Simon und Fassnacht 2009, S. 453). Außerdem gehören im Industriegüterbereich Preisverhandlungen zur Normalität. Das Veröffentlichen eines Preises auf der Webseite würde daher gegen diese Praktik sprechen bzw. diese quasi verunmöglichen. Nur unternehmensintern verwendete Preislisten gestatten dem Anbieter bzw. dessen Verkäufer einen größeren Spielraum und demzufolge eine stärkere Preisdifferenzierung (vgl. Simon und Fassnacht 2009, S. 386). Die Eigenheiten des Industriegüterbereichs mögen erklären, wieso viele der analysierten CCaaS-Anbieter keine quantifizierten Preisinformationen veröffentlichen. Warum bei der Mehrheit der Anbieter aber überhaupt keine Informationen bezüglich der Preisbestimmung ausgewiesen werden, ist hingegen nur schwer nachvollziehbar. Beispielsweise dürfte die Offenlegung der verwendeten Bemessungsgrundlage die Flexibilität bei den Preisverhandlungen nur marginal verringern und könnte zudem einen positiven Effekt auf das Preisvertrauen des Nachfragers haben (vgl. Affolter 2015, S. 23 f.).

7.3.2 Konditionen

7.3.2.1 Zahlungsbedingungen

Wie die Ergebnisse der durchgeführten Inhaltsanalyse aufzeigen, setzen die meisten CCaaS-Anbieter auf eine regelmäßig wiederkehrende Zahlung, die entweder monatlich oder jährlich anfällt. Im Zusammenhang mit den monatlich anfallenden Zahlungen lässt sich sagen, dass diese Frequenz das Verrechnen von zusätzlichen bzw. wegfallenden Nutzer-Lizenzen, die nur über einen kurzen Zeitraum gebraucht werden, vereinfacht (vgl. Affolter 2015, S. 43 f.). Einmalige Zahlungen für die Inbetriebnahme des Services konnten vereinzelt beobachtet werden. Diese Einmalzahlungen dürften auf die Tatsache zurückzuführen sein, dass ein bestehendes Contact-Center-System mit den Geschäftsprozessen und der IT-Landschaft eines Unternehmens normalerweise stark verzahnt ist. Das Freischalten eines Servicezugangs über die Cloud reicht für die Inbetriebnahme eines Contact-Centers daher in vielen Fällen nicht aus. CCaaS-Anbieter, die mehrheitlich kleinere Contact-Center ansprechen und weniger Anpassungs- sowie Integrationsmöglichkeiten anbieten, dürften darauf bedacht sein, kein einmaliges Einrichtungsentgelt zu erheben, da ansonsten der Kostenanteil der Investitionskosten wieder ansteigt und der Cloud Service einen seiner größten Vorteile einbüßen würde (vgl. Affolter 2015, S. 13 ff.). In einem solchen Fall könnte es sinnvoller sein, die Aufwände für das Einrichten des Services in die regelmäßig wiederkehrenden Servicebeträge mit einzurechnen. Außerdem sollten sich CCaaS-Anbieter bewusst sein, dass sich die Bereitstellungskosten für ein CCaaS-Angebot hauptsächlich über Skalen- und Standardisierungseffekte reduzieren lassen. Die dadurch erzielten Kosteneinsparungen können an die Nachfrager weitergegeben werden, was deren Gesamtkosten senkt und gleichzeitig die Position des Anbieters im Preiswettbewerb stärkt (vgl. Bandulet et al. 2010, S. 176 f.).

7.3.2.2 Vertragslaufzeit und Rabatte

Weiter hat die Untersuchung von CCaaS-Angeboten ergeben, dass der Großteil der Anbieter keine Preisabschläge bei einer längeren Vertragslaufzeit bzw. einer jährlichen Zahlungsweise gewährt. Der Grund, dass von 14 Anbietern doch eine solche Vergünstigung gewährt wird, dürfte mit der dadurch gestiegenen finanziellen Sicherheit zugunsten des Anbieters zusammenhängen. Da aber bei einem Contact-Center-System durch dessen enge Verknüpfung mit organisatorischen Strukturen und Abläufen das schnelle Wechseln des Anbieters nicht im gleichen Ausmaß wie bei anderen SaaS-Angeboten möglich ist, dürften viele Anbieter so oder so eine längere Beziehung mit einem Nachfrager erwarten. Im Wissen, dass auch durch den Bezug eines Cloud Services die Kosten für den Wechsel eines Contact-Center-Systems vergleichsweise hoch bleiben, verzichten viele CCaaS-Anbieter wohl darauf, ihren Kunden einen Rabatt bei einer jährlichen Zahlungsweise zu gewähren. Auch wenn der Bezug von Contact-Center-Services über die Cloud den Nachfragern eine größere strategische und operative Flexibilität einräumt als wenn die notwendige IT-Infrastruktur lokal betrieben werden würde, wird diese Flexibilität im Vergleich zu verschiedenen anderen Bereichen der IT wohl allgemein kleiner ausfallen.

Neben dem Preisabschlag bei einer jährlichen Zahlungsweise konnten weitere Rabattformen bei den untersuchten CCaaS-Anbietern beobachtet werden. Dazu gehören unter anderem Mengenrabatte. Da bei vielen CCaaS-Anbietern Hinweise auf Preisverhandlungen erkannt wurden, ist davon auszugehen, dass weitere, nicht öffentlich ausgewiesene Rabatte gewährt werden. Eine Preisverhandlung ist zwar nicht gleichzusetzen mit der Gewährung von Rabatten, jedoch sind besonders im Industriegüterbereich auch Rabatte „Verhandlungssache" und die Listenpreise sind nur Ausgangspunkt für die Verhandlung des Nettopreises (vgl. Jain und Laric 1979, S. 80).

7.3.2.3 Testphasen

Als letzte dominante Merkmalsausprägung der Dimension „Konditionen" ließ sich erkennen, dass CCaaS-Anbieter mehrheitlich keine kostenlose Erprobung ihres Services anbieten. Dies ist deshalb interessant, weil empirische Untersuchungen des gesamten SaaS-Marktes erkennen ließen, dass kostenlose Testphasen von 14–30 Tagen mehrheitlich angeboten werden (vgl. Ellenberg 2013, S. 66). Die Unterschiede zwischen SaaS-Angeboten im Allgemeinen und CCaaS lässt sich aber insofern erklären, als dass die Erprobung eines Contact-Center-Cloud-Services mit hohen organisatorischen und wohl auch technischen Aufwänden verbunden wäre. Um einen möglichst aussagekräftigen Test des Services durchzuführen, wäre der Aufbau eines dedizierten Test-Teams – bestehend aus Agenten, Supervisoren etc. – sowie einigen grundlegenden Systemanpassungen und der Anbindung an wichtige Umsysteme notwendig. Unabhängig davon, ob ein Nachfrager bereit ist diese Kosten auf sich zu nehmen, ließe sich ein solcher Test kaum innerhalb von 30 Tagen sinnvoll durchführen. Für funktionserweiternde Add-ons könnte aber das Anbieten einer kostenlosen Testphase durchaus Sinn ergeben. Voraussetzung dafür wäre, dass der Nutzen des Add-ons innerhalb einiger paar Tage dem Nachfrager offenbart werden kann und dadurch zu einer Reduktion seiner Unsicherheit führt (vgl. Ellenberg 2013, S. 4).

7.3.3 Bemessungsgrundlage

7.3.3.1 Preiskomponenten

In der Dimension der Bemessungsgrundlage zeigen die Ergebnisse der Inhaltsanalyse eine Präferenz von nur einer einzelnen Preiskomponente, die meist auf einer nutzungsunabhängigen Bemessungsgrundlage basiert. Die überwiegende Verwendung von nur einer Preiskomponente überrascht insofern, als dass nach Ansicht von Experten durch die Verwendung von zwei Preiskomponenten gegenüber einem Preismodell mit nur einer Preiskomponente erhebliche Gewinnsteigerungen erzielt werden können (vgl. Affolter 2015, S. 25 ff.). Außerdem konnten Xia et al. (2004, passim) nachweisen, dass bei mehrdimensionalen Preisen die Anzahl der verwendeten Preiskomponenten einen Einfluss auf die Preiswahrnehmung durch den Kunden hat. So wird bei Angeboten mit zwei bis vier Preiskomponenten der eindimensionale Gesamtpreis als günstiger wahrgenommen als die einzelnen Komponentenpreise zusammen. In Bezug auf die Anzahl der Preiskomponenten ist auch der Vergleich mit dem allgemeinen SaaS-Markt interessant. So zeigen Untersuchungen, dass dort eher 2–3 Preiskomponenten zum Einsatz kommen (vgl. Ellenberg 2013, S. 71; Lehmann et al. 2009, S. 510 f.). Für die Verwendung einer einzigen Preiskomponente spricht, dass dadurch Preise für den Nachfrager einfacher zu verstehen und für den Anbieter einfacher zu verwalten sind (vgl. Wu et al. 2014, S. 156 f.).

7.3.3.2 Nutzungsab- und nutzungsunabhängige Preisbestimmung

Neben dem dominierenden Einsatz von nur einer Preiskomponente deuten die Ergebnisse der Inhaltsanalyse auch darauf hin, dass auf dem CCaaS-Markt überwiegend nutzungsunabhängige Bemessungsgrundlagen zur Preisbestimmung eingesetzt werden. Nutzungsabhängige Preisbestimmungsmechanismen kommen kaum oder nur in Kombination mit einer nutzungsunabhängigen Bemessung zum Einsatz. Diese Verbindung aus pro Periode einmaligem Grundpreis sowie einem nutzungsabhängigen Preis pro Einheit wird als zweiteiliger Tarif bezeichnet und kann der mengenbezogenen Preisdifferenzierung 2. Grades zugeteilt werden (vgl. Bailey und White 1974, o. S.). Für den Anbieter besteht der Vorteil eines zweiteiligen Tarifs darin, dass durch einen niedrigen Nutzungspreis der Nachfrager zu einer hohen Nutzung animiert wird, während unterschiedliche Grundpreise gleichzeitig eine Abschöpfung der verschiedenen Zahlungsbereitschaften ermöglicht (vgl. Skiera und Albers 1999, o. S.; Skiera 1999a, o. S.). Es ist anzunehmen, dass die Nutzer in einem Contact-Center (Agenten, Supervisoren etc.) grundsätzlich nicht über die Bepreisung des genutzten CCaaS-Angebots informiert sind, weshalb auch nicht von einer verstärkten Nutzung bei einem tiefen Nutzungspreis ausgegangen werden kann. In Anbetracht dessen, dass bei weniger als der Hälfte der CCaaS-Anbieter die Verwendung einer nutzungsabhängigen Bemessungsgrundlage erkannt werden konnte, war es erstaunlich, wie oft auf den Webseiten mit Begriffen wie „pay-as-you-go", „pay-per-use" oder „consumption-based pricing" geworben wurde. Dieser Widerspruch könnte aber unter anderem darauf zurückzuführen sein, dass wie erwähnt viele Anbieter die Bepreisung anhand von Nutzern als nutzungsabhängige Preisbestimmung auffassen. Auch widersprechen die Ergebnisse der durchgeführten Analyse der These, dass sich aufgrund des vergleichsweise hohen Anteils an variablen Kosten für SaaS-Angebote nutzungsabhängige Preismodelle besonders gut eignen (vgl. Kittlaus und Clough 2009, S. 186). Auch andere Untersuchungen (vgl. Ellenberg 2013, passim; Lehmann et al. 2010, passim) weisen auf eine Dominanz der nutzungsunabhängigen Preisbestimmung für SaaS-Angebote hin, dabei wurden aber auch Unterschiede aufgrund der Anwendungskategorie identifiziert. Im Bereich von Business Intelligence, das einen starken transaktionalen Charakter aufweist, scheint beispielsweise vermehrt nutzungsabhängig bepreist zu werden (vgl. Ellenberg 2013, S. 73). Dass auf dem CCaaS-Markt die Preisbestimmung wohl überwiegend nutzungsunabhängig geschieht, könnte mit mehreren Faktoren zusammenhängen. Einerseits stellt die nutzungsabhängige Bemessung den CCaaS-Nachfrager vor größere Herausforderungen bezüglich der Kostenkalkulation (vgl. Weinhardt et al. 2009, S. 41). Wird beispielsweise pro Telefonanruf zwischen einem Agenten und einem Endkunden bepreist, so muss der Nachfrager seine erwartete Nutzungsintensität ziemlich genau kennen, um auch die erwarteten Kosten abschätzen zu können. Gerade bei Inbound-Contact-Center stellt die Unbekanntheit wesentlicher Kenngrößen in Bezug auf die Interaktionen mit den Endkunden (Zeitpunkt und Dauer von Anrufen, Emails, Chats, Art des Anliegens etc.) eine organisatorische und technische Herausforderung dar. Bei Outbound-Contact-Center kann zumindest die Anzahl von Endkundeninteraktionen ungefähr geplant werden. Unbekannte Größen wie die Dauer eines Telefongesprächs bleiben aber auch bei diesem Betriebsmodell. Diese stochastischen Eigenschaften machen ein Contact-Center zu einem System mit sehr hoher Dynamik, die durch kontrollierte Planung und Steuerung wieder ausgeglichen werden soll (vgl. Helber und Stolletz 2003, S. 4; Jobst 2010, S. 12). Die Bepreisung pro Kundeninteraktion hätte für manchen CCaaS-Nachfrager aufgrund von unterschiedlichen Nutzungsintensitäten erhebliche Kostenschwankungen zur Folge. Eine ausschließlich nutzungsabhängige Bepreisung würde aber auch den CCaaS-Anbieter vor eine finanzielle Herausforderung stellen. Er müsste eine Prognose über die Nutzung des angebotenen Services durch seine Kunden machen können, um seinen Umsatz und wohl auch den Preis für den Service vorauszusagen (vgl. Kittlaus und Clough 2009, S. 186). Auch dürfte der CCaaS-Anbieter daran interessiert sein, einen möglichst geringen Aufwand für die Messung der bepreisten Nutzungseinheit zu haben.

Eine nutzungsabhängige Bepreisung konnte in der Stichprobe hauptsächlich bei denjenigen CCaaS-Anbietern beobachtet werden, die ihren Kunden nicht nur die Nutzung der Contact-Center-Plattform, sondern auch die Anbindung ans öffentliche Telefonnetz bzw. zu einem Voice over IP (VoIP)-Provider in den Service einrechnen. Der Preis pro Minute unterscheidet sich dabei aufgrund von verschiedensten Parametern wie Richtung des Anrufs (eingehend bzw. ausgehend), Land des Anrufenden, Land des Angerufenen, Art der Rufnummer, auf der der Anruf entgegengenommen wird, etc. Sonstige Formen der nutzungsabhängigen Preisbestimmung scheinen auf dem CCaaS-Markt momentan kaum genutzt zu werden. Mit dem vermehrten Aufkommen von Multikanal-Contact-Center (vgl. Affolter 2015, S. 10 ff.) könnte die transaktionsabhängige Preisbestimmung in Zukunft vermehrt zum Einsatz kommen, da sich hierbei E-Mails, Tickets, Tweets etc. bepreisen ließen.

7.3.3.3 Preisbestimmung aufgrund der Anzahl Nutzer

Wie bereits mehrmals erwähnt wurde, scheint die Preisbestimmung bei einem Großteil der CCaaS-Anbieter aufgrund der Anzahl Nutzer zu geschehen. Die genaue Differenzierung zwischen den beiden Grundmodellen Named und Concurrent User war dabei nicht immer klar ersichtlich (vgl. Affolter 2015, S. 36 ff.). Dass offenbar viele CCaaS-Anbieter eine Preisbestimmung auf Basis der Anzahl Nutzer einsetzen, ist insofern nachvollziehbar, als dass die Größe eines Contact-Centers und der darin verwendeten IT-Systeme stark durch die Zahl der Agenten, Supervisoren, Teamleiter und sonstigen Nutzer beeinflusst wird. Ob sich für den Betreiber eines Contact-Centers die Preisbestimmung nach Named oder nach Concurrent User anbietet, hängt stark mit der Organisation des Contact-Centers zusammen. Bei Schichtbetrieb, saisonalen Stoßzeiten, Marketing-Kampagnen oder einem weltweit verteilten Contact-Center, das nach dem

Follow-the-Sun-Prinzip arbeitet, bietet sich eine Preisbestimmung nach Concurrent User an, da hierbei die verfügbaren Lizenzen unter den Nutzern weitergegeben werden können. Würde nach dem Named User Modell bepreist werden, so müsste für jeden Nutzer, der sich zu irgendeinem Zeitpunkt am System anmeldet, eine einzelne Lizenz gekauft werden. Named User Lizenzen empfehlen sich eher für statische Umgebungen, d. h. wenn sich die Zahl der Nutzer nur selten ändert, kein Schichtbetrieb besteht etc.

Eine Bepreisung nach Concurrent User stellt den Anbieter und den Nachfrager aber auch vor einige Herausforderungen. Während der Nachfrager zur Kostenbestimmung die maximale Anzahl gleichzeitig am System angemeldete Nutzer vorhersagen muss, sieht sich der Anbieter mit der Aufgabe konfrontiert, ein Kontrollsystem für die Verwaltung der Nutzer zu betreiben. Auch bringt die Preisbestimmung nach Concurrent User für den Nachfrager eine inhärente Diskrepanz zwischen dem bezahlten Preis und dem erhaltenen Nutzen mit sich, sollte keine automatische Reduzierung der verrechneten Nutzerlizenzen bei einer Nicht-Verwendung vom Anbieter gewährt werden (vgl. Bontis und Chung 2000, S. 246). Bei vereinzelten Anbietern wurden Hinweise gefunden, dass der Zukauf bzw. die Reduzierung von Nutzern über eine gewisse Zeitspanne möglich ist, um damit temporäre Servicenachfragespitzen abdecken zu können. Für die strukturierte Untersuchung dieser Vermutung reicht jedoch die Datenbasis der Inhaltsanalyse nicht aus. Dasselbe gilt für eine Verrechnung aufgrund der tatsächlichen Anmeldung eines Nutzers am System, womit Anbieter die vorangehend beschriebene Diskrepanz zwischen entrichtetem Entgelt und erhaltenem Nutzen beseitigen könnten. Hinweise, dass diese anmeldebasierte Preisbestimmung bei einigen CCaaS-Anbietern Tatsache ist, konnten im Rahmen der durchgeführten Untersuchung gefunden werden. Auch hier wäre jedoch eine detailliertere Analyse notwendig, um eine eindeutige Aussage diesbezüglich machen zu können. Da eine Bepreisung nach Concurrent User im Vergleich zu Named User dem Nachfrager eine größere Flexibilität bietet, wird erstere in der Softwareindustrie von den Anbietern häufig mit einem höheren Preis angeboten (vgl. Bontis und Chung 2000, S. 248).

7.3.4 Preisdifferenzierung

7.3.4.1 Produktversionen

Wie vorangehend erläutert, verfügen digitale Güter über relativ geringe variable Kosten, wodurch sich digitale Produkte leicht verändern lassen und demzufolge eine kostengünstige Erstellung mehrerer Produktversionen möglich ist. Die Untersuchung in der Dimension der Preisdifferenzierung hat ergeben, dass auf dem CCaaS-Markt der Einsatz von einer oder drei Produktversionen zu dominieren scheint. Das häufige Auftreten von nur einer Produktversion dürfte mit der Anwendung der Preisdifferenzierung 1. Grades bzw. den Preisverhandlungen zusammenhängen. Die Ergebnisse der Inhaltsanalyse unterstützen diese Vermutung, da bei 20 der 23 Anbieter mit nur einer Produktversion konkrete Hinweise für Preisverhandlungen beobachtet werden konnten. Dass weiter von einigen Anbietern drei unterschiedliche Produktversionen angeboten werden, dürfte auf eine leistungsbezogene Preisdifferenzierung 2. Grades unter Berücksichtigung des verhaltenswissenschaftlichen Effekts von Extremeness Aversion (vgl. Varian 1997, S. 11) zurückzuführen sein. Durch Abneigung gegenüber Extremen fällt bei drei Produktversionen die Entscheidung des Nachfragers häufig auf die mittlere Version, die beim Anbieten von nur zwei Versionen die teurere dargestellt hätte. Dass überwiegend drei unterschiedliche Produktversionen angeboten werden, konnte auch im allgemeinen SaaS-Markt beobachtet werden (vgl. Ellenberg 2013, S. 75).

7.3.4.2 Preisverhandlungen und leistungsbezogene Preisdifferenzierung 2. Grades

In Bezug auf die unterschiedlichen Formen der Preisdifferenzierung konnte bei den untersuchten CCaaS-Anbietern fast nur eine Preisdifferenzierung 1. Grades (Preisverhandlungen) oder eine leistungsbezogene Preisdifferenzierung 2. Grades erkannt werden. Die beiden dominierenden Preisdifferenzierungsformen traten zudem oft in Kombination miteinander auf. Einer der Gründe für das häufige Auftreten von Preisverhandlungen dürfte, wie bereits vorangehend erwähnt wurde, mit den Besonderheiten des Industriegüterbereichs zusammenhängen, zu dem große Contact-Center-Systeme gezählt werden können (vgl. Affolter 2015, S. 13). Preisverhandlungen können sich grundsätzlich auf alle Aspekte der Transaktion beziehen, weshalb neben der technischen Lösung auch Zahlungsbedingungen, die Finanzierung sowie der Preis eine zentrale Rolle spielen (vgl. Simon und Fassnacht 2009, S. 458). Die genauen Aspekte der Preisverhandlungen, seien es die Abläufe oder die Bedingungen, konnten als außenstehender Beobachter über die Untersuchung der Anbieter-Webseiten nicht erkannt werden. Dass von vielen der untersuchten CCaaS-Anbieter auf dem offiziellen Webauftritt keine quantifizierten Preisinformationen ausgewiesen werden, deutet aber darauf hin, dass versucht wird, den Preis nicht in den Mittelpunkt von Preisverhandlungen zu stellen, sondern vielmehr die Aufmerksamkeit des potenziellen Kunden zuerst auf die Leistungen des Angebots zu lenken. Denn nach Simon und Fassnacht (2009, S. 464) darf sich ein Anbieter nicht wundern, wenn der Preis bei dessen öffentlicher Nennung durch den Kunden als dominierendes Entscheidungskriterium verwendet wird. Wird der Preis nicht genannt, so kann der Anbieter dem Nachfrager zu Beginn der Preisverhandlungen die verschiedenen Leistungen seines Angebots aufzeigen und sich erst danach den preislichen Aspekten zuwenden und so versuchen, die Preisbereitschaft seines Gegenübers abzuschätzen.

Nebst den Preisverhandlungen konnte die leistungsbezogene Preisdifferenzierung als häufige Merkmalsausprägung identifiziert werden. Die dadurch entstehenden Produktversionen wurden vorangehend bereits betrachtet. Der Erfolg für eine leistungsbezogene Preisdifferenzierung hängt nach Simon und Fassnacht (2009, S. 266) damit zusammen, ob die Nutzenunterschiede der Produktversionen für die Kunden eine Bedeutung haben und auch tatsächlich als solche erkannt werden. In Bezug auf die untersuchten CCaaS-Angebote würde dies bedeuten, dass all denjenigen Anbieter, die mehr als eine Produktversionen anbieten, die Unterschiede zwischen den einzelnen Versionen als signifikant betrachten und daher eine preisliche Differenzierung als sinnvoll erachten.

Interessanterweise konnte bei einer beachtlichen Anzahl an Anbietern, die eine leistungsbezogene Preisdifferenzierung einsetzen, auch Hinweise auf Preisverhandlungen erkannt werden. Dies bedeutet, dass sich Nachfrager einerseits selbst aufgrund der für sie interessanten Leistungsmerkmale einer Produktversion zuordnen (vgl. Simon und Fassnacht 2009, S. 265), der konkrete Kaufpreis aber mit dem Anbieter ausgehandelt wird.

7.3.5 Dynamische Preisstrategien

Aufgrund des kurzen Untersuchungszeitraums konnte in der Dimension der dynamischen Preisstrategien lediglich das Vorhandensein kostenloser Produktversionen analysiert werden, die auf eine mögliche Follow-the-Free-Preisstrategie hindeuten könnten. Wie die Resultate der durchgeführten Untersuchung zeigen, gibt es aber kaum CCaaS-Anbieter, die eine Produktversion gratis anbieten. Dies steht im Widerspruch zu Untersuchungsergebnissen des allgemeinen SaaS-Marktes, in denen aufgezeigt wurde, dass Follow-the-Free durchaus seine Anwendung als Preisstrategie findet, allerdings in starker Abhängigkeit von der jeweiligen Produktkategorie (vgl. Ellenberg 2013, S. 81 f.). Dass kaum CCaaS-Anbieter eine Produktversion kostenlos anbieten, dürfte mit verschiedenen Eigenschaften des Contact-Center-Marktes zusammenhängen. Follow-the-Free-Preisstrategien werden eingesetzt, um möglichst schnell eine kritische Masse auf einem Markt zu erreichen, Netzeffekte auszunutzen und Nutzungshemmnisse abzubauen (vgl. Simon und Fassnacht 2009, S. 510; Zerdick et al. 1999, S. 191 ff.). Da Contact-Center nicht von Privatpersonen, sondern ausschließlich von Unternehmen eingesetzt werden, hat der Nutzer (d. h. der Agent, Supervisor, Teamleiter etc.) keine freie Wahl, was die Verwendung des Contact-Center-Systems angeht. Das Abbauen von Nutzungshemmnissen kann daher kein prioritäres Ziel eines CCaaS-Anbieters sein. Weiter dürften auf dem CCaaS-Markt keine besonders starken Netzeffekte herrschen, da sich der Nutzen für einen CCaaS-Kunden nicht erhöht, wenn weitere Kunden denselben Service nutzen. Das Erreichen einer kritischen Masse zur Ausnutzung von Netzeffekten und der Setzung von Standards wird daher auch kein Primärziel der CCaaS-Anbieter darstellen. Das Funktionieren der Follow-the-Free-Preisstrategie setzt zudem voraus, dass für die gratis abgegebene Produktversion extrem tiefe Grenzkosten vorliegen und ein enorm großer adressierbarer Markt existiert (vgl. Bekkelund 2011, passim). Beide Bedingungen sind für CCaaS nicht gegeben (vgl. Affolter 2015, S. 17 ff.). Letztendlich basiert der Erfolg von Follow-the-Free auf dem Grundprinzip, dass möglichst viele Kunden von der kostenlosen zur kostenpflichtigen Produktversion wechseln (vgl. Bekkelund 2011, S. 15). Ob Unternehmen einem CCaaS-Angebot, das gratis ist, überhaupt eine für ihre Ansprüche angemessene Servicequalität zutrauen, ist bereits fragwürdig. Sollte es einem CCaaS-Anbieter tatsächlich gelingen, die im Rahmen von Ausschreibungen geforderten Kriterienkataloge mit einer kostenlosen Produktversion zu erfüllen, dürfte der Nachfrager kein großes Interesse haben, wegen einigen Funktionen auf die kostenpflichtigen Premiumversion zu wechseln und dadurch schlagartig seine Betriebskosten zu vervielfachen.

7.3.6 Preisbildung

7.3.6.1 Interaktionsgrad

Die Preisbildung konnte im Rahmen der durchgeführten Inhaltsanalyse nicht untersucht werden, da dies normalerweise ein unternehmensinterner Prozess ist und Außenstehende keine Einsicht in die entsprechenden Entscheidungsmechanismen erhalten. Davon ausgehend, dass die Preisbildung grundsätzlich aufgrund einer Basis für die Preisermittlung und einem bestimmten Interaktionsgrad erfolgt (vgl. Affolter 2015, S. 27), ließ sich doch erkennen, dass auf dem CCaaS-Markt die Interaktion zwischen Anbieter und Nachfrager für die Preisbildung ziemlich hoch zu sein scheint. Die vielen Hinweise auf Preisverhandlungen unterstützen diese Vermutung. Die quantifizierte Veröffentlichung konkreter Preise, was einer einseitigen Preisfestlegung durch den Anbieter entspricht (vgl. Buxmann et al. 2011, S. 107), war nur bei rund 20 % der näher untersuchten CCaaS-Angebote zu erkennen.

7.3.6.2 Preisermittlung

Als externe Person schwieriger zu beurteilen als der Interaktionsgrad ist die verwendete Basis für die Preisermittlung. Verbreitete Preisermittlungsverfahren für IT-Services orientierten sich an den Kosten, der Erreichung bestimmter Margen und an den Preisen der Konkurrenz (vgl. Harmon et al. 2009, S. 1). Die Orientierung an der Nachfrage bzw. der Wertschätzung eines Services durch den Kunden, meist mit dem englischen Begriff Value-Based Pricing bezeichnet, konnte sich bisher auf dem SaaS-Markt noch nicht durchsetzen. Dies überrascht insofern, als dass sich Praktiker und Forscher mehrheitlich einig sind, dass sich über ein Value-Based Pricing allgemein höhere Gewinne erzielen lassen könnten (vgl. Michel und Pfäffli 2009, S. 1). Die Ursachen, warum sich Value-Based Pricing bisher noch nicht weiter verbreiten konnte, sind nach Ansicht von Experten vielfältig. Michel und Pfäffli (2009, passim) führen als Gründe unter anderem die aufwendige Beschaffung der Basisinformationen, die komplexe innerbetriebliche Umsetzung sowie rechtliche Grenzen auf. Harmon et al. (2009 passim) sind der Meinung, dass sich ein Value-Based Pricing für SaaS-Angebote sogar besonders gut eignen dürfte. Dies, weil sich traditionelle kostenbasierte Preisermittlungen auf kurzfristige Wertgewinne zugunsten des Service Providers fokussieren. Ein Value-Based Pricing würde sich hingegen mit dem durch jeden Nachfrager unterschiedlich wahrgenommenen Nutzen auseinandersetzen und nicht bloß mit den Service-Kosten, die beim Anbieter anfallen. Wie die Ergebnisse der Inhaltsanalyse aufzeigen konnten, setzen einige CCaaS-Anbieter eine Preisbestimmung aufgrund der Anzahl Nutzer ein. Da nach Harmon et al. (2009, S. 2) dieses User-based Pricing zu den kostenorientierten Ansätzen gezählt werden kann, scheinen auch auf dem CCaaS-Markt die traditionellen Preisermittlungsverfahren zu dominieren. Auch eine nutzungsabhängige Preisbestimmung, wie sie in der untersuchten Stichprobe teilweise erkannt werden konnte, kann nicht mit einem Value-Based Pricing gleichgesetzt werden, da sich nicht nur die Nutzungshäufigkeit, sondern auch der Nutzen, den jede Nutzungseinheit stiftet, pro Nachfrager bzw. Nutzer unterschiedlich ist (vgl. Ellenberg 2013, S. 78). Übertragen auf das Gebiet von CCaaS bedeutet dies beispielsweise, dass der Nutzen eines Telefonanrufs je nach Contact-Center verschieden und eine einheitliche Bepreisung pro Zeitdauer daher gegenüber dem Nachfrager unfair ist. Value-Based Pricing verspricht dahingegen, dass bei Ermittlung des Preises durch die kundenspezifische Determinierung des Nutzens diese Preis-Unfairness, die einen Einfluss auf die Kundenzufriedenheit und die Abwanderungsquote hat (vgl. Affolter 2015, S. 23 f.), reduziert wird. Über eine Integration des ermittelten Preises mit den erwarteten Kosten des Service Providers ließe sich zudem bestimmen, ob das Anbieten eines Services überhaupt rentabel ist (vgl. Harmon et al. 2009, S. 7).

Im Bereich von CCaaS stellt die Auseinandersetzung mit dem durch einen Nachfrager wahrgenommenen Servicenutzen eine interessante Fragestellung dar. Wie vorangehend beschrieben, lassen sich verschiedenartige Wertsteigerungen durch die Nutzung eines CCaaS-Angebots erkennen, die je nach Service Customer unterschiedlich sein dürften. Einer solch vielschichtigen Nutzenswahrnehmung mit einem Preis pro Nutzer zu begegnen greift zu kurz. Allerdings dürften CCaaS-Anbieter durch die offenbar häufig praktizierten Preisverhandlungen die Möglichkeit haben, auf die unterschiedliche Wahrnehmung der Wertschöpfung eines angebotenen Services einzugehen. Aber auch hierbei ist Vorsicht geboten; das unterschiedliche Bepreisen eines nach außen scheinbar ähnlichen Services könnte bei Nachfragern zu Misstrauen und wahrgenommener Preisunfairness führen (vgl. Maxwell 2008, o. S.).

7.3.7 Preisbündelung

Auch die Untersuchung der Preisbündelung war nicht möglich, da CCaaS-Angebote aus sich heraus eine Form der Preisbündelung darstellen. Bei einigen CCaaS-Anbietern konnte aber das Anpreisen von Add-ons beobachtet werden (vgl. Affolter 2015, S. 38). Aufgrund der Ergebnisse aus der Inhaltsanalyse lässt sich dieses Vorgehen zwar nicht als dominierende Merkmalsausprägung betrachten, trotzdem scheint es ein durchaus gebräuchliches Mittel für das Anbieten von bestimmten Funktionserweiterungen zu sein. Da Nachfrager ein Add-on nur dann kaufen können, wenn sie das Grundprodukt bereits erworben haben bzw. es zeitgleich erwerben, stellen Add-ons eine Sonderform der Preisbündelung dar (vgl. Wübker 1998, S. 32).

Nach Ansicht von Experten sollte der Einsatz von Add-ons durch den Anbieter gut durchdacht sein. Es herrscht Einigkeit darüber, dass Add-ons ein Instrument für die Preisdifferenzierung zur besseren Abschöpfung der Konsumentenrente bei heterogenen Nachfragern sind (vgl. Adams und Yellen 1976, passim), da das Grundprodukt und das erweiterte Produkt (das Grundprodukt mit den zusätzlichen Funktionen) zwei Qualitätsstufen darstellen, die zu unterschiedlichen Preisen verkauft werden können (vgl. Ellison 2005, o. S.; Guiltinan 1987, o. S.). Nach Ellison (2005, o. S.) und Gabaix und Laibson (2006, o. S.) werden Add-Ons aber durch Anbieter auch eingesetzt, um kurzsichtiges Kaufverhalten der Nachfrager auszunutzen. Anbieter fordern für Add-ons unverhältnismäßig hohe Preise, da Nachfrager beim Kauf des Grundprodukts nicht in der Lage sind, ein zukünftiges Bedürfnis für erweiterte Funktionalitäten zu antizipieren. Letztendlich profitieren aber auch die Nachfrager von der Verfügbarkeit von Add-ons, solange diese eine größere Auswahlmöglichkeiten bieten und es genügend Heterogenität oder Abwechslung suchendes Kaufverhalten auf dem Markt gibt (vgl. Bayus und Putsis 1999, o. S.; Hoch et al. 1999, o. S.).

7.4 Zusammenfassung und Ausblick

Ausgangspunkt für die erwähnte Bachelorthesis von Affolter (2015, passim) war der bereits begonnene Wandel der Bereitstellung und Nutzung von IT-Ressourcen über das Internet. Die vielen ökonomischen Vorteile dieser Art der IT-Leistungsbereitstellung machen auch vor dem Contact-Center-Markt nicht halt und bringen nicht nur technische, sondern auch weitreichende preispolitische Implikationen mit sich. Im Hinblick auf die notwendigen Entscheidungen bezüglich der Preisbestimmung für CCaaS-Angebote wurde über eine empirische Analyse versucht, die Möglichkeiten der Preisgestaltung auf dem CCaaS-Markt erkennbar zu machen und daraus entsprechende Preisstrategien abzuleiten. Im Folgenden werden die Bedeutungen der Forschungsergebnisse für die zukünftigen preispolitischen Entscheidungen von CCaaS-Anbieter und die Forschung auf dem Gebiet der Preisgestaltung für CCaaS erläutert.

7.4.1 Aktuelle Preisgestaltung auf dem CCaaS-Markt

Das Hauptziel der Bachelorthesis von Affolter (2015, passim) war es herauszufinden, über welche Möglichkeiten sich für CCaaS-Angebote Preismodelle gestalten lassen und inwiefern sich deren einzelne Parameter für die Preisgestaltung eignen. Aufgrund der durchgeführten Inhaltsanalyse konnten, bei aller Zurückhaltung zur Veröffentlichung von Preismodellinformationen durch die Anbieter, die regelmäßig wiederkehrenden Zahlungen und die Preisbestimmung aufgrund der Anzahl Nutzer als dominierende Preisgestaltungsprinzipien erkannt werden. Nutzungsabhängige Bemessungsgrundlagen scheinen sich auf dem CCaaS-Markt noch nicht großflächig verbreitet zu haben. Wird der Preis aufgrund der tatsächlichen Nutzung festgelegt, dann geschieht dies überwiegend aufgrund der Dauer von Telefongesprächen. Die Bestimmung des Preises scheint auf dem Markt von Contact-Center IT-Systemen bis jetzt so steif gehandhabt worden zu sein, dass sich Subskriptionsmodelle in Kombination mit einer Bepreisung pro Nutzer bereits als „pay-per-use" vermarkten lassen.

Subskriptionsmodelle erscheinen auf dem CCaaS-Markt als Kompromiss zwischen Anbieter und Nachfrager. Dem Nachfrager werden die Investitionskosten gesenkt und die Angst vor unerwarteten Rechnungsbeträgen aufgrund unbekannter Nutzungsintensitäten genommen. Die Anbieter ihrerseits haben durch die regelmäßigen Zahlungen der Nachfrager nicht das volle finanzielle Risiko zu tragen, wie es bei einer ausschließlich nutzungsabhängigen Preisbestimmung der Fall wäre. Die Festlegung des Preises aufgrund der Anzahl Nutzer scheint sich für CCaaS besser zu eignen als eine nutzungsabhängige Preisbestimmung. Dies ist insofern nachvollziehbar, als dass die Planung der Nutzer, insbesondere der Agenten, eine der wichtigsten organisatorischen Tätigkeiten zur Steuerung des Betriebs in einem Contact-Center darstellt und Kenngrößen somit meist vorhanden sind. Im Gegensatz dazu ist die Antizipation der Häufigkeit und der Dauer von Endkundeninteraktionen eine große Herausforderung.

Weiter konnte erkannt werden, dass in den meisten Fällen der Preis für den Bezug eines CCaaS-Angebots Verhandlungssache ist. Das Veröffentlichen von konkreten Preisen oder Preismodellinformationen gehört nicht, oder noch nicht, zu den verbreiteten Prinzipien des CCaaS-Marktes. Es ist anzunehmen, dass der hohe Interaktionsgrad zwischen Anbieter und Nachfrager zur Preisfestlegung auf die Komplexität von großen Contact-Center IT-Systemen, insbesondere deren Verzahnung mit der restlichen IT-Infrastruktur eines Unternehmens, zurückzuführen ist. Unterstützt wird diese Vermutung von der Beobachtung, dass trotz Subskription von einigen Anbietern eine einmalige Zahlung für die Aufschaltung der Services erhoben wird, die zur Deckung der Aufwände für die Inbetriebnahme aufseiten des Anbieters dienen dürfte.

Im Gegensatz zu anderen Bereichen des allgemeinen SaaS-Marktes ließ die durchgeführte Untersuchung außerdem erkennen, dass sich für CCaaS Follow-the-Free-Preisstrategien nicht zu eignen scheinen. Dies wird damit begründet, dass CCaaS-Anbieter aufgrund von schwachen Netzeffekten nicht daran interessiert sein dürften, möglichst schnell eine kritische Masse an Nutzern aufzubauen.

7.4.2 Zukünftige Forschungsfragen

Wie bereits erwähnt wurde, kann aufgrund der durchgeführten Inhaltsanalyse keine Rückschlüsse auf die Erfolgswirksamkeit der einzelnen Preismodellparameter gezogen werden. Die Betrachtung der Interdependenzen zwischen dem verwendeten Preismodell und der Profitabilität eines Anbieters wäre daher eine nah liegende Fragestellung für weitere Untersuchungen. Aufgrund der großen Verbreitung von Preisverhandlungen wäre zudem auch eine intensivere Analyse dieser Form der Preisdifferenzierung 1. Grades interessant. Dies in Verbindung mit verhaltenswissenschaftlichen Aspekten, die nur punktuell betrachtet wurden.

Auch wenn versucht wurde, über Empfehlungen aus der Literatur die preisgestalterischen Möglichkeiten von CCaaS-Angeboten aus Sicht der Anbieter sowie aus Sicht der Nachfrager zu betrachten, so lag durch die Analyse der Anbieterwebseiten der Fokus doch klar aufseiten der Anbieter. Spannend wäre demnach herauszufinden, wie Nachfrager über die Preismodelle der CCaaS-Anbieter denken. Ist die nutzungsabhängige Preisbestimmung wirklich aufgrund ihrer schlechten Berechenbarkeit so unattraktiv und wird daher auch nicht häufiger angeboten oder wären Nachfrager nicht doch mehr bereit, wirklich nur für das zu bezahlen, was sie auch nutzen?

Weiter besteht besonders in den Gebieten der Preisbildung, Preisbündelung und der dynamischen Preisstrategien Untersuchungsbedarf. Aufgrund der zeitlichen Rahmenbedingungen konnten diese Parameter der Software-Preisgestaltung nur aufgrund von Empfehlungen aus der Literatur betrachtet werden. Da auch auf dem CCaaS-Markt die kostenorientierte Preisermittlung zu dominieren scheint, wäre es interessant herauszufinden, inwiefern eine nutzenorientierte Preisbestimmung tatsächlich für Nachfrager und Anbieter finanzielle Vorteile bringen würde und ob ein solches Value-Based Pricing in absehbarer Zukunft sich auf dem Markt etablieren könnte. Denn wie andere Softwareanwendungen stellen auch komplexe Contact-Center-Systeme ein Erfahrungsgut dar, dessen Wert der Nutzer bzw. der Nachfrager erst nach dem Kauf beurteilen kann.

Literatur

Adams, W. J., & Yellen, J. L. (1976). Commodity bundling and the burden of monopoly. *Quarterly Journal of Economics, 90*(3), 475–498. doi:10.2307/1886045.

Affolter, T. (2015). *Preisgestaltung für Contact-Center as a Service (CCaaS) Angebote. Analyse, Beurteilung und Empfehlung.* Bern: Unveröffentlicht.

Al-Roomi, M., Al-Ebrahim, S., Buqrais, S., & Ahmad, I. (2013). Cloud computing pricing models: A survey. *International Journal of Grid and Distributed Computing, 6*(5), 93–106. doi:10.14257/ijgdc.2013.6.5.09.

Bailey, E. E., & White, L. J. (1974). Reversal in peak and offpeak prices. *Journal of Economics and Management Science, 5*(1), 75–92.

Bakos, Y. (1998). The emerging role of electronic marketplaces on the internet. *Communications of the ACM.* doi:10.1145/280324.280330.

Bandulet, F., Faisst, W., Eggs, H., Otyepka, S., & Wenzel, S. (2010). *Software-as-a-Service: Anbieterstrategien, Kundenbedürfnisse und Wertschöpfungsstrukturen. Software-as-a-Service.* Wiesbaden: Gabler.

Bayus, B. L., & Putsis, W. P. (1999). Product proliferation: An empirical analysis of product line determinants and market outcomes. *Marketing Science.* doi:10.1287/mksc.18.2.137.

Bekkelund, K. J. (2011). *Succeeding with freemium: Exploring why companies have succeeded and failed with freemium.* Trondheim: NTNU.

Bontis, N., & Chung, H. (2000). The evolution of software pricing: From box licenses to application service provider models. *Internet Research.* doi:10.1108/10662240010331993.

Buxmann, P., Diefenbach, H., & Hess, T. (2011). *Die Softwareindustrie: Ökonomische Prinzipien, Strategien, Perspektiven* (2. Aufl.). Heidelberg: Springer.

Cisco. (2014). Installing and configuring Cisco HCS for contact-center 10.0(1). http://www.cisco.com/c/en/us/td/docs/voice_ip_comm/cust_contact/contact_center/hcs-cc/10_0_1/Install_and_Config/CHCS_BK_ICC270D0_00_installing-and-configuring-cisco-hcs.html.

Cusumano, M. A. (2007). The changing labyrinth of software pricing. Communications of the ACM. doi:10.1145/1272516.1272531.

Diller, H. (2008). *Preispolitik* (4. Aufl.). Stuttgart: Kohlhammer.

Dimension Data. (2014). Dimension data's 2013/14 global contact centre benchmarking. http://www.dimensiondata.com/Global/Downloadable%20Documents/2013_14_benchmarking%20summary%20report.pdf. Zugegriffen: 18. Mai 2015.

DMG. (2013). 2013/2014 Cloud-based contact-center infrastructure market report reprint (Newvoicemedia). West Orange: DMG Consulting LLC.

DMG. (2014). 2014–2015 Cloud-based contact-center infrastructure market report abstract. West Orange: DMG.

Ellenberg, J. (2013). Deskriptive Analyse und Bewertung der Preispolitik von Software-as-a-Service-Anbietern im B2B-Markt. Steinbeis-Hochschule Berlin.

Ellison, G. (2005). A model of add-on pricing. *The Quarterly Journal of Economics, 120*(2), 585–637. doi:10.1162/0033553053970151.

Gabaix, X., & Laibson, D. (2006). Shrouded attributes, consumer myopia and information suppression in competitive markets. *Quarterly Journal of Economics, 121*(2), 505–540.

Guiltinan, J. P. (1987). The price bundling of services: A normative framework. *Journal of Marketing, 51*(2), 74–85. doi:10.2307/1251130.

Harmon, R., Demirkan, H., Hefley, B., & Auseklis, N. (2009). Pricing strategies for information technology services: A value-based approach. *HICSS, 2009*, 1–10. doi:10.1109/HICSS.2009.865.

Helber, S., & Stolletz, R. (2003). *Call Center Management in der Praxis: Strukturen Und Prozesse Betriebswirtschaftlich Optimieren.* Berlin: Springer.

Hoch, S. J., Bradlow, E. T., & Wansink, B. (1999). The Variety of an Assortment. *Marketing Science.* doi:10.1287/mksc.18.4.527.

Homburg, C., & Krohmer, H. (2006). *Marketingmanagement: Strategie – Instrumente – Umsetzung – Unternehmensführung* (2. Aufl.). Wiesbaden: Gabler.

IDC. (2013). 2013–14 key trends in software pricing & licensing survey: Virtualization, license compliance and the application producer/enterprise relationship. http://learn.flexerasoftware.com/ECM-WP-Key-Trends-Complexity-Change. Zugegriffen: 30. März 2015.

Jain, S. C., & Laric, M. V. (1979). A framework for strategic industrial pricing. *Industrial Marketing Management.* doi:10.1016/0019-8501(79)90022-1.

Jobst, D. (2010). *Service- und Ereignisorientierung im Contact-Center: Entwicklung eines Referenzmodells zur Prozessautomatisierung* (1. Aufl.). Wiesbaden: Gabler.

Katz, M. L., & Shapiro, C. (1985). Network externalities, competition, and compatibility. *The Americaon Economic Review, 75*(3), 424–440.

Kittlaus, H.-B., & Clough, P. N. (2009). *Software product management and pricing.* Berlin: Springer.

Kittlaus, H.-B., Rau, C., & Schulz, J. (2004). *Software-Produkt-Management.* Heidelberg: Springer.

Lambrecht, A., & Skiera, B. (2006). Paying too much and being happy about it: Existence, causes, and consequences of tariff-choice biases. *Journal of Marketing Research, 43*(2), 212–223. doi:10.1509/jmkr.43.2.212.

Lehmann, S., & Buxmann, P. (2009). Preisstrategien von Softwareanbietern. *Business and Information Systems Engineering, 51*(6), 519–529. doi:10.1007/s11576-009-0197-3.

Lehmann, S., Draisbach, T., Koll, C., Buxmann, P., & Diefenbach, H. (2009). *Preisgestaltung für Software-as-a-Service: Ergebnisse einer empirischen Analyse mit Fokus auf nutzungsabhängiger Preismodelle.* Darmstadt: Institut für Betriebswirtschaftslehre.

Lehmann, S., Draisbach, T., & Koll, C. (2010). SaaS-Preisgestaltung: Bestehende Preismodelle im Überblick. *Software-as-a-Service: Anbieterstrategien, Kundenbedürfnisse und Wertschöpfungsstrukturen* (S. 155–169). Wiesbaden: Gabler.

Macrovision, SoftSummit, SVPMA, & CELLUG. (2006). Key trends in software pricing and licensing: A survey of software industry executives and their enterprise customers. http://www.softsummit.com/pdfs_registered/SW_Pricing_Licensing_Report_20062007.pdf. Zugegriffen: 30. März 2015.

Magnetic North. (2013). Ahead in the cloud: Why contact centres are moving to cloud-based solutions. http://info.magneticnorth.com/ahead-in-the-cloud. Zugegriffen: 27. März 2015.

Maxwell, S. (2008). *The price is wrong: Understanding what makes a price seem fair and the true cost of unfair pricing* (1. Aufl.). Hoboken: Wiley.

McMenamin, M. (2012). Contact-center outsourcing. http://www.isg-one.com/knowledgecenter/whitepapers/private/papers/White_paper_-_A_Peak_Time_for_Contact_Center_Outsourcing.pdf. Zugegriffen: 17. März 2015.

Meffert, H., & Bruhn, M. (2009). *Dienstleistungsmarketing: Grundlagen – Konzepte – Methoden* (6. Aufl.). Wiesbaden: Gabler.

Michel, S., & Pfäffli, P. (2009). Implementierungshürden des Value Based Pricing. *Marketing Review St. Gallen, 26*(5), 26–31.

Minkara, O. (2013). The hidden ROI of a cloud-based contact-center. http://www.oracle.com/us/products/applications/aberdeen-roi-cloud-contactcctr-1902159.pdf. Zugegriffen: 27. März 2015.

Minkara, O. (2014). Optimizing the customer experience through cloud contact centers. http://www.aberdeen.com/research/9461/RR-Cloud-CC-CEM.aspx. Zugegriffen: 27. März 2015.

Nieschlag, R., Dichtl, E., & Hörschgen, H. (2002). *Marketing* (19. Aufl.). Berlin: Duncker & Humblot.

Pigou, A. C. (1929). *The economics of welfare* (3. Aufl.). London: Macmillan.

Schümann, F., & Tisson, H. (2006). *Call center controlling*. Wiesbaden: Gabler. doi:10.1007/978-3-8349-9150-8.

Shapiro, C., & Varian, H. R. (1998). *Information rules: A strategic guide to the network economy*. Boston: Harvard Business Review Press.

Simon, H., & Fassnacht, M. (2009). *Preismanagement: Strategie – Analyse – Entscheidung – Umsetzung*. Wiesbaden: Gabler.

Skiera, B. (1999a). *Mengenbezogene Preisdifferenzierung bei Dienstleistungen*. Wiesbaden: Deutscher Universitäts-Verlag.

Skiera, B. (1999b). Preisdifferenzierung. In S. Albers, M. Clement, & K. Peters (Hrsg.), *Marketing mit interaktiven Medien. Strategien zum Markterfolg* (S. 283–296). Frankfurt a. M.: F.A.Z. Institut.

Skiera, B., & Albers, S. (1999). Tarifabhängige Nutzung. In S. Albers & M. Clement (Hrsg.), *Marketing mit interaktiven Medien. Strategien zum Markterfolg* (S. 223–236). Frankfurt a. M.: Peters, Kay.

Skiera, B., & Spann, M. (2002). Preisdifferenzierung im Internet. In M. Schögel, T. Tomczak, & C. Belz (Hrsg.), *Roadmap to E-Business – Wie Unternehmen das Internet erfolgreich nutzen* (S. 223–284). St. Gallen: Thexis.

Skiera, B., Spann, M., & Walz, U. (2005). Erlösquellen und Preismodelle für den Business-to-Consumer Bereich im Internet. *Wirtschaftsinformatik, 47*, 285–294.

Varian, H. R. (1997). Versioning information goods. University of California, Berkeley, (1), 1–13. doi:10.1108/14684520910985729.

Weinhardt, C., Anandasivam, A., Blau, B., & Stöer, J. (2009). Business models in the service world. *IT Professional, 11*(2), 28–33. doi:10.1109/MITP.2009.21.

Whinston, A. B., Choi, S.-Y., & Stahl, D. O. (1997). *The economics of electronic commerce*. Indianapolis: Macmillan Technical Publishing.

Wu, S., Wortmann, H., & Tan, C. (2014). A pricing framework for software-as-a-service. In Fourth edition of the International Conference on the Innovative Computing Technology (INTECH 2014), S. 152–157. doi:10.1109/INTECH.2014.6927738.

Wübker, G. (1998). *Preisbündelung: Formen, Theorie, Messung und Umsetzung*. Wiesbaden: Gabler.

Xia, L., Monroe, K. B., & Cox, J. L. (2004). The price is unfair! A conceptual framework of price fairness perceptions. *Journal of Marketing, 68*(10), 1–15. doi:10.1509/jmkg.68.4.1.42733.

Zerdick, A., Picot, A., Schrape, K., Artopé, A., Goldhammer, K., Lange, U., et al. (1999). *Die Internet Ökonomie: Strategien für die digitale Wirtschaft*. Heidelberg: Springer.

Führung von freiwilligen Mitarbeitenden in NPO

Agnieszka Banach und Jochen Schellinger

Zusammenfassung

Mit dem Wachstum des Non-Profit-Sektors insgesamt und dem Wachstum der Organisationen in diesem Sektor sind viele Herausforderungen verbunden. Zur Erreichung aller gesetzten Ziele wird in zunehmendem Maße ein hoher Grad an Professionalisierung benötigt. Von besonderer Bedeutung ist hierbei auch die Einführung und die Anwendung adäquater Anreizsysteme zur Motivation von bei der Leistungserbringung involvierten freiwilligen Mitarbeitenden. Der freiwillige Mitarbeitende ist im gesellschaftlichen Leben mittlerweile so weit verankert, dass ohne seine Mithilfe kein Gemeinwesen bestehen kann (Mieg und Wehner, Hamburger Beiträge zur Psychologie und Soziologie der Arbeit 33:1–30, 2002). Der enorme Beitrag der Freiwilligenarbeit zum Gemeinwohl wird an einer Zahl deutlich: Im Jahre 2010 wurden in der Schweiz 640 Mio. h an freiwilliger Arbeit erbracht (Schön-Bühlmann, Wirtschaftliche und soziale Situation der Bevölkerung. Freiwilligenarbeit in der Schweiz 2010. Bundesamt für Statistik [BFS], Neuchâtel, 2011). Ein Anreizsystem kann viele Defizite in der Zusammenarbeit von und mit Freiwilligen auffangen. Es hilft, die Motivation bei Freiwilligen aufrechtzuerhalten, und trägt dazu bei, dass ein Engagement Spaß macht. Gleichzeitig ist ein gutes Anreizsystem so auf die Organisationsziele ausgerichtet, dass es über eine stimmige Incentivierung wesentlich zur Erreichung dieser Zielsetzungen und somit auch zum Erfolg der Organisation beiträgt. Motivation bei Freiwilligen ist kein „Selbstläufer". Die Motivation und Motivationsgründe sind

---

A. Banach (✉)
Oskar Rüegg AG / Mister Tie, Zürich, Schweiz
E-Mail: banach@me.com

J. Schellinger
Masterstudiengang Business Administration, Berner Fachhochschule, Bern, Schweiz
E-Mail: jochen.schellinger@bfh.ch

© Springer Fachmedien Wiesbaden GmbH 2017
K.O. Tokarski et al. (Hrsg.), *Zukunftstrends Wirtschaft 2020*,
DOI 10.1007/978-3-658-15069-3_8

nichts Konstantes. So ist etwa zu Beginn einer freiwilligen Tätigkeit die Motivation in der Regel sehr hoch und abhängig von prägenden Ereignissen, die während der Anfangsphase eintreten. Auch das Organisationsalter kann sich unterschiedlich auf die Motivationsentwicklung der Freiwilligen auswirken. In Bezug auf diese Mitarbeitendenkategorie bieten aber weder Publikationen der Motivationspsychologie (z. B. Heckhausen und Heckhausen, Motivation und Handeln: Einführung und Überblick, Springer Medizin, Berlin, 2010) noch arbeitspsychologische Beiträge (z. B. Kauffeld et al., Arbeits-, Organisations- und Personalpsychologie für Bachelor, Springer Medizin, Heidelberg, 2011) oder einschlägige Literatur aus dem Managementbereich (z. B. Albs, Wie man Mitarbeiter motiviert: Motivation und Motivationsförderung im Führungsalltag, Cornelsen, Berlin, 2005) Hinweise auf typische Motivationsverläufe. Die Beweggründe für freiwillige Arbeit sind mannigfaltig. Je nach Alter, Lebenssituation und persönlichem Charakter einer Person kommen unterschiedliche Antriebskräfte in Betracht. Anreizsysteme müssen diesem Individualaspekt gerecht werden. Um positive Anreizwirkungen zu entfalten, sind über das Anreizsystem hinaus auch konsistente Führungs- und effiziente Organisationsstrukturen erforderlich. Die erforderliche Professionalisierung von Strukturen in einer Non-Profit-Organisation (NPO) muss, sofern noch nicht vorhanden, zunächst durchgesetzt und etabliert werden, was oftmals nicht ohne Widerstände in der Organisation vonstatten geht. Darüber hinaus müssen NPOs bei der Einführung professionalisierter Anreizsysteme und Strukturen darauf achten, dass sich nicht statt einer Effizienzerhöhung eine Überbürokratisierung einstellt. Eine große Herausforderung bei der Einführung eines Anreizsystems bei NPOs liegt im adäquaten, kontextbezogenen Umgang mit extrinsischen Belohnungen.

8.1 Einleitung

Dem *Dritten Sektor* kommen als nicht profitorientiertem Leistungsbereich einer Volkswirtschaft Aufgaben von großer gesamtgesellschaftlicher Bedeutung zu. Wo Markt und Staat aufhören, beginnt sein Wirken. Er steht und fällt mit der Vielzahl an freiwilligen Helfern; sie sind der Treibstoff der *Non-Profit-Organisationen (NPO)*. Daher ist es von grundlegender Bedeutung, Menschen, die sich freiwillig betätigen, kontinuierlich in ihrem Engagement zu bestätigen und zu motivieren. Aus der Besonderheit des Beschäftigungsverhältnisses freiwilliger Mitarbeitender im Non-Profit-Sektor resultieren besondere Anforderungen an die Personal- und Unternehmensführung. In zunehmendem Maße müssen Strukturen und Prozesse professionalisiert werden, um eine zeit- und adressatengerechte Leistungserbringung sicherzustellen. Ein wesentlicher Aspekt dieser Professionalisierung in Bezug auf den Umgang mit dem beschäftigten Personal ist die Einführung und Anwendung von situationsadäquaten Anreizsystemen.

Wie bereits erwähnt, wohnt dem Dritten Sektor eine zwischen Markt und Staat vermittelnde Funktion inne. In ihm werden überwiegend Ziele verfolgt, die der Allgemeinheit dienen, die sich an der Gemeinschaft orientieren und die das Prinzip der Solidarität zugrunde legen, unabhängig davon, ob die Motivation im Religiösen liegt oder humanistische Züge trägt (Heimannsberg et al. 2013, S. 49 ff.). *Freiwillige Mitarbeitende* sind aus dem heutigen gesellschaftlichen Leben nicht mehr wegzudenken und eine essenzielle Grundlage jedweden Gemeinwesens (Mieg und Wehner 2002, S. 4). Ob bei der Mithilfe im Sportverein, beim unentgeltlichen Bekleiden eines politischen Amtes oder bei der Mitarbeit in einer sozialen Einrichtung – das freiwillige Engagement in Non-Profit-Organisationen ist mittlerweile zu einem gesellschaftlich omnipräsenten Phänomen avanciert (Badelt und More-Hollerweger 2007, S. 503).

Eine der größten Herausforderungen für diejenigen Einrichtungen, die freiwillige Mitarbeitende beschäftigen und auf diese angewiesen sind, besteht darin, die freiwillig Tätigen anhaltend zu motivieren. Ein *erfolgreiches Personalmanagement* besteht also nicht nur darin, „[…] die Verfügbarkeit von Personal zu sichern und für die Arbeitsleistung der Beschäftigten einer Organisation auf einem erwünschten Qualitätsniveau zu angemessenen Kosten zu sorgen" (Badelt und More-Hollerweger 2007, S. 503), sondern beinhaltet auch eine motivationsbasierte Leistungsförderung der freiwilligen Mitarbeitenden, die vielfach die tragenden Faktoren für den Erfolg von NPOs darstellen. Herkömmlichen finanziellen Instrumenten der Leistungssteuerung kommt in Bezug auf diese spezielle Mitarbeitendenkategorie nur eine untergeordnete Bedeutung zu (ebd.).

Oft werden Motivationsmaßnahmen erst dann in Angriff genommen und Anreizsysteme erst dann entwickelt, wenn die Motivation bei den Mitarbeitenden bereits spürbar gesunken ist. Um einer Fehlentwicklung möglichst früh entgegenzuwirken, sollten Motivationserhaltungsmaßnahmen jedoch von Anfang an in jeder Organisation ergriffen werden. Bietet eine Organisation keine Anreize zum Motivationserhalt beim Personal, so wird deren Leistungsfähigkeit und der Organisationserfolg gefährdet, was zu einem Imageschaden oder sogar zum Verlust der unterstützenden Mitarbeitenden führen kann (Frey und Osterloh 2002, S. 21 ff.).

Ein *kontextbezogenes Anreizsystem* kann viele Defizite in der Zusammenarbeit mit Freiwilligen auffangen. Es hilft, die Leistungsbereitschaft bei Freiwilligen aufrechtzuerhalten und trägt dazu bei, dass ein Engagement auch Freude bereitet. Gleichzeitig hat ein Anreizsystem koordinierende und integrierende Wirkungen, die zu einer Ausrichtung der Aktivitäten auf die Organisationsziele hin führen und so zum Erfolg der Organisation beitragen.

Gegenstand der nachfolgenden Ausführungen ist die Entwicklung eines Anreizsystems, das dem spezifischen Kontext der Leistungserbringung durch freiwillige Mitarbeitende in NPOs Rechnung trägt und dadurch zum Erfolg der Organisation beiträgt. Dem voran geht eine eingehende Analyse von Motivation und Anreizgebung in NPOs und insbesondere auch der Fragestellung nach den typischen Motiven und Gründen für ein freiwilliges Engagement von Mitarbeitenden. Es erfolgt ferner eine Bestandsaufnahme idealtypischer Anreizsysteme in der Literatur und ihrer Bestandteile. In Bezug auf die Intention einer erfolgsorientierten Einführung von Anreizsystemen wird auch die Frage nach dem in NPOs zugrunde liegenden Erfolgsbegriff und -verständnis gestellt und im Kontext der Incentivierung Freiwilliger beantwortet. Darüber hinaus werden die Herausforderungen aufgezeigt, die bei der erstmaligen Einführung eines Freiwilligen-Anreizsystems resultieren. Neben der Aufbereitung der verfügbaren Literatur erfolgt eine Hinterfragung der theoretisch-konzeptionellen Erkenntnisse anhand einer eigenen empirischen Erhebung in Form von qualitativen Expertenbefragungen bei acht NPOs aus den Bereichen Mentoring, Bildung und Zusammenarbeit mit Studenten und drei Experten aus NPO-Fachorganisationen.

8.2 Grundlagen der Motivation in NPOs

Motiviert Arbeitende sind unerlässlich, wenn es um Intensität und Ausdauer bei der Bearbeitung von Aufgaben geht (Nerdinger 2001, S. 351). Motivation bedingt Arbeitszufriedenheit und hat in Kombination mit dieser Konsequenzen für Effizienz und Effektivität im Unternehmen, denn neben der höheren Leistung der Mitarbeitenden wird die Fluktuation verringert und die Bindung an das Unternehmen erhöht (Nerdinger 2001, S. 351). Die Bedeutung motivierter Mitarbeitender und deren Verbleib in der Organisation ist bei freiwilligen, unentgeltlichen Tätigkeiten in einer NPO besonders hoch.

8.2.1 Non-Profit-Organisationen – Abgrenzung und Erfolgsperspektiven

Im Dritten Sektor sind diejenigen Organisationen angesiedelt, die zwischen Markt und Staat liegen und die grundsätzlich weder vom Staat gesteuert werden noch erwerbswirtschaftlich orientiert sind. Der Dritte Sektor lässt sich aus betriebswirtschaftlicher Sicht durch seinen Non-Profit-Charakter gegenüber profitorientierten Unternehmen des ersten Sektors abgrenzen. Das Hauptunterscheidungsmerkmal des Non-Profit-Sektors gegenüber dem Staatswesen (zweiter Sektor) ist das autonome Handeln seiner Akteure und der rein privatrechtliche Charakter der NGOs (Non Govermental Organisations).

Eine gelungene *Definition der Non-Profit-Organisation* mit fünf Tatbestandsmerkmalen liefern Heimannsberg et al. (2013, S. 185 ff.). Danach ist eine NPO zumindest minimal formal strukturiert, organisatorisch vom Staat unabhängig und nicht gewinnorientiert. Sie wird eigenständig verwaltet und wird teilweise von freiwilliger Arbeit bzw. Spenden getragen (ebd.). Diese strukturell-operationale Definition ist eine Entwicklung aus Erkenntnissen, die aus der internationalen empirischen Referenzstudie „John Hopkins Comparative Nonprofit Sector Project (CNP)" gewonnen wurden. Die fünf Kriterien der strukturell operationalen Definition müssen bei einer Organisation kumulativ vorliegen, damit diese dem Dritten Sektor zugeordnet werden kann (Salamon und Anheier 1992, S. 125 ff.).

Der Dritte Sektor ist durch eine sehr große Vielfalt an Institutionen geprägt, die unterschiedlichen Zwecken dienen und auf verschiedenste Art und Weise organisiert sind. In Bezug auf die Führung und Organisation von NPOs resultiert die Notwendigkeit, ein Ordnungssystem zu schaffen. Abb. 8.1 enthält eine entsprechende Systematik von NPO-Arten, die auf das Freiburger Modell für NPOs von Schwarz et al. (2009, S. 20 f.) zurückgeht.

Organisationen aus dem Dritten Sektor orientieren sich in erster Linie an gemeinnützigen Zwecken oder setzen ideelle Güter an erste Stelle und nicht monetäres Gewinnstreben. Sie lassen damit die gängigen betriebswirtschaftlichen Effizienzkriterien zur Steuerung ins Leere laufen (Heimannsberg et al. 2013, S. 21 ff.). Nach Schwarz müssen jedoch materiell-inhaltliche Ziele der NPOs festgelegt werden, die dann mit definierten Leistungsstandards verglichen und mit Kontrollgrößen gemessen werden (2005, S. 229 f.).

Um *Erfolg in NPOs* messen zu können, muss im Vorfeld definiert werden, was Erfolg für eine NPO im konkreten Fall bedeutet. Dies ist in der Regel mit größeren Herausfor-

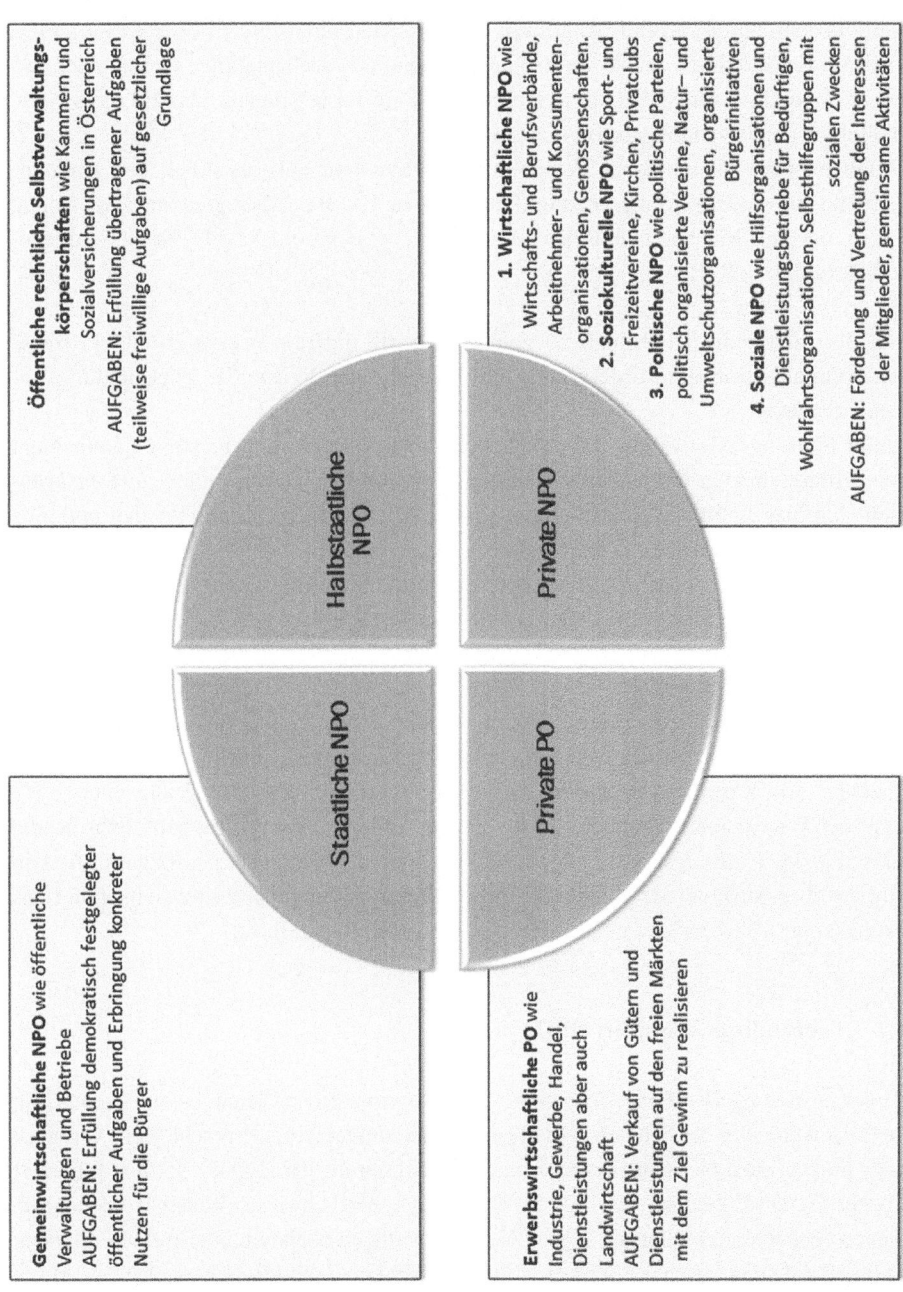

Abb. 8.1 Organisationsvielfalt. (Quelle: Eigene Darstellung i. A. a. Schwarz et al. 2009, S. 21)

derungen verbunden, denn die Oberziele von NPOs sind oftmals qualitativer Natur und damit nur schwer quantitativ fassbar (Stötzer 2009, S. 63). Damit einher gehen vielfach unterschiedliche Erfolgserwartungen der NPO-Führung und der beteiligten Stakeholder. Letztere bringen häufig unterschiedliche und widersprüchliche Forderungen und Vorstellungen hinsichtlich des NPO-Erfolges ein und bewerten realisierte Erfolge völlig anders als die Führungsgremien. Erfolg ist also eine in hohem Maße subjektive Größe jeder einzelnen NPO und dessen spezifizierte Definition sollte im gegebenen Umfeld das Ergebnis kollektiver Entscheidungsprozesse sein (ebd.).

Wählt man die ökonomische Perspektive des Managements als möglichen Anknüpfungspunkt für die Erfolgsabgrenzung, kann man an der Begriffsabgrenzung von Young ansetzen, die vier Managementdimensionen für den Erfolg einer NPO für ausschlaggebend hält (2004, S. 9 ff.):

1. Bei der Steuerung (Coordination) geht es um die inneren Strukturen und Prozesse einer Organisation. Im Vordergrund steht hierbei die Effizienz der Entscheidungsfindungsprozesse.
2. Unter Führung (Motivation) fallen alle Aufgaben, die mit dem Personalmanagement von Mitarbeitenden und anderen Beteiligten zu tun haben. Wesentliche Erfolgskriterien sind hier eine hohe Rekrutierungsquote bei freiwilligen Mitarbeitenden und eine hohe Arbeitszufriedenheit in der Organisation.
3. Die NPOs müssen einen Überblick über die Marktsituation (market niche) haben und diese kontinuierlich im Auge behalten, um langfristig erfolgreich zu sein.
4. Im Bereich der Innovation ist eine Organisation gehalten, sich ständig weiterzuentwickeln und sich zu verändern.

Einen anderen Weg geht der Versuch, über das Wirkungscontrolling Erfolg messbar zu machen. Als Kernthese liegt die Überlegung zugrunde, dass der Erfolg einer NPO anhand der Wirkungen erkennbar ist, die sie im Äußeren erzeugt: Es geht also um die Effektivität der Leistungserbringung, respektive um den Output einer Organisation in Bezug auf ihre Anspruchsgruppen. Um diese Effektivität sichtbar zu machen, fängt das Wirkungscontrolling dort an, wo das klassische Controlling aufhört.

8.2.2 Freiwillige Arbeit in NPOs

Der enorme *Beitrag der Freiwilligenarbeit* wird an einer Kennzahlenrelation deutlich: Im Jahre 2010 wurden in der Schweiz 640 Mio. h an freiwilliger Arbeit erbracht. Zum Vergleich wurden im gesamten Gesundheitssektor und Sozialwesen im Jahre 2008 755 Mio. h bezahlt gearbeitet (Schön-Bühlmann 2011, S. 5). Rund 33 % der Schweizer Wohnbevölkerung ab 15 Jahren geht einer freiwilligen Tätigkeit nach. Freiwilligenarbeit nimmt also einen zentralen Platz im öffentlichen Leben der Schweizer Gesellschaft ein (Schön-Bühlmann 2011, S. 4).

Wer freiwillig arbeitet, der leistet einen gesellschaftlichen Beitrag für seine Mitmenschen oder für die Umwelt (Soziale Dienste Stadt Zürich 2014, S. 9). Diese Aussage gibt die allgemeine Funktion der freiwilligen Arbeit wieder. Möchte man den Begriff weiter konkretisieren, so bietet sich eine Umschreibung anhand von Merkmalen an, die letztendlich die *freiwillige Arbeit* ausmachen. „Soziale Dienste Stadt Zürich" liefern dazu eine strukturierte Übersicht (2014, S. 9):

1. Freiwillige Arbeit basiert auf dem Prinzip des freien Willens: Die Arbeitsleistung findet aufgrund freier Selbstbestimmung und nicht aufgrund eines rechtlichen Zwanges statt (Badelt und More-Hollerweger 2007, S. 503 f.).
2. Anders als die berufliche Arbeit verfolgt die freiwillige Arbeit nicht den Zweck des Lebensunterhaltes. Sie mag die hauptberufliche Tätigkeit ergänzen und unterstützen, konkurriert aber niemals mit dieser, weil sie zeitlich beschränkt ist (Badelt und More-Hollerweger 2007, S. 506).
3. Das Drittpersonen-Kriterium zielt auf den Dienst am anderen Menschen ab: Es muss eine Tätigkeit vorliegen, die gegen Bezahlung von einer dritten Person ausgeführt werden könnte.
4. Freiwillige Arbeit wird darüber hinaus außerhalb der eigenen Kernfamilie geleistet und erfolgt zugunsten Dritter. Sie orientiert sich am Gemeinwohl und stellt sich in den Dienst von Menschen, der Gemeinschaft und der Umwelt (ebd.).
5. Das wohl bedeutendste Kriterium ist die fehlende monetäre Gegenleistung (ebd.).

Abschließend lässt sich sagen, dass freiwillige Arbeit der individuellen Sinnbildung unterliegt und als Kompensation neben die hauptberufliche Tätigkeit tritt. Sie schöpft zwar Werte, folgt aber nicht einer herkömmlichen ökonomischen Logik (Mieg und Wehner 2002, S. 4 ff.). Freiwillige Arbeit kann von der Betreuung der Kinder des Nachbarn über das Sammeln von Spenden an der Haustüre für eine wohltätige Organisation bis hin zur Tätigkeit als Vorstandsvorsitzender einer internationalen Institution alles bedeuten. Um forschungs- und gestaltungsbezogen eine gewisse Struktur in die verschiedenen *Arten des freiwilligen Engagements* zu bringen, werden in der Literatur Kriterien angeführt, die einzelne Tätigkeiten voneinander sinnvoll unterscheidbar machen (Stadelmann-Steffen et al. 2010, S. 29). Zu diesen Kriterien gehören Entlohnung, Einsatzbereich, Institutionalisierung, Einsatzart und Engagementsart (ebd.).

8.2.3 Motivation

Motivation bei Freiwilligen ist kein „Selbstläufer". Zwar verfügen die freiwilligen Mitarbeitenden zu Beginn ihrer Tätigkeit über ein hohes Maß einer intrinsischen Motivation, doch sind sowohl die Motivationsgründe als auch die Motivationsstärke über den Verlauf des Engagements hinweg nicht konstant. Gründe können sich ändern oder gar wegfallen und ein Ende der Tätigkeit bedeuten. Die Stärke und Intensität des Engagements kann ab- oder zunehmen, je nach Ereignissen, die während des Einsatzes sowohl im privatem Leben als auch im Leben der Organisation vorkommen.

Bei der *Motivation* handelt es sich um einen basalen Begriff aus der Personalpsychologie. Die Motivation wird als eine der wichtigsten Aufgaben der Personalführung betrachtet (Nerdinger 2001, S. 350). Neben der Motivation spielen auch die Begriffe „Motivierung" (jemanden motivieren) und vor allem das „Motiv" eine zentrale Rolle in der Motivationsforschung. Ein Motiv steht für „...eine dispositionelle Neigung in der Bewertung bestimmter Klassen von Handlungszielen" (Häcker und Stapf 1998, S. 549).

Motivation beinhaltet die Wechselwirkung von Motiv und Anreiz: Anreize regen die schon in uns gelagerten Motive an und diese Motive führen in Folge dann zu einem bestimmten Verhalten (Nerdinger 2001, S. 350).

Die *Motivationstheorien* können in zwei Klassen eingeteilt werden: die Inhalts- und die Prozesstheorien (Campbell und Pritchard 1976, S. 63 ff.). Die Inhaltstheorien versuchen, menschliche Motive zu klassifizieren und zu zeigen, welche Anreize diese Motive aktivieren können.

Als populärstes Beispiel für eine *Inhaltstheorie* gilt der Ansatz von Maslow, der fünf Klassen von Motiven unterscheidet (Nerdinger 1995, S. 39). Bei den bekannten Klassen (physiologische Motive auf der untersten Ebene und Selbstentfaltungsmotive auf der obersten Ebene) handelt es sich um eine hierarchische Ordnung, d. h. dass das nächsthöhere Motiv nur dann aktiviert wird, wenn das darunterliegende befriedigt ist (Nerdinger 2001, S. 352). Mit der Zwei-Faktoren-Theorie lieferte Herzberg eine weitere bekannte Inhaltstheorie in den 1950er-Jahren, die gezielt auf einen arbeitspsychologischen Kontext Bezug nimmt. Die beiden Hauptbestandteile der Theorie sind die sogenannten Hygienefaktoren und Motivatoren (Herzberg 2003, S. 53). Erstere beschreiben Bedingungen, die bei Ermangelung zur Unzufriedenheit führen. Werden sie jedoch erfüllt, so entsteht keinesfalls Zufriedenheit als solche, vielmehr führt dies zu einem neutralen Zustand, zu einer Art Nichtunzufriedenheit (Nerdinger 1995, S. 43).

Die *Prozesstheorien* fokussieren auf die Dynamik der Motivation und versuchen, aus dem Handlungsablauf zu klären, warum sich Menschen in einer konkreten Situation für eine bestimmte Handlungsalternative entscheiden, diese mit einer bestimmten Intensität und Ausdauer verfolgen und die erzielten Ergebnisse anschließend bewerten (ebd.). Dieser Handlungsablauf wird von Heckhausen in die vier Phasen Abwägen, Planen, Handeln und Bewerten eingeteilt und als das „Handlungsphasen-Modell" oder das „Rubikon-Modell" bezeichnet (2010, S. 7).

8.2.4 Anreizsysteme und Führung

Der Begriff *„Anreiz"* steht für einen positiven oder negativen Reiz in der Umwelt, der zu einem bestimmten Verhalten motiviert. Diese Reize können einen Menschen locken oder abstoßen und haben in erster Linie, anders als durch Triebe motiviertes Verhalten, keinen Bezug zu biologischen Bedürfnissen wie Essen und Trinken (Gerrig und Zimbardo 2008, S. 416). Ein Anreiz zur Handlung wird nur dann hervorgerufen, wenn bei der Person entsprechende Bedürfnisse angesprochen werden.

In der Wissenschaft unterscheidet man vor allem zwischen intrinsischer und extrinsischer Motivation (Rheinberg 2010, S. 367). Rheinberg differenziert dementsprechend zwischen *intrinsischen und extrinsischen Reizen* wie folgt (Rheinberg 2010, S. 167):

> „Innen", also intrinsisch, wären demnach die Anreize, die im Vollzug der Tätigkeit liegen, „außen", also extrinsisch, wären die anreizbesetzten Ereignisse oder Veränderungen, die sich einstellen, wenn diese Tätigkeit erfolgreich erledigt ist.

In der Motivationsforschung wurde zwischenzeitlich das *Konzept der „fünf Motivationsquellen"* entwickelt. Barbuto und Scholl unterscheiden dementsprechend zwei intrinsische und drei extrinsische Quellen der Motivation (1998, S. 1011–1022): Die interne Prozessmotivation liegt vor, wenn eine Handlung um ihrer selbst willen gemacht wird. Das interne Selbstverständnis ist die zweite intrinsische Motivationsquelle nach Barbuto und Scholl (1998, S. 1011–1022). Dieser Motivation liegen eine starke Ideologie und interne Maßstäbe zugrunde, die den Handelnden auch unbewusst anleiten können. Die instrumentelle Motivation ist eine extrinsische Motivationsquelle. Auch das externe Selbstverständnis ist ein extrinsischer Motivator. Der auf diese Weise Motivierte handelt aufgrund von Erwartungen, die von der Umwelt an ihn gestellt werden. Mit der Internalisierung von Zielen beschreiben Barbuto und Scholl die dritte extrinsische Quelle (1998, S. 1011–1022). Bei dieser Internalisierung erfährt der Handelnde eine starke Identifikation mit den Zielen einer Organisation.

Anreize zur Verhaltenssteuerung werden im betriebswirtschaftlichen Kontext strukturiert und aufeinander abgestimmt in sogenannten *Anreizsystemen* zusammengefasst. Hungenberg definiert demnach ein Anreizsystem als Instrument der Unternehmungsführung, das dazu dienen soll, das Verhalten von Menschen in Unternehmen zu beeinflussen und zwar final zu einem Leistungsverhalten, das sich positiv auf das Erreichen der Unternehmensziele auswirkt (2006, S. 353). Insgesamt lassen sich fünf verhaltens- und steuerungsbasierte Elemente für die effiziente Gestaltung eines Anreizsystems festhalten: Den Elementen Leistungsbezug, Transparenz und Individualisierbarkeit liegen verhaltenstheoretische Erkenntnisse zur Erfolgswirksamkeit zugrunde. Kriterien wie Wirtschaftlichkeit, Ziel- und Risikoorientierung können unter Bezugnahme auf vertragstheoretische Ansätze zur Überwindung von Principal-Agent-Problemen als wichtig betrachtet werden. Die Steuerungswirkung gehört nach Gmür und Thommen zu den zentralen Merkmalen von Anreizsystemen (2007, S. 121 f.). Für NPOs gelten in diesem Kontext insbesondere zwei Grundorientierungen als zielführend (ebd.):

- Strategieorientierung: Das Anreizsystem muss laufend mit den strategischen Marktzielen des Unternehmens abgestimmt werden.
- Flexibilitätsorientierung: Breite Qualifikationsprofile und Anreize für einen flexiblen Arbeitnehmereinsatz werden gefördert.

8.3 Konzeptionelle Eckpunkte eines NPO-Anreizsystems

Für die Entwicklung eines NPO-Anreizsystems lassen sich verschiedene konzeptionelle Ankerthemen abgrenzen. Ausgangspunkt einer Konzipierung sind spezifische Motivationsaspekte, die in Bezug zur NPO-Führungskonstellation gesetzt und in eine instrumentelle Perspektive der Systemgestaltung überführt werden.

8.3.1 Ausgangspunkt: Motivation

Um die richtigen Anreize zu setzen und ein wirksames Anreizsystem entwickeln zu können, ist es notwendig, sich des breiten Spektrums an *Beweggründen für freiwillige Arbeit* bewusst zu werden und die Wünsche und Probleme ehrenamtlicher Mitarbeiter zu verstehen (Badelt und More-Hollerweger 2007, S. 503 f.). Badelt und More-Hollerweger orientieren sich aufgrund „eines breiten Bündels von individuellen Motiven" an den grundlegenden Gesichtspunkten „Altruismus" und „Eigenwert" (Egoismus) und sehen darüber hinaus noch eine dritte Tauschkomponente (2007, S. 513 f.). Dieser dreiteilige Ansatz scheint eine geeignete motivatorische Grundperspektive für die Konzipierung eines NPO-Anreizsystems zu sein.

Altruismus ist gemäß Brockhaus gleichbedeutend mit „Selbstlosigkeit" oder „Uneigennützigkeit" (1996, S. 27–65). Altruistische Persönlichkeiten zeichnen sich durch soziale Verantwortung und Mitgefühl aus, sie sind sehr einsatz- und hilfsbereit (Bierhoff und Schülken 2001, S. 186).

Die *egoistischen Motive* bzw. die *Eigenwertkomponente* der ehrenamtlichen Arbeit stehen für die persönlichen Motive des Ehrenamtlichen (Braun und Röhring 1986, S. 92). Moschner liefert dazu eine Aufstellung an Motiven, die egoistischen Ursprungs sind (2002, S. 29 ff.):

- Sinnerfahrungen – Freiwillige Arbeit kann für das eigene Leben sinnstiftend sein und eine Art Selbsthilfe darstellen (Erlinghagen 2000, S. 291–310).
- Bedürfnis nach sozialer Eingebundenheit – Zweifellos kann man durch freiwillige Arbeit neue soziale Kontakte herstellen und so einen Schutz vor Vereinsamung bekommen (Clary et al. 1998, S. 1516–1530).
- Spaß und Abenteuer – Viele freiwillig Tätige geben den Spaß und den Umgang mit Menschen als Motivation für ihre Tätigkeit an. Aber auch Abwechslungsreichtum und Abenteuerlust können ausschlaggebend sein (Bierhoff et al. 1995, S. 373–386).
- Bedürfnis nach Anerkennung und Stärkung des Selbstwertgefühls – Es ist bekannt, dass die Bekleidung eines Ehrenamtes zu Anerkennung durch die Gesellschaft oder bei Freunden führen kann (Maenning und Schulz 1997, S. 416–421).

Die *Tauschkomponente* resultiert, wenn mit der freiwilligen Arbeit immaterielle Gegenströme fließen bzw. Gegenleistungen erbracht werden, denn obwohl ehrenamtliche Arbeit als Arbeitsleistung ohne unmittelbares monetäres Entgelt definiert wird, kann der Freiwillige dennoch eine bestimmte Art der Gegenleistung erhalten. Die wohl bedeutendste Tauschkomponente liegt im Erwerb, in der Anwendung oder Weiternutzung beruflicher Qualifikationen (Badelt und More-Hollerweger 2007, S. 516).

8.3.2 Perspektive: Führung

Die NPO stellt Anreize zur Verfügung und versucht, diese gegen einen Beitrag der Freiwilligen zu tauschen (Schwarz 2005, S. 45). In einem intendierten *Anreiz-Beitrags Gleichgewicht* versucht die NPO gleichermaßen zu definieren, welche Beiträge sie von Mitarbeitern benötigt, um dann jene Anreize zu schaffen, die diese angestrebten Beiträge herbeizuführen vermögen (ebd.). Neben dieser Anreiz-Beitrags-Wechselwirkung auf der Anreizebene skizziert Von Eckardstein wichtige *Führungsinstrumente* für die persönliche Interaktion zwischen Vorgesetzten und Mitarbeitenden (2007, S. 284 f.): Im Rückmeldegespräch erhält der Mitarbeiter ein positives oder ein negatives Feedback, das ereignisbezogen und zeitlich ereignisnah auf eine Handlung stattfinden sollte (ebd.). Die Mitarbeiterbeurteilung dient dazu, einmal jährlich ein systematisches Verfahren zur umfassenden Erhebung von Informationen über die Leistung und das Verhalten eines Mitarbeiters durchzuführen (Lueger 1996, S. 337). Weitere praxisnahe Führungsinstrumente sind bei Dahms zu finden. Der Autor führt teilweise einfaches, auf Erkenntnissen aus der Psychologie basierendes Handwerkszeug an, mit dem es die Führung eines Unternehmens schaffen soll, Mitarbeiter zu gewünschtem Verhalten zu motivieren, ohne bei diesen Unmut oder Widerstand hervorzurufen (2010, S. 139 ff.): Der Vorgesetzte erinnert z. B. den Mitarbeiter an seine früheren Erfolge im Unternehmen und erwähnt bewusst seine Stärken. Das Mittel der positiven Fremdsuggestionen wird angewendet, indem Potenziale des Mitarbeiters als schon beherrschte Fähigkeiten angesprochen werden. Denn „…Menschen werden, wie sie gesehen werden" (ebd.) und dieses erleichtert ihre Entfaltung. Weiterhin führt die Anwendung von Techniken wie das Erfolgstagebuch und die wertschätzende Fallschirmtechnik oder von Techniken zur Förderung der Kreativität (z. B. Brainstorming, 635-Methode, Mindmapping) zur Motivationssteigerung der Mitarbeitenden.

In Bezug auf *Führung und Kommunikation* sind laut Luhmann die Wirkungsgrößen Liebe (als Sympathie, personale Wertschätzung, Zuwendung, Stimmigkeit und Authentizität der persönlichen Begegnung verstanden), Wissen, Geld und Macht imstande, die Beliebigkeit einer Kommunikation in einem autonomen System zu überschreiten und den Adressierten zu bewegen, dem wahrgenommenen oder vermuteten Steuerungsimpuls des Gesprächspartners Folge zu leisten (Zauner 2007, S. 158).

8.3.3 Instrumentelle Umsetzung eines Anreizsystems

Nach Gmür und Thommen hängt es von der aktuellen Motivstruktur der Beschäftigten ab, ob ein Anreizsystem die Motivationseffekte hat, die personalpolitisch angestrebt werden (2007, S. 126). Die Autoren differenzieren zwischen drei grundlegenden Möglichkeiten (ebd.): Der *geplant wirksame Anreiz* beeinflusst auch tatsächlich die Leistungsbereitschaft der Beschäftigten (z. B. Prämienregelung wird angenommen), die *ungeplant wirksamen Anreize* beeinflussen zwar die Leistungsbereitschaft, sind aber personalpolitisch unbeabsichtigt oder gar unerwünscht (z. B. Prämienregelung setzt ein unerwünschtes, „dysfunktionales" Konkurrenzverhalten in Gang). Die *unwirksamen Anreize*, also die Leistungen der Organisation, die entweder nicht bekannt sind oder auf kein Interesse der Beschäftigten stoßen, entfalten keine positiven Effekte (z. B. Prämienregelung ist uninteressant und wird nicht genutzt).

Anreizsysteme, die sich an der *intrinsischen Motivation* orientieren, haben im Non-Profit-Bereich die gleiche Geltung wie in herkömmlichen Unternehmen. Heutzutage scheint jedoch ein Wandel unter den Freiwilligen dahingehend eingetreten zu sein, dass diese sich nicht mehr „mit dem Gotteslohn" zufrieden geben, sondern unter Eigennutzgesichtspunkten zumindest nach gesellschaftlicher Anerkennung streben (Münzel et al. 2004, S. 12). Eine Übersicht über mögliche *extrinsische Anreizquellen*, die den Freiwilligen angeboten werden können, liefert Schwarz (2005, S. 259 f.): Unter dem Begriff *„Kollegialität"* wird das soziale „Aufgehobensein" in der NPO angesprochen. Freiwillige wollen eine soziale Kultur in Ämtern und Organen pflegen, die freundschaftlich und konfliktfrei ausfällt. *Prestige* und Ansehen können auch als Anreize dienen. Dies kann vor allem für Ehrenamtsträger von Bedeutung sein, wenn sie die Möglichkeit bekommen, auch über die NPO hinaus bekannt zu werden. Auch der *Macht-* und Einflussfaktor kann einen Anreiz darstellen. Damit ist gemeint, dass Freiwillige das Gefühl haben müssen, Einfluss auf Entscheidungen und Aktivitäten der Organisation ausüben zu können. Einen großen Anreiz können darüber hinaus von der NPO angebotene *Lernchancen* darstellen. Die Möglichkeit, neue Kenntnisse und Erfahrungen zu erwerben, stellen für Mitarbeiter einen Mehrwert dar, vor allem wenn die neu erworbenen Fähigkeiten auch in anderen Gebieten als der Organisation angewendet werden können. Ein noch wenig beachteter Anreiz, der als mögliches Element eines Anreizsystems schon aufgrund seiner einfachen Realisierbarkeit erwähnenswert erscheint, ist die *formale Wertschätzung* der geleisteten Arbeit durch einen Freiwilligen, etwa in Form einer wertsignalisierenden Funktionsbezeichnung oder einer schriftlichen Leistungsdokumentation. Dieser zunächst trivial erscheinende Ansatz vermag jedoch die Bindung eines freiwillig Tätigen an eine Organisation zu stärken.

Vor der Einführung eines Anreizsystems in NPOs ist es notwendig, dass beim Personalmanagement das notwendige Fachwissen über die zeitspezifisch und individuell unterschiedlich verlaufenden Motivationsprozesse und deren motivationale und kognitive Elemente besteht (Eyer 2004, S. 67). Ein Anreizsystem muss über die nötige Flexibilität verfügen, um Motivationswechsel aufzufangen und die Freiwilligen über eine längere Zeit hinweg „bei der Stange zu halten". Da sich Menschen generell in ihren Motiven unterscheiden, ist es notwendig, Anreizsysteme an die individuellen Bedürfnisse der Freiwilligen anzupassen (Eyer 2004, S. 66). Doch hierbei resultiert ein nahezu unüberwindbarer Gegensatz, denn Anreizsysteme werden vor allem so gestaltet, dass sie an einen größeren Personenkreis gerichtet sind (ebd.). Eine umfangreiche Palette an verschiedenen, „optionalen" Anreizen kann allerdings eine große Zahl von Freiwilligen ansprechen. Dies überwindet den Gegensatz zwar nicht ganz, hilft aber zumindest bei einer Annäherung an einen vollkommen individualisierten Idealzustand.

Mit „*Dysfunktionalität*" ist im Bereich Anreizsysteme das Phänomen gemeint, dass Anreize neben den gewünschten Verhaltensweisen der Adressaten auch unerwünschte hervorrufen wie z. B. ein nicht gewolltes Wetteifern um eine Belohnung (Bau 2003, S. 47). Darüber hinaus ist ein „*Korrumpierungseffekt*" im Sinne einer Reduzierung der intrinsischen Motivation durch das Setzen extrinsischer Anreize zu vermeiden. Im Non-Profit-Bereich dürfen Anreizsysteme daher keinesfalls auf finanzielle Entlohnungen zurückgreifen, um die hohe intrinsische Motivation der Mitarbeiter nicht zu verringern (Deci und Ryan 2000, S. 233).

In NPOs mit gemischten Personalstrukturen, also mit bezahlten und freiwilligen Kräften, können darüber hinaus Wertewidersprüche zwischen Wertorientierung auf der einen und Leistungsorientierung auf der anderen Seite bei der Etablierung monetärer Anreizsysteme für die Angestellten entstehen (Eckardstein 2007, S. 289; zit. n. Badelt und More-Hollerweger 2007, S. 289).

8.4 Empirische Untersuchung – Vorgehen und Methode

Dem vorliegenden Beitrag liegen zwei unterschiedliche *qualitative, problemzentrierte Befragungen* zugrunde. Einerseits wurde eine halb strukturierte Befragung mit einem vorab getesteten Interviewleitfaden gemäß Einzelfallanalyse nach Mayring (2002, S. 67 ff.) durchgeführt, anderseits erfolgte eine Expertenbefragung unter Bezugnahme auf die Systematik von Bogner und Menz (2002). Beide Befragungstypen hatten eine durchschnittliche Interviewdauer von einer Stunde. Zu den Gesprächspartnern gehörten einerseits acht Vertreterinnen und Vertreter (Führungskräfte bzw. Verantwortliche im Personalmanagement) von Schweizer NPOs aus den Bereichen Mentoring, Bildung und Zusammenarbeit mit Studenten. Anderseits wurden drei Experten aus Schweizer NPO-Fachstellen mit den Schwerpunkten Arbeits- bzw. Organisationspsychologie in NPOs interviewt. Das Ziel der Befragungen war es, die bisherigen theoriegeleiteten Erkenntnisse zur Ausgestaltung von Anreizsystemen in NPO mit den Erfahrungen und Einschätzungen aus der Praxis zu konfrontieren, um die Problemanalyse weiter zu vertiefen. Die teilweise standardisierte Vorgehensweise ermöglichte offene Gespräche über die betriebliche Realität im Rahmen der im Voraus gesetzten Themenstellung, was die Vergleichbarkeit der Aussagen erleichterte.

Das durch die qualitative Befragung gesammelte Material wurde transkribiert und mittels einer qualitativen Inhaltsanalyse bearbeitet. Im Zentrum hierbei stand ein theoriegeleitet entwickeltes Kategoriensystem, das beim Herausfiltern der relevanten Aspekte half (Mayring 2002, S. 114). Die Codierung und Analyse erfolgte unter Verwendung des Tools Atlas TI. Die Erkenntnisse aus der theoretischen Untersuchung wurden mit den Ergebnissen der Befragungen von NPOs in Verbindung gebracht und summarisch und integrativ interpretiert.

Das gewählte qualitative Vorgehen, das auch einen Abgleich mit sekundärem Datenmaterial umfasste, ermöglichte eine systematische Analyse der erhobenen empirischen Daten in Bezug auf vier handlungsleitende *Forschungsfragen:*

1. Gibt es einen idealtypischen Motivationszyklus bei NPOs und, wenn ja, inwieweit unterscheidet sich dieser von der Privatwirtschaft?
2. Welche Anreizsysteme werden bei NPOs eingesetzt?
3. Was sind die Erfolgsmerkmale bei NPOs? Gibt es einen Zusammenhang zwischen erfolgreichen NPOs und der Anwendung von Anreizsystemen?
4. Welche Herausforderungen können bei der Einführung von Anreizsystemen bei NPOs auftreten, und wie können diese bewältigt werden?

Das gewählte Vorgehen erlaubte nicht nur die Beantwortung der Forschungsfragen, sondern war auch die Basis für die Entwicklung der eigenen Systematik für ein NPO-Anreizsystem und die Formulierung der Empfehlungen zur praktischen Anwendung eines solchen Systems.

8.5 Ergebnisse: Beantwortung der Forschungsfragen

Nachfolgend werden die wichtigsten Erkenntnisse aus den theoretischen Voruntersuchungen und den durchgeführten Interviews zur Beantwortung der Forschungsfragen zusammengeführt.

Forschungsfrage 1: Gibt es einen idealtypischen Motivationszyklus bei NPOs und, wenn ja, inwieweit unterscheidet sich dieser von der Privatwirtschaft?

Zur Klärung der Forschungsfrage wurde zunächst versucht, einen NPO-Motivationszyklus auf der Grundlage einer Literaturanalyse zu charakterisieren. Das Ergebnis ist eindeutig: Weder spezifische Literatur zur Motivationspsychologie (z. B. Heckhausen und Heckhausen 2010) noch Literatur zur Arbeitspsychologie (z. B. Kauffeld et al. 2011) oder einschlägige Literatur aus dem Managementbereich (z. B. Albs 2005) geben Antwort zu typischen Verläufen der Motivation im Zeitablauf. Motivierung an sich ist von vielen Faktoren abhängig. Was aber noch wichtiger ist: Sie kommt aus dem Inneren des Menschen, weswegen sie sehr individuell ist, sodass keine allgemeingültige Aussage darüber gemacht werden kann, was die Menschen antreibt. Dafür können die Faktoren, die Motivation beeinflussen, untersucht werden. Die Beweggründe für freiwillige Arbeit sind sehr mannigfaltig. Je nach Alter, Lebenssituation und dem persönlichen Charakter können es unterschiedliche Antriebskräfte sein. Freiwillige arbeiten, weil sie von sich aus eine gute Sache unterstützen möchten und die Welt ein Stück weit verändern wollen (Altruismus), sie engagieren sich, weil sie sich einen Nutzen davon versprechen in Form von mehr Lebenssinn, sozialer Eingebundenheit, Selbstaufwertung und Spaß (Egoismus). Aber sie erwarten auch eine helfende Hand für ihre Gegenleistung. Es geht bei freiwilliger Arbeit also nicht um materielle Belohnungen, sondern um immaterielle Gegenleistungen der Organisation. Diese Tauschkomponente kann insbesondere im Erwerb, in der Anwendung und der Weiternutzung beruflicher Qualifikationen liegen. Dadurch erfährt die freiwillige Arbeit einen Investitionscharakter, vor allem, wenn bedeutende Schlüsselqualifikationen wie Kommunikationskompetenz oder Organisationsfähigkeit für die berufliche Zukunft erworben werden. Der wohl wichtigste Faktor, der einen negativen Einfluss auf das Motivationsverhalten eines Freiwilligen nehmen kann, ist der Korrumpierungseffekt: Freiwillige besitzen von Anfang an einen hohen Grad an intrinsischer Motivation, die im Zeitverlauf aufgrund von extrinsischen Belohnungen abgeschwächt werden kann. Wie diesem Korrumpierungseffekt entgegengesteuert werden kann, wird an anderer Stelle noch ausgeführt.

Möchte man einen Vergleich zu der Motivationslage von Arbeitnehmern in Wirtschaftsunternehmen ziehen, so muss man feststellen, dass außerhalb des Dritten Sektors der Gelderwerbaspekt eine wichtige Rolle einnimmt, dieser muss aber nicht immer ein zentraler sein. Mögen die altruistischen Aspekte der Nächstenliebe und einer Weltverbesserung in der Privatwirtschaft nicht ausschlaggebend sein, streben dennoch auch Arbeitnehmer und Arbeitnehmerinnen in der freien Wirtschaft nach einer Persönlichkeitsentwicklung und schätzen die mit der Arbeit verbundene soziale Komponente. Daher gibt es durchaus auch privatwirtschaftliche Schnittmengen mit Anreizwirkungen und -effekten in NPOs.

Auch die eigenen Befragungsresultate lieferten keine eindeutige Antwort zu allgemeingültigen typischen Motivationsverläufen: „Die Leute sind sehr unterschiedlich und unterschiedlich motiviert" (Anonymus 2 2014, 9:87). Es konnten allenfalls Indikatoren für Motivationsschwankungen im Zeitablauf aufgezeigt werden. Die in der theoretischen Analyse für die Freiwilligenarbeit hervorgehobenen Grundmotive Altruismus, Egoismus und Tausch wurden bestätigt und anhand vieler Erscheinungsformen beschrieben. Für die Interviewten sind Motivation und Motivationsgründe nichts Konstantes. Die Anfangsphase eines freiwilligen Engagements ist im Regelfall durch sehr hohe Motivation gekennzeichnet und diese ab dem Zeitpunkt des Eintritts in eine Organisation abhängig von Ereignissen, die während der freiwilligen Tätigkeit passieren. Auch das Organisationsalter kann sich unterschiedlich auf die Motivation auswirken: Organisationen in der Anfangsphase motivieren mit ihrem Pioniergeist (Anonymus 2 2014, 9:92), eingefahrene Organisationstraditionen lange bestehender NPOs können dagegen abschrecken (Anonymus 11 2014, 11:19). Aber auch die persönliche Einsatzdauer hat Einfluss auf die Motivationsstärke. Motivation wird mit der Zeit „[…] dichter, mit Inhalt gefüllt und somit stärker" (Anonymus 10 2014, 2:37).

Forschungsfrage 2: Welche Anreizsysteme werden bei NPOs eingesetzt?

Zentraler Bestandteil eines Anreizsystems sind die zur Incentivierung eingesetzten Anreize. Bei einem Anreiz handelt es sich, wie bereits dargelegt, um einen Reiz aus der Umwelt, der ein bestimmtes Verhalten hervorrufen soll. Das Anreizsystem dient als Instrument der NPO-Führung dazu, systematisch durch bestimmte Anreize das Verhalten der Organisationsmitglieder zielgerichtet so zu lenken, dass die Ziele der Organisation verwirklicht werden. Anreizsysteme sind als handlungsleitende Konzeptionen der Führung und des Personalmanagements in der betriebswirtschaftlichen Praxis etabliert. Die mit ihnen verbundenen Prinzipien und Leitungsintentionen lassen sich auch mit Modifikationen auf NPOs übertragen. Die intrinsischen Anreizquellen fokussieren auf den Arbeitsinhalt selbst (Osterloh et al. 2001, S. 235), die extrinsischen materiellen und immateriellen Anreize heben auf die Arbeitsumgebung ab. Die Besonderheiten bei der Ausgestaltung von Anreizsystemen für NPOs liegen zum einen in der Tatsache, dass materielle Anreize nur beschränkt oder, wie im Falle von finanziellen Anreizen, gar nicht aus den schon dargelegten Gründen in NPOs eingesetzt werden sollten. Zum anderen kann festgestellt werden, dass sich die Literatur bislang der Ausgestaltung von NPO-spezifischen Anreizsystemen so gut wie nicht zugewendet hat. Wichtig bei der Analyse von NPO-Anreizproblemen ist, dass Freiwillige auf Anreize anders reagieren als bezahlte Arbeitskräfte. Intrinsisch fokussierten Anreizsystemen kommt deshalb bei NPOs eine sehr hohe Bedeutung zu. Es gibt noch kein etabliertes spezifisches Anreizmodell für NPOs, das in diesen üblicherweise eingesetzt wird oder eingesetzt werden sollte, sondern hier muss auf grundlegende Erkenntnisse zur Freiwilligenarbeit in NPOs, zu deren Beweggründen und dahinterstehenden motivationspsychologischen Zusammenhängen ausgewichen werden.

Anreizsysteme verbinden Organisations- und Individualziele, weswegen die Kenntnis der Eigenschaften der eigenen Mitarbeitenden sehr wichtig ist. In Verbindung mit einem Anreizsystem sollte die Organisation eine klare Ausrichtung haben, die auf einer Strategie fußt und Flexibilität generiert. Beim Einsatz von Anreizen ist die Berücksichtigung von verhaltens- und vertragstheoretischen Aspekten wichtig, da sich ansonsten Korrumpierungseffekte und Dysfunktionalitäten einstellen. Oberste Maxime für NPOs muss zwar die Erhaltung der intrinsischen Motivation sein, aber auch extrinsische Anreizquellen sind als Elemente eines NPO-Anreizsystems sinnvoll. Unter dem Gesichtspunkt eines „motivationalen Gegenstücks" müssen sich diese an der Motivation der Freiwilligen orientieren und diese ansprechen: Kollegialität und Schaffung gemeinsamer Aktivitäten sollten gefördert werden. Machtgefühlen und -bedürfnissen kann ferner über die Möglichkeit zur Einflussnahme auf Organisationsentscheidungen entsprochen werden. Darüber hinaus sind Lern- und Weiterbildungsmaßnahmen und zugehörige Leistungsdokumentationen wichtige Anreizgeber. Anerkennung und Wertschätzung sind wichtige Leitbegriffe zur Ausgestaltung eines NPO-Anreizsystems, die sich als Selbstverständlichkeit auch in der Organisationskultur wiederfinden sollten.

In der NPO-Praxis wird die freiwillige Arbeit an sich schon als Anreiz gesehen (vgl. u. a. Anonymus 8 2014, 6:19). Was unter einem Anreizsystem zu verstehen ist, wird jedoch uneinheitlich charakterisiert. Es gibt hier keine eindeutigen Festlegungen. Stattdessen besteht aber Einigkeit darüber, was ein NPO-Anreizsystem leisten sollte. Es sollte aus Sicht der Praktiker systematisch, fundiert und professionell ausgearbeitet sein. Konkret heißt dies, dass durch das System in einer Organisation die Rahmenbedingungen für eine qualitativ gute Zusammenarbeit gesetzt werden. Das Anreizsystem dient als essenzielle Orientierungshilfe und bildet gleichzeitig auch die Werte der NPO ab. Dies soll die Motivation der Beteiligten erhöhen, Kontinuität sichern und nicht zuletzt auch die Attraktivität der Organisation nach innen und außen erhöhen. Anreizsysteme sollten

„[...] einerseits sicherlich als Motivation und auch als Dankeschön für die Freiwilligen, andererseits sicherlich auch zur Qualitätssicherung [...]" dienen (Anonymus 7 2014, 1:26). Aus Sicht der Interviewpartner sollte intendierte Personalführung und die gelebte Organisationskultur stets erkennbar leitend für die Ausgestaltung eines Anreizsystems sein: „Es muss dann nicht nur für die Freiwilligen dienen und müsste auch nachweisbar sein. Es sollte daher eine gewisse Transparenz vorhanden sein und als Anreizsystem identifizierbar sein" (Anonymus 12 2014, 3:42). Eine besondere Bedeutung wird hierbei der Flexibilität und Individualisierbarkeit der konkreten Ausgestaltung sowie der Wirtschaftlichkeit im Einsatz beigemessen.

Auch die Praktiker sehen die Möglichkeit dysfunktionaler Effekte monetärer Anreize: „Monetäre Anreize können bei Freiwilligen sehr konträr wirken" (Anonymus 10 2014, 2:82). „Also die Geschenke dürfen nicht zu groß sein. Das, was wir als Incentive verstehen im klassischen Sinne, das treibt die Motivation nicht wirklich, es kann sogar ein Motivationskiller sein" (Anonymus 2 2014, 9:64). Die wichtigste Rolle für die Motivation von Freiwilligen in NPOs spielt die Wertschätzung und Anerkennung seitens der Organisation und der Bedürftigen, aber auch der Öffentlichkeit. Den intrinsischen Anreizen kommt seitens der NPO-Praktiker eine nachhaltige und prioritäre Funktion im Anreizsystem zu. Dies entspricht insgesamt auch den Erkenntnissen der Literaturanalyse rund um die Thematik der NPO-Incentivierung.

Forschungsfrage 3: Was sind die Erfolgsmerkmale bei NPOs? Gibt es einen Zusammenhang zwischen erfolgreichen NPOs und der Anwendung von Anreizsystemen?

Der Themenkomplex in Bezug auf den Erfolg von NPOs ist mit vielschichtigen Fragestellungen verbunden, die sich nicht leicht und eindeutig beantworten lassen. Um überhaupt von Erfolg und Erfolgsmerkmalen sprechen zu können, müssen im Vorfeld Strukturen geschaffen werden, welche die Erfolgsmessung möglich machen. Zunächst einmal bedarf es einer gewissen Professionalisierung im Managementbereich. Damit ist im NPO-Kontext vor allem die Personalführung gemeint. Ein solches Postulat für eine Organisation des Dritten Sektors grenzte vor einigen Jahrzehnten noch an Häresie (Drucker 1989, S. 89), dürfte mittlerweile jedoch keine besondere Entrüstung mehr hervorrufen. Nach der Schaffung von Instanzen, die sich mit der Frage nach relevanten Erfolgsfaktoren auseinanderzusetzen haben, muss festgelegt werden, was denn eigentlich den Erfolg einer bestimmten NPO ausmacht: Bei NPOs steht definitionsgemäß nicht monetäres Gewinnstreben im Vordergrund, sondern es geht um die Verfolgung von Zielen, die qualitativer Natur sind. Diese Ziele müssen konkretisiert werden. Sie stellen die Referenzpunkte für die Ausgestaltung eines Anreizsystems dar, das die Effektivität und Effizienz einer Organisation in Bezug auf diese Zielerreichung erhöhen soll (Moos et al. 2011, S. 1 f.). Die Zielformulierung sollte seitens der NPO-Führung im Einklang mit den relevanten Stakeholdern erfolgen und bei unterschiedlichen Auffassungen angesichts des besonderen Charakters von NPOs in Konsenslösungen münden. Ziele und Erfolg sind demnach eine in hohem Maße subjektive Größe jeder NPO und das Ergebnis ihrer spezifischen Entscheidungsfindungsprozesse.

Ein weiterer wichtiger Aspekt der Erfolgskennzeichnung von NPOs betrifft die Messmöglichkeiten. Haben die Führungskräfte und Stakeholder einer NPO definiert, welche Vision und welche strategischen Ziele verfolgt werden, so sind insbesondere zwei Ansätze zum Indizieren von Erfolg denkbar: Der Managementansatz und das Wirkungscontrolling. Der Managementansatz hebt auf die Realisierung des Leistungsprinzips ab und orientiert sich an einer ökonomischen Sicht auf die Leistungserbringung. Er greift dabei auf klassische innen gerichtete Steuerungsparameter wie Produktivität oder Kosteneffizienz zurück. Das Wirkungscontrolling versucht Erfolg messbar zu machen, indem es die Effektivität einer Organisation in Bezug auf ihre Zielgruppe aufzeigt. Der generierte Output einer Organisation wird in drei Wirkungseffekte unterteilt: den objektiven Effekt (sofort sichtbar und statistisch auswertbar), den subjektiven Effekt (gefühlte Einschätzung der Veränderung bei der Zielgruppe) und der weitgehendere Outcome (gesellschaftliche Wirkung). Neben Kennzahlen sind beim zweiten und dritten Effekt qualitative Messgrößen und -instrumente notwendig, um den Erfolg darstellen zu können.

Auch bei den befragten Praktikern wird die Zielerreichung als Erfolgsmaßstab einer NPO gesehen: „Erfolg steht immer in einem direkten Zusammenhang mit dem Erreichen von Zielen. Bei Non-Profit sind diese Ziele anders formuliert als mit dem Umsatz" (Anonymus 5 2014, 10:53). Die Zielerreichung sollte langfristig und nachhaltig geschehen. Sie sollte in Form von sichtbaren Ergebnissen und erkennbarem Nutzen der Organisation auch nach außen hin deutlich werden. In Bezug auf das Wirkungscontrolling werden vor allem objektive Effekte wie die Vermittlungsquote, die Medienpräsenz oder der Bekanntheitsgrad erwähnt. Weiteren Erfolgsgrößen wird keine besondere Aufmerksamkeit geschenkt. Maßstäbe für ein erfolgreiches NPO-Management werden kaum thematisiert. Wenn ja, dann werden vor allem Elemente der Organisationssteuerung, klare Strukturlösungen, schnelle Entscheidungsfindungsprozesse und eine professionelle Administration als erstrebenswert betrachtet. Gleiches gilt für eine Führung, die auf respektvolle, aufmerksame und transparente Kommunikation setzt, und die durch einen situativen, dem NPO-Rahmen angemessenen Führungsstil geprägt ist.

Die Interviewpartner sehen zwar nur teilweise einen unmittelbaren Zusammenhang zwischen einem (möglichen) Anreizsystem und dem NPO-Erfolg, in Verbindung mit den empirisch in der Literatur bestätigten Motivationswirkungszusammenhängen und den von den Teilnehmenden genannten Erfolgsgrößen ist aber auch für NPO von deutlichen direkten und indirekten Wirkungseffekten auszugehen, die Organisationen mit einem Anreizsystem für Freiwillige vermutlich erfolgreicher machen.

Forschungsfrage 4: Welche Herausforderungen können bei der Einführung von Anreizsystemen bei NPOs auftreten und wie können diese bewältigt werden?

Anreizsysteme setzen Personalführung und professionelle Arbeitsstrukturen voraus. Diese müssen gegebenenfalls zunächst in einer NPO geschaffen und durchgesetzt werden, denn in oftmals recht unorganisierten NPOs kann schnell Widerstand gegen formale Strukturierungsmaßnahmen aufkommen. Außerdem besteht die Gefahr, dass durch eine übermäßige Einführung von formalen Systemen und Strukturen eine Überbürokratisierung erfolgt, die dem Charakter einer NPO sehr zuwiderlaufen und sich negativ auf die

Motivation und den Verbleib der freiwilligen Mitarbeitenden auswirken kann. Ein weiteres Problem bei der Einführung eines Anreizsystems kann im Mangel von qualifiziertem Personal liegen, das über Kenntnisse von motivationspsychologischen Vorgängen und Erfahrung im Umgang mit Anreizsystemen verfügt. Motive bei Freiwilligen können sich ferner im Zeitablauf durchaus ändern, was unter Umständen eine Anpassung oder gar Neuausrichtung des Anreizsystems erfordert. Dies muss im Rahmen einer fortlaufenden Wirkungskontrolle möglichst früh erkannt werden. In dem Zusammenhang sollten spekulative Anreizwirkungsprognosen hinsichtlich Dysfunktionalitäten bei den Freiwilligen überwacht werden. Eine weitere Herausforderung ist ferner die Gewährleistung einer adäquaten Stakeholder-Orientierung im Anreizsystem, die mit einem attraktiven Anreiz-Tauschverhältnis für die Incentivierten einhergeht. Von besonderer Bedeutung bei der Einführung eines Anreizsystems bei NPOs ist sicherlich ein adäquater Umgang mit extrinsischen Belohnungen. Freiwillige, die bis dato nur aufgrund intrinsischer Motivation tätig waren, können mit aufkommenden extrinsischen Anreizquellen ihre intrinsische Motivation verlieren. Dem Korrumpierungseffekt sollte mit einer restriktiven und nur sehr vorsichtigen, wohldosierten Handhabung extrinsischer Anreize entgegengewirkt werden. Insgesamt kann die originäre ökonomische Logik von Anreizsystemen also nicht einfach eins zu eins auf den NPO-Sektor übertragen werden.

Die NPO-Praktiker bestätigen einige der in der Literatur angeführten Problemfelder einer Anreizsystemeinführung bei NPOs: „[…] es braucht ein gewisses Know-how an Freiwilligen-Management. Es ist nicht dasselbe wie sonstiges Personalmanagement und wenn eine Organisation da kein Know-how hat, macht sie vielleicht ein paar Fehler" (Anonymus 10 2014, 2:87). Mit dem Fachwissen meinen die Interviewpartner nicht nur organisatorische und administrative Wissensbereiche, sondern auch Kenntnisse über die Eigenschaften der Freiwilligen. Die Befragten heben die Notwendigkeit einer möglichst großen Übereinstimmung von Organisationszielen und Individualzielen der Freiwilligen hervor. Führungs- und Personalwissen wird vor allem von bezahlten Mitarbeitenden erwartet, die für eine Stabilisierung der Organisation und die Schaffung geeigneter formaler Rahmenbedingungen verantwortlich zeichnen (Anonymus 3 2014, 3:26). Zum Kennenlernen der Beweggründe und Motive freiwilliger Bewerber werden seitens der NPO-Führungskräfte eingehende und umfassende Einstellungsgespräche durchgeführt. Eine Auseinandersetzung mit den Bedürfnissen und Ansichten der Freiwilligen erfolgt auch während der Einführungstage bzw. -phase (z. B. SRK) oder in erforderlichen Schulungen (z. B. Jobcaddie). Eine große Herausforderung besteht in der Überwindung eventueller Wertewidersprüche von freiwilligen und bezahlten Mitarbeitenden einer NPO. Diesbezüglich empfiehlt es sich, auf eine transparente Separierung der Anreizsysteme und -strukturen zu achten, die aber nicht völlig gegenläufig ausgerichtet sein können: „Beide Bereiche, freiwillig und bezahlt, müssen eindeutig transparent getrennt sein. Sonst gerät man in eine Grauzone oder Schieflage […]" (Anonymus 12 2014, 3:54). Eine Sensibilität für potenzielle Dysfunktionalitäten von Anreizen für Freiwillige ist bei den Praktikern deutlich vorhanden: „Man muss wissen, was sie mehr schätzen, worauf sie Wert legen, was ihnen wichtiger ist. Wenn ich etwas Falsches als Belohnung anbiete, verliere ich nicht nur

Zeit und Geld, die ich darin investiert habe, sondern vielleicht auch die Freiwilligen, die missgelaunt sind" (Anonymus 12 2014, 3:31). Um dies zu verhindern, ist eine gute Kenntnis der Eigenschaften der Mitarbeitenden zwingend. Dies erlaubt eine angemessene Dosierung und individuell abgestimmte Festlegungen von Anreizen. Letzteres sollte jedoch ohne überbordenden formalistischen Aufwand erfolgen, da ansonsten Belohnungen eventuell gar nicht als solche oder als nicht authentisch wahrgenommen, oder sogar als „nicht ehrlich" bewertet werden und damit demotivierend wirken können. In diesem Zusammenhang wird seitens der NPO-Praxis auch auf die Notwendigkeit von sinnvollen und adäquaten Freiräumen für die Freiwilligen hingewiesen: „[…] das einzige, was eine Organisation für die Motivation der Freiwilligen tun kann, […] diese intrinsische Motivation nicht zu zerstören, also möglichst viele Freiräume für Aktivitäten zu lassen, damit diese intrinsische Motivation sich entfalten und entwickeln kann" (Anonymus 3 2014, 7:49).

8.6 Elemente eines theorie- und praxisbasierten NPO-Anreizsystems

Auf der Grundlage der Analyse theoretisch-konzeptioneller und empirischer Gegebenheiten wird nachfolgend ein Modell für ein NPO-Anreizsystem entworfen, in dem sich die Beantwortungen der gestellten Forschungsfragen widerspiegeln. Die ausgewählten Bestandteile des Systems sind also konzeptionell und empirisch begründet. Die Komponenten wurden durch die befragten NPO-Praktiker als sinnvoll und wichtig für ein NPO-Anreizsystem betrachtet, was durch exemplarische Zitate unterstrichen werden soll. Die Aussagen der Interviewpartner sprechen für eine hohe Funktionalität der gewählten Systematik in Bezug auf den praktischen Einsatz in einer NPO.

8.6.1 Grundstruktur des Anreizsystems

Das zu bestimmende Anreizsystem wird als Instrument der Organisationsführung verstanden und zur positiven Beeinflussung des Verhaltens der freiwilligen Mitarbeitenden eingesetzt, um die organisatorischen Ziele zu erreichen. Diese Definition setzt voraus, dass man sich zunächst bei der Gestaltung eines Anreizsystems mit den gesetzten Zielen der Organisation beschäftigen muss (Gmür und Thommen 2007, S. 119). Auch die Praktiker betonen, dass eine langfristige und nachhaltige Erreichung der gesetzten Ziele das relevante Erfolgskriterium für die Anreizgestaltung sein muss (Anonymus 7 2014, 1:52): „Erfolg steht immer in einem direkten Zusammenhang mit dem Erreichen von Zielen" (Anonymus 5 2014, 10:53). Anreizsysteme dienen hiermit korrelierend der Qualitätssicherung und Nutzenschaffung für die Organisation (Anonymus 7 2014, 1:26, 1:58; Anonymus 4:26). Eine Verbindung von Organisations- und Individualzielen ist wichtig, um eine Win-win-Situation für alle Beteiligten zu erzeugen. Deshalb müssen die Organisationsziele mit den Individualzielen der Mitarbeitenden abgeglichen werden. Um ein situationsadäquates Anreizsystem entwickeln zu können, ist also die Kenntnis von Bedürfnissen der Mitarbeitenden und deren Beweggründe zur Einbringung in die Organisation unabdingbar (Badelt und More-Hollerweger 2007, S. 503 f.): „[…], um Freiwillige langfristig motivieren zu können, muss man sie gut kennen" (Anonymus 8 2014, 6:63).

Für die Klassifikation von Motiven im eigenen NPO-Anreizsystem wurde die gängige Unterscheidung nach Badelt und More-Hollerweger angewendet (2007, S. 513 f.). Es werden demnach drei Kategorien von Motiven unterschieden, von denen bei der Ausgestaltung ausgegangen wird: Altruismus, egoistische Motive und Tauschkomponenten. Diese können in Abhängigkeit von der Person des Anreizadressaten einzeln oder kombiniert wirksam werden: „[…] Die eine Motivation, welche für alle gilt, gibt es eigentlich nicht" (Anonymus 7 2014, 1:14). Um eine vertiefte Kenntnis der Bedürfnisse der freiwilligen Mitarbeitenden zu erhalten, werden die Motive innerhalb der genannten Kategorien zusätzlich anhand ihrer Motivationsquellen unterteilt. Dies erlaubt in einem späteren Schritt eine bessere Zuordnung der Anreize. Die Grundmotive werden somit weiter gemäß der Systematik von Barbuto und Scholl subklassifiziert und gleichzeitig den intrinsischen oder extrinsischen Anreizklassen zugeordnet (1998, S. 1011–1022). Das altruistische Motiv hat seine Quellen in der internen Prozessmotivation, im internen Selbstverständnis, der Internalisierung von Zielen sowie im externen Selbstverständnis. Bei der letzten Quelle ist zu beachten, dass diese eine extreme Ausprägung des altruistischen Motivs ist. Deshalb kann bei Altruismus als möglichem Grund für ein Engagement sowohl mit intrinsischen als auch mit extrinsischen Anreizen incentiviert werden. Die zuletzt genannte Quelle der Motivation, das externe Selbstverständnis, ist darüber hinaus auch der eigentliche Erklärungsgrund für die Kategorie der egoistischen Motive. Die instrumentelle Motivation erklärt das Streben nach Gegenleistungen bei Freiwilligen und ist den intrinsisch orientierten Tauschkomponenten zuzuordnen. Da intrinsisch motivierte Freiwillige bereits in hohem Maße aus der Arbeit an sich Befriedigung ziehen, liegt der Schwerpunkt der Anreizsteuerung, auf den ersten Blick etwas überraschend, bei der Auswahl der extrinsischer Anreize für Freiwillige: „Zuerst muss man unterscheiden: Ist die Motivation eher intrinsischer oder eher extrinsischer Natur? Intrinsische brauchen fast nichts – die Aufgabe in sich ist schon spannend und motivierend. […] und bei Extrinsischen wird es schwerer für eine längere Motivation, da muss man sich stets etwas Neues ausdenken, um Leute motiviert zu behalten" (Anonymus 12 2014, 3:21, 3:25).

Anreize haben verschiedene Ausprägungsformen. Man unterscheidet zwischen den freien materiellen, gebundenen materiellen und nichtmateriellen Anreizen. Aufgrund der Gefahr eines Korrumpierungseffekts dürfen Anreizsysteme bei NPOs auf keinen Fall auf weitgehendere finanzielle Entlohnungen zurückgreifen: „Monetäre Anreize können bei Freiwilligen sehr konträr wirken" (Anonymus 10 2014, 2:82). Die NPO-Praktiker sehen diese klar als Gefahr mit hohem Demotivationspotenzial und falscher Signalwirkung (Anonymus 2 2014, 9:64; Anonymus 4 2014, 12:34). Dies schmälert zwar den Handlungsspielraum einer Organisation, lässt aber immer noch viel Platz für Kreativität im Umgang mit den übrigen Elementen. Die gebundenen materiellen Anreize sind zwar bei einem

NPO anwendbar, dies jedoch nur sehr beschränkt. Denkbar wären hierbei exemplarisch etwa Versicherungsleistungen wie das Angebot einer Kollektivversicherung oder Naturalleistungen in Form von Weiterbildungen, Verpflegung während der Einsatzzeiten oder Möglichkeiten für Sportaktivitäten (Gmür und Thommen 2007, S. 123 f.). Eine monetäre Entschädigung wird, wenn überhaupt, bei den befragten NPOs sehr dezent angewendet. Die meisten Organisationen setzen einen jährlichen Betrag (z. B. Anonymus 10 2014, 2:66) oder einen Betrag pro Betreuungsfall (Anonymus 8 2014, 6.43) als symbolische Aufwandsentschädigung an. Monetäre Leistungen sind den Freiwilligen nicht wichtig (Anonymus 3 2014, 7:10) und werden meist nicht angenommen: „[…] und die meisten Freiwilligen verzichten im Sinne einer Spende darauf" (Anonymus 10 2014, 2:66).

Mit einem Anreizsystem wird ein bewusster Einsatz von Anreizen vorgenommen. Dies impliziert, dass in einem solchen System nur geplant wirksame Anreize Platz haben. Nichtsdestotrotz können auch ungeplant wirksame oder unwirksame Anreize zum Tragen kommen, insbesondere wenn das Wissen über die Verhaltenstreiber der Mitarbeitenden schwach ausgeprägt ist. Zu den zentralen Merkmalen eines Anreizsystems gehört seine Ausrichtung als Steuerungsmittel (Gmür und Thommen 2007, S. 121). Eine Kombination aus Strategie- und Flexibilitätsorientierung im Anreizsystem stellt, wie bereits angeführt, eine geeignete Steuerungsperspektive für eine NPO dar. Mit der Strategieorientierung wird eine fortlaufende Anpassung gemäß der strategischen Prioritäten intendiert, die auch zur Klarheit über die strategischen Ressourcensituation und die vorhandenen Kernkompetenzen beiträgt. Die Motive für die Freiwilligenarbeit sind sehr individuell und können sich im Zeitverlauf ändern. Diese Tatsache spricht für die Flexibilitätsorientierung eines NPO-Anreizsystems: „Die Leute sind sehr unterschiedlich und unterschiedlich motiviert. Die brauchen auch unterschiedliche Dinge" (Anonymus 2 2014, 9:87).

Ein Anreizsystem muss in einen auf Vertrauen basierenden kulturellen und organisatorischen Rahmen eingebettet sein. Dazu gehören unter anderem die selbstverständliche Rückerstattung von Spesen auf Vertrauensbasis, die gegenseitige Akzeptanz und Unterstützung aller Mitarbeitenden und die Zulassung von Handlungs- und Verhandlungsspielräumen der Freiwilligen: „[…] sie dürfen nicht allzu enge Vorschriften haben, wie ihre Arbeit dann aussieht. Ein gewisser Gestaltungsspielraum muss bestehen" (Anonymus 1 2014, 2:64).

8.6.2 Verhaltens- und vertragstheoretische Anforderungen

Hungenberg unterscheidet verhaltens- und vertragstheoretische Anforderungen an ein Anreizsystem für Führungskräfte, die bei einem Anreizeinsatz erfüllt werden sollten (2006, S. 355 ff.). Diese lassen sich weitgehend auch auf den NPO-Kontext übertragen.

Grundsätzlich sollen die freiwilligen Mitarbeitenden durch die Anreize zu Handlungen gebracht werden, die im Interesse der Organisation sind (Leistungsbezug). Die Anreize sind eindeutig und nachvollziehbar zu kommunizieren (Transparenz): „Auch Transparenz ist sehr wichtig, […], dass man die Anreize richtig einordnen kann und ver-

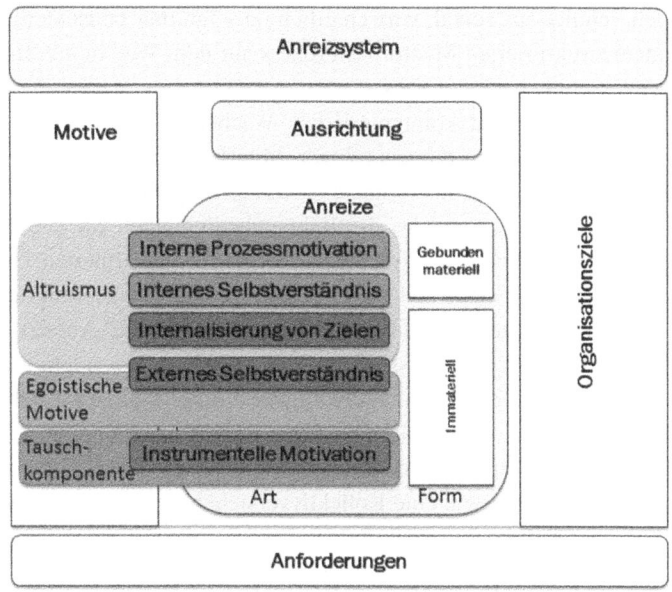

Abb. 8.2 Struktur eines NPO-Anreizsystems. (Quelle: Eigene Darstellung)

stehen kann. Wenn ich nämlich einen Anreiz schaffe und er stimmt nicht, dann ist es kein Anreiz, dann wirft es Fragen auf" (Anonymus 1 2014, 8:25). Die Anreize sollten den individuellen Gegebenheiten der Anreizempfänger entsprechen und flexibel gestaltbar sein (Individualisierbarkeit). Ferner muss der Aufwand für den Anreizeinsatz und das damit verbundene Controlling in einem vernünftigen Verhältnis zum erzielten Motivationsgewinn und dem höheren Organisationsoutput stehen (Wirtschaftlichkeit): „Es müssen daher die Kosten (des Anreizsystems – Anm. d. Verf.) im richtigen Verhältnis zu den Gesamtkosten stehen" (Anonymus 5 2014, 10:46). Im Anreizsystem müssen die Bemessungsgrundlagen für die verschiedenen Funktionen und Mitarbeitendenkategorien zielbezogen festgelegt werden (Zielorientierung). Ferner müssen die individuellen Risikoeinstellungen, Erfolgsrisiken und die spezifischen Einflussmöglichkeiten berücksichtigt werden (Risikoorientierung).

Die Kernaussagen zu Grundstruktur und Anforderungen eines Anreizsystems für NPO münden in einen Gestaltungs- und Wirkungsrahmen, der in Abb. 8.2 dargestellt ist.

Die entwickelte NPO-Anreizsystematik wurde im Rahmen einer Piloteinführung bei der Organisation ROCK YOUR LIFE! (RYL!) eingesetzt. RYL! wurde im Juli 2013 in Form einer gemeinnützigen GmbH in der Schweiz gegründet. Das Unternehmen basiert auf dem Konzept des Social Franchising, das heißt, dass interessierte Freiwillige in Schweizer Städten Standortvereine gründen können, sobald sie die qualitativen Vorgaben der Organisation erfüllen. RYL! ist ein Brückenbauer, der Schüler, Studierende und Unternehmen zusammenbringt. Die Organisation qualifiziert Studierende als Mentoren, die ehrenamtlich Schüler aus sozial, wirtschaftlich oder familiär benachteiligten Verhältnissen nach einem strukturierten Mentoring-Prozess auf dem Weg in den Beruf oder auf die weiterführende Schule begleiten.

Aufgrund eines starken und kontinuierlichen Wachstums braucht RYL! professionelle Instrumente, um vor allem die freiwilligen Mitarbeitenden zufriedenzustellen und motiviert zu halten. Eines dieser Instrumente ist das unter dem Namen „Rock! System" eingeführte Incentivierungssystem, das die Rahmenbedingungen für den Einsatz Freiwilliger verbessert. Das entwickelte System wurde gemäß der eruierten Empfehlungen eins zu eins bei RYL! angewandt und hebt auf eine Zielharmonisierung aller Beteiligten und eine individualisierte Festlegung der Incentives ab. Das Anreizsystem wurde strategie- und flexibilitätsorientiert ausgerichtet und fokussiert vor allem auf nichtmaterielle Anreize wie eine professionelle Freiwilligenführung, klare Einsatzbedingungen, Mitwirkungsmöglichkeiten auf der Führungsebene und Mitbestimmung, Teambuilding, Außenwahrnehmung und Einsatzanerkennung (Sozialzeitausweis). Ergänzt wird dies um wenige materielle Anreize wie eine Kollektivversicherung für die Einsatzdauer, eine angemessene Spesenerstattung und Weiterbildungsmöglichkeiten.

Durch die Einführung des Systems konnte nicht nur die Motivation der freiwilligen und bezahlten Mitarbeitenden gefördert, sondern auch die interne Zusammenarbeit verbessert werden.

8.7 Reflexion und Ausblick

Auf der Basis einer eingehenden Sichtung relevanter motivationstheoretischer Grundlagen für die Ausgestaltung von Anreizsystemen und von gestaltungsorientierten Erkenntnissen der einschlägigen betriebswirtschaftlichen Literatur konnten wichtige Merkmale eines NPO-Anreizsystems herausgearbeitet werden. Die Erkenntnisse aus der Gestaltung von Anreizstrukturen für ökonomisch agierende Unternehmen konnten nur sequenziell, aber nicht durchgängig auf den NPO-Kontext übertragen werden. So sind insbesondere die geläufigen finanziellen Anreizmodelle nicht in NPOs anwendbar. Außerdem sind Freiwillige im Regelfall anders motiviert als bezahlte Arbeitnehmende und reagieren auf Anreize anders als Erwerbstätige. Empirische Studien für den sehr heterogenen und schwer fassbaren Dritten Sektor zur Anreizgestaltung für die Freiwilligenarbeit sind kaum verfügbar.

Neben den herangezogenen motivationspsychologischen Grundlagen haben sich die Arbeiten von Moschner zu egoistischen Motiven und von Badelt und More-Hollerweger zur Tauschkomponente als besonders fruchtbar erwiesen. Eine vertiefte Auseinandersetzung mit Aspekten der intrinsischen Motivation ist im gegebenen Zusammenhang zwingend, denn diese ist bei Freiwilligen in der Regel sehr stark ausgeprägt und von hoher Bedeutung für deren Engagement.

Bei der Beantwortung der vier für die Entwicklung des NPO-Anreizsystems strukturgebenden Forschungsfragen zeigte sich, dass die Erkenntnisse aus der Analyse der noch ausbaufähigen einschlägigen Literatur auch durch die eigenen qualitativen Befragungen von NPO-Praktikern in der Schweiz bestätigt werden konnten. Die Interviews generierten neben der Bestätigung von Grundaussagen zur Motivation Freiwilliger auch weitgehendere Erkenntnisse. Bemerkenswert erscheint insbesondere der Sachverhalt, dass es bei der Incentivierung weniger um den Aufbau einer Basismotivation geht, denn diese ist üblicherweise bei Freiwilligen schon sehr ausgeprägt, sondern um den Erhalt dieser hohen Grundmotivation im Zeitablauf, und dass sich die Motivationsgründe von Freiwilligen im Zeitablauf oftmals verändern. Dem muss bei der Ausgestaltung und beim Einsatz von NPO-Anreizsystemen Rechnung getragen werden, etwa in Form von zyklischen Systemchecks. Überraschend war ferner die hohe Aversion der Befragten gegenüber dem Begriff „Anreizsystem", die den dahinterstehenden Sachverhalt viel weitergehender im Sinne eines „Konzepts für die Zusammenarbeit mit Freiwilligen" betrachteten. Die Gründe für die Irritationen mögen wohl im Unwillen der sozial engagierten Befragten liegen, Begriffe aus der Privatwirtschaft auf den nicht gewinnorientierten Dritten Sektor zu übertragen und damit einhergehend einer schleichenden Ökonomisierung der Freiwilligenarbeit entgegenzutreten, die als schädlich betrachtet wird. In anderen Untersuchungen werden entsprechende Aversionen gegen Maßnahmen zur Verbesserung der organisationalen Effizienz- und Effektivität einer NPO mit einer oftmals vorliegenden mangelnden Bereitschaft zur Professionalisierung in Verbindung gebracht. Dies deckt sich auch mit dem festgestellten tendenziell niedrigen Ausprägungsgrad von Managementsystemen und Aktivitäten zum Wirkungscontrolling in den befragten NPOs. Gleichzeitig haben aber einige der Interviewpartner explizit ihr Interesse bekundet, ein Anreiz-, beziehungsweise Motivationssystem für Freiwillige einführen zu wollen. Mit RYL! Schweiz konnte dies bereits bei einer Schweizer NPO sehr konkret und mit spürbarem Erfolg realisiert werden.

Literatur

Albs, N. (2005). *Wie man Mitarbeiter motiviert: Motivation und Motivationsförderung im Führungsalltag.* Berlin: Cornelsen.
Badelt, C., & More-Hollerweger, E. (2007). Ehrenamtliche Arbeit im Non-Profit-Sektor. In C. Badelt, M. Meyer, & R. Simsa (Hrsg.), *Handbuch der Nonprofit Organisation* (Bd. 4, S. 503–531). Stuttgart: Schäffer-Poeschel.
Barbutto, J. E., & Scholl, R. W. (1998). Motivation sources inventory: Development and validation of new scales to measure an integrative taxonomy of motivation. *Psychological Reports, 82*(3), 1011–1022.
Bau, F. (2003). *Anreizsysteme in jungen Unternehmen: Eine empirische Untersuchung.* Köln: Eul.
Bierhoff, H. W., & Schülken, T. (2001). Ehrenamtliches Engagement. In H.-W. Bierhoff & D. Fetchenhauer (Hrsg.), *Solidarität. Konflikt, Umwelt und Dritte Welt* (S. 183–204). Opladen: Leske + Budrich.
Bierhoff, H. W., Burkart, T., & Wörsdörfer, C. (1995). Einstellungen und Motive ehrenamtlicher Helfer. *Gruppendynamik, 26,* 373–386.
Bogner, A., & Menz, W. (2002). Das theoriegenerierende Experteninterview. Erkenntnisinteresse, Wissensformen, Interaktion. In A. Bogner, B. Littig, & W. Menz (Hrsg.), *Das Experteninterview. Theorie, Methode, Anwendung* (S. 33–70). Springer: Wiesbaden.

Braun, J., & Röhrig, P. (1986). Umfang und Unterstützung ehrenamtlicher Mitarbeit und Selbsthilfe im kommunalen Sozial- und Gesundheitsbereich. In Bundesministerium für Bildung und Wissenschaft (Hrsg.), *Freiwilliges soziales Engagement und Weiterbildung* (S. 1–167). Bonn: Bock.

Brockhaus. (1996). *Brockhaus – Die Enzyklopädie* (20. Aufl.). Leipzig: F.A. Brockhaus.

Campbell, J. P., & Pritchard, R. D. (1976). Motivation theory in industrial and organizational psychology. In M. D. Dunnette (Hrsg.), *Handbook of Industrial and Organizational Psychology* (Bd. 1, S. 63–130). Chicago: Rand McNally.

Clary, E. G., Snyder, M., Ridge, R. D., Copeland, J., Stukas, A. A., Haugen, J., et al. (1998). Understanding and assessing the motivation of volunteers: A functional approach. *Journal of Personality and Social Psychology, 74*, 1516–1530.

Dahms, M. (2010). *Motivieren, Delegieren, Kritisieren: Die Erfolgsfaktoren der Führungskraft* (2. Aufl.). Wiesbaden: Gabler.

Deci, E. L., & Ryan, R. M. (2000). The "What" and "Why" of goal pursuits: Human needs and the self-determination of behaviour. *Psychological Inquiry, 11*(4), 227–268.

Drucker, P. F. (1989). What business can learn from nonprofits. *Harvard Business Review, 7*, 88–93.

Erlinghagen, M. (2000). Eine Längsschnittanalyse der westdeutschen Stichprobe des Sozioökonomischen Panels (SOEP) für die Jahre 1992 und 1996. *Kölner Zeitschrift für Soziologie und Sozialpsychologie, 52*, 291–310.

Eyer, E. (2004). *Entgeltsysteme für Dienstleister: Grundvergütung, Zielvereinbarung, Erfolgsbeteiligung*. Düsseldorf: Symposium Publishing.

Frey, B., & Osterloh, M. (2002). *Managing Motivation: Wie Sie die neue Motivationsforschung für Ihr Unternehmen nutzen können (Schweizerische Gesellschaft für Organisation und Management* (2. Aufl.). Wiesbaden: Gabler.

Gerrig, R. J., & Zimbardo, P. G. (2008). *Psychologie* (18. Aufl.). München: Pearson Studium.

Gmür, M., & Thommen, J.-P. (2007). *Human Resource Management: Strategien und Instrumente für Führungskräfte und das Personalmanagement* (2. Aufl.). Zürich: Versus.

Häcker, H., & Stapf, K. H. (1998). *Dorsch Psychologisches Wörterbuch* (13. überarbeitete und erweiterte Aufl.). Bern: Huber.

Heckhausen, J., & Heckhausen, H. (2010). *Motivation und Handeln: Einführung und Überblick* (4. Aufl.). Berlin: Springer Medizin.

Heimannsberg, B., Namokel, H., & Fischer, H. (2013). *Non-Profit-Organisationen in die Zukunft entwickeln. Bürgersinn und sozialer Gewinn: Kein Profit ohne Non-Profit*. Bergisch Gladbach: EHP-Verlag Andreas Kohlhage.

Herzberg, F. (2003). Was Mitarbeiter in Schwung bringt. *Harvard Business Manager, 4*, 50–62.

Hungenberg, H. (2006). Anreizsysteme für Führungskräfte – Theoretische Grundlagen und praktische Ausgestaltungsmöglichkeiten. In D. Hahn & B. Taylor (Hrsg.), *Strategische Unternehmungsplanung – Strategische Unternehmungsführung* (9. Aufl., S. 353–364). Heidelberg: Springer.

Kauffeld, S., Ianiro, P. M., & Sauer, N. C. (2011). Führung. In S. Kauffeld (Hrsg.), *Arbeits-, Organisations- und Personalpsychologie für Bachelor* (1. Aufl., S. 71–95). Heidelberg: Springer Medizin.

Lueger, G. (1996). Beschaffung und Auswahl von Mitarbeitern. In H. Kasper & W. Mayrhofer (Hrsg.), *Personalmanagement, Führung, Organisation* (2. Aufl., S. 337–387). Wien: Wirtschaftsverlag Ueberreuter.

Maennig, W., & Schulz, H. (1997). Ehrenamtliche Mitarbeiter – Wer sind sie und wie kann man sie motivieren? *Personal, 49*, 416–421.

Mayring, P. (2002). *Einführung in die qualitative Sozialforschung. Eine Anleitung zu qualitativem Denken* (5. Aufl.). Weinheim: Beltz.

Mieg, H. A., & Wehner, T. (2002). Frei-gemeinnützige Arbeit. Eine Analyse aus Sicht der Arbeits- und Organisationspsychologie (Elektronische Version). *Hamburger Beiträge zur Psychologie und Soziologie der Arbeit, 33,* 1–30.

Moos, G., Konrad, M., & Reichenbach, R. (2011). Wirkungscontrolling – Erfolg messbar machen. *DGCS-Newsletter, 09*(11), 1–5.

Moschner, B. (2002). Altruismus und Egoismus – Was motiviert zum Ehrenamt? *Zeitschrift für Politische Psychologie, 10*(2), 25–40.

Münzel, G. (2004). *Sozialberichterstattung Schweiz. Bericht zur Freiwilligenarbeit in der Schweiz.* Bern: Bundesamt für Statistik (BFS).

Nerdinger, F. W. (1995). *Motivation und Handeln in Organisationen: Eine Einführung.* Stuttgart: Kohlhammer.

Nerdinger, F. (2001). *Lehrbuch der Personalpsychologie: Motivierung.* Göttingen: Hogrefe.

Osterloh, M., Frey, B. S., & Frost, J. (2001). Managing motivation, organization and governance. *Journal of Management and Governance, 5*(3), 231–240.

Rheinberg, F. (2010). Intrinsische Motivation und Flow-Erleben. In J. Heckhausen & H. Heckhausen (Hrsg.), *Motivation und Handeln* (4. Aufl., S. 365–388). Berlin: Springer Medizin.

Salamon, L., & Anheier, H. (1992). In search of the non-profit sector I: The question of definitions. *Voluntas, 3*(2), 125–151.

Schön-Bühlmann, J. (2011). *Wirtschaftliche und soziale Situation der Bevölkerung. Freiwilligenarbeit in der Schweiz 2010.* Neuchâtel: Bundesamt für Statistik (BFS).

Schwarz, P. (2005). *Organisation in Nonprofit-Organisationen. Grundlagen, Strukturen* (1. Aufl.). Bern: Haupt.

Schwarz, P., Purtschert, R., Giroud, C., & Schauer, R. (2009). *Das Freiburger Management-Modell für Nonprofit-Organisationen* (Bd. 6). Bern: Haupt.

Soziale Dienste Stadt Zürich. (2014). *Handbuch Freiwilligenarbeit.* Zürich: Stadt Zürich.

Stadelmann-Steffen, I., Traunmüller, R., Gundelbach, B. & Freitag, M. (2010). *Freiwilligen-Monitor Schweiz 2010.* Zürich: Seismo.

Stötzer, S. (2009). *Stakeholder Performance Reporting von Nonproft-Organisationen.* Wiesbaden: GWV Fachverlage.

Von Eckardstein, D. (2007). Personalmanagement in NPOs. In C. Badelt, M. Meyer, & R. Simsa (Hrsg.), *Handbuch der Nonprofit Organisation* (4. Aufl., S. 273–298). Stuttgart: Schäffer-Poeschel.

Young, D.R. (2004). *The Music of Management – Applying Organization Theory.* Burlington: Ashgate.

Zauner, A. (2007). Über Solidarität zu wissen. Ein systemtheoretischer Zugang zu Nonprofit Organisationen. In C. Badelt, M. Meyer, & R. Simsa (Hrsg.), *Handbuch der Nonprofit Organisation* (Bd. 4, S. 141–164). Stuttgart: Schäffer-Poeschel.

Interviewverzeichnis

Anonymus 1, Rock Your Life! Schweiz, Interview durchgeführt am 26. November 2014.

Anonymus 2, Rotes Kreuz (SRK), Interview durchgeführt am 3. Dezember 2014.

Anonymus 3, European Mentoring und Coaching Council (EMCC), Interview durchgeführt am 4. Dezember 2014.

Anonymus 4, Verband der Studierendenschaft der Berner Fachhochschule (VSBFH), Interview durchgeführt am 7. Dezember 2014.

Anonymus 5, Stellennetz, Interview durchgeführt am 8. Dezember 2014.

Anonymus 6, BoysToMen – GirlsToWomen – Mentoring Schweiz, Interview durchgeführt am 8. Dezember 2014.

Anonymus 7, Ask! Beratungsdienste für Ausbildung und Beruf Aarau, Interview durchgeführt am 9. Dezember 2014.
Anonymus 8, JobCaddie, Interview durchgeführt am 9. Dezember 2014.
Anonymus 9, Cevi Ostschweiz, Interview durchgeführt am 10. Dezember 2014.
Anonymus 10, Arche Zürich, Interview durchgeführt am 11. Dezember 2014.
Anonymus 11, Vitamin B, Interview durchgeführt am 12. Dezember 2014.
Anonymus 12, Benevol Zürich, Interview durchgeführt am 15. Dezember 2014.

Beschaffung in komplexen IKT-Projekten

Michael Gerber und Bogdan Lent

Zusammenfassung

Der Projektleiter eines IKT-Vorhabens bei der Bundesverwaltung muss in seinem Projekt zahlreiche Vorgaben im Zusammenhang mit dem Beschaffungswesen berücksichtigen. In einem komplexen Projekt werden mehrere Dutzend Beschaffungen getätigt. Um diese Herausforderungen erfolgreich zu meistern, wurde ein Beschaffungsleitfaden entwickelt. Der Leitfaden basiert auf der bei der Bundesverwaltung für IKT-Projekte vorgegebenen Projektmanagement-Methode HERMES 5 (in der Version 5.1). Im Zuge der Erarbeitung des Beschaffungsleitfadens wurden einundzwanzig Personen aus sechs verschiedenen Departementen der Bundesverwaltung befragt, die bei Beschaffungen involviert sind. Die gewonnenen Erkenntnisse der Befragungen wurden im Rahmen eines umfangreichen Studiums mit verschiedenen Literaturquellen abgeglichen. Die Lösungsansätze zur Verbesserung der Projektbeschaffungen beim Bund wurden mit den interviewten Personen validiert und auf deren Umsetzungspotenziale hin überprüft. Die wichtigsten Erkenntnisse für den Erfolg von Projekt-Beschaffungen sind:

M. Gerber (✉)
Bern, Schweiz
E-Mail: michael.gerber@efv.admin.ch

B. Lent
E-Government-Institut, Berner Fachhochschule, Bern, Schweiz
E-Mail: bogdan.lent@bfh.ch

a) Die Verzahnung der Aufgaben, Ergebnisse und Rollen der HERMES-Methode mit den Vorgaben und Hilfsmitteln der zentralen Beschaffungsstellen.
b) Eine eingehende Voranalyse zur Beschaffung soll im Rahmen der Initialisierungsphase des Projekts durchgeführt werden. Als Ergebnis daraus resultieren der konkrete Beschaffungsplan und die Anträge zur Finanzierung.
c) Eine engere Verknüpfung der Änderungsprozesse und der Problembehandlung im Rahmen von Projekt-Beschaffungen ist erforderlich.
d) Der Beschaffungsprozess soll als Daueraufgabe während des gesamten Projekts und somit über alle Projektphasen betrachtet werden.

Der Aufbau des Leitfadens wird in den folgenden Kapiteln vorgestellt. Eine vollständige Version des Leitfadens kann auf der Website des Informatiksteuerungsorgans des Bundes ISB bezogen werden. Die Schlussfolgerung beinhaltet eine Reihe von weiteren Maßnahmen und Empfehlungen. Eine Harmonisierung der verschiedenen Online-Plattformen der Bundesverwaltung sowie ein aktivitätenbezogenes Online-Hilfsmittel zur Unterstützung von Bedarfsstellen und Beschaffungsstellen im Rahmen von Projektbeschaffungen werden von den Autoren empfohlen.

9.1 Einführung

Die Steuerung und Führung von IKT-Projekten bei der Bundesverwaltung ist mit vielseitigen Anforderungen verbunden: Projektführung entlang der HERMES 5 Projektmanagement-Methode (Mourgue d'Algue et al. 2014a, b) Einhaltung der Vorgaben der Eidgenössischen Finanzkontrolle EFK und des Informatiksteuerungsorgans Bund ISB sowie Rahmenbedingungen und Restriktionen des öffentlichen Beschaffungsrechts (BöB 1994). Hinzu kommen verschiedene departements- und verwaltungseinheitsspezifische Weisungen. In einem typischen IKT-Schlüsselprojekt (W007 2015) sind siebzig und mehr Beschaffungen aller Art und über alle Projektphasen üblich. Die Erfüllung der vielschichtigen Auflagen ist größtenteils dem Projektleiter überlassen.

Der Aufbau von Beschaffungskompetenzen gestaltet sich insbesondere für kleinere und mittelgroße Verwaltungseinheiten als große Herausforderung. Die Messlatte an erforderlichen Fähigkeiten und Kenntnissen bei Projektbeschaffungen liegt hoch. Gefordert sind fachspezifisches Wissen, Kenntnisse des Beschaffungshandwerks, Kenntnisse der relevanten Auflagen der EFK und des ISB, Erfahrung im Projektmanagement, eine hohe Kommunikationsfähigkeit sowie vertrags- und verwaltungsrechtliches Handeln.

Die hohen Anforderungen des öffentlichen Beschaffungswesens führen vor allem bei großen IKT-Projekten mit komplexen Beschaffungsstrukturen wiederholt zu Problemen. Die genannten Missstände führen in vielen Fällen zu lang andauernden Beschaffungsprozessen sowie unzureichend definierten Anforderungen an den Beschaffungsgegenstand. Somit steigt auch das Risiko, dass die Projektkosten und die Termine weit von den ursprünglich gesetzten Zielsetzungen abweichen, rechtliche Streitigkeiten entstehen oder die Beschaffung abgebrochen werden muss.

9 Beschaffung in komplexen IKT-Projekten

Die beschriebene Situation zeigt den Bedarf nach einer methodischen Unterstützung und Standardisierung des Vorgehens bei Beschaffungen in IKT-Projekten der Bundesverwaltung.

9.2 Zielsetzung

Um den in der Einführung dargestellten Auflagen Rechnung zu tragen und die Risiken von Projektabbrüchen zu minimieren, wurde ein Beschaffungsleitfaden (Gerber 2015) entwickelt. Der unter Einbeziehung von Beteiligten in Projektbeschaffungen entwickelte Leitfaden soll die Projektmanagement-Methode HERMES 5 (in der Version 5.1), die Rahmenbedingungen des öffentlichen Beschaffungsrechts sowie die Anforderungen der EFK und des ISB harmonisieren und zu einem eindeutigen und klaren Beschaffungsvorgehen in IKT-Projekten der Bundesverwaltung führen. Mit diesem Vorgehen wird die Beschaffungskompetenz der Beteiligten gestärkt und somit ein Beitrag zur verbesserten Handhabung und Ausführung von Beschaffungsvorgängen geleistet.

Die nachfolgenden Überlegungen beziehen sich beispielhaft auf die Unterstützung des Beschaffungsvorgehens in einem komplexen Umfeld eines Großobjekts, das oft in Form eines Programms durchgeführt wird. Typische Kennzahlen eines solchen Vorhabens sind:

- Programm mit 5 Projekten zur Erneuerung technischer Hilfsmittel für Prozesse der Bundesverwaltung;
- 2 Programmleiter, 5 Projektleiter, 80 Projektmitarbeitende;
- mehr als 70 Beschaffungen über eine Projektlaufzeit von 5 Jahren;
- Beschaffung von IT-Dienstleistungen bzw. IT-Beratung in verschiedenen Beschaffungsverfahren (öffentliche Ausschreibung im offenen und freihändigen Verfahren) und mehreren Losen über mehrere Projektphasen und über die gesamte Projektlaufzeit;
- Verpflichtungskredit über CHF 20 Mio.;
- hohe Wichtigkeit und Dringlichkeit zur Umsetzung gemäß Projektportfolio-Priorisierung der Stammorganisation;
- Wartung und Support über 8 Jahre nach Ablauf der Projektlaufzeit (Volumen CHF 6 Mio.).

Alle weniger anspruchsvollen Projekte werden als eine Untermenge dieses Falls betrachtet. Das hier vorgestellte Instrumentarium oder Teile davon können selbstverständlich auch bei weniger komplexen Projektbeschaffungen angewandt werden.

9.3 Angewandte Methodik

Um das Vorgehen möglichst nah an die beim Bund für IKT-Projekte verpflichtend einzusetzende Projektmanagement-Methode HERMES 5.1 anzulehnen, wurde die erwähnte Methode als Basis für die Ausgestaltung des Beschaffungsleitfadens gewählt. Eingangs wurden die Module Beschaffung und Projektführung auf Komponenten untersucht, die bei Projekt-Beschaffungen relevant sind.

Zwecks Prüfung der Vollständigkeit und ggf. inhaltlicher Alternativen wurden im Rahmen eines Literaturstudiums folgende Kategorien identifiziert und eingehend untersucht:

- Untersuchungsberichte,
- Gesetze und Verordnungen,
- Dokumentation der Zentralen Beschaffungsstellen,
- Beschaffungsdokumentation des Eidgenössischen Finanzdepartements EFD und der Eidgenössischen Finanzverwaltung EFV,
- Projektmanagement-Methoden,
- Normen und Standards.

Die Erkenntnisse über die jeweiligen Unterschiede zu HERMES 5.1 wurden pro Kategorie zusammengefasst. Die Verwendbarkeit möglicher Inhalte für den Beschaffungsleitfaden wurde jeweils in einem Fazit festgehalten (siehe Abschn. 9.4.3).

Die im Verlauf der beschriebenen Analyse identifizierten Problemstellungen und Lösungsansätze wurden in einundzwanzig Interviews mit Personen aus sechs verschiedenen Departementen der Bundesverwaltung validiert. Die Befragung von unterschiedlichen Anspruchsgruppen (Auftraggeber, Projektleiter, Beschaffungsverantwortliche, Juristen, Anwender, HERMES-Methodiker) aus verschiedenen Departementen ergab ein repräsentatives und abgerundetes Bild von Beschaffungen in IKT-Projekten des Bundes (siehe Abschn. 9.4.4).

Im Anschluss an die Befragungen erfolgte die zeitnahe Transkription der Gespräche. Die transkribierten Informationen wurden den Gesprächspartnern zur Beurteilung zugestellt. Zusätzlich erfolgten nach dem Interview die Einschätzung der Befragten bezüglich der Wichtigkeit der identifizierten Problemstellungen (P1–P4) und die Nutzenstiftung der Lösungsansätze (L1–L4), die auf schriftlichem Weg angefragt und eingefordert wurden (Gerber 2015).

Die Auswertung der Antworten der Interview-Partner erfolgte nach folgenden Kriterien:

- Vergleich der Antworten gegenüber den vom Autor als Hypothesen gestellten Problemstellungen (P1–P4); Bewertung der übereinstimmenden Aussagen und Gegenaussagen,
- Vergleich der Antworten gegenüber den definierten Lösungsansätzen (L1–L4); Bewertung der übereinstimmenden Aussagen und Gegenaussagen,
- Beurteilung der Gewichtung bezüglich Wichtigkeit der Problemstellungen und Nutzenstiftung der Lösungsansätze,
- Vergleich der Antworten derselben Anspruchsgruppe; Identifikation von Mehrfachaussagen und prägnanten Einzelaussagen,
- anspruchsgruppenübergreifender Vergleich der Antworten; Identifikation von Mehrfachaussagen und prägnanten Einzelaussagen,

- Vergleich der Antworten zwischen den verschiedenen Departementen und Verwaltungseinheiten des Bundes,
- Vergleich der Antworten der Gesprächspartner mit den Ergebnissen des Literaturstudiums und den zur Verwendung vorgesehenen Inhalten des Beschaffungsleitfadens.

Der Abgleich der Erkenntnisse aus den Interviews mit den Inhalten des Beschaffungsleitfadens und anderweitiger Literatur erfolgte in einem iterativen Prozess.

Der Leitfaden für IKT-Projekte mit komplexen Beschaffungsstrukturen wurde in einer ersten Version bereits vor der Interview-Phase erstellt. Aus den Erkenntnissen der Gap-Analyse Literaturquellen vs. HERMES 5.1 sowie der ersten Version des Beschaffungsleitfadens sind die Lösungsansätze (L1–L4) entstanden, die den Befragten zur Validierung gegenübergestellt wurden.

Die inhaltliche Präzisierung und Verbesserung des Beschaffungsleitfadens erfolgte anschließend parallel zur Interview-Phase. Die Erkenntnisse aus den Interviews wurden mit den gestellten Problemstellungen (P1–P4) und Lösungsansätzen (L1–L4) laufend abgeglichen. Je nach Übereinstimmung, Aussagekraft und Beurteilung der Wichtigkeit von Lösungsansätzen durch die Interview-Partner erfolgte die Verankerung und Vertiefung der Lösungsansätze im Beschaffungsleitfaden. Insbesondere wurden Übereinstimmungen zwischen Interview-Antworten und den Erkenntnissen aus dem Literaturstudium gesucht und dokumentiert.

Die Frage bezüglich des Aufbaus des „Lösungskonzepts" wurde durch die Interview-Partner insofern beantwortet, als dass sich die Mehrheit der Befragten eine Verzahnung in Form eines Prozessleitfadens mit den Hilfsmitteln der HERMES-Methode und den Elementen der zentralen Beschaffungsstellen wünschten.

In Kombination der Ist-Analyse von HERMES 5.1, der Analyse der Unterschiede zwischen den Literaturquellen und HERMES 5.1 sowie den Erkenntnissen aus den Interviews erfolgten somit der Aufbau und die Vervollständigung des Beschaffungsleitfadens. Die Bewertung der Lösungen ist in den Schlussfolgerungen wieder gegeben.

9.4 Ergebnisse der Analyse

9.4.1 Analyse: HERMES 5.1 im Ist-Zustand

Das vorliegende Kapitel gibt einen Überblick über die heutige Ausprägung des Moduls Beschaffung in HERMES 5.1. Zudem wurden die Elemente des Moduls Projektführung nach Abhängigkeiten zur Beschaffung untersucht.

Das Modul Beschaffung wird in der aktuell gültigen HERMES-Version 5.1 in den Szenarien IT-Individualanwendung, IT-Individualentwicklung agil und IT-Standardanwendung geführt. Es orientiert sich an Beschaffungen mit offenem oder selektivem Verfahren und öffentlicher Publikation. Alle anderen Fälle von Beschaffungen werden über das Modul Projektführung abgewickelt. Die Beschaffung findet in der Phase Konzept statt. Wenn nötig, können Beschaffungen auch in anderen Phasen durchgeführt werden (Mourgue d'Algue et al. 2014a, S. 27).

Im Modul Beschaffung werden in HERMES 5.1 in der Konzept-Phase die in Tab. 9.1 dargestellten Aufgaben durchgeführt und Ergebnisse erstellt.

Die im Modul Projektführung abgebildeten Aufgaben *Änderungsmanagement führen, Leistungen vereinbaren und steuern* sowie *Probleme behandeln und Erfahrungen nutzen* beinhalten ebenfalls Aktivitäten, die im Zusammenhang mit Beschaffungsvorhaben berücksichtigt werden müssen (z. B. Lessons Learned aus früheren Lieferantenleistungen).

In den Release Notes (ISB 2014) der HERMES-Version 5.1 wurde zum Modul Beschaffung festgehalten, dass die Aufgaben und Ergebnisse des Moduls Beschaffung durch das Bundesamt für Bauten und Logistik BBL überprüft und mit leichten Anpassungen präzisiert wurden. Dabei wurden Aspekte der öffentlichen Beschaffung der Verwaltungen präzisiert. Die Präzisierungen zum Beschaffungswesen in der Version 5.1 sind grundsätzlich zu begrüßen. Sie greifen aus Sicht der Autoren jedoch zu wenig weit, um die Bedarfsstellen in IKT-Projekten mit komplexen Beschaffungsstrukturen im notwendigen Umfang zu unterstützen.

9.4.2 Analyse: Beschaffungsrechtliche Vorgaben bei der Bundesverwaltung

IKT-Projekte mit komplexen Beschaffungsstrukturen unterliegen dem Bundesgesetz über das öffentliche Beschaffungswesen (BöB 1994). Bei den Beschaffungsgegenständen nach BöB handelt es sich um Güter, Bauten oder Dienstleistungen gemäß Verordnung über das öffentliche Beschaffungswesen (VöB 1995). Sowohl Gesetz als auch Verord-

Tab. 9.1 Aufgaben und Ergebnisse Modul Beschaffung HERMES 5.1. (Quelle: Mourgue d'Algue et al. 2014a)

Aufgaben	Ergebnisse
Beschaffungsplan erarbeiten	Projektmanagementplan
Ausschreibung erarbeiten	Ausschreibungsunterlagen
Entscheid zur Ausschreibung treffen	Checkliste Projektentscheid Steuerung
Ausschreibung durchführen	Angebot Ausschreibungsunterlagen
Angebote bewerten	Evaluationsbericht Protokoll
Entscheid zum Zuschlag treffen	Checkliste Projektentscheid Steuerung
Vereinbarung erarbeiten	Vereinbarung

nung lehnen sich an das internationale Übereinkommen über das öffentliche Beschaffungswesen (WTO/GPA 1994) und das bilaterale Abkommen zwischen der Schweiz und der EU über bestimmte Aspekte des öffentlichen Beschaffungswesens (CH/EG 1999) an. Bei den Beschaffungen im Anwendungsbereich des BöB handelt es sich um die folgenden Verfahrensarten: Offenes Verfahren (Art. 14 BöB), Selektives Verfahren (Art. 15 BöB) und Freihändiges Verfahren (Art. 16 BöB). Der aktuelle Schwellenwert bei einer öffentlichen Ausschreibung für Dienstleistungen liegt bei CHF 230.000 –, d. h. ab diesem Betrag (Investition sowie Wartung und Support) muss ein Beschaffungsgegenstand öffentlich ausgeschrieben werden. Die Abb. 9.1 verdeutlicht die Unterschiede zwischen einfacheren und kürzeren Beschaffungsverfahren, die nicht dem BöB unterstellt sind, und den oben genannten Verfahrensarten für Projekte mit komplexeren Beschaffungsstrukturen.

9.4.3 Analyse: Erkenntnisse des Literaturstudiums und Verwendung von Elementen im Beschaffungsleitfaden

Wie im Abschn. 9.3 Angewandte Methodik beschrieben, wurden Literaturquellen aus sechs verschiedenen Kategorien untersucht. In den folgenden Unterkapiteln werden die relevanten Unterschiede je Literaturkategorie im Vergleich zu HERMES 5.1 sowie die Verwendung der Erkenntnisse im Beschaffungsleitfaden aufgezeigt.

Untersuchungsberichte
Im Bericht des Instituts für Wirtschaftsinformatik der Universität St. Gallen (IWI 2014) wird erwähnt, dass die Zyklen von Finanzen, Beschaffung und Projekten synchronisiert werden sollten. Zwischen der Beantragung von Krediten und der definitiven Zuteilung der Finanzmittel verstreiche nach Ansicht der Autoren zu viel Zeit.

Die Synchronisierung der Zyklen für Finanzen, Beschaffung und Projekte wurde insofern im Beschaffungsleitfaden berücksichtigt, als dass mit der im Leitfaden vorgeschlagenen neuen Aufgabe *Voranalyse zur Beschaffung durchführen*, die in der HERMES-Initialisierungsphase bearbeitet wird, die ordnungsgemäße Finanzierung für das gesamte Projekt und den anschließenden Life-Cycle im Betrieb sichergestellt werden soll. Die Feinplanung des Budgets und die Abstimmung des Budgets mit dem Projektportfolio der jeweiligen Stammorganisationen sieht der Autor als Daueraufgabe über das gesamte Projekt.

In der Aufgabe *Voranalyse zur Beschaffung durchführen* wurde die Beschaffungsplanung innerhalb der Phase Initialisierung umfassend abgebildet. Die Platzierung der Beschaffungsplanung in der Phase Initialisierung entspricht dem mehrheitlich großen Wunsch der Interviewpartner. Eine Vorphase oder ein Vorprojekt zur Beschaffung ist somit aus Sicht des Autors nicht notwendig. Dies heißt jedoch nicht, dass nicht bereits vor der Freigabe des Projektinitialisierungsauftrags Abklärungen zur Beschaffung (z. B. im Rahmen des Projektportfolio-Prozesses der Stammorganisationen) laufen sollten.

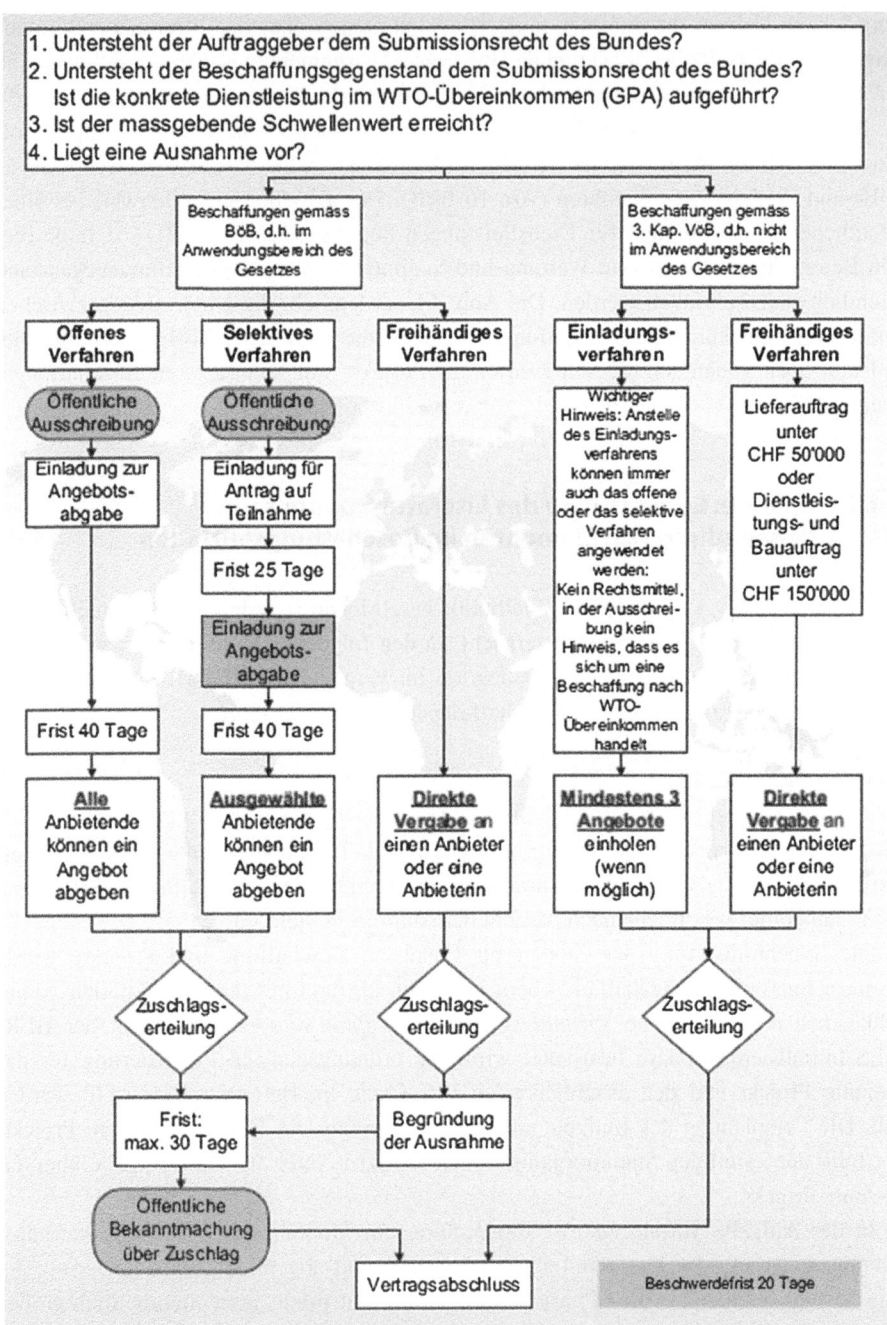

Abb. 9.1 Schematischer Überblick über die einzelnen Vergabeverfahren. (Bundesamt für Bauten und Logistik 2010)

Gesetze und Verordnungen

Die untersuchten Gesetze und Verordnungen (BöB, VöB, Org-VöB) regeln vor allem Zweck, Anwendungsbereiche und Vergabefahren öffentlicher und übriger Beschaffungen. Die untersuchten Quellen sind in Bezug auf den Beschaffungsleitfaden in Einzelfällen von Nutzen, z. B. bei der Erarbeitung von Ausschreibungs- und Vertragsunterlagen. Die heutige Version von HERMES 5.1 kennt keinen Bezug zu den relevanten Gesetzen und Verordnungen des öffentlichen Beschaffungswesens. In der Spalte *Quellen und Hilfsmittel* des Beschaffungsleitfadens hat der Autor deshalb Querverweise auf die relevanten Gesetze und Verordnungen (Gesetzesartikel, Merkblätter, Vorlagen, u. a.) festgehalten. Bei den *Checkfragen und Checkpunkten* des Leitfadens wurden Querverweise eingebaut, um die richtige Anwendung des Gesetzes und die Involvierung der zuständigen Beschaffungsstellen sicherzustellen. Diese Verlinkungen sollen dazu beitragen, die Aufgaben, Ergebnisse und Rollen der Beschaffung von HERMES 5.1 mit den gesetzlichen Vorgaben und Richtlinien der zentralen Beschaffungsstellen des Bundes zu verzahnen.

Dokumentation Zentrale Beschaffungsstellen

Die untersuchten Dokumentationen des Kompetenzzentrums Beschaffungswesen Bund (KBB 2014), des Bundesamts für Bauten und Logistik (BBL 2015), der armasuisse (armasuisse 2015) und des Bundesamts für Straßen (ASTRA 2014) sind praxisorientiert und anwenderfreundlich gestaltet. Die Intranet-Kundenplattform des BBL (2015) sowie der interaktive Beschaffungswegweiser GIMAP (2015) bieten eine Vielzahl von Checklisten und Hilfsmitteln über den gesamten Prozessablauf von öffentlichen Beschaffungen, die in HERMES nicht referenziert sind. Eine Verzahnung der Aufgaben, Ergebnisse und Rollen von HERMES 5.1 mit den Vorgaben und Hilfsmitteln der Kundenplattform BBL würde im Sinne der Abbildung eines ganzheitlichen Beschaffungsprozesses sowohl für Bedarfsstellen als auch für die zentralen Beschaffungsstellen einen Mehrwert bieten.

Die Tab. 9.2 zeigt einen Vergleich zwischen der Kategorie *Dokumentation der Zentralen Beschaffungsstellen* und HERMES 5.1 sowie die Inhalte der untersuchten Dokumente, die im Beschaffungsleitfaden Verwendung finden.

Beschaffungsdokumentation des Eidgenössischen Finanzdepartements EFD und der Eidgenössischen Finanzverwaltung EFV

Die untersuchten Beschaffungsunterlagen des Eidgenössischen Finanzdepartements EFD (GS-EFD 2013) und der Eidgenössischen Finanzverwaltung EFV (2015a, b, c) sind praxisnah und haben einen starken Bezug zur Realität in Beschaffungsprozessen.

Die Vorgaben des EFD wurden in Form von *Aktivitäten, Checkfragen und Checkpunkten zur Aktivität* sowie bei den *Quellen und Hilfsmitteln* im Leitfaden implementiert. Insbesondere die in der erwähnten Richtlinie des GS-EFD enthaltenen Checklisten bilden wesentliche Punkte ab, die für die Abbildung eines gesamtheitlichen Beschaffungsprozesses sprechen, von der Beschaffungsplanung bis zur Vertragsschließung und -überwachung.

Tab. 9.2 Verwendung von Elementen der Kategorie *Zentrale Beschaffungsstellen* im Beschaffungsleitfaden. (Quelle: Gerber 2015)

Thema	Inhaltliche Unterschiede zu HERMES 5.1 und Verwendung im Beschaffungsleitfaden
Ganzheitlicher Beschaffungsprozess	Die Aus- und Weiterbildungsunterlagen des KBB und die Kundenplattform BBL bilden den Beschaffungsprozess ganzheitlich nach folgendem Ablauf ab: 1. Voranalyse: Bedarfsanalyse, Zeitverhältnisse, Finanzierung bzw. Budgetierung, Projektorganisation, Umfeldanalyse, Beschaffungsmarktforschung 2. Phase I (Vorbereitung): Risikobetrachtung, Verfahrenswahl, Auftragswert, Technische Hilfsmittel, Losbildung, Vertragsentwurf 3. Phase II (Vorgaben): Rechtsgrundlagen, Pflichtenheft, Anforderungen, Varianten, Vergabekriterien, Bewertungsmatrix, Publikation 4. Phase III (Evaluation): Offertöffnung, Formelle Prüfungen, Grobevaluation, Feinevaluation, Verhandlungen, Evaluationsbericht, Zuschlag, Publikation 5. Bestellung bzw. Vertrag: Administrativer Teil, Vertragsgegenstand bzw. Bestellarten, Konditionen 6. Auftragsüberwachung: Auftragsbestätigung, Terminkontrolle, Lieferscheinkontrolle, Qualitätskontrolle der gelieferten Ware bzw. Dienstleistung, Warenrechnungskontrolle, Zahlungsfreigabe, Inventar 7. Leistungs-, Termin- und Qualitätssicherung: Maßnahmen vor der Lieferung und bei Verzug (z. B. finanzielle oder rechtliche Maßnahmen), Vermeidung von Mängeln durch Absicherung (planerisch, vertraglich, finanziell)
Gesetzliche Grundlagen, Checklisten und weitere Hilfsmittel zur Beschaffung	Die Kundenplattform BBL und der interaktive Beschaffungswegweiser GIMAP enthalten nützliche Checklisten und Hilfsmittel, die im Rahmen von Beschaffungsprozessen unterstützen Beispiele: WTO-Checkliste, Musterpflichtenhefte, Wahl des richtigen Beschaffungsverfahrens

Die Tab. 9.3 zeigt einen Vergleich zwischen der Kategorie *Beschaffungsdokumentation EFD und EFV* und HERMES 5.1 sowie die Inhalte der untersuchten Dokumente, die im Beschaffungsleitfaden Verwendung finden.

Projektmanagement-Methoden

Die ICB- (IPMA 2006) und die PRINCE2-Methode (OGC 2009) bilden die Aspekte des Beschaffungswesens lediglich marginal ab. Die in den beiden Methoden abgebildeten Inhalte zur Beschaffung lassen keine signifikanten Rückschlüsse in Bezug auf

Tab. 9.3 Verwendung von Elementen der Kategorie *Beschaffungsdokumentation EFD und EFV* im Beschaffungsleitfaden. (Quelle: Gerber 2015)

Thema	Inhaltliche Unterschiede zu HERMES 5.1 und Verwendung im Beschaffungsleitfaden
Grundlagen Beschaffungswesen	Schaffen von Grundlagen und Voraussetzungen für die Beschaffung
	Beispiele: Führen einer mittel- bis langfristigen Investitions- und Beschaffungsplanung. Einsetzung und Einbeziehung wichtiger Rollen der Linienorganisation wie Beschaffungskoordinatoren oder Rechtsdienst. Sicherstellen, dass das Beschaffungswesen risikogerecht in das interne Kontrollsystem der Verwaltungseinheit integriert wird
Planung und Genehmigung öffentlicher Beschaffungen	Festlegen einer Sourcing-Strategie mit Überlegungen zu Make-or-Buy-Entscheidungen. Strukturierte schriftliche Beschaffungsanträge im Einklang mit Kompetenzregelungen und der Verfügbarkeit der finanziellen Mittel (Laufzeiten und Kapazitäten berechnen)
Durchführen der Beschaffung	Sicherstellen der frühzeitigen Einbeziehung der zentralen Beschaffungsstellen (Mitwirkung bei Wahl Vergabeverfahren, Durchführungsplanung, Erarbeitung der Ausschreibungsunterlagen, Publikation von Ausschreibung und Zuschlag, allgemeine Rechtsberatung)
Rechtskonforme Beschaffungsunterlagen	Verwenden von Mustervorlagen der zentralen Beschaffungsstellen für Verträge und weitere Dokumente der Beschaffung
Qualitätssicherung, Vertragserfüllung, Vertragsabschluss	Durchführen und dokumentieren von Abnahmen und Kontrollen. Definierter Ablauf für Handlungen im Falle von nicht erfüllten Verträgen

mögliche Unterschiede gegenüber dem HERMES-Modul Beschaffung zu. Der in der neusten Auflage sich an die ISO-Norm 21500 Leitlinien Projektmanagement (DIN/ISO 2012) anlehnende PMBOK-Guide V5 (PMI 2013) legt starkes Gewicht auf die saubere Dokumentation der Anforderungen, vor allem im Hinblick auf mögliche rechtliche und vertragliche Konsequenzen. Weitere wesentliche Unterschiede von PMBOK gegenüber HERMES 5.1 ist die Ausprägung des Risikomanagements, der Beschaffungsplanung sowie der Vertragsüberwachung nach Abschluss einer Ausschreibung. Die L-Timer-Methode (Lent 2013) lehnt sich grundsätzlich an die Ausprägung der Beschaffung gemäß DIN/ISO 21500 Leitlinien Projektmanagement. Im Gegensatz zur erwähnten Norm berücksichtigt die L-Timer-Methode Änderungen, Anpassungen und mehrfache Iterationen in einem Beschaffungsprozess. Die Änderungen, Anpassungen und Iterationen werden zudem in allen Projektphasen stark betont. Dabei werden beispielsweise Änderungen im Leistungsumfang oder der Ersatz eines Lieferanten im Verlauf eines Projekts berücksichtigt. Als weiterer Unterschied zu HERMES 5.1 sind die Vertragsschließung sowie die Vertragsüberwachung zu erwähnen.

Die Elemente der Projektmanagement-Methoden L-Timer und PMBOK wurden im Szenario in den *Aktivitäten,* den *Checkfragen und Checkpunkten zur Aktivität* sowie den *Quellen und Hilfsmitteln* verankert. Die wesentlichen Unterschiede der beiden Projektmanagement-Methoden im Vergleich zu HERMES 5.1 liegen in der Ausprägung der Beschaffungsplanung (Bedarfsanalyse) sowie bei den Prozessschritten der Vertragsschließung, Vertragsadministration und Vertragsüberwachung.

Die Tab. 9.4 zeigt einen Vergleich zwischen der Kategorie *Projektmanagement-Methoden* und HERMES 5.1 sowie die Inhalte der untersuchten Dokumente, die im Beschaffungsleitfaden Verwendung finden.

Normen und Standards

Die beiden DIN/ISO-Normen 10006 Qualitätsmanagementsysteme (DIN/ISO 2004) und 21500 Leitlinien Projektmanagement (DIN/ISO 2012) bieten relevante Erkenntnisse in Bezug auf die Handhabung von Beschaffungsprozessen in Projekten, die HERMES 5.1 nicht verfolgt. Die Norm 10006 unterteilt die Grundsätze und Vorgaben für beschaffungsbezogene Prozesse in fünf Unterkategorien: Beschaffungsplanung und -kontrolle, Dokumentation von Beschaffungsanforderungen, Beurteilung von Lieferanten, Lieferantenvertragswesen und Vertragskontrolle. Die Norm 21500 unterteilt die Beschaffung in folgende drei Prozesse: Planen der Beschaffung, Auswählen von Lieferanten, Steuern der Beschaffungen. Zentrale Elemente sind dabei die Inputs und Outputs der Beschaffungsprozesse, die HERMES 5.1 in dieser Form nicht kennt.

Tab. 9.4 Verwendung von Elementen der Kategorie *Projektmanagement-Methoden* im Beschaffungsleitfaden. (Quelle: Gerber 2015)

Thema	Inhaltliche Unterschiede zu HERMES 5.1 und Verwendung im Beschaffungsleitfaden
Beschaffungsplanung	Unterschiede L-Timer zu HERMES 5.1: Erarbeiten der Beschaffungsziele, Ausarbeitung des Leistungszeitplans, Make-or-Buy-Entscheidungen herbeiführen
	Unterschiede PMBOK zu HERMES 5.1: Anforderungserhebung bzw. Bedarfsanalyse durchführen und Prüfung in Bezug auf rechtliche und vertragliche Konsequenzen, Risk Management in Bezug auf Beschaffungsentscheide durchführen, Make-or-Buy-Analysen und -Entscheide
Vertragsschließung, Vertragsadministration, Vertragsüberwachung	Unterschiede L-Timer zu HERMES 5.1: Prozess bei Vertragsänderungen sicherstellen, Iterationen und Nachfolgebeschaffungen ermöglichen, Beanstandungen aus dem Projekt bestimmen und durchsetzen, relevante Informationen bei Projektabschluss für das Vertragsmanagement sicherstellen, Vertragsmanagement für Betrieb operationalisieren
	Unterschiede PMBOK zu HERMES 5.1: Vertragsänderungen sicherstellen, Audits durchführen, Lessons learned dokumentieren, Vertragsmanagement-System führen

9 Beschaffung in komplexen IKT-Projekten

Die Inhalte der beiden ISO/DIN-Normen 10006 Qualitätsmanagementsysteme und 21500 Leitlinien Projektmanagement wurden im Beschaffungsleitfaden in den *Aktivitäten*, den *Checkfragen und Checkpunkten zur Aktivität* sowie den *Quellen und Hilfsmitteln* verankert. Die wesentlichen Unterschiede der beiden Normen im Vergleich zu HERMES 5.1 liegen in der Ausprägung der Beschaffungsplanung sowie dem Steuern der Beschaffungen im Sinne von Vertragsüberwachung und Überprüfung der Lieferantenleistungen.

Die Tab. 9.5 zeigt einen Vergleich zwischen der Kategorie *Normen und Standards* und HERMES 5.1 sowie die Inhalte der untersuchten Dokumente, die im Beschaffungsleitfaden Verwendung finden.

Tab. 9.5 Verwendung von Elementen der Kategorie *Normen und Standards* im Beschaffungsleitfaden. (Quelle: Gerber 2015)

Thema	Inhaltliche Unterschiede zu HERMES 5.1 und Verwendung im Beschaffungsleitfaden
Beschaffungsplanung und -kontrolle	ISO/DIN 10006: Nutzung von Erfahrungen aus früheren Lieferantenleistungen in der Beschaffungsplanung. Regelmäßige Überprüfung des Beschaffungsfortschritts und Vergleich mit dem ursprünglichen Beschaffungsplan (inkl. Dokumentation des Beschaffungsfortschritts) ISO/DIN 21500: Inputs für die Beschaffungsplanung: interne Kapazitäten und Fähigkeiten, Risikoplan (Prüfung der Beschaffungsrisiken) Outputs für die Beschaffungsplanung: Liste von Make-or-Buy-Entscheidungen
Beurteilung von Lieferanten	ISO/DIN 10006: Definition von Kriterien zur Bewertung von Lieferanten und deren Angebote (z. B. technische Erfahrung, Produktionsfähigkeit, Lieferzeiten, Qualitätsmanagementsystem, finanzielle Stabilität). Führung eines Verzeichnisses bzw. Journals mit Details über die zugelassenen Lieferanten
Vertragswesen	Angebotsbeurteilungen auf Abweichungen im Vergleich zur ursprünglich erstellten Spezifikation durchführen. Überprüfung der Vertragsdokumente, um sicherzustellen, dass sie die Ergebnisse der Vorvertragsverhandlungen mit dem Lieferanten enthalten
Steuern von Beschaffungen und Vertragsüberwachung	ISO/DIN 10006: Lieferantenleistungen überwachen, um sicherzustellen, dass die vertraglichen Bedingungen erfüllt werden. Rückmeldung der Überwachungsergebnisse an den Lieferanten, ggf. Ergreifen von Maßnahmen. Vor Vertragsende verifizieren, ob alle Vertragsbedingungen erfüllt sind ISO/DIN 21500: Überwachung und Überprüfung der Lieferantenleistungen, Führen der Änderungsanfragen (Änderungsmanagement) und Korrekturmaßnahmen

9.4.4 Analyse: Erkenntnisse aus Interviews und Verwendung von Elementen im Beschaffungsleitfaden

Im Abschn. 9.3 Angewandte Methodik wurde erwähnt, dass den Interview-Partnern vier Problemstellungen und vier Lösungsansätze gegenübergestellt wurden. Die Problemstellungen und Lösungsansätze basieren auf den Erkenntnissen des Literaturstudiums und heuristischen Erfahrungen der Autoren.

Validierung Problemstellung 1 (P1): Dauer des Beschaffungsprozesses gegenüber anwenderseitigen Bedürfnissen
Beschreibung Problemstellung 1 (P1): Die Anwender bemängeln in Projekten die relativ lange Dauer von Beschaffungsprozessen in öffentlichen Ausschreibungen. Demgegenüber stehen die Anforderungen an relativ rasch realisierte Projektergebnisse.

Hypothese Problemstellung 1 (P1): Eine bessere Verzahnung der Aufgaben, Ergebnisse und Rollen von HERMES 5.1 mit den Vorgaben, Hilfsmitteln und Rollen der zentralen Beschaffungsstellen bringt eine Verkürzung der Durchlaufzeit in der Abwicklung von Beschaffungen.

Wichtigste Aussagen und Gemeinsamkeiten der Interviewpartner zu Problemstellung 1 (P1): Die befragten Personen beurteilen die Hypothese als mehrheitlich zutreffend. Die reine Verfahrensdauer einer Ausschreibung ist jedoch als Restriktion gegeben. Unter der Voraussetzung einer guten Beschaffungsplanung (u. a. Klarheit über den konkreten Bedarf), qualitativ guten Ausschreibungsunterlagen (z. B. Pflichtenheft) und vorhandenen Ressourcen (Mitarbeiter und Finanzen) ist eine Verkürzung der Durchlaufzeit von Beschaffungen möglich. Die Projektleiter wünschen sich eine höhere Dienstleistungsorientierung der zentralen Beschaffungsstellen sowie eine frühzeitige und stärkere Integration von deren Rollenvertretern (Einkäufer, Juristen) ins Beschaffungsvorhaben.

Konsequenzen für den Beschaffungsleitfaden: Die Anmerkungen der Befragten fließen im Wesentlichen in die Aufgaben *Voranalyse zur Beschaffung durchführen* und *Beschaffungsplan erarbeiten* ein. Die Elemente der beiden Aufgaben wurden so ausgestaltet, dass die benötigte Qualität im Rahmen der Vorarbeiten zur Beschaffung eine besondere Bedeutung erhält (z. B. Klarheit, Bedarf sicherstellen, Qualität von Ausschreibungsunterlagen, Zusammensetzung des Beschaffungsteams). Hier ist jedoch anzumerken, dass die Qualität der durchgeführten Beschaffungsplanung für die anschließende Qualität der Durchführung der Beschaffungen entscheidend ist. Demzufolge sollen die Ausschreibungsdokumente der Beschaffung profund und detailliert ausgearbeitet werden, was wieder eher auf eine Verlängerung als Verkürzung des gesamten Beschaffungsprozesses hindeutet. Die auf späteren Erkenntnissen basierenden zusätzlichen Beschaffungen (z. B. nach Konzeptphase stellen sich neue technische Herausforderungen oder Gesetzesänderungen) sind auch bei einer gut ausgearbeiteten Beschaffungsplanung nicht auszuschließen (siehe nachfolgende Problemstellung 2).

Validierung Problemstellung 2 (P2): Ausreichende Spezifikation der Anforderungen zum Zeitpunkt der Ausschreibung
Beschreibung Problemstellung 2 (P2): Zum Zeitpunkt der öffentlichen Ausschreibung (Phase Konzept) sind die Anforderungen an das Produkt oder Ergebnis nur in beschränktem Umfang definiert.

Hypothese Problemstellung 2 (P2): Nachfolgebeschaffungen in späteren Phasen des Projekts sind deshalb eine Notwendigkeit.

Wichtigste Aussagen und Gemeinsamkeiten der Interviewpartner zu Problemstellung 2 (P2): Die Ansicht einer absoluten Notwendigkeit von Nachfolgebeschaffungen sollte nicht die vorherrschende Meinung sein. Der Kern des Beschaffungsgegenstands und der Lieferobjekte muss Ende der Phase Konzept bekannt und definiert sein. Nachfolgebeschaffungen wie z. B. das Abrufen von Optionen sollten im Sinne von notwendigen Erweiterungen des Kerns oder unvorhersehbaren Ereignissen verstanden werden und nicht als Möglichkeit „Nice-to-have"-Wünsche zu realisieren. Dem pflichten die Autoren bei.

Konsequenzen für den Beschaffungsleitfaden: Die Anmerkungen der Befragten fließen im Wesentlichen in die Aufgaben *Voranalyse zur Beschaffung durchführen*, *Beschaffungsplan erarbeiten* und *Ausschreibung erarbeiten* ein. In den Aktivitäten sowie Checkfragen und Checkpunkten wurden Nachfolgebeschaffungen wie der Abruf von Optionen, Life-Cycle Beschaffungen und Mini-Tender-Verfahren als legitime Hilfsmittel verankert. Gleichzeitig wird im Beschaffungsleitfaden Wert auf vorausschauende Planung und klare Anforderungen an den Beschaffungsgegenstand zum Zeitpunkt der Beschaffungsplanung und Durchführung der Ausschreibung gelegt. Optionen sollen nicht als Mittel zur Umsetzung nachträglich eingegebener Zusatzwünsche zweckentfremdet werden. Weiter ist eine Verzahnung der Aufgabe *Änderungsmanagement führen* mit dem Modul Beschaffung zweckmäßig. Ein professionelles Änderungsmanagement hilft dabei, die Anforderungen zu klassifizieren (Muss, Kann, Nice-to-have) und gegebenenfalls mehrere, überschaubare Realisierungseinheiten zu bilden.

Validierung Problemstellung 3 (P3): Erforderliches Beschaffungswissen bei Bedarfsstellen
Beschreibung Problemstellung 3 (P3): Beschaffung ist eine hochkomplexe Disziplin, die von den Projektbeteiligten ausgeprägte interdisziplinäre Fähigkeiten erfordert.

Hypothese Problemstellung 3 (P3): Die heutigen Ausbildungsangebote und -maßnahmen greifen nicht weit genug, um die Projektbeteiligten im notwendigen Umfang zu unterstützen.

Wichtigste Aussagen und Gemeinsamkeiten der Interviewpartner zu Problemstellung 3 (P3): Die befragten *Personen* beurteilen die Hypothese als mehrheitlich nicht zutreffend. Das Ausbildungsangebot des Kompetenzzentrums Beschaffungswesen Bund KBB ist rollenspezifisch aufgebaut und bietet dementsprechend auf die jeweiligen Rollenträger (Beschaffungsverantwortliche, Auftraggeber u. a.) zugeschnittene Kurse. Die Ausbildungsangebote des KBB sind ausreichend, um den Projektbeteiligten die nötigen Grundvoraussetzungen für das Beschaffungsvorhaben mitzugeben. Eine mögliche

Erweiterung bzw. Verzahnung der HERMES-Ausbildungsangebote mit den Ausbildungsangeboten des KBB kann geprüft werden. Bei den HERMES-Ausbildungsangeboten sollte jedoch der primäre Fokus auf der Projektführung und Projektsteuerung liegen.

Konsequenzen für den Beschaffungsleitfaden: Die Anmerkungen der Befragten lassen darauf schließen, dass die Ausbildung (insbesondere KBB) als mehrheitlich gut oder zumindest nicht als problematischer Punkt angesehen wird. Deshalb wird auf eine Vertiefung der vorliegenden Problemstellung und Umsetzung von weiterführenden Maßnahmen im Beschaffungsleitfaden verzichtet. Hingegen wird von den Befragten der Bedarf nach Erfahrungsaustausch zwischen den Bedarfsstellen und den zentralen Beschaffungsstellen im Rahmen von Projektbeschaffungen angemerkt.

Validierung Problemstellung 4 (P4): Beschaffungen mit Phasenüberlappungen
Beschreibung Problemstellung 4 (P4): Projekte oder Teilprojekte weisen oftmals Phasenüberlappungen auf. Ergebnisse werden zu unterschiedlichen Zeitpunkten konzipiert, realisiert und eingeführt.

Hypothese Problemstellung 4 (P4): Dieser Umstand erfordert es, in jeder Projektphase iterativ Beschaffungsaufgaben durchführen zu können.

Wichtigste Aussagen und Gemeinsamkeiten der Interviewpartner zu Problemstellung 4 (P4): Die Interviewpartner unterstützen die Hypothese einstimmig. Je komplexer das Vorhaben, umso mehr Iterationen gibt es bei den Beschaffungsaufgaben. Teilresultate müssen in Großprojekten und Programmen zu unterschiedlichen Zeitpunkten geliefert werden. Das Beschaffungsvorhaben ist entsprechend darauf abzustimmen. Bestimmte Phasenfreigaben und Meilensteine müssen mit beschaffungsrechtlichen Maßnahmen verknüpft werden (z. B. neuer oder zusätzlicher Einzelvertrag auf Basis eines Rahmenvertrags erfordert eine explizite Freigabe durch den Auftraggeber). Der Abruf von Leistungen in späteren Projektphasen ist zweckmäßig. Allerdings sollen die ursprünglichen Projektziele und der ursprünglich definierte Leistungsumfang konsequent verfolgt werden.

Konsequenzen für den Beschaffungsleitfaden: Die Aufgabe *Voranalyse zur Beschaffung durchführen* wird im Beschaffungsleitfaden in der Phase Initialisierung eingebettet. Die Aufgaben in Zusammenhang mit der Planung und Durchführung der Ausschreibungen sollten zum großen Teil im Rahmen der Phase Konzept abgewickelt werden. Aufgrund von späteren Erkenntnissen oder unvorhersehbaren Ereignissen können einzelne Aufgaben in Bezug auf die öffentliche Ausschreibung auch in späteren Projektphasen erfolgen. Die Aufgaben *Vertragsschließung sicherstellen, Leistungen vereinbaren und steuern, Änderungsmanagement führen* sowie *Probleme behandeln und Erfahrungen nutzen* sind iterativ zu betrachtende Beschaffungsaufgaben. Beispielsweise kann bereits für die Bedarfsanalyse ein Vertrag mit einer externen Beratungsfirma abgeschlossen oder die Erfahrungen aus früheren Projekten für zukünftige Beschaffungsvorhaben genutzt werden. Beide Aufgaben werden in diesem Fall bereits in der Phase Initialisierung gestartet.

Validierung Lösungsansatz 1 (L1): Methodische Erweiterung Beschaffungsplanung
Fragestellung Lösungsansatz 1 (L1) an die Interviewpartner: Sollte die Beschaffungsplanung methodisch besser verankert werden?

Wichtigste Aussagen und Gemeinsamkeiten der Interviewpartner zu Lösungsansatz 1 (L1): Die befragten Interviewpartner beurteilen den Lösungsansatz als mehrheitlich zutreffend. Die Projektteams müssen ab Beginn des Vorhabens auf das Thema der Beschaffung sensibilisiert werden. Die frühzeitige Behandlung von Beschaffungsrisiken, Make-or-Buy-Überlegungen, die Zusammensetzung des Beschaffungsteams, die Wahl des Beschaffungsverfahrens oder die Beschaffungsmarktforschung sind wesentliche Themen der Planung, die über Erfolg oder Misserfolg einer Beschaffung entscheiden.

Konsequenzen für den Beschaffungsleitfaden: Die Anmerkungen der Befragten fließen im Wesentlichen in die Aufgaben *Voranalyse zur Beschaffung durchführen* und *Beschaffungsplan erarbeiten* ein. Die Elemente der beiden Aufgaben wurden so ausgestaltet, dass die Beschaffungsplanung methodisch stärker verankert und gewichtet wird. Wichtige *Aktivitäten* sowie *Checkfragen und Checkpunkte* sind die Klarheit bezüglich des Bedarfs, Make-or-Buy-Analysen, die Beurteilung der Wirtschaftlichkeit und die Finanzierung, die Kenntnisse zu internen Vorgaben der Stammorganisation und gesetzlichen Regelungen, die Beurteilung von Beschaffungsrisiken sowie die Beschaffungsmarktforschung.

Validierung Lösungsansatz 2 (L2): Zeitliche Synchronisierung Budgetierung und Beschaffung

Fragestellung Lösungsansatz 2 (L2) an die Interviewpartner: Sollte die zeitliche Synchronisierung der Zyklen der Budgetierung von finanziellen Mitteln und der Beschaffung in Projekten angestrebt werden?

Wichtigste Aussagen und Gemeinsamkeiten der Interviewpartner zu Lösungsansatz 2 (L2): Die befragten Interviewpartner, die über Detailkenntnisse im Budgetprozess verfügen, beantworten die Frage dahingehend, dass die Restriktionen des politisch vorgegebenen Budgetprozess zu beachten sind und Priorisierungen im Rahmen der Budget-Feinplanung bzw. über den Projektportfolio-Prozess zu erwirken sind. Mehrheitlich sinnvoll wird das Instrument der Verpflichtungskredite für IKT-Großprojekte angesehen, um die Mehrjährigkeit von Projektbudgets zu gewährleisten. Mit der Einführung des Neuen Führungsmodells für die Bundesverwaltung (NFB) ab dem Voranschlag 2017 werden die Verwaltungseinheiten des Bundes ihre Budgets mit einem Globalkredit führen. Die neue finanzielle Führung wird es erleichtern, dass die Verwaltungseinheiten Kreditübertragungen machen können und somit neben den Verpflichtungskrediten ein weiteres Instrument zur Gewährleistung der Mehrjährigkeit von Projektbudgets erhalten.

Konsequenzen für den Beschaffungsleitfaden: In der Ausgestaltung des Beschaffungsleitfadens wird das Thema der Finanzierung bereits in der Aufgabe *Voranalyse zur Beschaffung durchführen* abgebildet. Mithilfe von Checkfragen und Checkpunkten der Aktivität *Wirtschaftlichkeit prüfen und ordnungsgemäße Finanzierung sicherstellen* soll die Sensibilität zur Finanzierung des gesamten Vorhabens inkl. Wartung und Support für die geplante Vertragslaufzeit (gesamter Life-Cycle) erhöht werden. In den Budgetprüfungen und -eingaben sollen sämtliche Leistungen, Bestandteile und Optionen, die sachlich oder rechtlich zusammenhängen, mit einberechnet werden. Zudem sollen Priorisierungsaspekte und Finanzierungsstrategien im Projektportfolioprozess der Stammorganisationen berücksichtigt werden.

Validierung Lösungsansatz 3 (L3): Sich wiederholende Beschaffungsaufgaben über alle Projektphasen

Fragestellung Lösungsansatz 3 (L3) an die Interviewpartner: Sollte die Unterteilung der Beschaffungsaufgaben in Vorprojekt (oder Vorphase) und anschließendem Ablauf nach HERMES (über alle Projektphasen) angestrebt werden? Sollte für die Abwicklung der Beschaffungsaufgaben ein iterativer Ansatz gewählt werden (Beschaffungsaufgaben wiederholen sich im Projektverlauf)?

Wichtigste Aussagen und Gemeinsamkeiten der Interviewpartner zu Lösungsansatz 3 (L3): Die befragten Interviewpartner beurteilen den Lösungsansatz als mehrheitlich zutreffend. Mehrfache Iterationen von Beschaffungsaufgaben sind notwendig, da sie in IKT-Großprojekten in sämtlichen Projektphasen auftauchen. Die Notwendigkeit einer Vorphase oder eines Vorprojekts wird von den Projektleitern als nicht zutreffend betrachtet. Eine stärkere Verankerung der Beschaffung in der Phase Initialisierung wird von den Befragten als richtiger methodischer Ansatz bewertet.

Konsequenzen für den Beschaffungsleitfaden: Die Aufgabe *Voranalyse zur Beschaffung durchführen* wird im Beschaffungsleitfaden in der Phase Initialisierung eingebettet. Die Aufgaben in Zusammenhang mit der Planung und Durchführung der Ausschreibung sollten zum großen Teil im Rahmen der Phase Konzept abgewickelt werden. Aufgrund späterer Erkenntnisse oder unvorhersehbarer Ereignisse können einzelne Aufgaben in Bezug auf die öffentliche Ausschreibung auch in späteren Projektphasen erfolgen. Die Aufgaben *Vertragsschließung sicherstellen, Leistungen vereinbaren und steuern, Änderungsmanagement führen* sowie *Probleme behandeln und Erfahrungen nutzen* sind als sich wiederholende und über mehrere Projektphasen abzuwickelnde Beschaffungsaufgaben anzusehen. Beispielsweise kann bereits für die Bedarfsanalyse ein Vertrag mit einer externen Beratungsfirma abgeschlossen oder es können die Erfahrungen aus früheren Projekten für zukünftige Beschaffungsvorhaben genutzt werden. Beide Aufgaben werden in diesem Fall bereits in der Phase Initialisierung gestartet.

Validierung Lösungsansatz 4 (L4): Verzahnung HERMES 5.1 mit Vorgaben der zentralen Beschaffungsstellen

Fragestellung Lösungsansatz 4 (L4) an die Interviewpartner: Sollte eine erweiterte methodische Verzahnung der Aufgaben, Ergebnisse und Rollen aus HERMES 5.1 mit den gesetzlichen Vorgaben, Checklisten und Templates der zentralen Beschaffungsstellen angestrebt werden?

Wichtigste Aussagen und Gemeinsamkeiten der Interviewpartner zu Lösungsansatz 4 (L4): Die befragten Interviewpartner beurteilen den Lösungsansatz als mehrheitlich zutreffend. Eine bessere Verzahnung der Hilfsmittel der zentralen Beschaffungsstellen mit der HERMES-5.1-Methode des ISB fördert die Sensibilität für Beschaffungsvorhaben. Es wäre zudem wünschenswert, die Vielzahl der aktuell vorhandenen Plattformen zur Beschaffung zu harmonisieren.

Konsequenzen für den Beschaffungsleitfaden: Die Verzahnung der Aufgaben, Ergebnisse und Rollen von HERMES 5.1 mit den Vorgaben und Hilfsmitteln der zentralen

Beschaffungsstellen wird im Beschaffungsleitfaden vor allem über die *Checkfragen und Checkpunkte zur Aktivität* sowie *Quellen und Hilfsmittel* sichergestellt. Aufgrund der Rückmeldungen der Befragten hat der Autor insbesondere darauf geachtet, dass ein gesamtheitlicher Beschaffungsprozess abgebildet wird, der sowohl die Bedürfnisse der Bedarfsstellen als auch diejenigen der zentralen Beschaffungsstellen berücksichtigt.

9.5 Aufbau und praktische Anwendung des Beschaffungsleitfadens

Auf Basis der Ist-Analyse von HERMES 5.1 (Module Beschaffung und Projektführung), der Erkenntnisse des Literaturstudiums und der Interviews sowie der Bewertung der Problemstellungen und Lösungsansätze durch die Interview-Partner wurde ein Beschaffungsleitfaden (Gerber 2015) entwickelt. Eine Einbettung in die bekannten Strukturen von HERMES 5.1 wurde vorausgesetzt. Darin werden die von HERMES 5.1 bekannten Module, Aufgaben, Ergebnisse, Rollen und Aktivitäten verwendet. Als Erweiterung zu HERMES 5.1 werden Hilfsmittel in Form von Checkfragen und Checkpunkten, Gesetzesartikeln sowie Vorlagen und Merkblättern im Leitfaden abgebildet. Die Struktur des Leitfadens beinhaltet einerseits die Elemente des heutigen HERMES-Moduls Beschaffung. Andererseits wurde bei den Prozessschritten der Beschaffungsplanung, der Vertragsschließung und der Vertragsüberwachung eine methodische Erweiterung implementiert, indem diese drei Disziplinen als integraler Bestandteil des Moduls Beschaffung abgebildet werden. Die Beschaffung soll als Daueraufgabe im Projekt verstanden werden. Deshalb wurde der Großteil der Aufgaben zur wiederholenden Anwendung über mehrere oder alle Projektphasen im Leitfaden verankert.

Die Beschaffung bezogen auf den im Abschn. 9.2 vorgestellten Projektfall ist entlang der wichtigsten Punkte des Beschaffungsleitfadens zusammengefasst. Es soll Bedarfsstellen und zentralen Beschaffungsstellen gleichermaßen helfen, die wichtigen Phasen und Elemente in Beschaffungsvorhaben frühzeitig zu erkennen und erfolgreich zu steuern.

Die Darstellung in Tab. 9.6 zeigt im Wesentlichen auf, welche Elemente des Beschaffungsleitfadens von zentraler Bedeutung sind, um das Beschaffungsvorhaben erfolgreich zu planen und abzuwickeln. Der vollständige Beschaffungsleitfaden kann auf der Homepage des Informatiksteuerungsorgans ISB heruntergeladen werden (ISB 2016).

9.6 Schlussfolgerung

Die Beschaffungsplanung ist sowohl in der Literatur als auch in der Meinung der befragten Projekt-Anspruchsgruppen ein wesentlicher Punkt eines Beschaffungsvorhabens. Das Thema Beschaffung sollte als Daueraufgabe über die gesamte Laufzeit und alle Phasen eines Projekts verstanden werden. Mehrere Beschaffungen können gleichzeitig in unterschiedlichen Phasen stattfinden. Die heutige HERMES 5.1 Version benö-

Tab. 9.6 Wesentliche Elemente des Beschaffungsleitfadens am beispielhaften Projektfall. (Quelle: Gerber 2015)

Aufgabe	Elemente des Beschaffungsleitfadens
Voranalyse zur Beschaffung	• Klarheit über den konkreten Bedarf herbeiführen (was brauchen wir, welche Menge brauchen wir, für welchen Zeitraum soll der Gegenstand bzw. die Leistungen beschafft werden) • Wirtschaftlichkeit prüfen und ordnungsgemäße Finanzierung sicherstellen • Prüfung der gesetzlichen Vorgaben (z. B. mögliche Verfahrensarten) • Beschaffungsteam zusammenstellen, Rollenverteilung vornehmen und Kontaktaufnahme mit der zuständigen Beschaffungsstelle (Kick-off planen) • Abstimmung mit den beschaffungsrechtlichen Vorgaben und Gegebenheiten der Stammorganisation (z. B. Prüfung bereits vorhandene Verträge) • Make-or-Buy-Analyse durchführen • Mögliche Beschaffungsrisiken berücksichtigen und aktiv verwalten • Beschaffungsmarktforschung durchführen
Beschaffungsplan erarbeiten	• Welches Ausschreibungsverfahren wird angewendet? • Wie setzen sich die Ausschreibungsunterlagen zusammen? • Was wird beschafft, in welcher Menge und Qualität? • In welchem Markt finden die Aktivitäten statt und mit wie vielen Anbietenden ist zu rechnen? • Mit welchen Kosten ist zu rechnen (einmalig bzw. wiederkehrend)? • Mit welchen Zeitverhältnissen bezüglich Dauer der Beschaffung und Einsatzdauer des Beschaffungsgegenstands ist zu rechnen
Ausschreibung erarbeiten	• Definition und Auswahl klarer Kriterien (Eignungskriterien, technische Spezifikationen, Zuschlagskriterien, Bewertungskriterien) → Qualität vor Quantität • Enge Zusammenarbeit mit der zuständigen Beschaffungsstelle bei der Erarbeitung des Pflichtenhefts • Losbildung festlegen, mögliche Grundleistungen und Optionen prüfen • Prüfung der Ausschreibungsunterlagen auf beschaffungsrechtliche Mängel (z. B. Formfehler)
Entscheid zur Ausschreibung treffen	• Detaillierungsgrad von Pflichtenheft und Kriterienkatalog prüfen. • Anforderungen an die Nachhaltigkeit des Beschaffungsgegenstands berücksichtigen • Ausschreibungsunterlagen mit den zuständigen Stellen (Beschaffungsverantwortliche, Juristen) abstimmen bis zur Beschaffungsreife • Entscheidung über Freigabe zur Publikation durch die zentrale Beschaffungsstelle
Ausschreibung durchführen	• Publikation der Ausschreibung auf simap.ch • Beantwortung von Anbieterfragen in anonymisierter und neutralisierter Form gegenüber allen Interessenten

(Fortsetzung)

Tab. 9.6 (Fortsetzung)

Aufgabe	Elemente des Beschaffungsleitfadens
Angebote bewerten	• Angebote öffnen, formal prüfen (rechtzeitiger Eingang, Vollständigkeit) und Protokoll erstellen • Angebote aufgrund der definierten Zuschlagskriterien durch Evaluationsteam bewerten • Das wirtschaftlich günstigste Angebot erhält den Zuschlag. Mögliche Bewertungskriterien: Termin, Qualität, Preis, Wirtschaftlichkeit, Betriebskosten, Kundendienst, Zweckmäßigkeit der Leistung, Ästhetik, Umweltverträglichkeit, technischer Wert • Anbieterpräsentationen und Verhandlungen durchführen und protokollieren • Konsolidierte Ergebnisse der Bewertung und Anträge im Evaluationsbericht festhalten
Entscheidung zum Zuschlag treffen	• Evaluationsbericht mit den Entscheidungsträgern des Projekts und der Stammorganisation abstimmen • Prüfung und Genehmigung oder Ablehnung des Evaluationsberichts durch die zentrale Beschaffungsstelle • Publikation des Zuschlags auf simap.ch • Absagen an nicht berücksichtigte Anbieter zustellen. Bei Bedarf Debriefings durchführen (Hinzuziehung Jurist)
Vertragsschließung sicherstellen	• Vertragsverhandlungen mit den gewählten Anbietern durchführen • Musterverträge (Vorlagen) der zentralen Beschaffungsstellen verwenden. Leistungsumfang und Abgrenzungen sowie Abnahmekriterien klar beschreiben • Vertragsentwurf durch Vertreter der Stammorganisation und der zuständigen Beschaffungsstelle prüfen lassen • Vertragslaufzeiten und Fristen für Vertragsverlängerungen bzw. Nachträge beachten • Vertragsvollzug sicherstellen: Unterschriften einholen, Obligo eröffnen, Vertragsdaten im VM-Tool dokumentieren
Leistungen vereinbaren und steuern	• Auftragserteilung an Lieferanten durchführen und Abruf von Leistungen sicherstellen • Leistungen periodisch auf Übereinstimmung mit der Planung und den abgeschlossenen Verträgen beurteilen • Durchführen von Abnahmen und Kontrollen im Zusammenhang mit der Vertragserfüllung von Lieferungen und Leistungen (z. B. Terminkontrolle, Leistungskontrolle, Zahlungskontrolle) • Nachfolgebeschaffungen initiieren (z. B. Abruf von Optionen) • Abweichungen von den vereinbarten Lieferungen und Leistungen analysieren und Änderungen initiieren

(Fortsetzung)

Tab. 9.6 (Fortsetzung)

Aufgabe	Elemente des Beschaffungsleitfadens
Änderungsmanagement führen	• Änderungsanträge analysieren, dokumentieren und bewilligen oder ablehnen • Änderungen planen, umsetzen und überprüfen • Beschaffungsplan aufgrund der Entscheidungen zu Änderungsanträgen nachführen
Probleme behandeln und Erfahrungen nutzen	• Probleme identifizieren und bewerten • Maßnahmen definieren und Umsetzung überwachen • Beteiligte über Lösungen informieren • Erfahrungen dokumentieren, mit den Beteiligten austauschen und nutzen für zukünftige Beschaffungsvorhaben

tigt diesbezüglich eine Vertiefung. Im Anschluss an die Voranalyse zur Beschaffung, die Beschaffungsplanung und die zumeist einmalige öffentliche Ausschreibung in einem Projekt sollten die Bedarfsstellen sensibilisiert werden, dass die Disziplin Beschaffung mit dem Zuschlag und dem Vertragsvollzug nicht abgeschlossen ist. Dem Vertragsmanagement und der Vertragsüberwachung nach Abschluss der Ausschreibung sowie der geordneten Übergabe von Beschaffungsaufgaben von Projekt in Betrieb sollten große Aufmerksamkeit geschenkt werden.

Die Unterteilung der Beschaffungsaufgaben in ein Vorprojekt oder in eine Vorphase ist aus Sicht der Befragten nicht notwendig bzw. nicht zweckmäßig. Die Disziplin Beschaffung kann und soll ab Beginn der Projektphase Initialisierung (gemäß HERMES 5.1) gestartet werden. Die im Rahmen der Initialisierungsphase zu erstellende Studie soll zum Thema Beschaffung profunde und für diese Projektphase ausreichende Erkenntnisse mit sich bringen.

Als wesentliche Voraussetzungen zur Zielerreichung sind die Bedarfsstellen gefordert, klare Anforderungen und Kriterien an den Beschaffungsgegenstand zu formulieren, die Beschaffung seriös zu planen (als eigenes Projekt oder Teilprojekt) sowie die Zusammenarbeit mit den zentralen Beschaffungsstellen frühzeitig zu suchen. Die zentralen Beschaffungsstellen sind gefordert, die Bedarfsstellen in juristischen und beschaffungstechnischen Fragen dienstleistungsorientiert zu unterstützen, klar zu kommunizieren wie das Beschaffungsvorhaben zur Beschaffungsreife gelangt sowie die Entscheidungsfindungsprozesse transparent und Entscheidungswege kurz zu halten.

Für Nachfolgebeschaffungen in späteren Phasen eines Projekts, also nach Abschluss der zumeist einmaligen öffentlichen Ausschreibung, gibt es bereits heute genügend beschaffungsrechtlich korrekte Hilfsmittel. Allerdings gilt es festzuhalten, dass einer seriösen und vorausschauenden Beschaffungsplanung, der Formulierung klarer Anforderungen an den Beschaffungsgegenstand sowie einem professionell geführten Änderungsmanagement in Bezug auf die Klassifizierung von Anforderungen (Muss, Kann, Nice-to-have) seitens der Bedarfsstellen größte Aufmerksamkeit geschenkt werden sollte. Große, komplexe IKT-Projekte sollten vermehrt in Etappen und in mehrere überschaubare Realisierungseinheiten unterteilt werden.

Die Umsetzung des Lösungsansatzes zur Synchronisierung der Budgetierung von finanziellen Mitteln mit dem Beschaffungsvorhaben ist unter strikter und isolierter Betrachtung der Vorgaben des Prozesses Finanzplanung und Budgetierung (EFV, Prozess Finanzplanung und Budgetierung 2014) nur bedingt möglich. Der Lösungsansatz hat unter gewissen Umständen eine Chance zur Umsetzung. Die Finanzierung des Beschaffungsgegenstands inkl. Wartung und Support muss frühzeitig angegangen werden. Es sollte eine laufende Abstimmung der Finanzierung im Rahmen des Projektportfolio-Prozesses der Stammorganisation vorgenommen werden. Ein weiterer Lösungsansatz besteht darin, dass auf Stufe Bund und bei den Departementen finanzielle Mittel eingestellt werden, um die wichtigen und dringlichen IKT-Projekte des Bundes zusätzlich zu unterstützen. Die seriöse mehrjährige Planung der Projektbudgets kann mit Hilfsmitteln wie Verpflichtungskrediten oder Kreditübertragungen erfolgen.

Ein weiterer Punkt ist die fortlaufende Sensibilisierung der Bedarfsstellen für Beschaffungsthemen und das gegenseitige Verständnis bezüglich der Bedürfnisse und Erfordernisse zwischen Bedarfsstellen und zentralen Beschaffungsstellen. Die Ausbildungsangebote und -maßnahmen des Kompetenzzentrums Beschaffungswesen Bund KBB sind zwar umfangreich, praxisnah und rollenspezifisch ausgestaltet. Jedoch wurde von den Befragten der Bedarf nach einem verstärkten Erfahrungsaustausch und einer Wissensvertiefung zum Thema Beschaffung formuliert. Eine Harmonisierung der verschiedenen Online-Plattformen (Kundenplattform BBL, GIMAP, SIMAP, Websites KBB bzw. BKB u. a.) wäre aus Sicht der Bedarfsstellen hilfreich, damit klar erkennbar ist, welche Informationen wo abgelegt sind und aufgefunden werden können. Die Einführung eines aktivitätenbasierten Online-Tools mit Checkfragen und Hilfsmitteln, ähnlich einer Software zur Erfassung der Steuererklärung (z. B. TaxMe), sollte in Erwägung gezogen werden, damit die Beschaffungsaufgaben in der notwendigen Qualität und Vollständigkeit ausgeführt werden. Wichtig dabei ist die Abbildung des gesamten Beschaffungsprozesses gemäß vorgeschlagenem Beschaffungsleitfaden und nicht nur das reine Ausschreibungsprozedere, ab dem Zeitpunkt der Wahl des Verfahrens bis zum Zuschlag und Vertragsvollzug.

Das HERMES-Referenzhandbuch und die Online-Version sollten schlank beibehalten werden, da einerseits nicht jedes Spezifikum eines Beschaffungsvorhabens in der Methode abgebildet werden kann und andererseits HERMES nicht nur beim Bund angewendet wird. Aufgrund der Wichtigkeit und Komplexität der Beschaffung beim Bund und anderen Institutionen der öffentlichen Verwaltung ist eine Verzahnung der Projektmanagement-Methode, mit den gesetzlichen Vorgaben und Hilfsmitteln der Beschaffung anzustreben, vor allem unter dem Aspekt der Sicherstellung eines gesamtheitlichen Beschaffungsprozesses. Eine diesbezüglich verstärkte Zusammenarbeit zwischen ISB, BBL und den weiteren Beschaffungsstellen wird als zweckmäßig angesehen.

Das Vorhaben zur Erarbeitung eines Leitfadens, der die oben erwähnten Aspekte beinhaltet und berücksichtigt, wurde von allen befragten Personen begrüßt.

Die Autoren danken Frau Prof. Dr. Ines Heer und der Redaktion für die wertvollen Hinweise bei der Erstellung dieses Artikels und die Berücksichtigung in diesem Buch.

Literatur

d'Algue, M., et al. (2014a). *HERMES 5.1 Projektmanagementmethode für alle Projekte – Referenzhandbuch.* Bern: BBL, Verkauf Bundespublikationen.
d'Algue, M., et al. (2014b). *Hélène. eCH-0054 HERMES Projektmanagement-Methode.* Zürich: Verein eCH.
armasuisse. (2015). *Prozessanweisung Beschaffung Güter und Dienstleistungen.* Bern: o. V.
ASTRA. (2014). Bundesamt für Strassen. „Handbuch Beschaffungswesen Nationalstrassen ASTRA." ASTRA. http://www.astra.admin.ch/dokumentation/04139/04143/index.html?lang=de. Zugegriffen: 28. März 2015.
BöB, Bundesgesetz über das öffentliche Beschaffungswesen. (1994). Vers. 172.056.1. 16. Dezember 1994. http://www.admin.ch/opc/de/classified-compilation/19940432/index.html. Zugegriffen: 17. Jan. 2015.
CH/EG. (1999). Abkommen zwischen der Schweizerischen Eidgenossenschaft und der Europäischen Gemeinschaft über bestimmte Aspekte des öffentlichen Beschaffungswesens. 21. Juni 1999. http://www.admin.ch/opc/de/classified-compilation/19994643/index.html. Zugegriffen: 18. Jan. 2015.
DIN/ISO, DIN Deutsches Institut für Normung. (2012). *DIN/ISO 21500 Leitlinien Projektmanagement.* Bern: Beuth Verlag.
EFV, Eidgenössische Finanzverwaltung. (2015a). *Beschaffungsblatt EFV.* Bern: o. V.
EFV, Eidgenössische Finanzverwaltung. (2015b). *Faktenblatt Beschaffung EFV.* Bern: o. V.
EFV, Eidgenössische Finanzverwaltung. (2015c). *IKS-Prozess Öffentliche Beschaffung.* Bern: o. V.
EFV, Eidgenössische Finanzverwaltung. (2014). *Prozess Finanzplanung und Budgetierung.* Bern: o.V., 2. Dezember 2014.
Gerber, M. (2015). *Erweiterung der Projektmanagement-Methode HERMES 5 für IT-Projekte mit komplexen Beschaffungsstrukturen.* Bern: o.V.
GIMAP. (o. J.). GIMAP Beschaffungswegweiser. http://www.gimap.admin.ch/. Zugegriffen: 4. Apr. 2015.
GS-EFD, Generalsekretariat Eidgenössisches Finanzdepartement. (2013). *Richtlinie zum öffentlichen Beschaffungswesen im EFD.* Bern: o. V.
Informatiksteuerungsorgan des Bundes ISB. (2014). *Release notes HERMES 5.1.* Bern: o. V.
Institut für Wirtschaftsinformatik Universität St. Gallen. (2014). *Bericht Steuerung und Führung von grossen Projekten in der Bundesverwaltung.* St. Gallen: o. V.
IPMA, International Project Management Association. (2006). *ICB – IPMA competence baseline, version 3.0.* Nijkerk: IPMA.
Informatiksteuerungsorgan des Bundes ISB. Masterarbeiten zu HERMES. 27. Januar 2016. https://www.isb.admin.ch/isb/de/home/themen/projektmanagement/hermes/ergaenzungen.html" \l "-1985722564, https://www.isb.admin.ch/isb/de/home/themen/projektmanagement/hermes/ergaenzungen.html#-1985722564 (Zugriff am: 22. Sept. 2016).
ISO/DIN, DIN Deutsches Institut für Normung. (2004). *DIN/ISO 10006 Qualitätsmanagementsysteme – Leitfaden für Qualitätsmanagement in Projekten.* Berlin: Beuth Verlag GmbH.
KBB, Kompetenzzentrum Beschaffungswesen Bund. (2014). *Grundlagen des öffentlichen Beschaffungswesens des Bundes.* Bern: o. V.
Kundenplattform BBL. (o. J.). http://intranet.bbl.admin.ch/beschaffen/00681/00901/index.html?lang=de. Zugegriffen: 1. Apr. 2015.

Lent, B. (2013). *IT-Projektmanagement als kybernetisches System.* Wiesbaden: Springer Vieweg.
OGC. (2009). *Managing successful projects with PRINCE2* (5. Aufl.). Norwich: TSO information & publishing.
PMI, Project Management Institute Inc. (2013). *A guide to the project management body of knowledge (PMBOK GUIDE)* (5. Aufl.). Newtown Square: PMI.
VöB, Verordnung über das öffentliche Beschaffungswesen. (1995). http://www.admin.ch/opc/de/classified-compilation/19950538/index.html. Zugegriffen: 17. Jan. 2015.
WTO/GPA. (1994). Übereinkommen über das öffentliche Beschaffungswesen. http://www.admin.ch/opc/de/classified-compilation/19940096/index.html Zugegriffen: 18. Jan. 2015.

Weiterführende Literatur

Berner Fachhochschule, BFH. (2013). *Merkblatt EMBA Masterarbeit.* Bern: o. V.
Bundesrat. (2014). *IKT-Grossprojekte des Bundes – Erkenntnisse und Massnahmen.* Bern: o. V.
EFD, Eidgenössisches Finanzdepartement. (2012). *Administrativuntersuchung Beschaffungsprozesse INSIEME.* Bern: o. V.
EFK, Eidgenössische Finanzkontrolle. (2013). *Jahresbericht 2013.* Bern: o. V.
EFV, Eidgenössische Finanzverwaltung. (2013). *IKS-Prozess Vertragserstellung SAP VM.* Bern: o. V.
FinDel, Finanzdelegation der eidgenössischen Räte. (2014). *Bericht der Finanzdelegation an die Finanzkommissionen des Nationalrates und des Ständerates betreffend die Oberaufsicht über die Bundesfinanzen im Jahre 2013.* Bern: o. V.
Hunziker, A. W. (2013). *Spass am wissenschaftlichen Arbeiten, So schreiben sie eine gute Semester, Bachelor oder Masterarbeit* (5. Aufl.). Zürich: SKV Verlag.
Informatikstrategieorgan Bund ISB. (2003). *HERMES Führen und Abwickeln von Projekten der Informations- und Kommunikationstechnik (IKT) Systementwicklung Ausgabe 2003.* Bern: BBL, Verkauf Bundespublikationen.
ISB, Informatikstrategieorgan Bund. (2005). *HERMES Führen und Abwickeln von Projekten der Informations- und Kommunikationstechnik (IKT) Systemadaption Ausgabe 2005.* Bern: BBL, Verkauf Bundespublikationen.
IVöB, Interkantonale Vereinbarung über das öffentliche Beschaffungswesen. (2001). http://www.admin.ch/opc/de/official-compilation/2003/196.pdf. Zugegriffen: 27. Febr. 2015.
Org-VöB. (2012). Verordnung über die Organisation des öffentlichen Beschaffungswesens der Bundesverwaltung. 24. Oktober 2012. http://www.admin.ch/opc/de/official-compilation/2012/5935.pdf. Zugegriffen: 27. Febr. 2015.
Rüstungskommission Arbeitsgruppe FIS Heer. (2011). *Projekt FIS HE: Lehren für den Beschaffungsprozess und das Projektmanagement komplexer Beschaffungsvorhaben der Armee.* Bern: o. V.
Schmidt, G. (2001). *Methode und Techniken der Organisation* (12. Aufl.). Giessen: Dr. Götz Schmidt Verlag.

Sicherung der Versorgung mit Arzneimitteln bei außerordentlichen Ereignissen

10

Michael Flück und Stefan N. Grösser

Zusammenfassung

Dieses Kapitel befasst sich mit der Verbesserung der Versorgungssicherheit der Schweizer Bevölkerung mit essenziellen Arzneimitteln im Rahmen des Koordinierten Sanitätsdienstes KSD, also bei außerordentlichen Ereignissen. Zur messbaren Umsetzung der beschriebenen Zielsetzung werden eine primäre und eine sekundäre Zielgröße definiert. Als primäre Zielgröße wird der Anteil im Rahmen des KSD zeitgerecht mit Arzneimitteln versorgte Bevölkerung festgelegt. Die sekundäre Zielgröße als wichtigste Bestandesgröße zur Erreichung der primären Zielgröße ist die Anzahl der hergestellten Eigenprodukte. Die Komplexität dieser Problemstellung ist enorm und erfordert eine strukturierte Planung. Ausgehend von der gewählten strategischen Geschäftseinheit (Geschäftsbereich Pharmaprodukte und -technik der Armeeapotheke) erfolgt eine sorgfältige Evaluation der relevanten Anspruchsgruppen. Die Darstellung der wesentlichen Einflüsse und Abhängigkeiten in Form von System-Struktur-Diagrammen erlaubt es, einen fundierten Strategieentwurf zu entwickeln. Die Versorgungssicherheit kann einerseits durch die Eigenproduktion essenzieller Arzneimittel und andererseits durch umfangreiche Sicherstellungsmaßnahmen mit externen Partnern verbessert werden.

M. Flück (✉)
Eidg. Departement für Verteidigung, Bevölkerungsschutz und Sport, Ittigen, Schweiz
E-Mail: michael.flueck@vtg.admin.ch

S.N. Grösser
Berner Fachhochschule, Bern, Schweiz
E-Mail: stefan.groesser@bfh.ch

10.1 Einleitung und Zielsetzung

Dieses Kapitel befasst sich mit der Versorgungssicherheit der Schweizer Armee und der Schweizer Bevölkerung mit Arzneimitteln im Rahmen des Koordinierten Sanitätsdienstes KSD. Ziel des KSD ist es, jederzeit durch effiziente Koordination eine bestmögliche sanitätsdienstliche Versorgung aller Patienten in allen Lagen zu gewährleisten. Die Leitung des KSD obliegt dem Beauftragten des Bundesrates für den KSD. Dieser Beauftragte ist in Personalunion gleichzeitig auch Oberfeldarzt der Schweizer Armee. Im Zusammenhang mit der Arzneimittelversorgung geht es darum, zivile Partner im Rahmen von ungeplanten Ereignissen mit militärischen Mitteln zu unterstützen und damit die Versorgungssicherheit der Bevölkerung mit Arzneimitteln zu verbessern. Die Komplexität nahm in den letzten Jahren kontinuierlich zu. Die Versorgung der Schweizer Bevölkerung mit Arzneimitteln erfolgt über verschiedene Kanäle innerhalb eines hochregulierten Marktumfeldes. Die Folgen der Globalisierung und des Preisdruckes wirken sich negativ auf die Versorgungssicherheit aus. Lieferengpässe haben in den letzten Jahren auch bereits in normalen Lagen zugenommen. Zum Beispiel verlagern Wirkstoff verarbeitende Unternehmen ihre Standorte ins Ausland. Die Wirkstoffherstellung selbst erfolgt mittlerweile zu ungefähr 80 % in China und Indien. Bei Qualitätsproblemen oder Produktionsproblemen entstehen sehr rasch Versorgungsengpässe. Zudem sind die Firmen nicht verpflichtet, Arzneimittel am Markt zu halten, die zwar für die Patienten wichtig sind, jedoch keinen Gewinn mehr abwerfen. Die Versorgung mit Arzneimitteln erfordert ein komplexes und dynamisches Zusammenspiel zwischen Forschungseinrichtungen, Behörden, produzierenden, distributiven und leistungserbringenden Institutionen. Diese Player agieren in einem internationalen Umfeld unter Rahmenbedingungen, die oft nur beschränkt beeinflussbar und schwer berechenbar sind. Die Ursachen für Arzneimittelengpässe sind sehr komplex und interdependent (Rielle und Kaufmann 2013). In der Schweiz besteht keine Versorgungsgarantie für Arzneimittel. Mittels gesetzlicher Pflichtlager, beispielsweise für Antibiotika, Antiviralia, Insuline und bald auch für Impfstoffe, kann der Staat die Versorgungssicherheit erhöhen (Bundesamt für wirtschaftliche Landesversorgung 2015). Die Einflussnahme des Staates gegenüber den Pharmafirmen ist jedoch limitiert. In Krisensituationen akzentuiert sich die Gefahr einer Unterversorgung dramatisch; die Nachfrage nach Arzneimitteln nimmt im Krisenfall stark zu. Hier greift das Konzept des KSD[1]: Die Versorgungssicherheit mit Arzneimitteln im normalen Alltag soll erhöht und insbesondere für essenzielle Arzneimittel[2] auch bei außerordentlichen Ereignissen sichergestellt werden.

---

[1] Vgl. Verordnung über den Koordinierten Sanitätsdienst (VKSD) vom 27.04.2005.
[2] Angelehnt an die aktuellen Versionen der WHO Model Lists „Essential Medicines" (http://www.who.int/medicines/publications/essentialmedicines/en/, zugegriffen: 5. Mai 2016) und das „Interagency Emergency Health Kit" (World Health Organization 2012), angepasst an die Schweizer Bedürfnisse, um den Übergang von der Friedens- in die Kriegs- und Katastrophenmedizin zu erleichtern.

In den letzten 50 Jahren hat sich die Bedrohungslage für die Schweiz grundlegend verändert. Eine klassische symmetrische Kriegsbedrohung während der Zeit des Kalten Krieges wurde durch vorherrschende und wahrgenommene Bedrohungen wie Terroranschläge (Atomar, Bio, Chemie, Cyber bzw. IKT, konventionell etc.), Naturkatastrophen (Erdbeben, Überschwemmungen etc.), schwere Pandemien und längere Stromausfälle ersetzt. Dieser Wandel zeigt sich auch bei der Sicherstellung der Arzneimittelversorgung durch die Armeeapotheke. Bis zum Ende des Kalten Krieges stand die Versorgung der damals 625.000 Armeeangehörigen im Vordergrund. Ausgehend von den Verletzungsmustern in einem Verteidigungsfall wurden umfangreiche, dezentrale Kriegsvorräte an Arzneimitteln angelegt. Zur Versorgung der Zivilbevölkerung bestand damals eine Kooperation mit den „Big Players" der pharmazeutischen Industrie. In der damals noch existierenden geheimen, vollständig geschützten unterirdischen „Pharmafabrik" der Armeeapotheke konnten die wichtigsten, teilweise patentgeschützten Arzneimittel der Industrie nach deren Vorgaben zugunsten der Armee und der Bevölkerung hergestellt werden (sog. „KSD-Produkte"). Mit dem Wegfall der Berliner Mauer und der Etablierung der „Armee 95" (ab 1995) und der „Armee XXI" (ab 2004) wurde die Armee an die sich verändernden sicherheitspolitischen Gegebenheiten angepasst (Schweizerischer Bundesrat 1990, 1999; Haudenschild 2009–2012). Die Einsatzvorräte wurden in einem ersten Schritt auf ungefähr 50 % der ursprünglichen Mengen gesenkt und dann im Rahmen von Zentralisierungen und Optimierungen der Lagerstätten weiter redimensioniert.

Das Ziel unseres Beitrags ist es, in diesem komplexen Umfeld für den Geschäftsbereich „Pharmaprodukte und -technik" (PPT) der Armeeapotheke eine Strategie zu entwickeln. Bei der strategischen Analyse und Strategieentwicklung berücksichtigen wir die Aufgaben des KSD und des Armee-Sanitätswesens sowie einige strategische Stoßrichtungen zur Entwicklung der Armee in den Jahren 2015–2020 (Schweizer Armee 2015) und die Inhalte der nächsten großen Armeereform (Weiterentwicklung der Armee WEA, Schweizer Armee 2014). Hier im Einzelnen:

- VKSD. Art. 1 Abs. 1: Aufgabe des Koordinierten Sanitätsdienstes (KSD) ist die stufengerechte Koordination des Einsatzes und der Nutzung der personellen, materiellen und einrichtungsmäßigen Mittel der zivilen und militärischen Stellen, die mit der Planung, Vorbereitung und Durchführung von sanitätsdienstlichen Maßnahmen beauftragt sind (KSD-Partner). Art. 1 Abs. 3: Ziel der Koordination ist die Gewährleistung einer bestmöglichen sanitätsdienstlichen Versorgung aller Patienten in allen Lagen.
- Kernaufgabe Nr. 1 des Armee-Sanitätsdienstes: Er stellt als Partner des Koordinierten Sanitätsdienstes (KSD) zu jeder Zeit die bestmögliche sanitätsdienstliche Versorgung militärischer oder ziviler Patienten sicher und hält sich bereit, in kooperativer Zusammenarbeit mit den zivilen Partnern zivile Krankenhäuser und weitere Einrichtungen des Gesundheitswesens in Krisensituationen zu verstärken.
- Strategische Stoßrichtung Nr. 2 der Armee: Als zuverlässiger Partner auftreten. „Wir positionieren uns im Sicherheitsverbund Schweiz mit unseren Leistungen als zuver-

lässiger Partner. Wir helfen mit, Bedrohungen und Gefahren umfassend zu erkennen und mit anderen Partnern koordiniert und vernetzt abzuwehren oder zu bewältigen."
- Strategische Stoßrichtung Nr. 6 der Armee: Die Bereitschaft der Armee sicherstellen. „Mit der abgestuften Bereitschaft jederzeit und rasch mit genügend und geeigneten Kräften auf nicht vorhersehbare Ereignisse reagieren."
- Strategische Stoßrichtung Nr. 7 der Armee: Die Einsätze erfolgreich und bedarfsorientiert leisten. „Wir unterstützen die zivilen Behörden subsidiär sowohl im Alltag als auch in Krisenlagen mit den benötigten Leistungen, Fähigkeiten und Mitteln."
- Strategische Stoßrichtung Nr. 8 der Armee: Die Logistik und den Sanitätsdienst über alle Lagen sicherstellen. „Wir stellen die logistische und sanitätsdienstliche Leistungserbringung in allen Lagen mit identischen Strukturen und Prozessen dezentral sicher. Im Falle eines Einsatzes erhöhen wir die Kapazität der Armeelogistik und des Sanitätsdienstes bedarfsgerecht mit Milizverbänden und verbessern die Durchhaltefähigkeit."
- Teilaspekte der WEA. Mit einem abgestuften Bereitschaftssystem wird die Bereitschaft der Armee grundlegend verbessert. Die Armee wird dadurch kurzfristig und flexibel einsetzbar werden. Zu unterscheiden sind drei Leistungsarten: permanente, vorhersehbare und nicht vorhersehbare Leistungen. Die abgestufte Bereitschaft ist insbesondere für Leistungen wichtig, die im Rahmen nicht vorhersehbarer Einsätze erbracht werden. Die Unterstützung der zivilen Behörden ist sowohl im Alltag als auch in Krisenlagen eine wichtige Aufgabe der Armee. Die Möglichkeit, dass Ereignisse wie etwa große Naturkatastrophen oder Terroranschläge überraschend eintreten, zwingt die Armee dazu, die Leistungen sehr schnell zu erbringen. Die WEA soll per 01.01.2018 eingeführt und bis 2021 größtenteils umgesetzt werden.

Abgeleitet auf die Situation der Versorgungssicherheit der Bevölkerung mit Arzneimitteln im Rahmen von außerordentlichen Ereignissen zeigen uns die beschriebenen Aufgaben des Armee-Sanitätsdienstes und des KSD, die Stoßrichtungen der Armee sowie die Ziele der Weiterentwicklung der Armee, dass es eine prioritäre Zielsetzung der Armeeapotheke als KSD-Partnerin sein muss, die in den letzten Jahren entstandene Versorgungslücke wieder zu schließen. Innerhalb der Armeeapotheke ist der Bereich PPT für die Zielerreichung verantwortlich.

Für diese Arbeit verwenden wir den Einzelfallstudienansatz nach Yin (2013), da wir berufsmäßig einen sehr guten Zugang zu den relevanten Stakeholdern besitzen. Anhand einer qualitativen systemdynamischen Analyse (Grösser 2012) versuchen wir, die relevanten Organisations- und Umweltfaktoren zu erfassen und zu strukturieren, um die Systemkomplexität bei der Entscheidungssituation zu berücksichtigen. Eine Erhebungsmethode, die im Rahmen der Arbeit detailliert wird, ist die Anspruchsgruppenanalyse (Müller-Stewens und Lechner 2011).

In Abschn. 10.2 sind die Armeeapotheke mit der strategischen Geschäftseinheit „Pharmaprodukte und -technik" und weitere militärische Organisationseinheiten beschrieben, die im Zusammenhang mit der Fragestellung relevant sind. Eine Analyse der Anspruchsgruppen erfolgt in Abschn. 10.3. Die kausale Modellierung strategischer

Abhängigkeiten wird in Abschn. 10.4 dargestellt. In Abschn. 10.5 werden die daraus abgeleiteten Szenarien und Strategien beschrieben.

Zur messbaren Umsetzung der beschriebenen Zielsetzung werden eine primäre und eine sekundäre Zielgröße definiert. Diese Zielgrößen sollen innerhalb eines bestimmten Zeitraums erreicht werden. Als primäre Zielgröße wird der Anteil im Rahmen des KSD zeitgerecht mit Arzneimitteln versorgte Bevölkerung festgelegt. Es gibt mehrere Variablen, welche die primäre Zielgröße beeinflussen. Darauf wird innerhalb des Geschäftsmodells näher eingegangen. Die wichtigste Bestandsgröße zur Erreichung der primären Zielgröße ist die Anzahl der hergestellten Eigenprodukte. Mit Eigenprodukten kann eine unabhängige Versorgung bestmöglich gewährleistet werden.

10.2 Die Armeeapotheke mit der strategischen Geschäftseinheit „Pharmaprodukte und -technik"

Die Armeeapotheke (Aapot) mit dem Armeeapotheker als Chef ist das logistische Kompetenzzentrum der Armee und der Bundesverwaltung für pharmazeutische Produkte, Medizinprodukte und Medizintechnik und erbringt mit momentan 83 Mitarbeitenden umfangreiche Dienstleistungen für die Armee, zivile Departemente der Bundesverwaltung und zugunsten der Schweizer Bevölkerung. Sie ist im Eidgenössischen Departement für Verteidigung, Bevölkerungsschutz und Sport VBS innerhalb der Logistikbasis der Armee LBA Teil der Verwaltungseinheit Sanitätsdienste. Der Oberfeldarzt und Delegierte für den KSD ist Chef des Sanitätsdienstes. Der sog. Armeestabsteil Sanität ist der militärisch-strategische Fachstab, der dem Oberfeldarzt unterstellt ist.

Auf gleicher Hierarchiestufe wie der Oberfeldarzt ist der Kommandant der Logistikbrigade 1. Das Sanitätslogistikbataillon 81, das seine Einsätze zugunsten der Armeeapotheke leistet, ist dem Kommandanten der Logistikbrigade 1 direkt unterstellt.

Als strategische Geschäftseinheit (SGE) wird der Geschäftsbereich „Pharmaprodukte und -technik" (PPT) der Armeeapotheke ausgewählt. Dieser Bereich umfasst 23 Mitarbeitende. Der Bereich PPT plant die Notversorgung von Arzneimitteln im Rahmen des KSD. Er entwickelt die dazu notwendigen essenziellen Arzneimittel, betreibt die im Rahmen der Immobilienbotschaft VBS 2008 vom Parlament bewilligte und im Jahre 2014 fertiggestellte neue Pharmaproduktionsanlage[3] und stellt die Instandhaltung dieser

---

[3]Auszug aus der Immobilienbotschaft VBS 2008 (Ref.-Nr. 07.037):
Die Armeeapotheke verfügt seit ihrem Bestehen über eine eigene Arzneimittelproduktion, welche bedürfnisorientiert die Versorgung von Armee und Bund sicherstellt. In besonderen Lagen sieht sie auch die Versorgung der Schweizer Bevölkerung mit essenziellen Medikamenten vor. Die Notwendigkeit einer solchen industrieunabhängigen und nicht rein marktorientierten Pharmaproduktion ist in den Rechtserlassen über den Koordinierten Sanitätsdienst des Schweizerischen Bundesrates und des Eidg. Departements für Verteidigung, Bevölkerungsschutz und Sport (VBS) als Vollzugsorgan mitbegründet. Die Aufrechterhaltung einer Kernkompetenz für die Herstellung von essenziellen pharmazeutischen Produkten ist unbestritten.

Infrastruktur sicher. Er berät interne und externe Fachleute in fachtechnischen Fragen zu Arzneimitteln (Eigenprodukte und Handelsprodukte) und ist verantwortlich für die Zulassung der Eigenprodukte bei Swissmedic. In den Lagerstätten der Apotheke werden die Arzneimittel gelagert und für die Distribution bereitgestellt.

10.3 Analyse von Anspruchsgruppen

In diesem Unterkapitel werden Standardmethoden des strategischen Managements angewendet, um Grundlagen zur Definition einer Strategie zu erarbeiten. Anhand einer Anspruchsgruppenanalyse können wir die Relevanz, d. h. den Einfluss und die Beeinflussbarkeit im Hinblick auf die Zielerreichung, von internen und externen Anspruchsgruppen identifizieren. Der Bereich PPT soll im Rahmen der Versorgungssicherheit der Schweizer Bevölkerung mit essenziellen Arzneimitteln als kompetenter Partner positioniert werden. Im Anschluss analysieren wir eine Auswahl von Anspruchsgruppen.

Der Bereich Pharmaprodukte und -technik der Armeeapotheke hat eine große Anzahl unterschiedlicher Anspruchsgruppen (Stakeholder). Diese leisten direkt oder indirekt einen wesentlichen Beitrag zur Gestaltung der Strategie und zur Zielerreichung. Zur erfolgreichen Umsetzung der zukünftigen Strategie müssen deshalb die Erwartungen der Anspruchsgruppen bekannt sein. Damit kann eine jeweils möglichst zugeschnittene Einbindung geplant werden. Für diese Anspruchsgruppenanalyse wird die Vorgehensweise gemäß Müller-Stewens und Lechner (2011; ohne Schritt 4) angewendet.

Schritt 1: Ermittlung der externen und internen Anspruchsgruppen
Die externen und VBS-internen Anspruchsgruppen werden mittels Checkliste 3–10 (S. 161) aus Müller-Stewens und Lechner (2011) identifiziert und sind in Tab. 10.1 aufgeführt.

Tab. 10.1 Identifizierte Anspruchsgruppen

Anspruchsgruppe	Extern	VBS Intern
Bundesamt für wirtschaftliche Landesversorgung (BWL)	✓	
Pharmaindustrie	✓	
Krankenhausapotheken	✓	
Schweizerischer Verein der Amts- und Krankenhausapotheker (GSASA) inkl. AGr Antidota bzw. Tox Info Suisse	✓	
Gesellschaft Schweizerischer Industrieapotheker(innen) (GSIA)	✓	
Schweizerischer Apothekerverband (pharmaSuisse)	✓	
Schweizerisches Heilmittelinstitut (Swissmedic)	✓	
Bundesamt für Gesundheit (BAG) bzw. Eidg. Arzneimittelkommission (EAK)	✓	

(Fortsetzung)

Tab. 10.1 (Fortsetzung)

Anspruchsgruppe	Extern	VBS Intern
Öffentlichkeit	✓	
Oberfeldarzt bzw. Beauftragter des BR für den KSD		✓
Geschäftsleitung der Armeeapotheke (GL Aapot)		✓
Logistikbrigade 1 (Log Br 1)		✓
Sanitätslogistikbataillon 81 (San Log Bat 81)		✓
Armeestabsteil Sanität (Asst San)		✓
Eidg. Kommission für Militär- und Katastrophenmedizin (EKMK)	(✓)	✓
Schweiz. Akademie für Militär- und Katastrophenmedizin (SAMK)		✓
Labor Spiez bzw. Kompetenzzentrum ABC		✓
Mitarbeitende Bereich Pharmaprodukte und -technik (PPT)		✓
Armeestab (A Stab) bzw. Finanzen VBS		✓

Schritt 2: Relevanz der Anspruchsgruppen feststellen

Die in Tab. 10.1 identifizierten Anspruchsgruppen werden auf einer Skala von 1 bis 5 nach Einfluss und Beeinflussbarkeit bewertet und in einer Relevanzmatrix kategorisiert (Abb. 10.1). Es werden die Kategorien Spielmacher (Typ A), Joker (Typ B), Gesetzte (Typ C) und Randfiguren (Typ D) unterschieden. Die Matrix visualisiert, welchen Einfluss die einzelnen Anspruchsgruppen auf die Arzneimittelversorgung ausüben (oder ausüben könnten), wie stark einzelne Anspruchsgruppen durch den Bereich PPT beeinflusst werden (oder beeinflusst werden könnten) und zeigt damit, welche Prioritäten im Management der Anspruchsgruppen gesetzt werden sollten. Die Größen der einzelnen Kugeln sollen die Einstellung der Anspruchsgruppen gegenüber der SGE PPT aussagen (je größer, desto positiver). In der Kategorie der „Spielmacher" befinden sich der Oberfeldarzt und die ihm unterstellte Geschäftsleitung der Armeeapotheke (7). Beide spielen eine zentrale Rolle bei der Umsetzung der Strategie. Als Beauftragter des Bundesrates (BR) für den KSD hat der Oberfeldarzt den Auftrag, bei der Bewältigung von außerordentlichen Ereignissen und Katastrophen die bestmögliche sanitätsdienstliche Versorgung aller Patienten in allen Lagen zu gewährleisten und damit auch die Versorgung mit Arzneimitteln. Er ist damit DIE zentrale Funktion im Hinblick auf die Erreichung der Zielgrößen.

Zu den „Jokern" gehören als VBS-externe Anspruchsgruppen das BWL (1), das BAG (6), die Pharmaindustrie (2), die pharmazeutischen Berufsverbände bzw. -vereine wie GSASA, GSIA sowie pharmaSuisse (4) und Swissmedic (5). Das BWL als Kompetenzzentrum für Fragen der Versorgungssicherheit sorgt dafür, dass kurzfristige Versorgungsengpässe keine erheblichen Störungen für Bevölkerung und Wirtschaft bewirken, dies auch im Bereich der Arzneimittel. Mit einer optimalen Zusammenarbeit mit dem BWL kann der Bereich PPT auch sein KSD-Ziel erreichen. Die Anspruchsgruppen

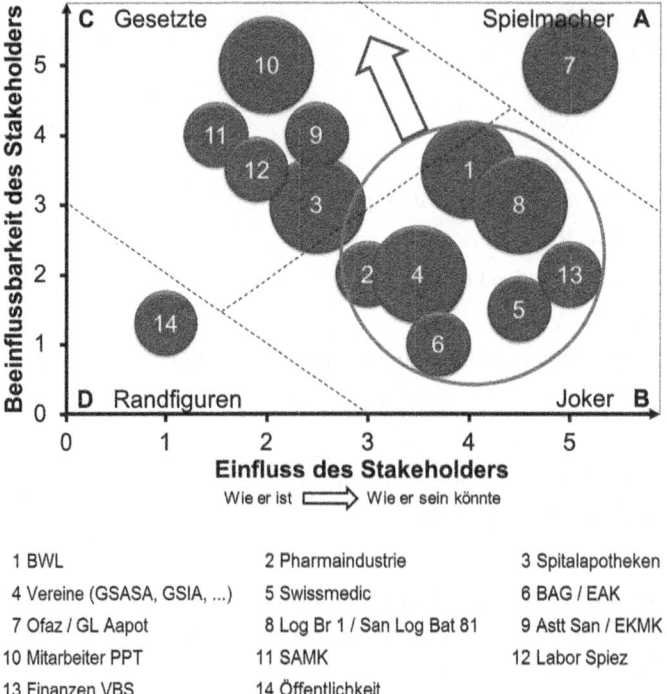

Abb. 10.1 Relevanzmatrix der Anspruchsgruppen

BAG, Swissmedic, Pharmaindustrie und die pharmazeutischen Berufsverbände sind schwieriger zu beeinflussen. Ziel ist es, die Industrie und die Verbände möglichst stark mit einzubeziehen: die Industrie beispielsweise durch Sicherstellungsverträge und die Reservierung von Herstellkapazitäten und die Verbände bei der Erarbeitung von Bewirtschaftungsempfehlungen für essenzielle Arzneimittel. Das BAG als direkter Partner im Bereich der Umsetzung des Pandemieplanes und der Beschaffung von Pandemieimpfstoffen für die Schweizer Bevölkerung kann als „gesetzt" betrachtet werden. Im Rahmen der Preisfestsetzung von rezeptpflichtigen Arzneimitteln hat das BAG zusammen mit der EAK einen großen Einfluss auf die Industrie und deren Sortimente in der Schweiz. Hier ist die Beeinflussbarkeit durch den Bereich PPT momentan sehr gering. Swissmedic als schweizerische Zulassungs- und Kontrollbehörde für Heilmittel ist auch bei der Armeeapotheke für die Zulassung von Arzneimitteln sowie für die Betriebsbewilligung zur Herstellung und zum Großhandel von Arzneimitteln zuständig.

Insbesondere bei der Herstellung von Arzneimitteln für einen KSD-Fall lässt das Heilmittelrecht einen gewissen Spielraum zu. Hier wird es darum gehen, diesen Spielraum möglichst umfassend ausnutzen zu können.

Als interne „Joker" haben wir die Log Br 1 mit dem direkt unterstellten San Log Bat 81 (8) sowie den Armeestab mit den Finanzen VBS (13) aufgeführt. Beide Joker beeinflussen die Zielerreichung enorm. Der Armeestab teilt die Finanz- und Personalressourcen innerhalb des Departementbereiches Verteidigung zu und hat damit einen maximalen Einfluss mit momentan geringer Beeinflussbarkeit. Das San Log Bat 81 unterstützt den Bereich PPT mit temporärem Miliz-Fachpersonal und ist damit eine wichtige Ressource. Hier stehen die personelle Alimentierung dieses Bataillons sowie das Einsatzkonzept zugunsten der Aapot im Vordergrund. Die diesbezügliche Hauptverantwortung liegt beim Kommandanten der Log Br 1. Da der Hauptauftrag des Bataillons ist, die Aapot zu unterstützen und deren Durchhaltefähigkeit zu erhöhen, ist die Beeinflussbarkeit des Kommandanten der Log Br 1 durch die Aapot und damit auch durch den Bereich PPT bereits relativ hoch, muss aber weiter erhöht werden.

Bei den „Gesetzten" liegt die Macht beim Bereich PPT respektive der Aapot. Als „Gesetzte" können folgende interne Anspruchsgruppen bezeichnet werden: die Mitarbeiter des Bereiches PPT (10), der Asst San und die EKMK (9), die SAMK (11) sowie das Labor Spiez (12). Extern gesetzt sind die Krankenhausapotheken (3) im Bereich der Herstellkompetenz von Arzneimitteln. Diese Anspruchsgruppen sind abhängig vom Zuspruch des Bereiches PPT und damit gut beeinflussbar und haben selbst nur einen beschränkten Einfluss.

Als „Randfigur" wählen wir die Öffentlichkeit (14), die im Zusammenhang mit der Zielerreichung zwar zentrale „Leistungsbezieherin" ist, darauf jedoch selbst keinen Einfluss hat und auch nur in sehr geringem Ausmaß beeinflussbar ist. Hier geht es vor allem darum, die Öffentlichkeit zeitgerecht und angemessen zu informieren. Beispiele sind die Versorgung mit Kaliumiodidtabletten oder Pandemieimpfstoffen.

Schritt 3: Erwartungen, Ambitionen und Nutzenversprechen
Im dritten Schritt wurden die Erwartungen der einzelnen Anspruchsgruppen (Typ A–C) gegenüber dem Bereich PPT eingeschätzt. Diese Einschätzungen wurden teilweise in Interviews überprüft. Innerhalb der einzelnen Anspruchsgruppen sind die Sichtweisen nicht immer homogen. In Tab. 10.2 sind jeweils die wichtigsten Erwartungen dokumentiert, bezüglich derer Konsens herrscht. In der zweiten Spalte werden die Ambitionen dargelegt, die der Bereich PPT bezüglich der einzelnen Anspruchsgruppen verfolgt. Aus der Gegenüberstellung der Erwartungen der Anspruchsgruppen und der Ambitionen des Bereiches PPT werden die Nutzenversprechen („Value Propositions") abgeleitet.

Die Anspruchsgruppenanalyse hat dabei geholfen, die Anspruchsgruppen zu erkennen und deren Relevanz zu beurteilen. Die Anspruchsgruppen mit der höchsten Relevanz sind der Oberfeldarzt und damit der Delegierte des BR für den KSD (7) („Spielmacher"), das BWL (1), das BAG (6), die Fachverbände (4), die Pharmaindustrie (2) und Swissmedic (5) (externe „Joker") sowie das San Log Bat 81 (8) und der A Stab/Finanzen VBS (13) (interne „Joker"). Zur Zielerreichung spielen diese Anspruchsgruppen eine absolut zentrale Rolle. Aufgrund der evaluierten Erwartungen, Ambitionen und Nutzenversprechen haben wir die Anspruchsgruppen besser kennengelernt. In einem nächsten Schritt sollen die Abhängigkeiten dieser Akteure genauer untersucht werden.

Tab. 10.2 Erwartungen, Ambitionen und Nutzenversprechen

Anspruchsgruppe	Erwartungen	Ambitionen	Nutzenversprechen
Oberfeldarzt bzw. GL Aapot (7) (Typ A)	Maßgebliche Mitarbeit bei der Umsetzung der Gesamtstrategie Sanitätsdienst	Stärkung der Akzeptanz und des Vertrauens der GL in den Bereich PPT durch zuverlässige und unverzichtbare Leistungen	Der Bereich PPT trägt dazu bei, den Sanitätsdienst als akzeptierten, ganzheitlichen und erfolgreichen Leistungserbringer in der Armee und zuverlässigen Partner im Gesundheitswesen (KSD) und in der Politik und Wirtschaft zu etablieren
	Verlässlicher KSD-Partner	Gegenseitige Loyalität und Unterstützung	
BWL (1) (Typ B)	Mitarbeit der Aapot in der Milizorganisation BWL	Enge Zusammenarbeit mit dem BWL	Stärkung der Wirtschaftlichen Landesversorgung durch die Leistungen des Bereiches PPT in den Bereichen Lagerung und Herstellung essenzieller Arzneimittel sowie fachliche Unterstützung im Grundversorgungsbereich „Heilmittel"
	Mitarbeit der Aapot bei der Heilmittelplattform	Analysierte und breit abgestützte Szenarien	
	Lagerung und Verarbeitung von Antibiotikarohstoffen	Stellen von Miliz-Kadermitgliedern im Grundversorgungsbereich „Heilmittel" und der Pharmafachkommission der Pflichtlagerorganisation „Helvecura"	
	Herstellung weiterer für die Versorgungssicherheit der Bevölkerung essenzieller Arzneimittel	Zur Verfügung stellen von Lager- und Herstellkapazität	

(Fortsetzung)

Tab. 10.2 (Fortsetzung)

Anspruchsgruppe	Erwartungen	Ambitionen	Nutzenversprechen
Pharmaindustrie (2) (Typ B)	Umsatzsteigerung	Sicherstellungsverträge für essenzielle Arzneimittel	Aapot als langfristiger Kunde
	Steigerung des Bekanntheitsgrades einzelner Handelsprodukte	Übernahme von Zulassungsdossiers für essenzielle Arzneimittel	Bei Lieferengpässen der Industrie: Freigabe der sichergestellten Produkte für den Markt
	Langfristige Zusammenarbeit	Teilnahme an der Heilmittelplattform	Übernahme von essenziellen „End-of-Life"-Produkten
	Reputationssteigerung	Reservierungsverträge von Herstellkapazitäten für Impfstoffe	Aapot als Referenzkunde
		Zusatzdienstleistungen (z. B. Direktbelieferung von Impfstoffen)	„Werbewirkung" der Produkte der Medikamentenliste der Aapot
Vereine (4) (Typ B)	Mitarbeit der Aapot in den Vorständen, Arbeitsgruppen und Projekten (z. B. Agr Antidota GSASA/Tox Info Suisse)	Indirekte Einflussnahme bei der Industrie, den Krankenhäusern und den öffentlichen Apotheken bei Fragestellungen und Empfehlungen zur Versorgungssicherheit mit Arzneimitteln in außerordentlichen Lagen	Unterstützung bei der Erreichung der Vereinszwecke
	Aapot als „Bundesapotheke" zur Sicherstellung essenzieller Arzneimittel (beispielsweise durch Übernahme von Zulassungsdossiers unrentabler Produkte)		Verbesserte Versorgungssicherheit mit Arzneimitteln in normalen und KSD-Lagen
			Ausbildungsstandort im Bereich der Weiterbildung „Pharmazeutische Herstellung"

(Fortsetzung)

Tab. 10.2 (Fortsetzung)

Anspruchsgruppe	Erwartungen	Ambitionen	Nutzenversprechen
Swissmedic (5) (Typ B)	Einhaltung der regulatorischen Anforderungen bei der Herstellung, der Lagerung und dem Vertrieb von Arzneimitteln	Zweckdienliche Interpretation des Art. 17 VAZV (Arzneimittel für Zwecke des KSD)	Verfügbarmachen und -halten von Antidota und anderen essenziellen Arzneimitteln auf dem Schweizer Markt
	Mitarbeit der Aapot in Swissmedic Fachausschüssen (FA) und Arbeitsgruppen (AGr) und bei der Erarbeitung von ausgewählten Arzneibuchmonografien	Zweckdienliche Umsetzung der Swissmedic Verwaltungsverordnung „Zulassung von wichtigen und selten angewendeten Antidota"	Fachinputs und Unterstützung durch Mitarbeit in FA und Agr
		Betriebsbewilligung der Swissmedic zur Herstellung von Arzneimitteln	Musterherstellung von essenziellen Arzneimitteln zur Erarbeitung bzw. Aktualisierung von Arzneibuchmonografien
		Bewilligung der Swissmedic zur Einfuhr, zum Großhandel und zur Ausfuhr von Arzneimitteln	
BAG (6) (Typ B)	Beschaffung bzw. Lagerung und Verteilung von Pandemieimpfstoffen	Aktueller Influenza-Pandemieplan mit klarer Aufgaben- und Kompetenzenzuteilung an die involvierten Akteure	Lead der Aapot bei der logistischen Umsetzung der Beschaffung, Lagerung und Verteilung des Influenza-Pandemieimpfstoffes
	Mitarbeit der Aapot in Kommissionen (z. B. EKP)	Berücksichtigung der „Essenzialität" eines Arzneimittels bei der Preisfestsetzung	

(Fortsetzung)

Tab. 10.2 (Fortsetzung)

Anspruchsgruppe	Erwartungen	Ambitionen	Nutzenversprechen
Log Br 1/San Log Bat 81 (8) (Typ B)	Fachliche Unterstützung der Aapot bei der Herstellung von Arzneimitteln	Herstellung qualitativ hochstehender essenzieller Arzneimittel in den vorgegebenen Quantitäten und innerhalb der gesetzten Fristen	Militärdienst in einer modernen Pharmainfrastruktur
	Freigegebene Herstell- und Analysevorschriften	Erhöhung der Durchhaltefähigkeit der zivilen Mitarbeiter in KSD-Fällen	Ziviler Nutzen der im Militärdienst erworbenen Kenntnisse im Bereich der Herstellung von Medikamenten
	Geeignete und gewartete Infrastruktur zur Herstellung von Arzneimitteln	Know-how aus der Privatwirtschaft	Sinnvolle Tätigkeiten zugunsten der Allgemeinheit
A Stab bzw. Finanzen VBS (13) (Typ B)	Effektives Ressourcenmanagement	Der A Stab versteht die Hintergründe und den Zweck einer eigenständigen Pharmaproduktion und die finanziellen und personellen Konsequenzen und unterstützt den Bereich PPT entsprechend	Reputationsgewinn
	Verzicht auf nicht zwingend Notwendiges		Relevanter Beitrag zur Erreichung der Vision VBS[a] Beitrag zur Anerkennung des VBS als wichtigen Partner der zivilen Behörden bei Katastrophen und Notlagen
	Umsetzen von Budgetkürzungen und Personalabbau		

(Fortsetzung)

Tab. 10.2 (Fortsetzung)

Anspruchsgruppe	Erwartungen	Ambitionen	Nutzenversprechen
Spitalapotheken (3) (Typ C)	Herstellung von nicht mehr auf dem Markt verfügbaren essenziellen Arzneimitteln durch die Aapot	Erhöhung der Resilienz in normalen und außerordentlichen Lagen durch eine zweckmäßige Lagerhaltung der Krankenhausapotheken von essenziellen Arzneimitteln (Eigenprodukte und Handelsprodukte)	
	Vorratshaltung teurer und selten gebrauchter essenzieller Arzneimittel durch die Aapot	Erhöhung der Resilienz in außerordentlichen Lagen durch ein möglichst umfangreiches Sortiment der Krankenhausapotheken an selbst herstellbaren Arzneimitteln	
	24-h-Pikettdienst für Notfallprodukte		24-h-Pikettbelieferung von Antidota gemäß der im BAG Bulletin jährlich publizierten Antidota-Liste (BAG Bulletin 35/15, S. 661 „2. Spezialsortimente, 2b. Sortiment der Armeeapotheke")
	Aapot als Ausbildungsstandort für das Weiterbildungsmodul „Pharmazeutische Herstellung"		Erhöhung der Herstellkompetenz im Rahmen des Weiterbildungsmoduls „Pharmazeutische Herstellung" des DAS Krankenhauspharmazie am Standort der Aapot

(Fortsetzung)

Tab. 10.2 (Fortsetzung)

Anspruchsgruppe	Erwartungen	Ambitionen	Nutzenversprechen
Asst San/EKMK (9) (Typ C)	Besetzung von Milizfunktionen des Asst San durch MA des Bereiches PPT (vorzugsweise die Funktionen „Chef Logistik" und „Chef Sanitätslogistik")	Know-how-Gewinn aus verschiedenen Bereichen des Schweizerischen Gesundheitswesens	Einbringen von Kompetenzen in den Bereichen Sanitätslogistik und pharmazeutische Herstellung
	Mitarbeit der Aapot in der EKMK	Szenarioanalysen	
		EKMK: Jährlich aktualisierte Liste der Hauptprodukte[b]	
Mitarbeiter PPT (10) (Typ C)	Sinn der Arbeit	Erreichen bzw. Übertreffen der Bereichsziele	Attraktive Anstellungs- und weitere Rahmenbedingungen
	Sozialbeziehungen	Flexibilität	Interessantes Arbeitsumfeld
	Identität	Eigeninitiative	
	Selbstverwirklichung	Weiterentwicklung	Umfassende Weiterbildungsmöglichkeiten
	Arbeitsplatzsicherheit	Geringe Fluktuation	

(Fortsetzung)

Tab. 10.2 (Fortsetzung)

Anspruchsgruppe	Erwartungen	Ambitionen	Nutzenversprechen
SAMK (11) (Typ C)	Mitarbeit beim Aufbau und Betreiben des Fachzentrums „Notfall- und Katastrophenpharmazie" innerhalb der SAMK	Nutzbare Erkenntnisse aus Forschungsprojekten im Bereich der Notfall- und Katastrophenpharmazie	Unverzichtbarer Partner für den Aufbau und Betrieb des Fachzentrums „Notfall- und Katastrophenpharmazie"
	Ausbildung von Apotheker-Offizieren und zivilen Fachpersonen (z. B. Kurse in Herstellung und Versorgung von Arzneimitteln in außerordentlichen Lagen)	Szenarien bzw. Szenarioanalysen im Bereich des Koordinierten Pharmazeutischen Dienstes	Stärkung und damit Reputationsgewinn der SAMK sowohl auf nationaler Ebene als auch auf internationaler Ebene und damit Stärkung des KSD
		In Notfall- und Katastrophenpharmazie ausgebildete Apotheker	

(Fortsetzung)

Tab. 10.2 (Fortsetzung)

Anspruchsgruppe	Erwartungen	Ambitionen	Nutzenversprechen
Labor Spiez (12) (Typ C)	Materielle und logistische Unterstützung zur Bewältigung von ABC-Ereignissen	Entwicklung von Referenzszenarien und Bewältigungsstrategien im ABC-Bereich	Materieller und logistischer Beitrag zur Bewältigung einzelner ABC-Referenzszenarien

[a]Vision VBS: Wir sind das Kompetenz- und Leistungszentrum des Bundes für die strategische Sicherheit und Landesverteidigung, die subsidiäre Unterstützung der zivilen Behörden, die militärische Friedensförderung, die Sicherheit und den Schutz der Bevölkerung sowie die Hilfe bei Katastrophen und Notlagen

[b]Hauptprodukte sind Fertigprodukte der wichtigen Arzneistoffe, die mittels Eigenproduktion der Armeeapotheke hergestellt werden oder als Handelsware eingelagert sind. Die Liste der Hauptprodukte der Arzneimittel hat für die Partner der Vertriebskette, außer wenn Sicherstellungs- oder Pflichtlagerverträge unterzeichnet wurden, empfehlenden Charakter. Die Marktverfügbarkeit wichtiger Arzneistoffe wird durch die Armeeapotheke beobachtet. Hierzu wird die Liste der Hauptprodukte jährlich von der Armeeapotheke und der Eidgenössischen Kommission für Militär- und Katastrophenmedizin (EKMK) bzw. dem Oberfeldarzt als Beauftragter des Bundesrates für den KSD überarbeitet und dem aktuellen therapeutischen Wissensstand und der Verfügbarkeit der Arzneimittel angepasst

10.4 Kausale Modellierung strategischer Abhängigkeiten

Die Methodik des vernetzten Denkens ist eine Möglichkeit, die komplexen Interaktionen zwischen Umwelt und Organisationen zu betrachten (vgl. Gomez und Propst 1999; Grösser 2012). Die Darstellung wesentlicher Abhängigkeiten von relevanten Akteuren in Form eines System-Struktur-Diagramms ist eine bewährte Methode zur integrierten Betrachtung der Einflusskräfte. Dadurch werden insbesondere die dynamischen Wechselwirkungen der verschiedenen Einflussvariablen auf die Zielgrößen besser verständlich. Darauf aufbauend können Szenarioanalysen erstellt werden. Die Modellgrenze ist die bei normaler Lage versorgte Bevölkerung mit Arzneimitteln. Mögliche Maßnahmen zur Erhöhung der Versorgungssicherheit bei normaler Lage sind nicht Bestandteil dieser Analyse. Solche wurden in einem kürzlich erschienenen Bericht (Schweizerische Eidgenossenschaft 2016) vorgeschlagen. Auch dabei spielt die Armeeapotheke eine wichtige Rolle.

10.4.1 Zielgrößen

Die primäre Zielgröße ist der Anteil im Rahmen des KSD zeitgerecht mit Arzneimitteln versorgte Bevölkerung. Bis Ende des Jahres 2022 soll dieser Anteil mindestens 80 % betragen (siehe Abb. 10.2).

Im Jahr 1990 ging man davon aus, dass im Rahmen eines kriegerischen Ereignisses die Versorgung der Armee und der Bevölkerung mit essenziellen Arzneimitteln aufgrund der getroffenen Maßnahmen zu 100 % gewährleistet gewesen wäre.

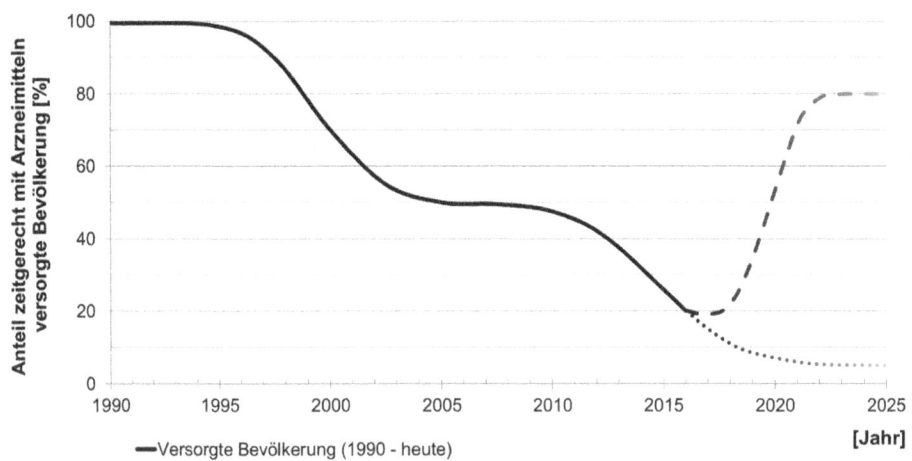

Abb. 10.2 Anteil im Rahmen des KSD zeitgerecht mit Arzneimitteln versorgte Bevölkerung

Durch den stattfindenden Wechsel des Auftrags der Armee, d. h. zivile Behörden im Rahmen ungeplanter, außerordentlicher Ereignisse zu unterstützen, ist die Komplexität der Planung gestiegen. Szenarioanalysen müssen sowohl wahrscheinliche als auch seltene Szenarien mit hohem Schadensausmaß berücksichtigen. Alle Szenarien wird man nie durchplanen können. Zudem ist der effektive Bedarf an essenziellen Arzneimitteln mit großen Unsicherheiten behaftet. Der Anteil von 80 % in einem KSD-Fall mit Arzneimitteln versorgte Bevölkerung scheint zum heutigen Zeitpunkt realistisch. Eventuell kann dieser Anteil zu einem späteren Zeitpunkt noch erhöht werden.

Die Anzahl der hergestellten Eigenprodukte ist die sekundäre Zielgröße. Bis Ende 2022 sollen mindestens 50 % des Gesamtbedarfes aller im Rahmen des KSD eingesetzten Arzneimittel selbst hergestellt werden. Mit der Eigenproduktion von essenziellen Arzneimitteln kann eine größtmögliche unabhängige Versorgungssicherheit gewährleistet werden. Je höher die Anzahl selbst hergestellter Produkte, desto geringer die Abhängigkeit von anderen Partnern.

10.4.2 Kausales systemdynamisches Modell

Das kausale systemdynamische Modell des Bereiches PPT zur geplanten Sicherstellung der Versorgung der Schweizer Bevölkerung mit Arzneimitteln im Rahmen des KSD ist in Abb. 10.3 als System-Struktur-Diagramm (SSD) dargestellt. Dazu wurde die Software Vensim® PLE for Windows, Version 6.3D verwendet.

In der rechten Hälfte der Abbildung befinden sich die Variablen sowie die Bestandes- und Flussgrößen im Zusammenhang mit der primären Zielgröße. Der linke Teil der Abbildung zeigt die Abläufe zur Beeinflussung der sekundären Zielgröße. Dieses Modell beinhaltet die relevanten Variablen und deren Interdependenzen. Es ist nicht beabsichtigt, dass das Modell für den Leser direkt verständlich ist. Vielmehr ermöglicht dies dem Leser, einen Überblick zu erhalten, um die in den nachfolgenden Unterkapiteln dargestellten Modelle einordnen zu können.

10.4.3 Zwischenstrukturen und wichtige Ressourcen (Bestandsgrößen)

Die folgenden Unterkapitel zeigen einige Zwischenstrukturen, wichtige Bestandsgrößen sowie Variablen und erklären diese im Zusammenhang mit den beiden Zielgrößen. Zur Erhöhung der Übersichtlichkeit haben wir die Darstellungen teilweise leicht angepasst, jedoch ohne inhaltliche Änderungen gegenüber der SSD-Gesamtstruktur in Abb. 10.3.

10.4.3.1 Zwischenstruktur „Festlegung essenzielle Arzneimittel"
In der Zwischenstruktur gemäß Abb. 10.4 steckt viel Gehalt. Zur Erhöhung der Übersichtlichkeit wurden gegenüber früheren Versionen zahlreiche Variablen gestrichen bzw. zusammengefasst.

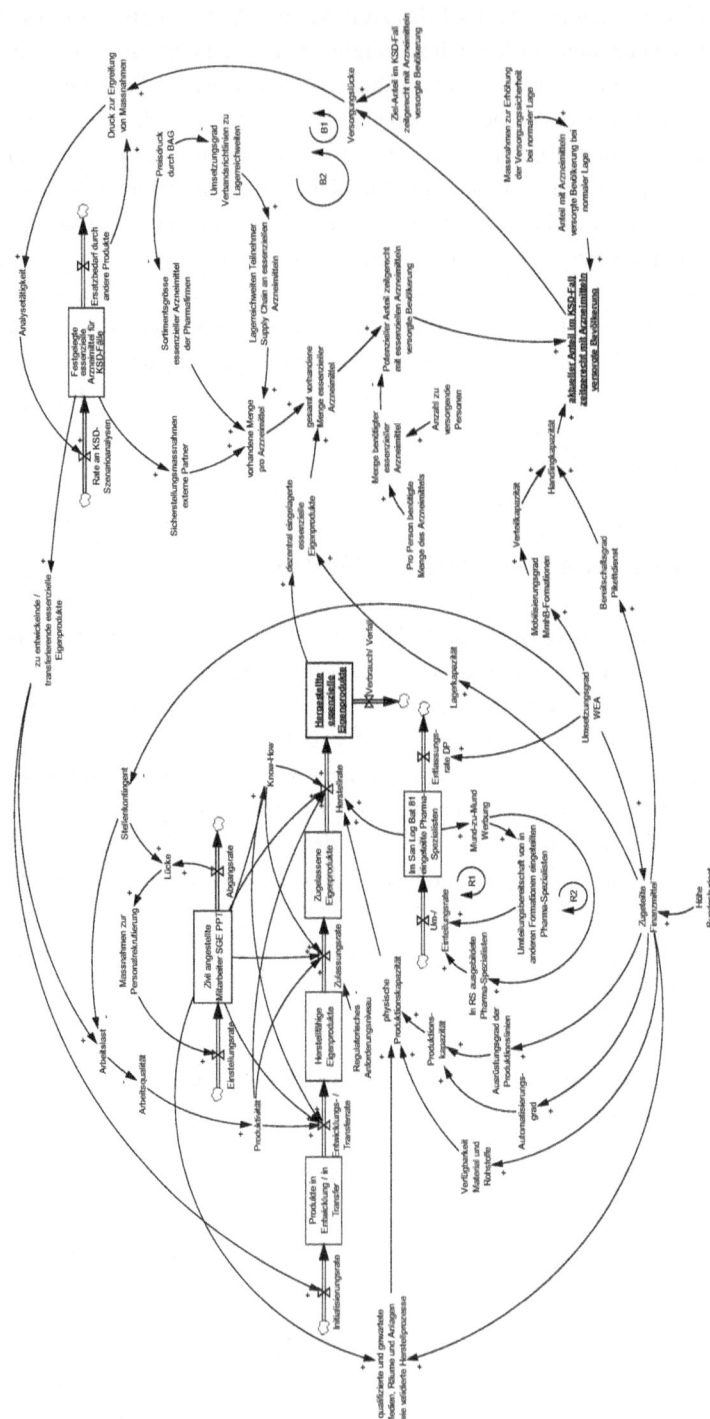

Abb. 10.3 System-Struktur-Diagramm zur KSD-Versorgung mit Arzneimitteln

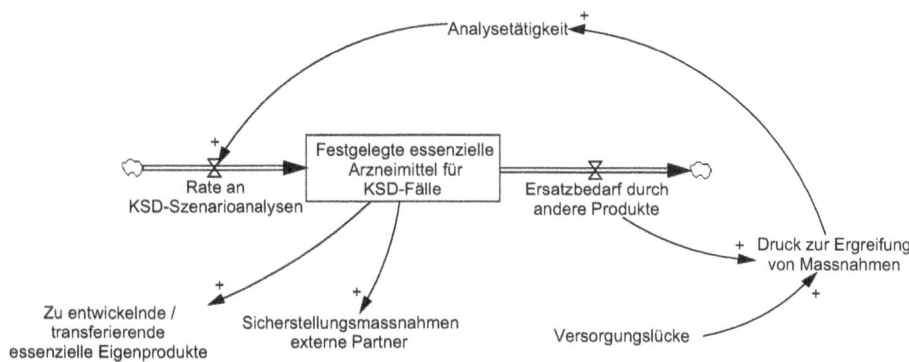

Abb. 10.4 Zwischenstruktur „Festlegung essenzielle Arzneimittel"

Die momentan bestehende Versorgungslücke erfordert Maßnahmen zur Behebung dieser Lücke. In einem ersten Schritt geht es darum, einen möglichst vollständigen Katalog an essenziellen Arzneimitteln zusammenzustellen. Dies klingt trivial, ist es jedoch nicht. Das Ziel ist, mit einer qualitativen und quantitativen Auflistung aller in einem möglichen KSD-Fall benötigten Arzneimittel eine Entscheidungsbasis zu erstellen. Dazu werden mögliche Szenarien analysiert, bei denen der KSD im Zentrum steht. Pro Szenario wird der medizinische Leistungsumfang definiert, d. h. die zu behandelnde Art an Verletzungen wie z. B. Knochenbrüche, Kopfverletzungen und die erwartete Anzahl Patienten pro Verletzungsart. Zusätzlich erfolgt die Beurteilung, ob ein Krankenhausaufenthalt mit oder ohne Intensivpflege erforderlich ist. Nach der Festlegung der therapeutischen Maßnahmen erfolgt die Quantifizierung der materiellen Bedürfnisse, darunter auch diejenige der benötigten Arzneimittel (Wirkstoff, galenische Form, Dosierung, Therapiedauer). Diese Analysen sind unter der Variable „Analysetätigkeit" zu verstehen. Dazu sind insbesondere die Anspruchsgruppen BWL, die EKMK und der Asst San gefragt. Das dort vorhandene medizinische, pharmazeutische und logistische Fachwissen ist enorm und darauf zugeschnitten, solche Problemstellungen detailliert zu analysieren.

Aufgrund der festgelegten essenziellen Arzneimittel muss in einem zweiten Schritt entschieden werden, welche davon selbst entwickelt und hergestellt werden sollen (sekundäre Zielgröße) und welche mit anderen Maßnahmen sichergestellt werden. Auf die Eigenprodukte gehen wir in den Abschn. 10.4.3.4 bis Abschn. 10.4.3.7 genauer ein. Die Sicherstellungsmaßnahmen der essenziellen Handelsprodukte erklären wir in Abschn. 10.4.3.2.

10.4.3.2 Zwischenstruktur „Menge Arzneimittel externe Maßnahmen"

Die gesamte vorhandene Menge essenzieller Arzneimittel ergibt sich aus den Sicherstellungsmaßnahmen in Zusammenarbeit mit externen Partnern sowie den selbst hergestellten essenziellen Eigenprodukten. Diese Mechanik ist in Abb. 10.5 dargestellt.

Die externen Maßnahmen zur Sicherstellung essenzieller Arzneimittel umfassen:

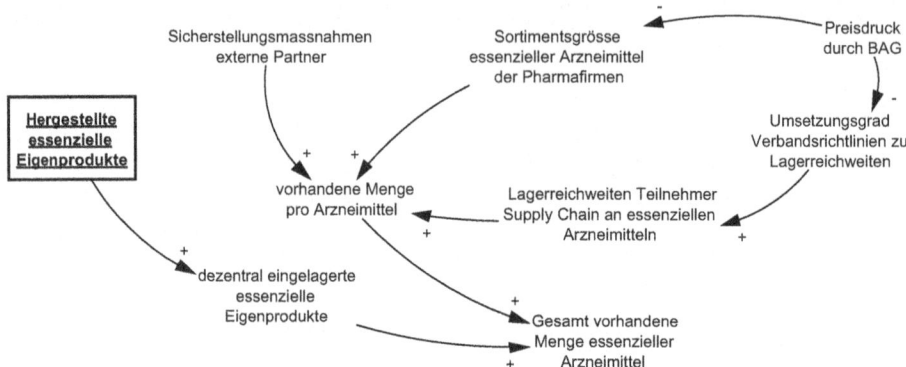

Abb. 10.5 Zwischenstruktur „Menge Arzneimittel externe Maßnahmen"

- Sicherstellungsverträge für Handelsprodukte: Hierbei schließt die Aapot auf Antrag des Bereiches PPT Verträge mit der Industrie ab, mit denen der Vertragspartner eine bestimmte Menge eines essenziellen Arzneimittels in seinen Lagern vorrätig hält und innerhalb einer vereinbarten Zeit ausliefern kann. Der Lagerbestand darf kontinuierlich umgeschlagen werden mit der Auflage, dass ein definierter Mindestbestand nicht unterschritten werden darf.
- Obligatorische Arzneimittel-Pflichtlager der Industrie[4]: Diese beinhalten beispielsweise Antibiotika, starke Schmerzmittel und zukünftig auch Impfstoffe. Die Verträge werden zwischen dem BWL und der Industrie abgeschlossen. Durch Einsitz von Vertretern der Aapot in den entsprechenden Gremien des BWL ist eine Einflussnahme auf die Warenliste im Anhang der Verordnung möglich.
- Heilmittelplattform[5]: Fachliche Unterstützung der seit dem 1. Oktober 2015 vom BWL betriebenen Informations- und Koordinationsplattform („Meldestelle") durch Vertreter der Aapot. Die Plattform soll im Sinne eines Frühwarnsystems eine rasche Erfassung der Versorgungsstörungen und die Einleitung geeigneter Maßnahmen ermöglichen, falls die Wirtschaft die Situation nicht selbst bewältigen kann.
- Reservierungsverträge zur Sicherstellung von Produktionskapazitäten für Arzneiformen, die vom Bereich PPT nicht selbst hergestellt werden können. Beispiel: Der im Jahre 2014 mit Novartis abgeschlossene Vertrag zur Sicherung von Produktionskapazitäten für die Pandemie-Impfstoff-Herstellung.
- Die Aapot als Schweizer Zulassungsinhaberin für ausländische essenzielle Arzneimittel. Beispiele:

---

[4] Gemäß Verordnung über die Pflichtlagerhaltung von Arzneimitteln vom 06.07.1983 (531.215.31).
[5] Verordnung über die Meldestelle für lebenswichtige Humanarzneimittel vom 12.08.2015 (531.215.32).

- Kaliumiodid-Tabletten[6, 7] (Swissmedic-Zulassungsnummer 57068). Anwendung bei einem Kernkraft-Störfall in einem der Schweizer Kernkraftwerke;
- Atox II ComboPen Auto-Injector (Swissmedic-Zulassungsnummer 58524). Mittel gegen Vergiftungen mit Nervenkampfstoffen.
- Durch die Aapot beschaffte und eingelagerte Handelsprodukte: Dies war eine in den Zeiten des Kalten Krieges gängige Maßnahme (sog. „Kriegsreserve"). Diese ziemlich kostenintensive Variante ist für diejenigen Arzneimittel vorzusehen, bei denen keine der oben genannten Maßnahmen möglich ist.
- Einflussnahme auf das BAG bei der Preisfestsetzung kassenpflichtiger Arzneimittel mit der Forderung, dabei die „Essenzialität" eines Arzneimittels zu berücksichtigen. Zu niedrig festgesetzte Preise veranlassen die Firmen, ihr Sortiment zu verkleinern und nicht rentable Produkte ersatzlos zu streichen. Die EAK berät das BAG als Milizkommission bei der Erstellung der sog. Spezialitätenliste[8] nach Art. 34 KVV. Bis vor einigen Jahren war die Aapot mit einem Sitz in der EAK vertreten. Ein Wiedereintritt eines Vertreters des Bereiches PPT könnte in diesem Zusammenhang diskutiert werden.
- Verbandsrichtlinien zu Lagerreichweiten essenzieller Arzneimittel: Der finanzielle Druck und die konsequente Umsetzung der Just-in-time-Belieferung haben auf allen Stufen der Supply Chain zu einer deutlichen Verringerung der Lagerbestände geführt, auch für essenzielle Arzneimittel. Die Umsetzung entsprechender Verbandsrichtlinien ist nachdrücklich zu unterstützen.
- Unterstützung von Krankenhausapotheken bei deren Herstellung essenzieller Arzneimittel durch Mitarbeitende des Bereiches PPT und Angehörige des San Log Bat 81 zur Erhöhung der Produktionskapazität bei großer Nachfrage.

10.4.3.3 Zwischenstruktur „Primäre Zielgröße externe Maßnahmen"

Die in Abb. 10.6 dargestellte Zwischenstruktur stellt die Gesamtmechanik im Zusammenhang mit der primären Zielgröße dar, also der aktuelle Anteil im KSD-Fall zeitgerecht mit Arzneimitteln versorgte Bevölkerung, jedoch ohne den Einfluss der „internen" Maßnahmen wie Entwicklung, Transfer, Zulassung und Herstellung von Eigenprodukten. Sie setzt sich aus den Zwischenstrukturen der Abschn. 10.4.3.1 und 10.4.3.2 zusammen, ergänzt mit einigen zusätzlichen Variablen. Der „Anteil mit Arzneimitteln versorgte Bevölkerung bei normaler Lage", also gewissermaßen die Grundversorgung, ist besonders erwähnenswert. Diese Variable ist im Gesamtzusammenhang „Versorgung der Bevölkerung mit Arzneimitteln bei normaler Lage und im Rahmen des Koordinierten Sanitätsdienstes" sehr wichtig. Je höher die Resilienz[9] der Versorgung bei normaler Lage

---

[6]www.kaliumiodid.ch, Verordnung über die Versorgung der Bevölkerung mit Jodtabletten.
[7]Gemäß Verordnung über die Versorgung der Bevölkerung mit Jodtabletten vom 22.01.2014 (814.52).
[8]Weiterführende Informationen: www.sl.bag.admin.ch.
[9]Resilienz: Fähigkeit von Systemen, bei einem Teilausfall nicht vollständig zu versagen.

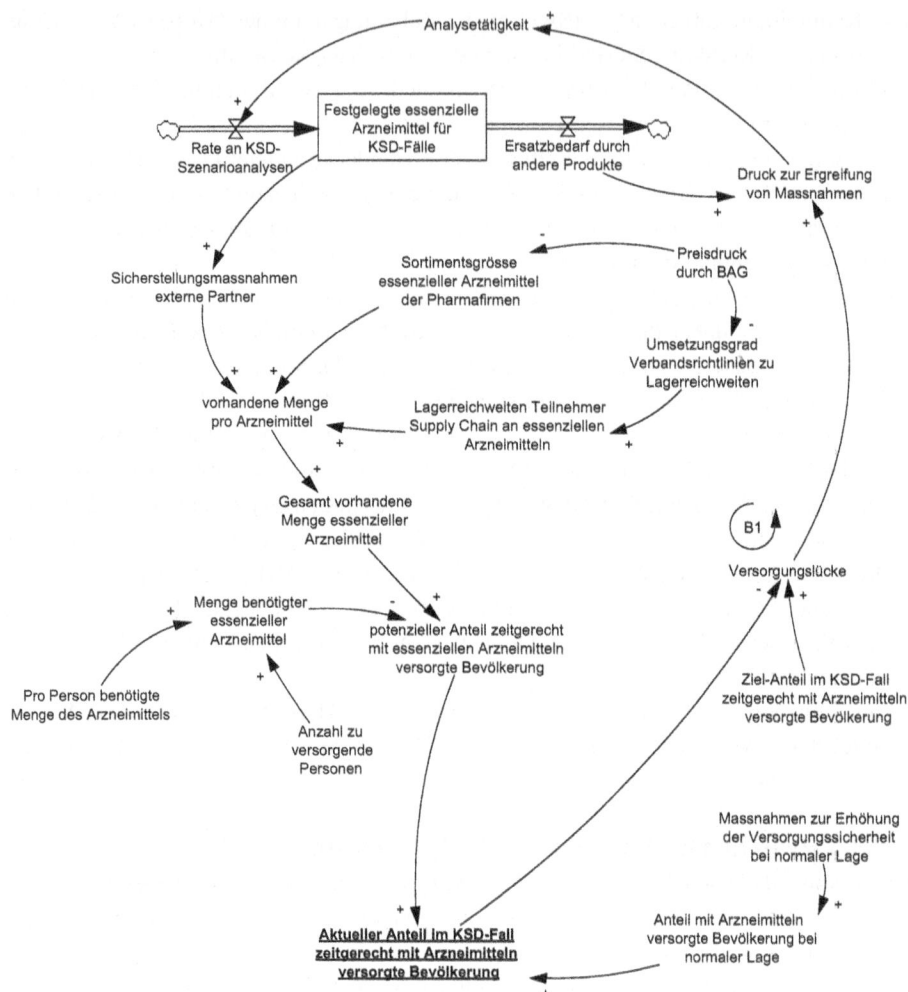

Abb. 10.6 Zwischenstruktur „Primäre Zielgröße externe Maßnahmen"

ist, desto besser ist das Fundament der Versorgung bei außerordentlichen Ereignissen. Diese Variable bildet die Systemgrenze für unsere Analyse, da sie nur in einem geringen Ausmaß durch den Bereich PPT beeinflusst werden kann. Durch folgende Maßnahmen kann ein gewisser Einfluss ausgeübt werden:

- Know-how-Transfer zur Herstellung von Arzneimitteln in den Krankenhausapotheken: Dies kann z. B. durch Leitung des geplanten Moduls „Pharmazeutische Herstellung" im Rahmen des „DAS in Spitalpharmazie" erfolgen.
- Verbandsrichtlinien zu Lagerreichweiten: Analog zu den Ausführungen im Abschn. 10.4.3.2 sind auch hier nachdrücklich Verbandsrichtlinien für alle Stufen der

Supply Chain zu fordern. Dies kann nur durch aktive Teilnahme des Bereiches PPT in den Vorständen der Verbände gelingen.

Der mit „B1" angedeutete ausgleichende Regelkreis wird in Abschn. 10.4.4 beschrieben.

10.4.3.4 Zwischenstruktur „Entwicklung – Transfer – Zulassung – Herstellung"

Die Zwischenstruktur gemäß Abb. 10.7 zeigt im unteren Teil die Basis des Prozesses von der Initialisierung der Entwicklung bis zur Einlagerung der selbst hergestellten Produkte. In Serie haben wir die Bestandsgrößen „Produkte in Entwicklung bzw. in Transfer", die fertig entwickelten bzw. transferierten und damit „Herstellfähigen Eigenprodukte", „Zugelassene Eigenprodukte" (und damit aus regulatorischer Sicht marktfähige Eigenprodukte) sowie „Hergestellte essenzielle Eigenprodukte" mit den Flussgrößen „Initialisierungsrate", „Entwicklungs- bzw. TraMSD Merck Sharp & Dohmensferrate", „Zulassungsrate" sowie „Herstellrate". Die Bestandsgröße „Hergestellte essenzielle Eigenprodukte" ist gleichzeitig die in Abschn. 10.4.1 beschriebene sekundäre Zielgröße.

Die Bestandsgröße „Festgelegte essenzielle Arzneimittel für KSD-Fälle" (Abschn. 10.4.3.1) bildet den Ausgangspunkt für diese Zwischenstruktur. Ausgehend von dieser Bestandsgröße gelangen wir entweder zu den beschriebenen Sicherstellungsmaßnahmen mit externen Partnern oder zur Variable „Zu entwickelnde bzw. transferierende Eigenprodukte", die auf die Initialisierungsrate der Prozesskette „Entwicklung – Transfer – Zulassung – Herstellung" wirkt. Diese Initialisierungsrate wird durch die gewählten Eigenprodukte beeinflusst. Es handelt sich in allen Fällen um Arzneimittel mit bereits bekannten Wirkstoffen. Eine Forschung und Entwicklung neuartiger Wirkstoffe findet nicht statt.

Dazu gibt es folgende Möglichkeiten:

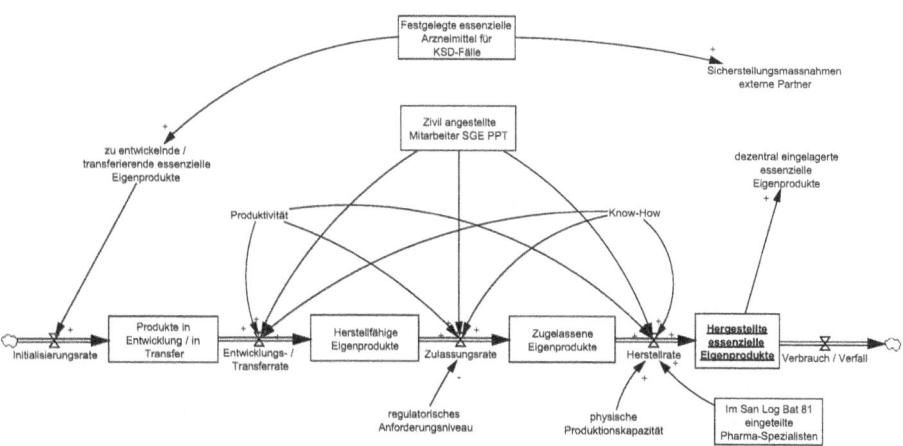

Abb. 10.7 Zwischenstruktur „Entwicklung – Transfer – Zulassung – Herstellung"

- Die Arzneimittel müssen galenisch[10] völlig neu entwickelt werden. Dies ist der aufwendigste Fall und dauert bis und mit Zulassung mindestens drei Jahre. Abhängig von der galenischen Form sind Bioäquivalenzstudien[11] notwendig (Kosten: ca. 300.000 CHF/Studie, Dauer ca. 6 Monate). In diesem Fall ist die Variable „Regulatorisches Anforderungsniveau" von zentraler Bedeutung. Gemäß VAZV (Verordnung des Schweizerischen Heilmittelinstituts über die vereinfachte Zulassung von Arzneimitteln und die Zulassung von Arzneimitteln im Meldeverfahren), Art. 17 (Arzneimittel für den Krankenhausbedarf und Arzneimittel für Zwecke des Koordinierten Sanitätsdienstes) können Arzneimittel, die in einer Krankenhausapotheke für den Krankenhausbedarf oder in der Armeeapotheke für Zwecke des Koordinierten Sanitätsdienstes hergestellt werden, vereinfacht zugelassen werden. Dieser Artikel lässt beträchtlichen Handlungsspielraum bezüglich des Umfangs der Zulassungsunterlagen offen, die bei Swissmedic eingereicht werden müssen. Über dieses Anforderungsniveau muss mit Swissmedic verhandelt werden.
- Übernahme von Zulassungsdossiers essenzieller End-of-Life-Produkte der Pharmaindustrie mit anschließendem Technologie- und Prozesstransfer: Beispielsweise findet momentan der Zulassungs-, Technologie- und Prozesstransfer des Antibiotikums Garamycin® von der Firma MSD Merck Sharp & Dohme AG zur Aapot statt. Dies ist ein Erfolgsbeispiel einer Kooperation mit der Industrie. Damit verschwindet dieses als essenziell eingestufte Produkt nicht vom Markt. Bisher wurden Zulassungen bei End-of-Life-Produkten ohne weitere Abklärungen einfach gelöscht. Mit der Löschung geht das produktspezifische Know-how verloren. Bei gelöschten Zulassungen ist es zudem nicht möglich, das ehemalige Dossier als Basis für eine Neuzulassung zu verwenden. Weitere ähnlich gelagerte Transfers sind in Vorbereitung. Dies erfordert eine gute Vernetzung mit der Industrie und eine aktive Kommunikation solcher Möglichkeiten.
- Technologie- und Prozesstransfer essenzieller Produkte der Pharmaindustrie zur Aapot ohne Übernahme der Zulassung: Vermehrt werden die Produktionsstandorte essenzieller Produkte ins Ausland verlagert. Neben der Pflichtlagerhaltung für dosierte Handelsformen gibt es auch Pflichtlager für Wirkstoffe. Diese sind jedoch nur dann sinnvoll, wenn diese Wirkstoffe auch in der Schweiz zu Fertigprodukten verarbeitet werden können. Mit dem Hersteller von Doxyclin®[12]-Tabletten konnte eine Lohnherstellervereinbarung getroffen werden. Die Aapot wird in diesem Fall zu einem Lohnhersteller der Firma. Dies wird im Zulassungsdossier entsprechend ergänzt. Damit bleibt die Möglichkeit bestehen, den sichergestellten antibiotischen Wirkstoff Doxycyclin auch weiterhin in der Schweiz zu verarbeiten.

---

[10]Galenik ist die Wissenschaft von der Formgebung … der Arzneimittel; „in der Galenik wird aus einem Wirkstoff ein Arzneimittel" (nach Ammon und Schubert-Zsilavecz 2014).

[11]Bioäquivalenz: Biopharmazeutische Gleichwertigkeit zweier Präparate, die den gleichen Wirkstoff in gleicher Dosierung und Arzneiform enthalten (nach Ammon und Schubert-Zsilavecz 2014).

[12]Vergleiche http://www.swissmedicinfo.ch.

- Die Arzneimittel wurden von der Aapot bereits entwickelt und in der zwischenzeitlich geschlossenen Produktionsanlage hergestellt. Hier ist das Know-how vorhanden. Diese Produkte müssen lediglich an den neuen Produktionsstandort transferiert werden. Dazu werden momentan Reinigungs- und Prozessvalidierungen durchgeführt. Der größte Aufwand in diesen Fällen ist das Erstellen der Zulassungsdossiers. Auch hier müssen die Anforderungen an die Zulassung von KSD-Produkten mit Swissmedic diskutiert werden. Aufgrund der im Dezember 2014 durch Swissmedic erteilten Betriebsbewilligung für den neuen Produktionsstandort ist die qualitativ hochstehende industrielle Produktion der Aapot von Arzneimitteln bestätigt. Zu verhandeln ist der für die Zulassung geforderte Dokumentationsaufwand.

Auf die Bestandesgrößen „Zivil angestellte Mitarbeiter des Bereiches PPT" sowie „Im San Log Bat 81 eingeteilte Pharma-Spezialisten" wird in Abschn. 10.4.3.5 näher eingegangen. Diese Bestandesgrößen sowie die Variablen „Know-how", „Produktivität" und „physische Produktionskapazität" haben eine verstärkende Wirkung auf die Flussgrößen des dargestellten Prozesses „Entwicklung–Herstellung".

10.4.3.5 Zwischenstruktur „Ziviles Personal und San Log Bat 81"

Abb. 10.8 beleuchtet die Abhängigkeiten im Zusammenhang mit den Bestandsgrößen „Zivil angestellte Mitarbeiter des Bereiches PPT" und „Im San Log Bat 81 eingeteilte Pharma-Spezialisten" genauer. Zur Erreichung der sekundären Zielgröße sind diese beiden Stocks von zentraler Bedeutung. Die zivilen Mitarbeiter stellen die in Abschn. 10.2 beschriebenen Basisleistungen sicher. Im Bereich der Prozesskette „Entwicklung – Transfer – Zulassung – Produktion" liegt der Fokus wegen knapper Personalressourcen bei den Teilschritten Entwicklung, Transfer, Zulassung und Vorbereitung der Anlagen für eine Produktion von Arzneimitteln. Ein durchgehender Produktionsbetrieb ist jedoch nicht möglich. Aufgrund des vom A Stab und dem Chef LBA fix vorgegebenen Stellenkontingentes besteht kein Handlungsspielraum für eine Personalaufstockung. Mit den bestehenden zivilen Mitarbeitern müssen die Kernkompetenzen in den Bereichen Sterilproduktion (sterile Lösungen in Glasampullen, Mehrdosenbehältnisse und Infusionsflaschen) und Nichtsterilproduktion (Granulate, Tabletten, Salben und nichtsterile Lösungen) erhalten werden. Die Entwicklung und Produktion dieser Arzneiformen erfordert spezifisches Know-how.

Zur Unterstützung bei der Produktion ist der Bereich PPT auf die Zusammenarbeit mit dem San Log Bat 81 angewiesen. Dieses stellt Produktionsspezialisten zur Verfügung, mit denen eine kontinuierliche Produktion über mehrere Wochen pro Jahr möglich ist. Die fachtechnische Ausbildung (GMP, Hygiene, linienspezifische Schulungen) erfolgt unter der Verantwortung der Bereiche PPT und Qualitätssicherung der Aapot. Die Gesamtverantwortung für die Herstellung und die Marktfreigabe der hergestellten Produkte hat die Aapot.

Die Zusammenarbeit der Aapot mit dem San Log Bat 81 hat eine lange Tradition und funktioniert gut, obwohl das San Log Bat 81 als militärischer Verband nicht direkt der

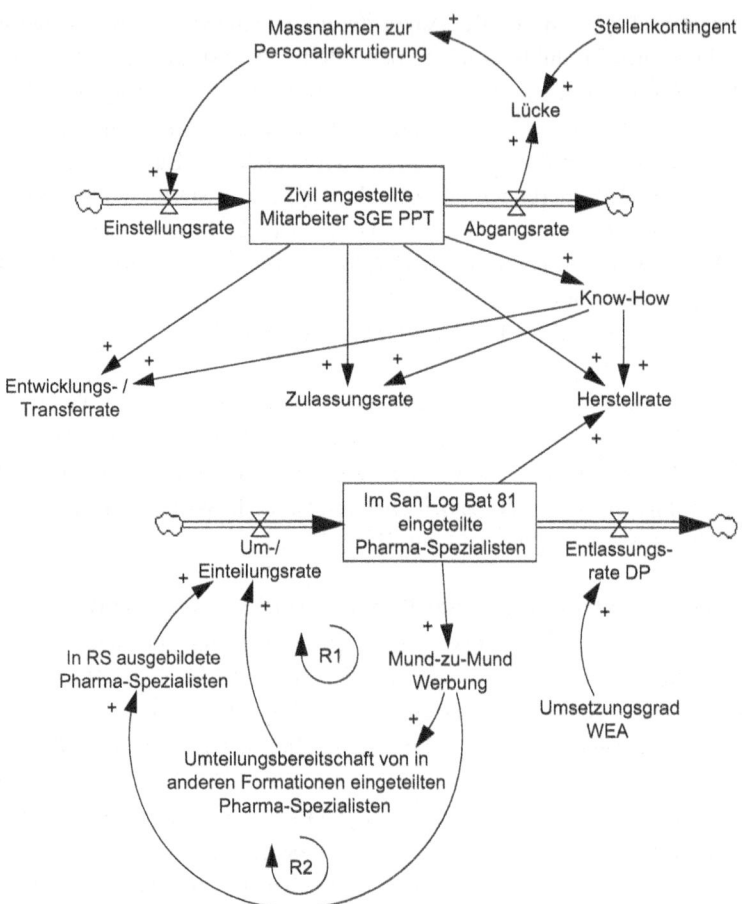

Abb. 10.8 Zwischenstruktur „Ziviles Personal und San Log Bat 81"

Aapot unterstellt ist. Durch die Besetzung von Stabs- oder Kommandofunktionen mit Mitarbeitenden der Aapot kann der Einfluss verstärkt werden. Momentan besteht die Problematik, dass dieser Verband massive Unterbestände aufweist. Die Fachspezialisten müssen aus anderen Formationen in das San Log Bat 81 umgeteilt werden, da keine entsprechenden Funktionen in der Rekrutenschule ausgebildet werden, die danach dem San Log Bat 81 direkt zur Verfügung stehen. Auf mögliche Lösungen und die in diesem Zusammenhang selbstverstärkenden Regelkreise gehen wir in Abschn. 10.4.4 ein.

10.4.3.6 Zwischenstruktur „Finanzmittel"
Abb. 10.9 zeigt den Einfluss der Finanzmittel auf die Produktions- und Lagerkapazität sowie die Lieferbereitschaft für essenzielle Produkte. Die Finanzmittel sind abhängig vom Bundesbudget und werden vom Parlament departementsweise zugeteilt. Im Armeestab plant und steuert der Unternehmensbereich Finanzen das Finanzwesen des

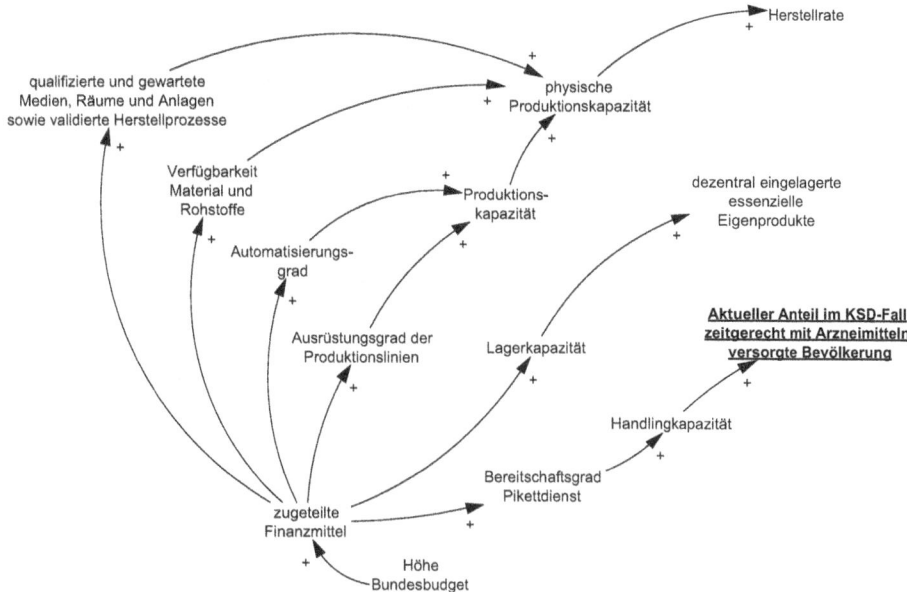

Abb. 10.9 Zwischenstruktur „Finanzmittel"

Departementbereiches Verteidigung und leitet den Budget- und Finanzplanprozess. Die Aapot hat zwei Möglichkeiten, die planbaren Finanzmittel zu beantragen: 1) im Rahmen der 4-Jahres-Planung und 2) während des jährlichen Budgetprozesses. Die zugeteilten Finanzmittel beeinflussen folgende Variablen:

- Die „(technische) Produktionskapazität" wird über die Variablen „Ausrüstungsgrad der Produktionslinien" und „Automatisierungsgrad" beeinflusst. Gegenüber der mittlerweile geschlossenen Produktionsstätte konnten die Produktionskapazitäten aufgrund beträchtlicher Investitionen teilweise um bis Faktor 4 gesteigert werden (größere Chargengrößen, kürzere Durchlauf- und Reinigungszeiten). Eine sorgfältige und gut begründete Bedarfs- und Erneuerungsplanung über mehrere Jahre ist damit zwingend notwendig. Die effektive Zuteilung der Finanzmittel ist jedoch trotzdem nur bedingt steuerbar.
- Die „physische Produktionskapazität" wird über die Variablen „Verfügbarkeit Material und Rohstoffe", „qualifizierte[13] und gewartete Reinmedien, Räume und Anlagen und validierte[14] Herstellprozesse" sowie die oben besprochene Variable „(technische)

---

[13]Qualifizierung: Sicherstellung bei neu bzw. neu in Betrieb genommenen Anlagen, dass diese den vorgesehenen Zweck erfüllen.

[14]Validierung: Durch die Validierung wird der dokumentierte Beweis erbracht, dass ein Prozess oder ein System die vorher spezifizierten Anforderungen (Akzeptanzkriterien) reproduzierbar im praktischen Einsatz erfüllt.

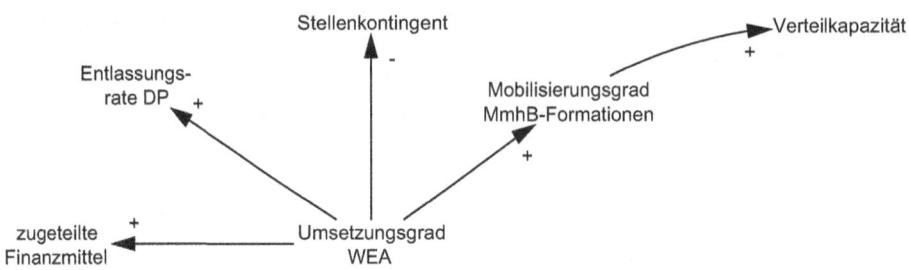

Abb. 10.10 Zwischenstruktur „WEA"

Produktionskapazität" beeinflusst. Der Begriff „physische Produktionskapazität" ist eher ein Begriff aus der Betriebswirtschaft[15]. Im Modell wird damit ausgedrückt, dass die Produktionsanlagen nur ein Teil sind. Es müssen qualifizierte und gewartete Anlagen, validierte Prozesse und die zur Herstellung notwendigen Rohstoffe und Verbrauchsmaterialien zur Verfügung stehen.

- Die Lagerkapazität. In den letzten Jahren wurden viele unter- und oberirdische Lager liquidiert. Zur Sicherstellung einer dezentralen Lagerung der vorgesehenen essenziellen Arzneimittel müssen neue Lagerstätten gefunden werden. Die sog. GDP-Richtlinien wurden 2015 angepasst[16]. Die Qualitätsanforderungen für den Arzneimittelvertrieb (Lager- und Transportbedingungen etc.) wurden verschärft. Für den Aufbau und die Qualifizierung neuer Lager sind damit nicht unbedeutende Finanzmittel bereitzustellen.
- Bereitschaftsgrad Pikettdienst. Damit die 24-h-Pikettbelieferung von Antidota („Gegengiften") gemäß der im BAG Bulletin jährlich publizierten Antidota-Liste (BAG Bulletin 35/15, S. 661 „2. Spezialsortimente, 2b. Sortiment der Armeeapotheke" 2015) stattfinden kann, muss ein entsprechender Bereitschaftsgrad definiert und finanziert werden.

10.4.3.7 Zwischenstruktur „WEA"

In Abb. 10.10 sind die Auswirkungen der Umsetzung der WEA im Zusammenhang mit unserem Modell dargestellt:

- Positive Auswirkung auf die Variable „Zugeteilte Finanzmittel" (vgl. Abschn. 10.4.3.6). Für die Jahre 2017–2020 ist ein Zahlungsrahmen von 20 Mrd. Franken für die Armee

---

[15]Vgl. Tanski (2009), Seite 57: „Die physische Produktionskapazität kann auch als betriebliche Leistungsfähigkeit (operating capability) angesehen werden".
[16]Vgl. AMBV, Änderung vom 10.06.2015.

vorgesehen. Für Investitionen stehen damit grundsätzlich mehr Mittel zur Verfügung. Das Parlament beschließt das Armeebudget mit den jährlichen Voranschlägen.
- Verstärkende Wirkung auf die „Entlassungsrate aus der Dienstpflicht" (vgl. Abschn. 10.4.3.5). Die Armee wird kleiner. Die Anzahl WK werden reduziert. Damit werden die Angehörigen der Armee früher aus ihrer Dienstpflicht entlassen. Die Problematik der Unterbestände im San Log Bat 81 könnte sich damit noch vergrößern.
- Negative Wirkung auf das zivile „Stellenkontingent" (vgl. Abschn. 10.4.3.5). Zusätzliche Festanstellungen im Bereich PPT sind illusorisch. Mit einem Stellenabbau müsste gerechnet werden.
- Positiver Einfluss auf den „Mobilisierungsgrad der MmhB-Formationen". MmhB-Formationen sind militärische Verbände, die innerhalb von 24–96 h vor Ort eingesetzt werden können, ähnlich wie früher bei einer Teil- oder Gesamtmobilmachung der Armee. Das San Log Bat 81 würde im Rahmen der WEA zu einer dieser Formationen zählen und könnte in den ersten Tagen nach einem außerordentlichen Ereignis insbesondere für logistische Aufgaben eingesetzt werden, beispielsweise bei der Verteilung von Arzneimitteln.

10.4.4 Management der Ressourcen (Regelkreise)

In Abschn. 10.4.3 wurden die Bestandesgrößen (Ressourcen) und deren Einflussvariablen mithilfe der detaillierten Beschreibung von Zwischenstrukturen erklärt. Abgeleitet von diesen Zwischenstrukturen werden in Abb. 10.11 die zentralen Regelkreise im Zusammenhang mit den Zielgrößen schematisch dargestellt.

Abb. 10.11 soll das Verständnis erleichtern. Um dies zu erreichen, weichen wir geringfügig von der etablierten Nomenklatur ab.

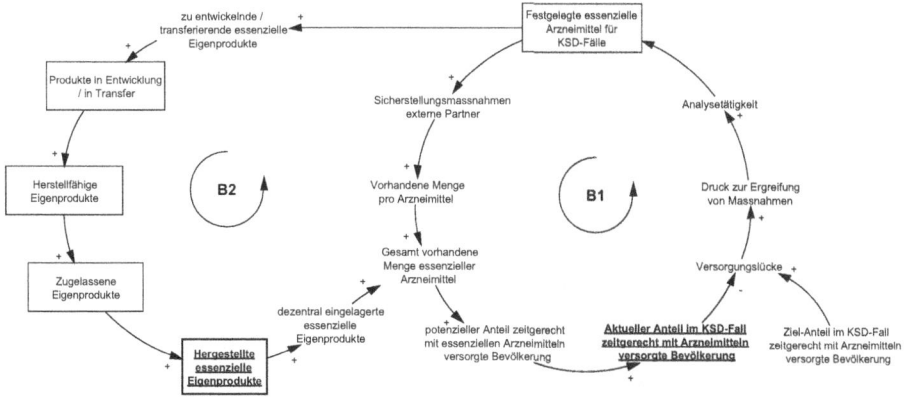

Abb. 10.11 Balancierende Regelkreise primäre und sekundäre Zielgrößen

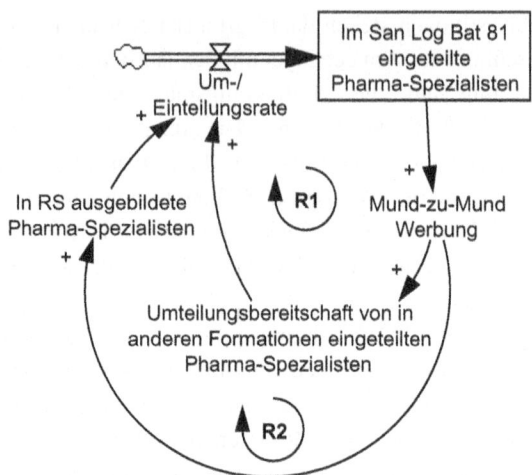

Abb. 10.12 Selbstverstärkende Regelkreise Alimentierung San Log Bat 81

Bei B1 und B2 handelt es sich um balancierende Regelkreise. B1 ist der Regelkreis im Zusammenhang mit der primären Zielgröße, die durch externe Sicherstellungsmaßnahmen erreicht wird (vgl. Abb. 10.6). B2 läuft teilweise auf den gleichen Pfaden wie B1 und stellt den Beitrag der sekundären Zielgröße an die Hauptzielgröße dar. Mit dieser Darstellung soll nochmals die Wichtigkeit betont werden, dass die Basis zum Schließen der Versorgungslücke die qualitativ und quantitativ festgelegte Auswahl essenzieller Arzneimittel ist, die im Rahmen des KSD eingesetzt werden könnten (Flussgröße oben rechts).

In Abb. 10.12 werden mit R1 und R2 die bereits in Abschn. 10.4.3.5 erwähnten selbstverstärkenden Regelkreise zur Alimentierung des Soll-Bestandes des San Log Bat 81 dargestellt. Bei R1 geht es darum, durch Mundpropaganda die Funktionen im San Log Bat 81 bekannt zu machen und damit die Umverteilungsbereitschaft von in anderen Formationen eingeteilten Pharma-Spezialisten zu erhöhen. Dadurch wird die Umverteilungsrate und damit der Effektivbestand im San Log Bat 81 erhöht. Dies wiederum erhöht das Potenzial für erneute Mundpropaganda. Diese kann durch das Bereitstellen von Kommunikationshilfsmitteln wie beispielsweise Info-Flyern oder Werbefilmen[17] oder andere Maßnahmen (Anschreiben Pharmaindustrie, Betriebe, Universitäten und Fachhochschulen) unterstützt werden. Mit R2 wird die Einteilung über die zukünftig geplante Ausbildung dieser Spezialisten in einer Rekrutenschule beschrieben.

---

[17]http://www.lba.admin.ch/internet/lba/de/home/verbaende/logbr/unterstellte/sanlog/Trailer.html.

10 Sicherung der Versorgung ...

Tab. 10.3 Einflüsse auf die Mechanik und Eintrittswahrscheinlichkeiten

	Einfluss auf Mechanik	Eintrittswahrscheinlichkeit (%)
Szenario 1	Die Regelkreise B1 und B2 sowie R1 und R2 funktionieren unterbrechungsfrei	30
Szenario 2	Die Regelkreise B1 und B2 sowie R1 und R2 funktionieren teilweise mit Unterbrechungen. Je nach Art und Ausmaß des Störereignisses muss temporär der Regelkreis B1 oder B2 forciert werden, bis die ergriffenen Gegenmaßnahmen im durch das Störereignis geschwächten Regelkreis die gewünschten Wirkungen zeigen	60
Szenario 3	Die Regelkreise B1 und B2 werden unterbrochen. Bei einer Unterbrechung von B1 kann das Hauptziel nicht erreicht werden. Das Funktionieren von B1 ist grundsätzlich von einer soliden Grundversorgung mit Arzneimitteln bei normaler Lage abhängig. Störereignisse größeren Ausmaßes könnten durch den Bereich PPT nicht behoben werden. Eine Unterbrechung von B2 aufgrund fehlender Personal- bzw. Finanzressourcen kann allenfalls bis zu einem gewissen Grad beeinflusst werden	5
Szenario 4	Die Regelkreise B1 und B2 sowie R1 und R2 funktionieren unterbrechungsfrei	5

10.5 Szenarien und Strategien

Die in Abschn. 10.4 dargestellte Geschäftsmechanik ermöglicht es, Szenarien abzuleiten und durchzuspielen. Das in Abb. 10.3 dargestellte SSD und die nachfolgenden Zwischenstrukturen sind qualitativ aufgebaut, weshalb eine quantitative Simulation mittels der Software Vensim® nicht möglich ist. Die Einflüsse der einzelnen Variablen auf die Geschäftsmechanik können deshalb nur qualitativ wiedergegeben und die Eintrittswahrscheinlichkeiten lediglich geschätzt werden (Tab. 10.3). In einem zweiten Schritt werden Strategien definiert, die diese Szenarien gemäß Zielgrößen-Definition beeinflussen.

10.5.1 Ableitung von Szenarien

Nachfolgend werden vier Szenarien beschrieben. In Anlehnung an Müller-Stewens und Lechner (2011) erarbeiten wir zwei Trend- und zwei Extremszenarien. Die Einflüsse auf die Mechanik sowie die Eintrittswahrscheinlichkeiten dieser Szenarien sind in Tab. 10.3 dargestellt. Zur Erinnerung sollen hier nochmals die wichtigsten Bestandsgrößen (B) und Einflussvariablen (V) des SSD aufgelistet werden:

- Festgelegte essenzielle Arzneimittel für KSD-Fälle (B)
- Zu entwickelnde bzw. transferierende essenzielle Eigenprodukte (V)
- Sicherstellungsmaßnahmen externe Partner (V)
- Umsetzungsgrad Verbandsrichtlinien zu Lagerreichweiten (V)
- Regulatorisches Anforderungsniveau (V)
- Zivil angestellte Mitarbeiter SGE PPT (B)
- Im San Log Bat 81 eingeteilte Pharma-Spezialisten (B)
- Entwickelte und zugelassene Eigenprodukte (B)
- Zugeteilte Finanzmittel (V)
- Umsetzungsgrad WEA (V)
- Anteil mit Arzneimitteln versorgte Bevölkerung bei normaler Lage (V)

10.5.1.1 Szenario 1 (Trendszenario A): Zeitgerechtes Erreichen der Zielgrößen

Die primäre und die sekundäre Zielgröße können zeitgerecht erreicht werden. Das jährliche Fortschrittsmonitoring bestätigt die Zielerreichung bei den einzelnen Bestandsgrößen. Ein besonderer Einsatz von Gegenmaßnahmen ist nicht notwendig.

10.5.1.2 Szenario 2 (Trendszenario A1): Gegenmaßnahmen notwendig

Die primäre und die sekundäre Zielgröße können zeitgerecht erreicht werden. Gegenmaßnahmen sind jedoch zwingend erforderlich. Dies ist das wahrscheinlichste Szenario. Aus dem Trendszenario A1 müssten an dieser Stelle Störereignisse definiert und ganz konkrete Unterszenarien (A1–1 bis A1–X) gebildet werden. Wir beschränken uns hier auf die Aufzählung möglicher Störereignisse:

- Die KSD-Szenario-Analysen verzögern sich (ungenügende Koordination, fehlender Konsens etc.);
- die Sicherstellungsmaßnahmen mit externen Partnern können nur teilweise umgesetzt werden (Sicherstellungsverträge für Handelsprodukte bzw. Reservierungsverträge zur Sicherstellung externer Produktionskapazitäten können nicht abgeschlossen werden; die Beschaffung und Einlagerung von Handelsprodukten verzögert sich; die Zulassung ausländischer essenzieller Handelsprodukte durch die Aapot in der Schweiz verzögert sich; die Heilmittelplattform erzielt nicht den gewünschten Effekt etc.);
- Swissmedic legt ein sehr hohes regulatorisches Anforderungsniveau zur Zulassung von KSD-Eigenprodukten fest;
- aufgrund der momentan laufenden PUA (Personalum- und Abbauplanung) muss der Bereich PPT Personal abbauen;
- die Alimentierung des San Log Bat 81 mit Pharma-Spezialisten verzögert sich;
- die physische Produktionskapazität ist eingeschränkt.

10.5.1.3 Szenario 3 (Extremszenario 1): Zielgrößen nicht erreicht

Die Zielgrößen können nicht erreicht werden oder es entstehen massive Verzögerungen. In diesen Fällen gehen wir von externen Einflussgrößen aus wie beispielsweise Personalabbau, massive Budgetkürzungen oder starke Verschlechterung der Grundversorgung der Bevölkerung mit Arzneimitteln. Bei diesem Extremszenario sind Gegenmaßnahmen durch den Bereich PPT nur bedingt wirksam.

10.5.1.4 Szenario 4 (Extremszenario 2): Zielgrößenerreichung vor Zeitplan

Beide Zielgrößen können vor dem Zeitplan erreicht werden. Eine sich verschlechternde Weltlage führt zu erhöhten Finanz- und Personalressourcen sowie einer Priorisierung unseres Zieles. Investitionen in neue Produktionsanlagen können vorverschoben werden. Der Betrieb kann auch ohne San Log Bat 81 durchgehend mindestens einschichtig erfolgen. Das Erreichen der primären und der sekundären Zielgröße muss (evtl. auf Kosten anderer Bereichsziele) forciert werden.

10.5.2 Definition von Strategien

Aufbauend auf den Erkenntnissen der Anspruchsgruppenanalyse, der Geschäftsmechanik und der daraus abgeleiteten Szenarien sollen an dieser Stelle die in den letzten Unterkapiteln bereits angesprochenen strategischen Stoßrichtungen zusammengefasst werden. Die Strategien beziehen sich schwerpunktmäßig auf diejenigen Szenarien mit der höchsten Eintrittswahrscheinlichkeit.

10.5.2.1 Strategie der Partnerschaft und Kooperation

Eine Strategie der Partnerschaft und Kooperation steht im Zentrum des Handelns. Der Regelkreis B1 funktioniert nur mit dieser Strategie. Ressourcen-, Zeit- und Kostenmotive sind die Treiber. Zur Erreichung der gesetzten Zielgrößen steht die Aapot nicht im direkten Wettbewerb mit Konkurrenten. Mögliche Konkurrenten sind gleichzeitig auch Komplementäre. Für die meisten Partner bedeutet die Zusammenarbeit eine Win-win-Situation. Zur Erinnerung erwähnen wir an dieser Stelle nochmals die wichtigsten Ziele der Kooperationen. Diese ergeben sich aus der Verdichtung der Bestandesgrößen und Variablen des Geschäftsmodells. Mögliche Kooperationspartner sind in Klammern angegeben.

- Resilienzsteigerung der Arzneimittelversorgung bei normalen und außerordentlichen Lagen (BWL, Verbände, Spitalapotheken, SAMK, Labor Spiez);
- Festlegung essenzielle Arzneimittel (BWL, EKMK, Asst San);
- Sicherstellungsmaßnahmen essenzielle Arzneimittel mit externen Partnern (Pharmaindustrie, BAG, Swissmedic);
- Zulassung essenzieller Eigenprodukte (Swissmedic);

- Produktion essenzieller Eigenprodukte (Log Br 1, San Log Bat 81);
- Steigerung der Produktions-, Lager- und Distributionskapazität (Log Br 1, San Log Bat 81, A Stab bzw. Finanzen VBS).

Häufig handelt es sich um mehr als eine Zweierkooperation. Man könnte durchaus von einer „Netzwerkorganisation zur Verbesserung der Versorgungssicherheit mit essenziellen Arzneimitteln bei außerordentlichen Ereignissen" sprechen. In erster Linie geht es darum, das spezialisierte Wissen und die Ressourcen der Partner zu nutzen und erleichterten Zugang zu Know-how und Informationen zu erhalten. Die dadurch erzielten „Wettbewerbsvorteile" dienen zur flexiblen Erreichung des Zieles „Versorgungssicherheit". Die dazu notwendige Herausforderung ist die bessere Abstimmung zwischen allen Beteiligten.

10.5.2.2 Differenzierungsstrategie

Der Schwerpunkt der „Wettbewerbsstrategie" liegt ganz klar auf der Differenzierung. Mit der Sicherstellung von anderweitig auf dem Markt nicht verfügbaren essenziellen Arzneimitteln kann sich der Bereich PPT klar vom Angebot der „Konkurrenten" unterscheiden. Spätestens im Rahmen des Koordinierten Sanitätsdienstes oder bei der notfallmäßigen Abgabe von Antidota beurteilen betroffene Patienten diesen Unterschied als wichtig. Das Alleinstellungsmerkmal und damit der einzigartige Nutzen besteht darin, der Bevölkerung zeitgerecht die richtigen überlebenswichtigen Produkte zur Verfügung zu stellen. Angelehnt an Porter (1985) handelt es sich um eine segmentspezifische Differenzierungsstrategie (Differenzierungsfokus). Die relativ komplexe Gesamtleistung wird aus einer Hand mithilfe zahlreicher etablierter Kooperationspartner erbracht und ist deshalb kaum kopierbar.

In diesem Zusammenhang hat bereits eine Sortimentsbereinigung der Eigenprodukte stattgefunden. Es sollen möglichst nur noch Produkte selbst entwickelt und hergestellt werden, die im Rahmen des KSD als essenziell eingestuft wurden oder die zum Erhalt der Kernkompetenz der pharmazeutischen Herstellung dienen.

10.5.2.3 Festigungsstrategie

Als Non-Profit-Unternehmensbereich ist es unzulässig, offensive Wettbewerbstaktiken anzuwenden. Es geht darum, die bestehende Position zu „verteidigen" und allenfalls punktuell zu erweitern.

Zur Festigung der bestehenden Position gehören beispielsweise:

- Ausbau der bestehenden modernen pharmazeutischen Infrastruktur zur Herstellung und Lagerung von Arzneimitteln;
- Erweiterung des Portfolios zugelassener essenzieller Eigenprodukte;
- Weiterführen der Kooperations- und Differenzierungsstrategie;
- Intensivierung des „Marketings" gegenüber dem Armeestab, der u. a. die Obhut über die Finanzmittel und das Personalkontingent hat. Motto: „Tue Gutes und rede darüber";

- Intensivierung des „Marketings" gegenüber weiteren Anspruchsgruppen (inkl. Öffentlichkeit). Anpreisung des Bereiches PPT als „Kompetenzzentrum für die Versorgungssicherheit mit Arzneimitteln in außerordentlichen Lagen";
- Überprüfen der Möglichkeit, eine vom San Log Bat 81 unabhängige Pharmaproduktion zu betreiben, da die ausreichende Alimentierung des San Log Bat 81 mit Pharma-Spezialisten ein latentes Risiko darstellt;
- Überprüfen, ob ein Überführen der Armeeapotheke in eine „Bundesapotheke" (rechtliche und organisatorische Anpassungen) dem KSD-Gedanken nicht noch besser entsprechen würde.

Im Bereich der punktuellen Erweiterung des Portfolios ist die Aapot beispielsweise daran, als Zulassungsinhaberin für befristet zugelassene Arzneimittel gegen lebensbedrohende Krankheiten aufzutreten[18] (z. B. Antisera gegen Gifttierbisse).

10.6 Konklusion

Die Komplexität der Planung der Verbesserung der Versorgungssicherheit mit essenziellen Arzneimitteln bei außerordentlichen Ereignissen ist enorm. Die sorgfältige Evaluation der relevanten Anspruchsgruppen und die Darstellung der wesentlichen Einflüsse und Abhängigkeiten in Form von System-Struktur-Diagrammen erlaubte es, den Blick für das Wesentliche zu schärfen und einen fundierten Strategieentwurf zu entwickeln. Die Versorgungssicherheit kann seitens der Armeeapotheke einerseits durch die Eigenproduktion essenzieller Arzneimittel und andererseits durch umfangreiche Sicherstellungsmaßnahmen mit externen Partnern gewährleistet werden. Dazu ist eine enge Kooperation mit verschiedenen VBS-internen und externen Partnern der Schlüssel zum Erfolg.

10.7 Abkürzungsverzeichnis

Aapot	Armeeapotheke
ABC	atomar, biologisch, chemisch
AGr	Arbeitsgruppe
AMBV	Verordnung über die Bewilligungen im Arzneimittelbereich

---

[18]Art. 9 Abs. 4 HMG: Das Institut kann den Vertrieb oder die Abgabe von nicht zugelassenen Arzneimitteln gegen lebensbedrohende Krankheiten befristet bewilligen, wenn dies mit dem Schutz der Gesundheit vereinbar ist, von der Anwendung ein großer therapeutischer Nutzen zu erwarten ist und wenn kein vergleichbares Arzneimittel zur Verfügung steht.

Asst San	Armeestabsteil Sanität (Sanitätswesen)
A Stab	Armeestab
BAG	Bundesamt für Gesundheit
BR	Bundesrat
BWL	Bundesamt für wirtschaftliche Landesversorgung
DAS	Diploma of Advanced Studies
EAK	Eidgenössische Arzneimittelkommission
EKMK	Eidgenössische Kommission für Kriegs- und Katastrophenmedizin
EKP	Eidgenössische Kommission für Pandemievorbereitung und -bewältigung
FA	Fachausschuss
FDA	U.S. Food and Drug Administration
GDP	Good Distribution Practice (Gute Vertriebspraxis von Humanarzneimitteln)
GL	Geschäftsleitung
GMP	Good Manufacturing Practice (Gute Herstellungspraxis)
GSASA	Schweizerischer Verein für Amts- und Spitalapotheker
GSIA	Gesellschaft Schweizerischer Industrieapotheker(innen)
HMG	Heilmittelgesetz
KSD	Koordinierter Sanitätsdienst
KVV	Verordnung über die Krankenversicherung
LBA	Logistikbasis der Armee
Log Br 1	Logistikbrigade 1
MA	Mitarbeiter
MmhB	Miliz mit hoher Bereitschaft
Ofaz	Oberfeldarzt der Schweizer Armee und Delegierter des Bundesrates für den Koordinierten Sanitätsdienst
pharmaSuisse	Schweizerischer Apothekerverband
PPT	Geschäftsbereich Pharmaprodukte und -technik
San	Sanitätswesen
San Log Bat 81	Sanitätslogistikbataillon 81
SGE	Strategische Geschäftseinheit
SSD	System-Struktur-Diagramm
VAZV	Verordnung des Schweizerischen Heilmittelinstituts über die vereinfachte Zulassung von Arzneimitteln und die Zulassung von Arzneimitteln im Meldeverfahren
VBS	Eidg. Departement für Verteidigung, Bevölkerungsschutz und Sport
WEA	Weiterentwicklung der Armee
WK	Militärischer Wiederholungskurs

Literatur

Ammon, H., & Schubert-Zsilavecz, M. (2014). *Hunnius Pharmazeutisches Wörterbuch* (11. Aufl.). Berlin: De Gruyter.
Bundesamt für Gesundheit. (2015). Antidote bei Vergiftungen 2015–2016. *BAG Bulletin, 35*(15), 656–671.
Bundesamt für wirtschaftliche Landesversorgung. (2015). Bericht zur Vorratshaltung 2015. http://www.bwl.admin.ch/themen/00527/index.html. Zugegriffen: 5. Mai 2016.
Fox, E. R., Birt, A., James, K. B., Kokko, H., Salverson, S., & Soflin, D. L. (2009). ASHP guidelines on managing drug product shortages in hospitals and health systems. *American Journal of Health-System Pharmacy, 66,* 1399–1406.
Gomez, P., & Propst, G. (1999). *Die Praxis des ganzheitlichen Problemlösens: Vernetzt denken – Unternehmerisch handeln – Persönlich überzeugen* (3. Aufl.). Bern: Haupt.
Grösser, S. N. (2012). *Stichwort: System Dynamics. Gabler Wirtschaftslexikon.* Heidelberg: Gabler.
Haudenschild, R. (2009–2012). Von der Armee 61 über die Armee 95 und die Armee XXI zum Entwicklungsschritt 2008/11. Eine vergleichende Übersicht und Zusammenfassung (Armee-Synopse). Schriftenreihe der Eidgenössischen Militärbibliothek und des Historischen Dienstes, Nr. 39.
Müller-Stewens, G., & Lechner, C. (2011). *Strategisches Management: wie strategische Initiativen zum Wandel führen* (4. Aufl.). Stuttgart: Schäffer-Poeschel.
Porter, M. E. (1985). *Competitive advantage: Creating and sustaining superior performance.* New York: Free Press.
Rielle, Y., & Kaufmann, D. (2013). Literaturrecherche zur Versorgungssicherheit von Arzneimitteln in der Schweiz: Bericht zuhanden des Bundesamts für Gesundheit. Polsan Büro für Politikanalyse und -beratung, Kompetenzzentrum für Public Management der Universität Bern. http://www.bag.admin.ch/themen/medizin/00709/04670/15847/index.html. Zugegriffen: 5. Mai 2016.
Schweizer Armee. (2014). Weiterentwicklung der Armee – Unsere Schweizer Armee von morgen (Ref.-Nr. 81.072). http://www.vtg.admin.ch/internet/vtg/de/home/schweizerarmee/cda/wea.html. Zugegriffen: 5. Mai 2016.
Schweizer Armee. (2015). 14 Strategische Stossrichtungen, Schweizer Armee 2015–2020. Ref.-Nr. 81.081. http://www.vtg.admin.ch/internet/vtg/de/home/schweizerarmee/strategie.html. Zugegriffen: 5. Mai 2016.
Schweizerischer Bundesrat. (1990). Schweizerische Sicherheitspolitik im Wandel. Bericht 90 des Bundesrates an die Bundesversammlung über die Sicherheitspolitik der Schweiz (90.061).
Schweizerischer Bundesrat. (1999). Bericht des Bundesrates an die Bundesversammlung über die Sicherheitspolitik der Schweiz (SIPOL B 2000).
Schweizerischer Bundesrat. (2016). Sicherheit in der Medikamentenversorgung. Bericht des Bundesrates in Erfüllung des Postulats Heim (12.3426) vom 4. Juni 2012. http://www.bag.admin.ch/themen/medizin/00709/04670/15847/index.html. Zugegriffen: 5. Mai 2016.
Tanski, J. S. (2009). *Internationale Rechnungslegungsstandards: IFRS/IAS Schritt für Schritt* (3. Aufl.). München: Deutscher Taschenbuch.
World Health Organization. (2012). *The interagency emergency health kit 2011: Medicines and medical devices for 10000 people for approximately three months (interagency guidelines)* (4. Aufl.). Geneva: World Health Organization.
Yin, R. K. (2013). *Case study research* (4. Aufl.). Beverly Hills: Sage Publications.

Verzeichnis der Autorinnen und Autoren

Affolter, Till (B.Sc./till@tillaffolter.name)
Berufsbegleitendes Bachelorstudium in Wirtschaftsinformatik an der Berner Fachhochschule mit Vertiefung in eBusiness und eGovernment. Aktuell bei der Bucher + Suter AG als Product Owner verantwortlich für Design, Entwicklung und Betrieb von komplexen Geschäftsanwendungen im Bereich Customer Relationship Management und Contact Center.

Asprion, Petra Maria (Prof. Dr./petra.asprion@bfh.ch)
Professorin für Governance, Risk Management und Compliance; Studiengangsleiterin Master of Science in Wirtschaftsinformatik an der Berner Fachhochschule. Forschungs- und Lehrtätigkeiten in den Bereichen Governance, Compliance, Risk Management, Audit sowie Ethik und Konfliktbearbeitung. Autorin unterschiedlicher Publikationen in den genannten Themenkontexten.

Banach, Agnieszka (M.Sc./banach@me.com)
Konsekutives Masterstudium in Betriebsökonomie mit Vertiefung Geschäfts- und Unternehmensentwicklung an der Berner Fachhochschule. Vertiefte Auseinandersetzung mit der Thematik der Anreizsysteme und Führung in Organisationen. Hauptberuflich arbeitet sie derzeit in der Unternehmensentwicklung (Projektleitung) und als Assistenz der Geschäftsleitung. Nebenberuflich führt sie seit fast fünf Jahren ein eigenes Unternehmen im Modebereich.

Berchtold, Philipp (Prof. M.Sc./philipp.berchtold@bfh.ch)
Fachbereichsleiter Wirtschaft a.I. und Studiengangsleiter Bachelor of Science in Betriebsökonomie an der Berner Fachhochschule. Mehrjährige Lehr- und Forschungstätigkeit in den Bereichen Finanzmathematik, angewandte Statistik und Strategisches Management verbunden mit Führungsaufgaben an der Fachhochschule Westschweiz und der Fernfachhochschule Schweiz. Davor 11 Jahre Praxistätigkeit als IT-Projektmanager bei Lonza in Basel, als selbstständiger Unternehmensberater sowie als Forschungsassistent für Institute der Universität Bern und Stanford University.

Bucher, Dimitri (M.Sc./di.bucher@bluewin.ch)
Konsekutives Masterstudium in Betriebswirtschaft an der Berner Fachhochschule mit Vertiefung Corporate and Business Development und davor Bachelorstudium Wirtschaftsingenieur/Innovation mit Vertiefung Maschinenbau an der Hochschule Luzern. Mehrjährige Tätigkeit als Projektleiter von Strategie- und Organisationsprojekten. Aktuell bei den Schweizerischen Bundesbahnen AG in der Entwicklung Verkehrsmanagement, als Leiter eines Strategieprojektes Human Resources und eines Organisationsprojektes.

Chavaillaz, Marco (M.Sc./marco.chavaillaz@gmail.com)
Masterstudium in Betriebswirtschaft an der Berner Fachhochschule mit Vertiefung Corporate/Business Development. Langjährige Tätigkeit als Consultant bei der Manpower AG, dem Marktführer für effiziente und innovative Personallösungen. Aktuell bei der cablex AG als Finance-Partner der Regionen Nordost & Südost in Zürich.

Flück, Michael (Dipl. Pharm., MPH/michael@flueck.com)
Pharmaziestudium an der Universität Bern zum eidgenössisch diplomierten Apotheker. Nachdiplomstudium zum Master of Public Health an den Universitäten Basel, Bern und Zürich. Absolviert zurzeit an der Fernfachhochschule Schweiz ein Nachdiplomstudium zum Executive Master of Business Administration. Arbeitet aktuell in der Logistikbasis der Armee als Stv. Leiter des Bereiches Pharmaprodukte und -technik sowie als Entwicklungs- und Produktionsleiter der Armeeapotheke. Ist Kadermitglied im Bereich Heilmittel der wirtschaftlichen Landesversorgung.

Gerber, Michael (EMBA Leadership und Management/michael.gerber@efv.admin.ch)
Michael Gerber arbeitet seit 15 Jahren als Projektleiter im Bankensektor sowie im Umfeld der öffentlichen Verwaltung. Seit 6 Jahren ist er bei der Eidgenössischen Finanzverwaltung als Projektleiter und stellvertretender Leiter des Projektmanagement-bereichs der EFV tätig. Zurzeit betreut er mehrere Projekte im Rahmen der Erneuerung von SAP-Komponenten für die bundesweiten Finanzprozesse. Er hat einen Abschluss als Organisator mit Eidg. Fachausweis und ein EMBA Leadership und Management.

Grösser, Stefan N. (Prof. Dr./stefan.groesser@bfh.ch)
Professor für strategisches Management am Institut Unternehmensentwicklung der Berner Fachhochschule. Leitung des Strategy and Simulation Lab. Gastforscher an der System Dynamics Group der Sloan School of Management, Massachusetts Institute of Technology (MIT). Akademische Ausbildung an der Universität Stuttgart, der Universität Bergen, Norwegen und an der Universität St. Gallen, Schweiz. Forschungsinteressen sind Entscheidungsfindung und mentale Modelle, Geschäftsmodelle sowie strategisches Management mit Schwerpunkt Energiebranche.

Gurtner, Andrea (Prof. Dr./andrea.gurtner@bfh.ch)
Forschung und Lehre am Institut für Unternehmensentwicklung der Berner Fachhochschule. Aktuelle Forschungs- und Dienstleistungsprojekte liegen im Bereich Personalmanagement mit Fokus auf Vielfalt und Inklusion, Unternehmenskultur, Arbeitsklima und Teamprozesse. Studium und Promotion als Sozial-, Arbeits- und Organisationspsychologin an den Universitäten Bern, Pittsburgh und Göttingen. Frühere Tätigkeit an den Universitäten Neuchâtel, Fribourg und Lausanne.

Klein, Eduard (Prof. Dr./eduard.klein@bfh.ch)
Forscher und Dozent im E-Government-Institut des Fachbereichs Wirtschaft der Berner Fachhochschule. Leiter der Vertiefung „Prozess- und Projektmanagement" im Bachelorstudiengang Wirtschaftsinformatik. Mehrjährige Beratertätigkeit im IT-Umfeld. Forschungsschwerpunkte Software Engineering, Web Technologien, Semantic Web, Accessibility.

Lent, Bogdan (Prof. Dr. (habil.)/bogdan.lent@bfh.ch)
Professor für Projektmanagement am e-Gov Institut der Berner Fachhochschule. Universitätsprofessor in Polen. Gastprofessor an der Universität Kasetsart in Bangkok, Thailand. Promotion in der Informatik, Habilitation in den Wirtschaftswissenschaften, Disziplin Managementwissenschaften. Schwerpunkt der Forschungen: nachhaltiges und wirksames Projektmanagement. 180 Publikationen, darunter 11 Bücher zu diesem Thema. Leitet Großprojekte der Schweizerischen Bundesverwaltung und in der Privatwirtschaft. Unternehmer – Gründer und Leiter von Aktiengesellschaften in der Schweiz, Polen und Deutschland.

Lovric, Rahel Anna (M.Sc./rahel.a.lovric@bluewin.ch)
Masterstudium in Betriebswirtschaft an der Berner Fachhochschule mit Vertiefung Corporate/Business Development. Langjährige Tätigkeit im internationalen Eventbereich als Projektleiterin bei der Swatch AG in Biel. Aktuell beim Staatssekretariat für Migration SEM in der Position als Fachliche Leiterin Büro/Administration des Empfangs- und Verfahrenszentrum (EVZ) in Bern; aktive Rolle beim operativen Aufbau des neuen EVZ.

Meyer, Benjamin (B.Sc./benjamin_meyer@gmx.ch)
Bachelorstudium an der Berner Fachhochschule mit Vertiefung Strategy and International Management. Lehrgang Internal Auditing an der Universität St. Gallen. Langjährige Bankerfahrung im Raum Bern. Mehrere Jahre Erfahrung im ehrenamtlichen Vereinswesen. Aktuelle Tätigkeit als Bankenprüfer bei Aunexis AG.

Schellinger, Jochen (Prof. Dr./jochen.schellinger@bfh.ch)
Studiengangsleiter Master of Science in Business Administration an der Berner Fachhochschule. Lehr- und Forschungstätigkeiten in den Bereichen Strategisches Management, Marketing und Personalmanagement. Davor 15 Jahre Praxistätigkeit bei der Deutschen Sparkassenorganisation, im Haniel-Konzern, an der Universität Tübingen sowie in der Daimler AG.

Thambimuthu, Bathury (B.Sc./bathury.t@gmail.com)
Aktuell tätig als Mitarbeiterin im Support, Projektleitung im Bereich Changemanagement bei Bucher + Suter AG. Nach kaufmännischer Ausbildung an der Handelsmittelschule Biel weiter tätig für einige Jahre beim Bundesamt für Migration und beim Bundesamt für Polizei (fedpol). Bachelorstudium in Wirtschaftsinformatik an der Berner Fachhochschule mit Vertiefung Business Applications und IT Governance & Compliance.

Tokarski, Kim Oliver (Prof. Dr./kim.tokarski@bfh.ch)
Professor für Entrepreneurship und Unternehmensführung und Leiter des Instituts Unternehmensentwicklung am Fachbereich Wirtschaft der Berner Fachhochschule. Gastprofessor an der Wirtschaftsuniversität Bukarest (ASE Bukarest), Rumänien. Forschungs- und Lehrtätigkeiten in den Bereichen Entrepreneurship, Social Entrepreneurship, Ethik und Innovation. Autor unterschiedlicher Publikationen in den genannten Themenkontexten.

Wyttenbach, Martin (Prof./martin.wyttenbach@bfh.ch)
Dozent für Strategie, Corporate Management und Organisation am Fachbereich Wirtschaft der Berner Fachhochschule. Arbeitet seit vielen Jahren in der Beratung und davor in Geschäftsleitung und Marketing namhafter Unternehmen.

Lesen Sie hier weiter

Kim Oliver Tokarski, Jochen Schellinger,
Philipp Berchtold (Hrsg.)

Unternehmensentwicklung
Strategien und Instrumente
aus Forschung und Praxis

2016, X, 309 S., 44 Abb.
Softcover: € 39,99
ISBN 978-3-658-00282-4

Änderungen vorbehalten.
Erhältlich im Buchhandel oder beim Verlag.

Einfach portofrei bestellen:
leserservice@springer.com
tel +49 (0)6221 345 - 4301
springer.com

Springer Gabler

Lesen Sie hier weiter

The manufacturer's authorised representative in the EU is Springer Nature Customer Service Centre GmbH, Europaplatz 3, 69115 Heidelberg, Germany. If you have any concerns regarding our products, please contact ProductSafety@springernature.com

Printed and bound by CPI Group (UK) Ltd, Croydon, CR0 4YY
25/03/2026
02078190-0017